lonely planet

Schweiz

Nicola Williams, Caroline Bishop, Anthony Haywood, Claire O'Dea, Simon Richmond, Michaela Scalisi, Kerry Walker

INHALT

Reiseplanung

Reiseziele

First Cliff Walk by Tissot (S. 105)

Praktisches

Storybook

Grünsee (S. 136)

Aletschgletscher (S. 140)

WILLKOMMEN IN DER SCHWEIZ

Es ist die unschlagbare Kombination von Seen und Bergen, die so süchtig macht und so belebend wirkt. Seit über zehn Jahren wohne ich am Genfer See (S. 40) und ich bin jedes Mal aus dem Häuschen, dass meine beruflichen Reisen grundsätzlich mit einer herrlichen 20-minütigen Sause übers Wasser beginnen – manchmal in einem Pendlerboot voller Anzugträger, manchmal auf einem der majestätischen Belle-Époque-Dampfer, die ich von meinem Küchenfenster aus abends auf dem See funkeln sehe.

Dass man auf dem Wasser ein fünfgängiges Menü, auf einem Gipfel ein Fondue oder am See den Fang des Tages verzehren und sich auf einem Weingut mit herrlichen Weinen eindecken kann, ist das Sahnehäubchen. Angesichts solch einer grandiosen Landschaft vor der Haustür ist es kein Wunder, dass ich keine zwei Minuten still sitzen kann – die große Herausforderung des Lebens in der Schweiz!

Nicola Williams

@tripalong

Die britische Autorin Nicola Williams lebt am Genfer See. Wenn sie nicht gerade einen Berg hochrennt oder in einem Bergsee schwimmt, schreibt sie für den Telegraph, National Geographic *und die* BBC *über Frankreich, Italien und die Schweiz. Sie verfasste die Kapitel Genfer See & Waadt und Wallis.*

Es ist ein großartiges Erlebnis, mit Steigeisen über das Eis des Aletschgletschers zu spazieren. Das Grollen des Wassers tief unter dir erinnert dich an die Größe des Gletschers, aber auch die Fragilität der Natur.

LIEBLINGSPLÄTZE

Hier schlägt für unsere Autor:innen und Expert:innen das Herz der Schweiz.

Marc Chagalls Buntglasfenster im Zürcher Fraumünster sind eine Wucht. Ähnlich bezaubernd sind die Blumenfresken von Augusto Giacometti aus den 1920er-Jahren im **Amtshaus** (S. 197).

Simon Richmond
@simonrichmond

Simon ist Reiseschriftsteller und Fotograf.

Für mich schlägt das Herz der Schweiz in **Foroglio** (S. 156), einem Dörfchen im Tessiner Val Bavona. Mit Steinhäusern, engen Gassen und dem Wasserfall ist es wie ein Blick in die Vergangenheit.

Michaela Scalisi
@michaelacarrot

Michaela ist Reiseautorin, Bloggerin und leidenschaftliche Eisläuferin.

Einige meiner glücklichsten Augenblicke erlebte ich beim Klettern über nackte Felsen zu den juwelenhaften Seen im wilden **Schweizerischen Nationalpark** (S. 236) in Graubünden.

Kerry Walker
@kerryawalker

Kerry ist eine preisgekrönte Reiseautorin und Verfasserin mehrerer Lonely-Planet-Bände.

Die typischste Stadt in der Schweiz ist wohl **Luzern** (S. 164). Die Altstadt verströmt altes deutschschweizer Flair, die Lage am See ist herrlich und die Berge in der Umgebung sind mit allen möglichen Verkehrsmitteln zu erreichen.

Caroline Bishop
@carolinebishopauthor

Caroline ist Reiseschriftstellerin und schreibt auch Romane.

Als ich in die Dreiländerregion **Basel** (S. 182) zog, erkundete ich sofort die Museen, Cafés und Nachtlokale von Basel und ließ mich im Sommer den Rhein hinabtreiben – noch immer schaue ich mir die Stadt gerne aus dieser Perspektive an.

Anthony Haywood
@anthonyjhaywood.com

Anthony ist Autor und Lektor und lebt in Deutschland.

MIT EINEM BEITRAG VON

Clare O'Dea
@clareodea_author

Clare verfasste den Essay „Triff die Schweizer:innen" (S. 274). Sie ist Journalistin und Autorin und lebt seit 2003 in der Schweiz.

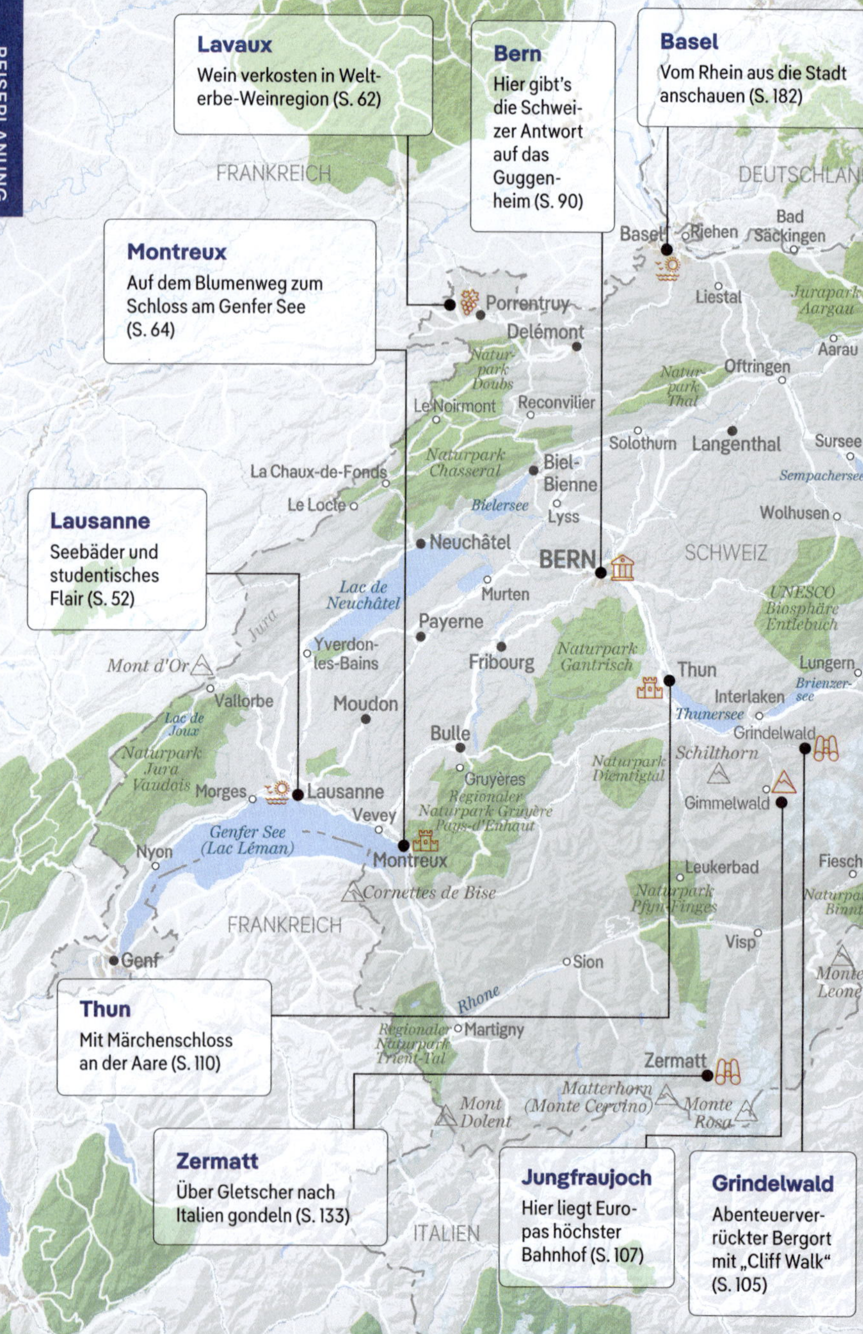
Lavaux
Wein verkosten in Welterbe-Weinregion (S. 62)
Bern
Hier gibt's die Schweizer Antwort auf das Guggenheim (S. 90)
Basel
Vom Rhein aus die Stadt anschauen (S. 182)
Montreux
Auf dem Blumenweg zum Schloss am Genfer See (S. 64)
Lausanne
Seebäder und studentisches Flair (S. 52)
Thun
Mit Märchenschloss an der Aare (S. 110)
Zermatt
Über Gletscher nach Italien gondeln (S. 133)
Jungfraujoch
Hier liegt Europas höchster Bahnhof (S. 107)
Grindelwald
Abenteuerverrückter Bergort mit „Cliff Walk" (S. 105)
FRANKREICH
DEUTSCHLAND
SCHWEIZ
ITALIEN
Basel
Riehen
Bad Säckingen
Liestal
Jurapark Aargau
Aarau
Porrentruy
Delémont
Naturpark Doubs
Naturpark Thal
Oftringen
Le Noirmont
Reconvilier
Solothurn
Langenthal
Sursee
Sempachersee
Naturpark Chasseral
La Chaux-de-Fonds
Le Locle
Biel-Bienne
Bielersee
Lyss
Wolhusen
Neuchâtel
BERN
Lac de Neuchâtel
Murten
UNESCO Biosphäre Entlebuch
Jura
Payerne
Yverdon-les-Bains
Fribourg
Naturpark Gantrisch
Mont d'Or
Thun
Lungern
Brienzersee
Interlaken
Thunersee
Vallorbe
Moudon
Lac de Joux
Bulle
Grindelwald
Schilthorn
Naturpark Jura Vaudois
Naturpark Diemtigtal
Gruyères
Morges
Lausanne
Regionaler Naturpark Gruyère Pays-d'Enhaut
Gimmelwald
Vevey
Genfer See (Lac Léman)
Nyon
Montreux
Leukerbad
Fiesch
Cornettes de Bise
Naturpark Pfyn-Finges
Naturpark Binntal
FRANKREICH
Visp
Genf
Sion
Monte Leone
Rhone
Regionaler Naturpark Trient-Tal
Martigny
Zermatt
Matterhorn (Monte Cervino)
Monte Rosa
Mont Dolent
0
40 km

Luzern
Herrliche Ausblicke und viktorianische Raritäten (S. 164)
Zürich
Weltklassekunst – ein Fest für die Sinne (S. 196)
Bodensee
Schwelge in altmodischer Romantik (S. 212)
DEUTSCHLAND
Regionaler Naturpark Schaffhausen
Schaffhausen
Konstanz
Kreuzlingen
Bodensee
Winterthur
Rorschach
St. Gallen
Zürich
Appenzell
Rapperswil-Jona
Zürichsee
Rhein
Zug
Schaan
Zugersee
Sihlsee
Walensee
VADUZ
LIECHTENSTEIN
ÖSTERREICH
Balzers
Schesaplana
Glarus
Luzern
Vierwaldstättersee
Ingenbohl
Maienfeld
Buochs
Klostertaler Egghorn
Samnaun
SCHWEIZ
Klosters
Flims-Laax
Stanserhorn
Altdorf
Chur
Scuol
Davos
Piz Buin
Wassen
Zernez
Schweizerischer Nationalpark
Stans
Disentis/Mustér
Andermatt
Zillis
Valls
Parc Ela
Zuoz
Müstair
Furkapass
Naturpark Beverin
Oberwald
St.-Gotthard-Pass
Cima la Casina
Airolo
Faido
St. Moritz
Blinnenhorn
Ospizia Bernina
Silvaplana
Peccia
Ticino
Bernina-pass
San Carlo
Bosco Gurin
Sonogno
Monte Cardinello
Brusio
ITALIEN
Bellinzona
Spruga
Locarno
Bellinzona
Mittelalterliche Burgen im Tessin (S. 146)
Monte Limidario
Sant'Antonino
Camoghe
St. Moritz
Mit dem legendären Glacier Express nach Zermatt (S. 238)
Lugano
ITALIEN
Agno
Muggio
Meride
Monte Bisbino
Chiasso

BERG-PANORAMEN

Die Alpen nehmen einen großen Teil des Landes ein, daher geht es hoch hinauf. Die Ausblicke stimmen euphorisch. Schroffe Gipfel recken sich über 4000 m hoch – legendäre Berge, die seit Jahrhunderten Bergsteiger:innen auf der Suche nach Ruhm und sicherem Tritt im Reich des ewigen Eises anziehen. Die Voraussetzung für den Genuss der Panoramen können nur die Wettergötter schaffen: einen klaren blauen Himmel. Sind sie übel gelaunt, verschiebe dein Abenteuer auf einen anderen Tag!

VON LINKS: FEDOR SELIVANOV/SHUTTERSTOCK ©, PRESSMASTER/SHUTTERSTOCK ©,RASTO KYPHUA/SHUTTERSTOCK ©

Gratis hoch hinauf

Seilbahnen (im Sommer für Hotelgäste teils gratis) bringen dich zu Aussichtsplattformen. Wanderkarten kannst du auf schweizmobil.ch herunterladen.

Ausrüstung

Auf über 3000 m herrscht selbst im Sommer ewiger Winter. Stell dich mit langen Hosen, Stiefeln, Jacke, Handschuhen, Mütze und Schal auf Schnee und Wind ein!

Sonnenaufgangsblicke

Nächtige in einer Berghütte *(refuge/refugio)*, um deinen Tag mit unvergesslichen Blicken auf Berge in Rosa und Feuerrot zu krönen. Schlafsack mitbringen!

Matterhorn vom Klein Matterhorn (S. 135)

TOP-ERLEBNISSE: BERGE

Auf einer Aussichtsplattform oberhalb von **Grindelwald** ❶ (S. 105) gehst du auf Tuchfühlung mit der krassen Eigernordwand.

Von der Sphinx-Aussichtsplattform am **Jungfraujoch** ❷ (S. 107) eröffnet sich ein Ausblick auf schneebedeckte Berge, Aletschgletscher und Schwarzwald.

Vom Gipfel des **Pierre Avoi** ❸ (S. 122) bewunderst du gemeinsam mit den Gämsen das Promidorf Verbier, das Rhone-Tal und das Mont-Blanc-Massiv.

Am Zermatter **Klein Matterhorn** ❹ (S. 135) genießt du bei der Seilbahnfahrt hinüber nach Italien den Blick auf Gletscher und Viertausender.

Auf der **Rigi** ❺ (S. 169) bei Luzern wandelst du auf den Spuren von Mark Twain und schwelgst auf dem Panoramaweg in weiten Aussichten.

STOCKSMART/ALAMY STOCK PHOTO ©

Paltforme 10 (S. 54)

STADTKUNST

Von den herrlichen Buntglasfenstern des Schweizer Künstlers Augusto Giacometti bis zu den rebellischen Zürcher Dadaist:innen und der roten St. Galler „Stadtlounge": Die Kunst in Schweizer Städten ist progressiv. Ihre Buntheit und Vielfältigkeit lässt sich auch in Museen von Weltrang begutachten.

Streetart

Der „Sprayer von Zürich" Harald Naegeli verschönerte die Stadt in den 1970er-Jahren mit seinen Strichmännchen – seitdem ist die Schweizer Streetart auf Erfolgskurs.

Umsonst

Tausche Museumsgedränge gegen Skulpturenpfade in der freien Natur: Gratis und gespickt mit provokanten Kunstwerken, die oft eine ökologische Botschaft haben.

TOP-ERLEBNISSE: KUNST

Das **Zentrum Paul Klee** ❶ (S. 93), ein auffälliger Bau in Bern, ist die Schweizer Antwort aufs New Yorker Guggenheim. Nimm dir zwei Stunden Zeit dafür.

Verpasse auf keinen Fall die „großen Drei" von **Basel** ❷ (S. 182) mit Gegenwartskunst, beweglichen Skulpturen und einer berühmten Kunstsammlung.

Erkunde den Marmorgang zwischen dem alten und dem Erweiterungsbau des Zürcher **Kunsthaus** ❸ (S. 196), das selbst ein Kunstwerk ist.

Trainspotting mal anders im innovativen Lausanner Kunstquartier **Plateforme 10** ❹ (S. 54) am Bahnhof.

In der **Sammlung Rosengart** ❺ (S. 166), Luzerns „Picasso-Museum", Meisterwerke von Picasso, Klee und anderen Künstlern der Moderne bewundern.

WEIN-ROUTEN

In der Schweiz heimische Rot-, Weiß- und Roséweine zu verkosten ist etwas Exklusives. Im Ausland sind sie selten, nur wenige werden exportiert. Von steilen, mit Trockenmauern gestützten Weinbergen am Genfer See stammen herrliche Weißweine. Das Tessiner Klima sorgt für vollmundige Merlots und an der Route du Vignoble zwischen Lac de Neuchâtel und Bielersee gedeihen fruchtige Rosés.

LINKS: SIAMIONAU PAVEL/SHUTTERSTOCK ©; RECHTS: ALEXANDER CHAIKIN/SHUTTERSTOCK ©

Wein bestellen

In Restaurants und Weinlokalen bestellst du Wein auf *déci*-Basis (dl) – zwei „Dezi" *(déci)* entsprechen ungefähr einem Glas.

Offene Weinkeller

Im Wallis (caves-ouvertes-valais.ch) und im Waadtland (mescavesouvertes.ch) kannst du im Mai bei den *caves ouvertes* Winzer:innen treffen und Weine verkosten.

Speisen in den Weinbergen

Was gibt es romantischeres als eine große Tafel zwischen Weinreben? Bei der Tavolata des Vins du Valais (tavolatavalais.ch) im August kannst du es erleben!

TOP-ERLEBNISSE: WEIN

In der Weinregion **Lavaux** ❶ (S. 62) ziehen sich die Weinreben in perfekter Formation vom Genfer See die Anhöhen hinauf.

In **Sierre** ❷ (S. 130) mit Musik, Winzer:innen und Degustationsglas in der Hand durch die Weinberge wandern.

In der Weinregion **Bündner Herrschaft** ❸ (S. 231) in Graubünden in einem Torkel (Weinstube) frischen Riesling probieren und im Weinfass nächtigen.

Auf einer Radtour über die **Klettgauer Weinroute** ❹ (S. 211) das Pinot-Noir-Land rund um Schaffenhausen erkunden.

In einer Burg aus dem 12. Jh. in **Aigle** ❺ (S. 68) digital an einer Weinlese teilnehmen, eigenen Wein keltern und etwas über die besten Schweizer Weißweine erfahren.

EISENBAHN-ROMANTIK

Bahnfahren in der Schweiz ist ein Traum! In keinem anderen Land kommen hochmoderne, pünktliche Züge und herrliche Panoramen so harmonisch und romantisch zusammen. Ob im Sommer oder Winter: Schon seit den Tagen der Grand Tour verzaubern die atemberaubenden Ausblicke die Reisenden. Legendäre Züge mit Panoramawagen wie der Bernina, Glacier oder Golden Pass Express sind nur ein kleiner Teil des großen Ganzen – in diesem malerischen Land ist jede Zugfahrt ein Fest fürs Auge!

App herunterladen!

Vor der Reise die App der SBB herunterladen, mit Fahrplänen und der Möglichkeiten, Tickets zu kaufen.

Fensterplatz ergattern

Mit Priority Boarding (7 SFr) ist dir in der Gornergratbahn in Zermatt ein Fensterplatz sicher, ebenso in der Excellence Class im Glacier Express (Foto).

Abseits der Touristenpfade

Steig auf Strecken wie der Zahnradbahn von Montreux nach Rochers de Naye an einer Zwischenhaltestelle aus. An den Bahnhöfen gibt es Tafeln mit Wanderrouten.

VON LINKS: OATAWA/SHUTTERSTOCK ©, ALEC HARRIGAN/SHUTTERSTOCK © ALESSANDRO COLLE/SHUTTERSTOCK ©

Glacier Express (S. 139)

TOP-ERLEBNISSE: BAHNFAHREN

Im **Glacier Express** ❶ (S. 139), einem der schicksten Züge der Welt, zwischen zwei tollen Bergorten mit Schampus anstoßen.

Mit der **Brienz Rothorn Bahn** ❷ (S. 101), einer von zwei Zahnrad-Dampfbahnen in der Schweiz, die schneebedeckten Berge hochschnaufen.

Bahnfahren wie im 19. Jh.: Die Fahrt zur **Schynigen Platte** ❸ (S. 99) in einem kleinen roten Zug durch Blumenwiesen und Wälder hoch ist Nostalgie pur.

Von Zermatt in der **Gornergratbahn** ❹ (S. 137) auf den Gornergrat (3089 m) fahren und dabei Vintage-Glamour und den Blick aufs Matterhorn genießen.

Die Dampfbahn auf die **Rigi** ❺ (S. 169) ist eine der ältesten Bergbahnen Europas. Unbedingt reservieren!

STRAND-LEBEN

Die Schweiz hat keine Küste, doch die vielen Bergseen und Flüsse bieten jede Menge Möglichkeiten zum Baden und Sonnenbaden. Bei der agilen Schweizer Bevölkerung steht das Strandleben jedoch nicht nur im Zeichen von Cocktails zum Sonnenuntergang, sondern bedeutet auch viel Wassersport.

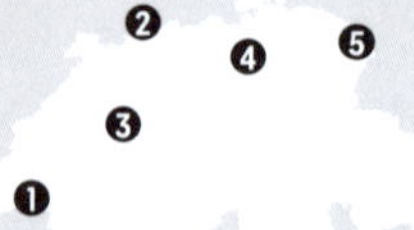

TOP-ERLEBNISSE: STRÄNDE

Sich in der Lausanner Containerbar **Jetée de la Compagnie** ❶ (S. 57) zum Sonnenuntergang unter die Student:innen mischen.

In **Basel** ❷ (S. 182) den Rhein hinabtreiben und die Stadt aus anderer Perspektive erleben.

Zum Sonnenaufgang oder mittags in **Bern** ❸ (S. 90) in die türkise Aare hüpfen.

In **Zürich** ❹ (S. 196) eine *badi* austesten, ob Jugendstil-Badehaus, schwimmende Sauna oder Hipstertreff.

In der Rorschacher **Badhütte** ❺ (S. 214) am Bodensee die Romantik der 1920er-Jahre genießen.

LINKS: JUDITH LININE/SHUTTERSTOCK ©; RECHTS: 2P2PLAY/SHUTTERSTOCK ©

Schwimmen mit Fisch

Kauf dir in der Basler Touristeninformation einen Wickelfisch, eine wasserdichte Tasche für deine Klamotten, und lass sich den Fluss hinuntertreiben (Foto).

Schweizer Softdrinks

Snackbars am Wasser *(buvettes)* verkaufen Getränke und kleine Speisen. Auf Schweizer Art erfrischst du dich mit Rivella (Foto), Sinalco oder einer Zyt blau aus Alpenkräutern.

Lospaddeln

Von Mai bis September werden an vielen Schweizer Seen SUP-Bretter, Kajaks und Tretboote verliehen, teils auch Speedboote. Schwimmwesten und Drybags werden gestellt.

DALIU/SHUTTERSTOCK ©

Schloss Spiez, Thunersee (S. 111)

TOP-ERLEBNISSE: BURGEN

Schöne Ausblicke und viel Geschichte bieten die drei herrlichen mittelalterlichen Burgen in **Bellinzona** ❶ (S. 146).

Von Montreux geht's über einen von Blumen und Skulpturen gesäumten Weg am Genfer See entlang zum prächtigen **Château de Chillon** ❷ (S. 64).

Kein anderes Schloss der Deutschschweiz ist so märchenhaft wie das in **Spiez** ❸ (S. 111) am Thunersee.

Im Aargau, einer Region mit legendären Burgen, steht auch **Schloss Habsburg** ❹ (S. 191), Stammsitz der Habsburger. Nicht verpassen!

Fahre von Dorf zu Dorf um in den Schlössern um **Nyon** ❺ (S. 59) Gärten im französischen Stil, altes Porzellan, prächtige Salons und Zinnsoldaten zu bewundern.

MÄRCHEN-SCHLÖSSER

Ob auf Hügeln oder am Wasser: Die Märchenburgen und -schlösser der Schweiz verschönern den Blick in die Landschaft noch mehr. Nutze sie nicht nur als Selfie-Motiv, sondern tauche in die Vergangenheit dieser malerischen Bauwerke ein: Die Geschichte der Schweiz beginnt im Jahr 1291, doch viele der schönsten *châteaux* und *castelli* stammen aus der Zeit davor.

Moderne Museen

Die Schweiz macht mehr aus Burgruinen: In tollen Schlossmuseen gibt's von Schweizer Geschichte bis zu Zinnsoldaten alles. Viele Museen sind montags geschlossen.

Üppige Bibliotheken

Keine noch so opulente Schlossbibliothek kann der Stiftsbibliothek in St. Gallen das Wasser reichen – durch die Rokoko-Regalreihen geht's auf Filzschlappen.

STÄDTE & REGIONEN

Entdecke dein Sehnsuchtsziel.

Fribourg, Drei-Seen-Land & Jura

SCHWEIZER STILLE, SEEN UND BERGE

Wenn dir Trubel und Action in anderen Regionen zu viel werden, seil dich im Drei-Seen-Land ab. Die Produkte aus dieser ländlichen Gegend machen Appetit: teuflischer Absinth, Gruyère-Käse und löffelfeste Crème double.

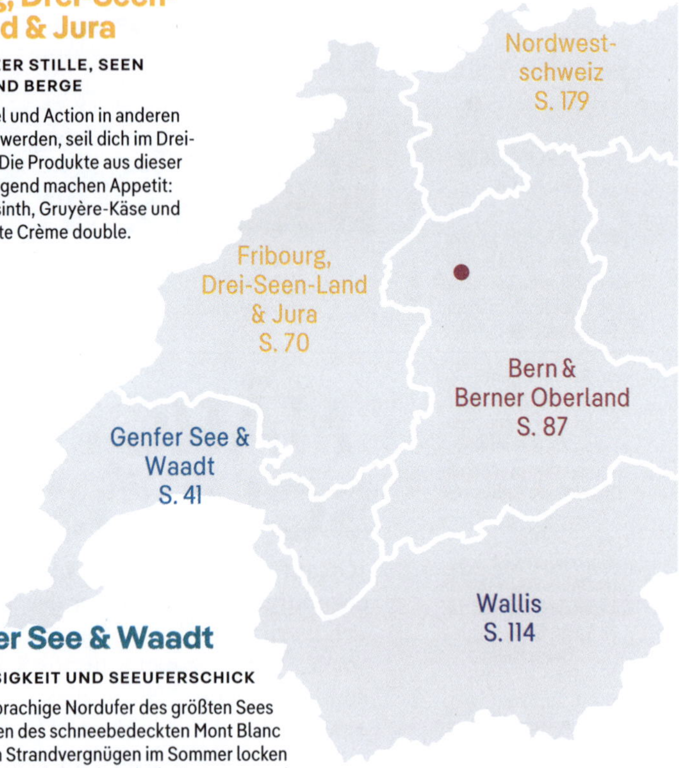

Genfer See & Waadt

URBANE LÄSSIGKEIT UND SEEUFERSCHICK

Das französischsprachige Nordufer des größten Sees Europas im Schatten des schneebedeckten Mont Blanc ist großartig. Neben Strandvergnügen im Sommer locken das kosmopolitische Genf, das olympische Lausanne und die Belle-Époque-Schönheit Montreux.

Wallis

HÖHEN-ACTION UND ALPINES SCHLEMMEN

Der Westen spricht Französisch, der Osten Deutsch, doch das trübt den Kantons-Patriotismus nicht. Hier ist man stolz auf Zermatt, Verbier, den Glacier Express, den besten Käse und Wein des Landes und auf das spektakuläre Matterhorn mit seinem Gipfel in der Form einer bekannten Schokolade.

Bern & Berner Oberland

ERHABENE GIPFEL IM HERZEN DER SCHWEIZER BERGWELT

In dieser Region ist der Ruf der Wildnis unüberhörbar: Ob beim Skydiving, Eisklettern oder Gletscher-Bungee-jumping – der Adrenalinrausch ist garantiert. Das Zentrum ist Bern, die kleine Landeshauptstadt mit einer schönen Altstadt inmitten einer herrlichen Bergkulisse.

Nordwestschweiz

KULTUR, LANDLEBEN UND GRENZLANDE

Das städtische Basel lockt mit explosiver Kunst, avantgardistischer Architektur und einem mächtigen Fluss, der sich Richtung Osten in einer Landschaft mit Märchenburgen, mittelalterlichen Dörfern und sanften Hügeln breit macht. Es lebe der Unterschied!

Zürich & Nordostschweiz

POSTINDUSTRIESTADT UND EPISCHE NATUR

Zürich – Stadt der Banker:innen und Nachteulen – die größte Stadt der Schweiz und ein globales Finanzzentrum, bietet Kunst, Schokolade und Luxusleben am See. Ein berauschender Mix, der im tief deutschschweizerischen Nordosten, dem Land der tosenden Wasserfälle, Fachwerkdörfer und hübschen Burgen, seine Fortsetzung findet.

Liechtenstein

MÄRCHEN UND ALPENWEGE

Wem die Schweiz zu viel wird, der kann nach Liechtenstein ausweichen. Dank eines Fürstenhauses, das sich gegen alle Begehrlichkeiten stemmte, blieb das winzige Land unabhängig. Am Rhein gibt's schöne Wanderwege; dazu kommen eine märchenhafte Burg und ein paar schöne winterliche Bergdörfer.

Tessin

DAS SONNIGE JUWEL DES SÜDENS

In dem italienischsprachigen Kanton lassen italienischer Lifestyle und mediterranes Klima die Schweiz in einem anderem Licht erscheinen, mit petrolblauen, von Palmen gesäumten Seen, Orten mit *palazzi*, Schlemmen im Schatten von Kastanien und Wanderwegen durch Olivenhaine.

Zentralschweiz

DIE ESSENZ DES SCHWEIZERTUMS

Die malerischen Kernlande der Schweiz mit ihren grandiosen Sonnenuntergängen, legendären Bergen und kobaltblau schillernden Gewässern stehen im Zeichen der Wilhelm-Tell-Sage. Über allem wacht Luzern, eine Kulturmetropole mit schöner Altstadt und klassischer Musik am romantischen Seeufer.

Graubünden

WILDE ALPEN UND BAHNROMANTIK

Die Region um die noblen Wintersportorte Davos und St. Moritz ist die Geburtsstätte des Wintertourismus. Geh in einem Spa aus Quarzit den Paparazzi aus dem Weg, lass den Schickimickitrubel auf stillen Wanderungen im Schweizerischen Nationalpark hinter dir und bestaune vom berühmten Glacier Express aus zauberhafte Berge. Wilder geht's nicht!

Bahnhof, St. Gallen (S. 217)

REISEROUTEN

Von Stadt zu Stadt

Dauer: 7 Tage **Strecke:** 550 km

Das perfekte Gegenstück zur landschaftlichen Schönheit der Schweiz sind ihre Städte. Diese Bahnreise führt dich von Stadt zu Stadt mit einem reichen Angebot an Weltklasse-Kunstmuseen, architektonischen Sehenswürdigkeiten und kulturellen Events, bei denen du auch in die verschiedenen Traditionen in den vier Sprachgebieten eintauchst.

1 GENF 1 TAG

Deine Reise in die mehrsprachige Schweiz beginnt in **Genf** (S. 40). Du erkundest Museen, Läden und Cafés in der Altstadt und genießt vom Turm der Kathedrale den Blick auf den Genfer See. Am Wasser läufst du am Jet d'Eau vorbei und isst mit coolen Leuten in den Bâins des Paquis zu Mittag.

Abstecher: *Mit dem E-Bike nach* **Hermance** *(S. 51) an der Grenze zu Frankreich.* *3 Std.*

2 LAUSANNE 1 TAG

In **Lausanne** (S. 52) schaust du bei Kaffee und Croissant im Café de Grancy dem Trubel zu. Schweizer Kunst und Fotografie präsentiert das Quartier Plateforme 10, „Außenseiter-Kunst" die Collection de l'Art Brut. Am Nachmittag erkundest du Ouchy unten am See oder die Altstadt oben auf dem Hügel.

Abstecher: *Durch die Weinregion* **Lavaux** *(S. 62) zur Verkostung Schweizer Weißweine.* *5 Std.*

3 BERN 1 TAG

Es ist schon richtig: **Bern** (S. 90) ist die Hauptstadt der Schweiz – trotz des geruhsamen Flairs. Die eher kleine Stadt mit ihrem mittelalterlichen Kern verzaubert dich mit der ältesten Kunstsammlung der Schweiz im Kunstmuseum und dem modernen Zentrum Paul Klee. Im Sommer lässt du dich auf der Aare an den historischen Wahrzeichen der Altstadt entlangtreiben.

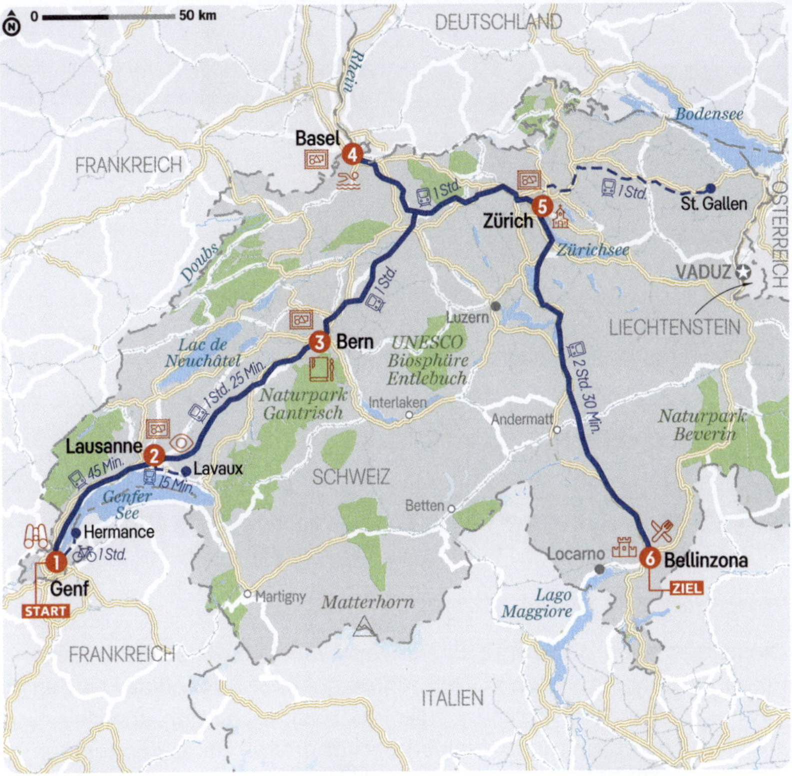

4

BASEL ⏱ **1 TAG**

Das freche **Basel** (S. 182) an der Grenze zu Frankreich und Deutschland weiß zu begeistern. Von der Fondation Beyeler geht's über den von Kunst gesäumten Rehberger-Weg zum Designdorado Vitra. Zurück in der Grossbasler Altstadt am südlichen Rheinufer schwimmst du, wenn du dich traust, mit einem Wickelfisch im Rhein. In der Abenddämmerung ist ein Drink in der Cargo Bar am Flussufer angesagt.

5

ZÜRICH ⏱ **2 TAGE**

Zürich (S. 196) ist das Größte, was die Schweiz an Metropole zu bieten hat. In der Altstadt bestechen Buntglasfenster von Chagall im Münster und alte und neue Meister im Kunsthaus auf der anderen Flussseite. Dann geht's nach Züri-West. Den Sonnenuntergang genießt du in einer *badi* (Freibad) am See.

Abstecher: *Mit dem Zug nach* **St. Gallen** *(S. 215) mitsamt Stift und Stiftsbibliothek.* ⏱ *4–6 Std.*

6

BELLINZONA ⏱ **1 TAG**

In der Tessiner Hauptstadt **Bellinzona** (S. 146) wird's italienisch. Los geht's mit dem mittelalterlichen Castelgrande, einer von drei Burgen mit tollem Blick auf die von Cafés gesäumten Plätze der Altstadt, auf Renaissancekirchen und die schneebedeckten Alpen. Vom Castello di Montebello ist der Lago Maggiore zu sehen. Das Ristorante Pedemonte erwartet dich mit hausgemachter Pasta.

DMITRY EAGLE ORLOV/SHUTTERSTOCK ©

St. Moritzersee, St. Moritz (S. 238)

REISEROUTEN

Der Glacier Express

Dauer: 6 Tage **Strecke:** 290 km

Diese legendäre Bahnfahrt, eine unvergessliche Luxusreise, haben Reisende schon seit den 1930er-Jahren auf ihrer Bucketlist. Der Zug fährt acht Stunden – du kannst die Tour aber auch etappenweise genießen, da unterwegs in einigen der schönsten Bergregionen der Schweiz ein paar herrliche Juwele der Erkundung harren.

1

ST. MORITZ ⏱ 1 TAG

Mit seinem glitzernden See, smaragdgrünen Wäldern und hohen Bergen ist **St. Moritz** (S. 238) hinreißend anzusehen. An der von Boutiquen gesäumten Via Serlas kannst du nach Promis Ausschau halten oder du carvst in Corviglia über umweltfreundliche Pisten: Die Schneekanonen hier werden mit Grauwasser gefüttert. Auch toll: über die erste Bobbahn der Welt sausen.

2

CHUR ⏱ HALBER TAG

In die älteste Stadt der Schweiz, die Hauptstadt Graubündens, **Chur** (S. 226), mit ihrer Altstadt am Fluss, alten Hotels und einer quirligen Barszene könnte man sich glatt verlieben. Du willst noch einmal über einen Viadukt wie den Landwasserviadukt fahren? Dann nimm einen Zug der Rhätischen Bahn ins nur eine Stunde entfernte Arosa, um den Langwieserviadukt zu überqueren.

3

DISENTIS ⏱ HALBER TAG

In diesem kleinen Dorf im westlichen Graubünden hüpfen alle mal kurz aus dem Zug, während für den Anstieg auf den Oberalppass (2044 m) eine Zahnradlok davorgespannt wird. Wer länger in **Disentis** (S. 232) verweilt, kann hier rätoromanisches Flair erleben und im Benediktinerkloster hoch überm Ort eine opulent ausgeschmückte Barockkirche und ein Museum besuchen.

VON LINKS: JAMES JIAO/SHUTTERSTOCK ©, GMC PHOTOPRESS/SHUTTERSTOCK ©, GDEFILIP/SHUTTERSTOCK ©

4

ANDERMATT 1 TAG

Bring dein Gepäck ins Hotel und gehe wandern – **Andermatt** (S. 174) am Schnittpunkt mehrerer Bergpässe ist ein Wanderparadies. Entweder fährst du per Zug 20 Minuten zurück zum Oberalppass, um zur Rheinquelle, dem Lai da Tuma, zu wandern und mit der Seilbahn zurückzufahren, oder du gehst bei der Teufelsbrücke klettern. Danach stärkst du dich mit Rösti im Gasthaus zum Sternen.

5

ALETSCHGLETSCHER 1 TAG

Von Betten geht's per Seilbahn zum herrlichen autofreien Skiort Bettmeralp, oder du steigst im Nachbarort Fiesch aus. Beide Örtchen sind die beste Basis für unvergessliche Wander- oder Skiausflüge mit Blick auf den **Aletschgletscher** (S. 140). Auf dem Gletscher werden geführte Wanderungen mit Steigeisen oder Skiern angeboten – vorausplanen!

6

ZERMATT 2 TAGE

Als Finale ist nichts angemessener als der erste Blick auf das Matterhorn im autofreien **Zermatt** (S. 133). An dem berühmten Berg kommt in diesem bekannten Bergort im Oberwallis keiner vorbei. Mit herrlichen Touren zum Matterhorn Glacier Paradise oder mit der Gornergratbahn kannst du problemlos zwei Tage füllen, aber auch eine Woche Wandern oder Skifahren sind hier kein Problem.

CARSTEN REISINGER/SHUTTERSTOCK ©

Schokoladengeschäft der Maison Cailler, Broc (S. 77)

REISEROUTEN

Schokoträume

Dauer: 4 Tage **Strecke:** 380 km

Schweiz und Schokolade, das gehört zusammen. Über die Hälfte der im Land produzierten Schokolade verzehrt die Bevölkerung selbst, weshalb auch du sie hier genießen solltest. Der Schokoladenzug steht hoch im Kurs, aber es gibt noch viele weitere Möglichkeiten zum Selbermachen von und Verlieben in Schweizer Schokolade.

1

GENF ⏱ HALBER TAG

Schokoperlen, in Kakao gewälzte Trüffel, Chocolat au Génépi (mit Kräuterlikör) und Schokoladenzigarren: Die Schokoladen-Touren der Touristeninformation in **Genf** (S. 40) führen Schokoholics zu einer Handvoll der rund 30 Luxus-*chocolatiers* in der Stadt. Nicht die Altstadt auslassen – hier entstand die Tradition, zum Fest der Escalade einen Schokoladentopf mit einem Säbel zu zerschlagen.

2

VEVEY ⏱ HALBER TAG

Charlie Chaplin, ausgezeichnetes Essen, prächtige Blicke über den Genfer See auf die Alpen: **Vevey** (S. 61), seit 1814 Hauptsitz von Nestlé, hat viel zu bieten. Nach einem Bad im kannst du am See speisen. Anschließend informierst du dich im Alimentarium, einem von Nestlé gestifteten großen, spielerischen Museum, über Ernährung und Lebensmittel und Schokolade gestern und heute.

3

BROC ⏱ HALBER TAG

1819 eröffnete François-Louis Cailler in einer alten Mühle in **Broc** (S. 77) eine Schokoladenfabrik. In der Maison Cailler erfährst du einiges über die älteste Schokoladenmarke der Schweiz; du kannst die Fabrik besichtigen oder auch an einem Schokoladenworkshop teilnehmen.

Abstecher: *Nachschub für Naschkatzen gibt's in* ***Gruyères*** *(S. 77): Meringues mit Crème double.* ⏱ *2 Std.*

VON LINKS: EVANNOVOSTRO/SHUTTERSTOCK ©, ANTON_IVANOV/SHUTTERSTOCK ©,SMARINA/SHUTTERSTOCK ©

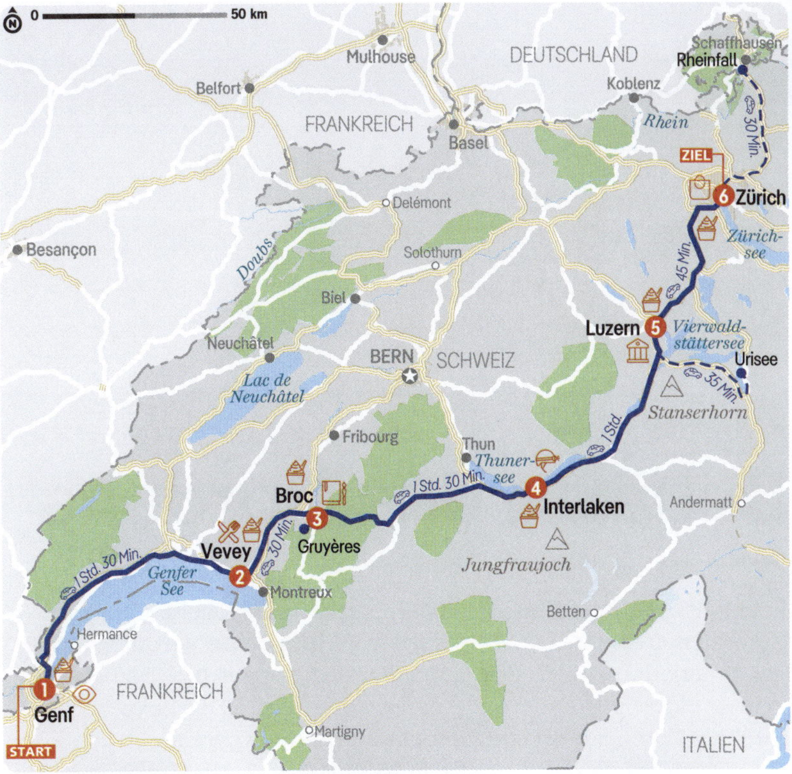

4

INTERLAKEN 1 TAG

In **Interlaken** (S. 96), dem Hochburg für adrenalingeladene Outdoor-Action und der Heimat von Sandys und Brads Funky Chocolate Club, kann es auch mal schmuddelig werden: Nach einem Tag mit deinem Lieblings-Bergabenteuer – am Wasserfall abseilen, über Wildwasser raften o. Ä. – gibt's nichts Besseres, als sich beim Schokoladeherstellen die Hände schmutzig zu machen.

5

LUZERN HALBER TAG

In **Luzern** (S. 96), wo Goethe und Königin Viktoria gerne weilten, verschmelzen Leben am See, Kultur und Nachtleben. Im Verkehrshaus tauchst du in die Geschichte der Schokolade ein: Das 20-minütige Swiss Chocolate Adventure endet mit einer von einem Lindt-*chocolatier* angeleiteten Verkostung.

Abstecher: *Am* **Urnersee** *(S. 171) spürst du den Geist von Wilhelm Tell.* *5 Std.*

6

ZÜRICH 1 TAG

In **Zürich** (S. 196) lässt du deinen inneren Willy Wonka raus: Das filmreife Lindt Home of Chocolate erzählt die Geschichte hinter der Schweizer Schokolade. In der Stadt genießt du im historischen Café Sprüngli supercremige Grand Cru Absolu und kaufst Köstlichkeiten von heutigen Schokoladenherstellern.

Abstecher: *Deinen Gaumen reinigst du am donnernden* **Rheinfall** *(S. 206).* *3 Std.*

Weinberge, Bielersee (S. 80)

REISEROUTEN

Schätze des Nordens

Dauer: 5 Tage **Strecke:** 335 km

Für Menschen, die bereit sind, einen Schritt weiterzugehen, hält die Schweiz aufregende Dörfer und sogar Wildnis bereit. Von alten Produktionsmethoden in Käsereien und auf Weingütern bis zur Übernachtung in einer Blockhütte im Jura: Die einwöchige Reise ist ein bukolischer Streifzug durch den oft übersehenen Norden des Landes.

1

APPENZELL 1 TAG

Appenzell (S. 219) wirkt märchenhaft, ist aber echt. In mit Fresken geschmückten Altstadtgassen und im Museum Appenzell schlägt das volkstümliche Herz der ländlichen Schweiz. In der Brauerei kannst du Craftbier und Malt Whisky verkosten, den würzigsten Käse des Landes dann 9 km nördlich in Stein.

Abstecher: *Ab* **Balzers** *(S. 244) mit der Burg Gutenberg geht's 75 km zu Fuß durchs winzige Liechtenstein. 3 Tage*

2

BODENSEE 1 TAG

Von St. Gallen aus geht's am Südufer des Sees entlang nach Kreuzlingen, der größten Schweizer Stadt am **Bodensee** (S. 212), mit herrlicher Kirche, Kunstinstallationen und dem Seemuseum. Wirf dich ins Leben am See: mit Bootsfahrten, Radtouren durch Apfelgärten und Abhängen am Kieselstrand. Der meist flache Bodensee-Radweg führt 269 km rund um den Bodensee, an den drei Länder grenzen.

3

SCHAFFHAUSEN HALBER TAG

Das mittelalterliche **Schaffhausen** (S. 208) machte im Zweiten Weltkrieg die traumatische Erfahrung, als einziges Stück Schweizer Boden irrtümlich von alliierten Piloten bombardiert zu werden. Die gut erhaltene Altstadt von Schaffhausen ist sehenswert und der Ort ist der beste Ausgangspunkt für einen Ausflug zum Rheinfall, dem größten Wasserfall in Europa.

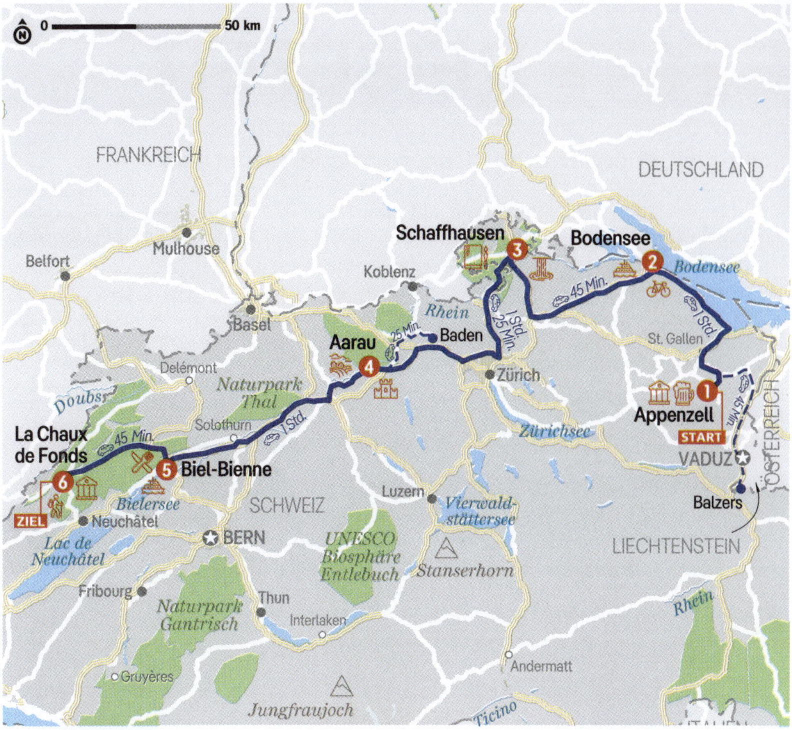

4

AARAU ⏱ HALBER TAG

Die Alpen scheinen jetzt sehr weit weg zu sein. Auf dem Weg nach **Aarau** (S. 188), einem urigen alten Städtchen in einer Region, die mit mittelalterlichen Burgen und hübschen Dörfern gespickt ist, kommt man durch samtige grüne Felder und sanfte Hügel. Dies ist die Heimat der Habsburger.

Abstecher: *In* **Baden** *(S. 191) in einem vom Stararchitekten Mario Botta gebauten Thermalbad in mineralienreichem Wasser baden wie die alten Römer. ⏱ 2 Std.*

5

BIEL/BIENNE ⏱ 1 TAG

Das Drei-Seen-Land steuerst du an, um dem Trubel zu entfliehen. Von **Biel/Bienne** (S. 94) geht's per Schiff zur stillen Sankt Petersinsel im Bielersee. Du wirst schnell verstehen, warum Jean-Jacques Rousseau hier die glücklichste Zeit seines Lebens verbrachte. Hier kannst du picknicken und baden. Zurück in der Stadt gibt's abends hiesigen Wein und Tête-de-Moine-Käse.

6

LA CHAUX-DE-FONDS ⏱ 1 TAG

Am Nordufer des von Weinbergen gesäumten Bielersees und des Lac de Neuchâtel geht's Richtung Westen in den tiefsten Schweizer Jura mit dichtem Wald, abgelegenen Dörfern und vielen Routen zum Wandern, Radfahren und Skilanglaufen. In **La Chaux-de-Fonds** (S. 83) begibst du dich im Musée International d'Horlogerie mit 4000 Zeitmessern auf eine Reise durch die Geschichte der Schweizer Luxusuhrenindustrie.

BESTE REISEZEIT

Immer! Outdoor-Fans wählen ihre Aktivität natürlich je nach Jahreszeit, aber davon abgesehen hat jeder Monat seinen Reiz.

Schon früh riskierten Rompilger Kopf und Kragen und sogar die Rettung durch einen Bernhardiner, um den gleichnamigen Bergpass zu überqueren. Englische Alpinisten eroberten die Gipfel und hoben den Alpentourismus aus der Taufe – seither ist die Schweiz ein begehrtes Ziel. Bei der Planung am besten die Hauptsaison (die Skisaison plus Juli/August) meiden! Mit warmem Wetter, Wildblumen und frischen Lebensmitteln ist das Frühjahr idyllisch. Die Einheimischen halten den Herbst mit der Weinlese und dem Gold der Lärchenwälder für die „schönste Jahreszeit".

Übernachten

In Städten wie Zürich und Genf gibt's keine saisonalen Hotelpreise, aber von Montag bis Donnerstag sind diese höher. In den Bergorten schließen viele Hotels von Mitte Oktober bis Mitte Dezember und sind im Sommer am günstigsten. Hostels sind nicht unbedingt die interessantesten Billigunterkünfte – wie wär's mit Heuschobern, traditionellen Berghütten oder einem Bett unterm Sternenhimmel (S. 249)?

LOCAL TIPP

BRUNFTZEIT

Die Bergführerin Cherries von Maur führt in Verbier Sommerwanderungen und Wildpflanzensammeln, im Winter Schneeschuhwanderungen. @cherrieswalks

Im Herbst sind die Tage warm und das Licht ist herrlich. Die wilden Blaubeeren sind süß, die Lärchen werden golden und es lassen sich Tiere sehen. Einmal verspürte ich nach einer Wanderung Druck auf der Blase. Gerade als ich die Hose um die Knöchel hatte, kippte ich fast aus den Latschen: Um mich herum war die Brunft in vollem Gange! Wie können sich diese riesigen Hirsche nur so gut verstecken?

Fasnacht, Basel (S. 182)

DIE BISE

Die Bise, ein starker, bitterkalter Nordostwind, hält angeblich immer drei Tage an und verwandelt den Genfer Seen und die Seen des Drei-Seen-Lands in beinahe schon wilde Gewässer. Der Südwind hingegen, der Föhn, ist warm.

Reisewetter (Zürich)

	JANUAR	FEBRUAR	MÄRZ	APRIL	MAI	JUNI
ø-Temp. Max:	4,2 °C	5,3 °C	9,8 °C	14 °C	17,6 °C	21,5 °C
Regentage:	10	9	11	11	12	11

SCHNEE

Die Schweizer Skigebiete über 2000 m Höhe sind von Dezember bis April schneesicher, doch wegen des Klimawandels ist Schnee in geringeren Höhen inzwischen weniger sicher. Am 1. Januar 2023 wurde in Delémont nördlich der Alpen die höchste je in der Schweiz gemessene Januar-Temperatur verzeichnet: 20,9 °C.

Karneval & Publikumsfeste

Bei der **Fasnacht** gibt's in den katholischen Kantonen Umzüge, Kostüme, Musik und viel Trubel, z. B. in Luzern (S. 164) und Basel (S. 182). **Februar**

In Zürich wird das Ende des Winters beim **Sechseläuten** (S. 195) von kostümierten Menschen mit Straßenumzügen und der Verbrennung eines überlebensgroßen, mit Feuerwerk gefüllten Schneemanns namens Böögg gefeiert. **April**

Der Name führt in die Irre: Auf Bühnen in der ganzen Stadt präsentiert das **Montreux Jazz Festival** (S. 66) Rock, Pop, Soul, Funk, Jazz und alles andere. Für einige der Konzerte braucht man Tickets, doch viele der Freiluftkonzerte sind umsonst, mit herrlichem Seeblick als Dreingabe. **Juli**

Am **Schweizer Nationalfeiertag** funkeln über Seen, Bergen, Dörfern und Städten im ganzen Land Feuerwerke. Zu den eindrucksvollsten zählt das am Rheinfall. **August**

LOCAL TIPP

EINSAMKEIT

Schäferin Claire Jeannerat lebt in Crans Montana. Dezember bis April verbringt sie auf dem Hof; von Juni bis Oktober führt sie ein Nomadendasein auf Sommerweiden. @theswissshepherdess

Wir haben 500 Schafe und 100 Ziegen. Im September sind die meisten Besucher:innen wieder weg und du bist mit deinen Tieren auf den alten, von Hirten genutzten Bergpfaden oft allein unterwegs. Das lässt dich demütig werden. Die Herbstfarben sind herrlich!

Schafe, Schwarzsee

Sportabenteuer

Die Bauern im Wallis nehmen die traditionellen **Combats des Reines** (Kuhkämpfe) extrem ernst. Der Höhepunkt der Saison ist das große Finale im römischen Amphitheater von Martigny (S. 121). **März bis September**

Beim Interlakener **Unspunnen-Schwinget**, einer Art Alpen-Olympiade (S. 97), ringen sich beim Schwingen, dem schweizerischen Ringkampf, erwachsene Männer in groben Jute-Hosen zu Boden. **August**

Mit dem E-Bike durch die Schweizer Berge zu radeln ist schwer angesagt. Das mehrtägige **Verbier E-Bike Festival** wartet mit wilden Ritten, Gourmetimbissen und Musik auf (S. 125). **August**

Dank Fackelumzügen durch die Altstadt, Feuern, Volksläufen für Erwachsene und Kinder, dem Zerschmettern des Schokoladentopfs und allerlei Genüssen ist die Genfer **Escalade** extrem vergnüglich (S. 48). **Dezember**

WETTERWARNUNGEN

Auf der MéteoSuisse-App kannst du dir Wettervorhersagen anschauen und dich für Warnungen (Waldbrände, Schneestürme usw.) für bestimmte Orte anmelden. Die Warnungen auf den Gefahrenkarten sind je nach Ausmaß von grün über gelb, orange und rot bis dunkelrot markiert.

JULI	AUGUST	SEPTEMBER	OKTOBER	NOVEMBER	DEZEMBER
ø-Temp. Max: **23,1 °C**	ø-Temp. Max: **22,8 °C**	ø-Temp. Max: **18,7 °C**	ø-Temp. Max: **14,6 °C**	ø-Temp. Max: **8,6 °C**	ø-Temp. Max: **4,9 °C**
Regentage: 12	Regentage: 11	Regentage: 10	Regentage: 9	Regentage: 10	Regentage: 11

LINKS: KASAKPHOTO/SHAUTTERSTOCK ©; GANZ RECHTS: VEGA FILM/ALBUM/ALAMY STOCK PHOTO ©

Bachalpsee (S. 105), Grindelwald

BESTENS VORBEREITET AUF DIE SCHWEIZ

Nützliches zum Vorbereiten und Einstimmen.

Kleidung

Schichten Für die Schweiz liegst du mit einer wasserdichten Jacke, einem leichten Schal und Badesachen in der Tasche immer richtig. Zwar ist's im Grunde im Sommer warm und im Winter kalt, doch das Wetter kann plötzlich umschlagen, sodass du eben noch in der Sonne schwitzt, um dann plötzlich bis auf die Haut durchnässt zu werden.

In den Bergen ist eine gute Outdoor-Ausrüstung ein Muss. In den Städten kleiden sich die Leute sportlich-elegant. In Genf, Zürich, Basel und Bern schlüpfen viele Einheimische mittags in ihre Badesachen. Für formellere Abende etwa in gehobenen Bars und Restaurants oder fürs Theater putzen sich die Schweizer:innen gerne raus.

Etikette

Schweizerdeutsch ist nicht dasselbe wie Deutsch. Am besten grüßt du also mit *Grüezi*.

Immer die lokalen Namen verwenden, also z. B. Lac Léman für den Genfer See.

Beim ersten Treffen die Hand schütteln, auch beim Abschied. Nur Freund:innen küssen sich dreimal auf die Wangen.

Schuhe In Sandalen durch die Berge oder in Flip-Flops übers Kopfsteinpflaster schlurfen ist eher nicht angesagt. Also flache feste Schuhe, Wanderstiefel und Thermosocken einpacken!

LESEN

Bummel durch Europa (Mark Twain, 1880) Unterhaltsame Darstellung seiner Wanderung durch die Alpen 1878.

Der Zauberberg (Thomas Mann, 1924) Eintauchen in die verschneiten Straßen und die Sanatorien von Davos.

Hotel du Lac (Anita Brookner, 1984) Reise einer Schriftstellerin an den Genfer See; ausgezeichnet mit dem Booker-Prize.

Immer schön langsam (Diccon Bewes, 2013) Moderne Version der ersten Pauschalreise von London nach Luzern per Bahn, Bus und Schiff.

Sprechen

Die Schweiz hat drei nationale Amtssprachen: Deutsch (gesprochen von rund 64 % der Bevölkerung), Französisch (20 %) und Italienisch (7 %). Rätoromanisch (1 %) wird vor allem in Graubünden gesprochen.

Französisch

Bonjour heißt „Guten Tag" und fungiert als „hallo", bis zum späten Nachmittag, dann wird daraus *bon soir.*
Vergiss, was du für „Frühstück", „Mittagessen" und „Abendessen" gelernt hast – in der Schweiz heißt es *déjeuner, dîner* und *souper.*
Auch im Französischen gibt's ein „du" und „Sie": *tu* und *vous.*
Die Schweizer:innen haben eigene Wörter für 70 (*septante*), 80 (*huitante*) und 90 (*nonante*).

Schweizerdeutsch

Wer Deutsch spricht, versteht in der Schweiz trotzdem eher wenig: Zwar schreibt man in der Schweiz Hochdeutsch, doch man spricht Schweizerdeutsch. *Grüezi* ist das schweizerdeutsche „Guten Tag". „Auf Wiedersehen" heißt *uf widerluege.* In informellen Situationen kannst du auch „Tschüss" sagen.
Für „Danke" benutzen die Schweizer:innen meist *merci,* in einigen Kantonen aber auch „danke".

Italienisch

Die Schweizer:innen haben rund 200 Wörter, die nicht im normalen italienischen Wörterbuch stehen.
Buongiorno und *arrivederci* bedeuten „hallo" und „auf Wiedersehen", das informelle *ciao* kann beides heißen.
Um einen Tisch zu reservieren: *Posso riservare un tavolo.* Das italienische *prenotare* (reservieren) gebrauchen die Tessiner nicht.

ANSCHAUEN

Reise der Hoffnung (Xavier Koller, 1990) Oscar-prämierte Geschichte einer kurdischen Flüchtlingsfamilie.

Die göttliche Ordnung (Petra Biondina Volpe, 2017) Eine Hausfrau wird zur Aktivistin.

Schwesterlein (Foto; Stéphanie Chuat, Véronique Reymond, 2020) Familiendrama stellt Familienbande infrage.

Syriana (Stephen Gaghan, 2005) US-Thriller mit Matt Damon und George Clooney sowie dem Genfer Hôtel President Wilson.

Je Suis Noires (Rachel M'Bon, Juliana Fanjul, 2022) Doku über die Identitätssuche einer Schweizer-kongolesischen Journalistin.

REINHÖREN

La Loi du Papillon (Nuit Incolore; 2023) Mischung aus Chanson, Rap und Pop des Songwriters, Pianisten und Sängers Théo Marclay aus dem Wallis.

Women (Pilar Vega; 2021) Die in Zürich ansässige Tessinerin Pilar Vega hat karibische Wurzeln und ist ein junger Star der Schweizer R&B-Soul-Szene.

Blum (spreaker.com/show/blum-english; 2023) Reise durch die Schweizer Kunstwelt in fiktionalem Podcast; ein Projekt von Schweiz Tourismus.

SWI (swissinfo.ch/ger) Eine unverzichtbare Quelle für aktuelle Nachrichten über die Schweiz mit ausführlichen Podcasts.

Spätzli

ESSEN WIE DIE LOCALS

Wie zu erwarten hat ein Land mit vier Sprachen und Kulturen auch viele verschiedene kulinarische Erlebnisse zu bieten.

Die Schweizer Küche hat weit mehr zu bieten als Schokolade, Käse und Rösti. Die besten Speiseerlebnisse macht jedoch nicht das Essen allein aus. Ein Fondue im Wald, gefolgt von einer Schlittenfahrt durch die Kiefern unterm Sternenhimmel, im Herbst Wild und luftgetrocknetes Fleisch in einer Berghütte mit Kühen und herrlichem Ausblick, ein Sonnenuntergangs-*génépi* (Kräuterlikör) inmitten von Viertausendern oder Apfelstrudel in einer *buvette* nach einem Flussbad – das sind die wahren gastronomischen Highlights in der Schweiz.

Ihre Bodenständigkeit verdankt die Schweizer Küche alpinen Traditionen, ihre Vielfalt der Geografie. Die Köch:innen in den frankophonen Kantonen lassen sich von Frankreich inspirieren, die Tessiner von Italien und der Rest von Deutschland und Österreich. Das Ergebnis ist eine ganz eigene deftige Küche; dazu werden Craftbiere und Weine kredenzt, die es nur in der Schweiz gibt.

Schweizer Speisekammern

In den Speisekammern in Schweizer Haushalten stehen viele Öle, Kräuter und Gewürze. Zum Kochen werden Raps-, Sonnenblumen- und Distelöl genutzt; mit Ölen wie Walnuss-, Hanf- und Kürbiskernöl werden einfache grüne Salate aufgepeppt, die gängigen Begleiter von Käsefondues. Getrocknete Kräuter konkurrieren mit dem seit 1907 in Schaffhausen produzierten „Aromat“, einer Gewürzmischung aus Knoblauch, Zwiebeln, Selleriesamen, Nelken und

Unbedingt probieren!

BIRCHER MÜSLI
Frühstücksklassiker mit Haferflocken, Apfel und Nüssen in Milch oder Joghurt.

RÖSTI
Deutschschweizer Fladen aus geraspelten Kartoffeln, in der Pfanne gebacken.

FONDUE
In geschmolzenen Käse (mit Knoblauch und Wein) getauchte Brotwürfel.

RACLETTE
Geschmolzener Käse mit Beilagen wie Kartoffeln, sauren Gurken und Aufschnitt.

Gelbwurz, die auf Eier oder Kartoffeln gestreut wird. Ebenfalls zum Würzen oder als Brotaufstrich wird „Cenovis" verwendet, ein dunkelbrauner Hefeextrakt. Weitere Grundnahrungsmittel sind Pasta und Polenta. Unbedingt mit nach Hause nehmen: Bündner Pizokel (Teigwaren) aus Graubünden und Rosso del Ticino (Polentagrieß aus einer alten Maissorte) aus dem Tessin!

Essen aus dem Automaten hat in der Schweiz nichts mit Junkfood zu tun. Im Käseautomaten gibt es frisch geriebenen Fondue- und Raclettekäse, Hofeier, Honig und Marmelade. Im Kanton Waadt halten Automaten der Firma Tout Cru sogar verzehrfertiges Tatar bereit.

Vegetarisch & vegan

In einem vorwiegend ländlich geprägten Land, in dem jahrhundertelang zu Winteranfang das Hausschwein geschlachtet wurde, bilden Vegetarier:innen und Veganer:innen eine kleine, wenn auch wachsende Minderheit. In den Städten decken vegetarische Restaurants die gesamte Bandbreite der Schweizer Küche ab. Das älteste vegetarische Restaurant der Welt, das Haus Hiltl in Zürich, ist schon seit 1888 mit einem pflanzenbasierten Buffet erfolgreich – abgerechnet wird nach Gewicht. Die Restaurant-Kette Tibits verfügt in der ganzen Schweiz über stylishe Restaurants, u. a. in der alten Bahnhofsgaststätte in Lausanne.

Veganer:innen haben angesichts der Käsevöllerei in den Bergen Probleme. Schweizer Hartkäse werden meist mit Lab hergestellt, einem Enzym aus dem Magen eines Kalbs oder einer jungen Ziege.

FOOD- & WEINFESTIVALS

Zuger Chriesisturm (S. 175) Die Kirschernte im Juni feiert Zug mit Leiterrennen, einem Kirschmarkt und endloser Kirschvöllerei.

Bagnes Capitale de la Raclette (S. 129) Käsemesse im September mit goldenem geschmolzenem Raclette-Käse von Erzeuger:innen aus dem Wallis.

Fête des Vendanges (S. 63) Das größte Weinfest in der Waadt im September in Lutry mit Weinproben, Konzerten, Straßenumzug und Feuerwerk.

Läset-Sunntig (S. 111) Weinfest im September in Spiez mit Straßenumzügen, Märkten, Weinbergspaziergängen und Verkostungen.

Zibelemärit (S. 92) Beim Berner Zwiebelmarkt im November säumen Stände mit Zwiebelzöpfen in allen Formen und Größen die Straßen der Schweizer Hauptstadt.

Zwiebeln, Zibelemärit (S. 92)

Capuns

SPÄTZLI	ÄLPLERMAGRONE	CAPUNS	HAFENCHABIS
Typisch für die Deutschschweiz, der Teig besteht aus Mehl, Milch, Wasser und Eiern.	Nudelauflauf mit Kartoffeln, Sahne, Zwiebeln und geschmolzenem Käse.	Spätzleteig, Bündnerfleisch, Schinken und Kräuter, in Spinat gewickelt.	Lamm- oder Schweinefleischeintopf mit Kohl.

Käse

Nicht jeder Schweizer Käse hat Löcher. Sowohl der Emmentaler aus dem gleichnamigen Tal östlich von Bern als auch der ähnliche Schweizer Tilsiter haben zwar welche, doch ein Großteil der 450 Schweizer Käsesorten kommt ohne aus. Berühmte Beispiele sind der Gruyère aus Gruyères nahe Fribourg, der geruchsintensive Appenzeller, der in der gleichnamigen Stadt im Nordosten der Schweiz zu ebenso stark duftenden Gerichten verarbeitet wird, und der Sbrinz, der Vorfahre des italienischen Parmesans, der sein charakteristisches Aroma durch eine 24-monatige Reifezeit erhält.

Im Sommer stellen Hirten im Wallis, in den Berner Alpen und im Tessin in alten Hütten auf den Sommerbergweiden *fromage d'alpage* (Alpkäse, *fromaggio d'Alpe*) her: Der L'Etivaz darf nur von Mai bis Ende Oktober und ausschließlich aus Milch von Kühen zubereitet werden, die auf den Sommerwiesen der Waadtländer Alpen weiden.

Fondue & Raclette

Im Skiurlaub in der Schweiz sollte man mindestens einmal Brotwürfel in einen Topf mit geschmolzenem Käse tauchen. Die klassische Mischung besteht zu gleichen Teilen aus Emmentaler und Gruyère, mit Weißwein angerührt und mit einem Schuss Kirschwasser verfeinert. Ein *fondue moitié moitié* besteht aus Gruyère und Vacherin Fribourgeois. Zudem sind Varianten mit weiteren Zutaten wie Tomaten, Pilzen, Absinth, Curry oder Trüffeln üblich.

Auch ein Raclette ist eine gesellige Angelegenheit. Dabei wird geschmolzener Käse – als bester gilt der seit dem 16. Jh. aus Rohmilch hergestellte AOC Raclette du Valais – über Salzkartoffeln gegeben. Wie zum Fondue werden auch zum Raclette Aufschnitt, saure Gurken und ein grüner Salat gereicht.

Schokolade

Die Zeit, in der man sich vor dem Matterhorn mit einem Stück Toblerone fotografierte, mögen vorbei sein – die seit 1908 in der Form des Bergs gefertigte Schokolade wird inzwischen in der Slowakei hergestellt. Doch natürlich kommt nach wie vor bergeweise **Schokolade** in jeder Form und Größe aus der Schweiz.

Innovative Unternehmer wie François-Louis Cailler (1796–1852), der 1819 bei Vevey am Genfer See die erste Schweizer Schokoladenfabrik eröffnete, sicherten der Schweizer Schokolade im 19. Jh. ihre Reputation. Dank Henri Nestlé (1814–1890), der das Milchpulver erfand, wurde 1875 die erste Milchschokolade produziert und vier Jahr später erfand Rodolphe Lindt (1855–1909) das Conchieren, ein Rührverfahren, das der Schokoladenmasse eine zarte Konsistenz verleiht. Die Geschichte der Schweizer Schokolade wird im **Lindt Home of Chocolate** (S. 201) in Zürich erzählt.

IMAGEBROKER.COM/SHUTTERSTOCK ©

PICKNICKZUTATEN

Bündnerfleisch Luftgetrocknetes Rindfleisch aus Graubünden, geräuchert und dünn geschnitten.

Lard sec du Valais Walliser Trockenspeck, in Kräutern und Gewürzen mariniert und dann luftgetrocknet; ebenfalls luftgetrocknet aus dem Wallis sind *jambon cru* (Rohschinken) und *viande sechée* (Dörrfleisch).

Pain de seigle Valaisan Traditionelles Roggenbrot aus dem Wallis – hält sich tagelang.

Cervelas Kurze Brühwurst aus Rind- und Schweinefleisch mit rauchigem Geschmack, am besten über dem offenen Feuer oder am Strand auf dem Grill gegrillt.

Basler Läckerli Weiches lebkuchenartiges Gebäck aus Basel mit Honig, Mandeln und kandierten Früchten.

Magenbrot (Foto) Glasiertes Lebkuchengebäck mit Nelken, Zimt und Sternanis.

Basler Brunsli Weihnachtsgebäck aus Mandeln und Schokolade in verschiedensten Variationen.

Schweizer Spezialitäten

Kantonale Küche

Zürcher Geschnetzeltes Kalbsstreifen in Sahnesauce, typisch für Zürich.

Basler Mehlsuppe Suppe aus Rinderbrühe, Mehlschwitze, Zwiebeln und einem Schuss Rotwein; serviert mit geriebenem Gruyère.

Wähe Basler Karnevalsfavorit: ein Zwiebel-Käse-Kuchen.

Rippli Schweinerippchenfleisch mit Schinken, Kartoffeln und Bohnen, aus Bern und Umgebung.

Filets de perche meunière Das typische Genfer Gericht: in Butter gebratenes Barschfilet, serviert mit Pommes Frites und grünem Salat.

Papet vaudois Kartoffelpüree und Lauch in Sahne-Wein-Sauce, serviert mit *saucisse aux choux* (Wurst aus Schweinefleisch, Leber und Kohl).

Polenta ticinese Cremiger Maismehlbrei, oft mit Schmorfleisch, Käse oder Wildpilzen.

Zuger Kirschtorte

Süßes

Zuger Kirschtorte Kirschtorte aus Zug.

Bündner Nusstorte Mit dicker Walnusspaste gefüllter Mürbeteig.

Haslikuchen Haselnusskuchen.

Tarte à la raisinée Torte mit *vin cuit*, einem Apfel- oder Birnensirup.

Tarte au noix Kuchen mit karamellisierten Walnüssen.

Torta di pane Traditionelle Tessiner Nachspeise aus trockenem Brot, Milch und Eiern, Vanille, Mandeln, Rosinen und Pinienkernen.

Meringues mit Sahne Federleichte Baisers mit dicker Sahne.

GESCHMACKS-ERLEBNISSE

Ecco St. Moritz (S. 239) Gourmetküche in Sternetempel im noblen St. Moritz.

Inselwirtschaft Ufnau (S. 207) Verführerische Zürichsee-Adresse mit toller Lage auf einer Naturschutzinsel und rustikaler Küche.

Auberge d'Hermance (S. 51) Dorfgasthaus an der schweizerisch-französischen Grenze mit ganzem Hühnchen in Kräuter-Salz-Kruste.

Locanda San Silvestro (S. 151) Perfekte Verschmelzung von traditioneller und moderner Tessiner Küche in Gasthof aus dem 18. Jh.

Bains des Pâquis (S. 46) Im Winter ist nichts ist schöner als ein Saunagang, ein kaltes Bad im See und dann ein fluffiges Käsefondue im Genfer Retrobad.

SAISONALE KÜCHE

FRÜHLING

Auf den Märkten gibt's Spargel und Schwarzwurzel, cremige weiße Wurzeln, die gut zu Schnitzel, Wasserkresse und Vacherin Mont d'Or AOC passen. Es gibt die ersten Erdbeeren und die Kirschbäume blühen.

SOMMER

Aprikosen aus dem Wallis, Kirschen aus Zug sowie Feigen, Pflaumen und Erdbeeren auf den Märkten, dazu Blaubeeren an den Berghängen. Die kleine Büschelibirne wird geerntet und in Zuckerwasser eingelegt.

HERBST

Birnen werden zum *Poire du Valais* (Williams) verarbeitet. Die Weinlese beginnt. Äpfel werden reif und rund um Genf werden die Kürbisäcker orange. Im Tessin fallen Kastanien und in Bern regiert die Zwiebel.

WINTER

Im November weht der Duft gerösteter Kastanien über Tessiner Feste. Quittenkuchen wird gebacken und Marmelade gekocht. Die Fischer auf dem Genfer See fangen die letzten Barsche. Skifahrer:innen futtern Fondue.

EVA BOCEK/SHUTTERSTOCK ©

Contra-Damm, Valle Verzasca (S. 159)

OUTDOOR-ERLEBNISSE

In der Schweiz mit Bergen, Flüssen und Outdoor-Abenteuern an jeder Ecke kommt Füße hochlegen nicht infrage.

Die berauschende Natur der Schweiz weckt den Unternehmungsgeist. Ob Skifahren im verschneiten Wallis, Graubünden oder Berner Oberland im Winter oder Wandern an funkelnden Seen, durch steile Täler und über Blumenwiesen im Sommer – die Möglichkeiten sind endlos. Genieße die Natur von einer schwindelerregenden Hängebrücke aus, im Paraglider oder auf dem Wildwasser, berühre am Jungfraujoch das Gletschereis. Das Beste daran: Du musst kein:e Bergsteiger:in sein, um es zu tun!

Wandern

Bei 62500 km an Wanderwegen sind Auswahl und Vielfalt in der Schweiz überwältigend. Die Wege sind ausgeschildert und gepflegt und dank Stand- und Luftseilbahnen haben auch Familien mit Kindern leicht Zugang zu den Bergen; gute Planungstools sind wanderland.ch und map.wanderland.ch. Bergwandernde zieht es auf die Höhenwege im Berner Oberland, im Wallis und in Graubünden mit sagenhafter Landschaft und himmelwärts strebenden Gipfeln. In niedriger gelegenen Gebieten wie der Weinregion Lavaux am Genfer See oder im idyllischen Milchviehland rund um Appenzell sind ganzjährig kürzere und weniger anspruchsvolle Wanderungen möglich, die Einblicke in alte Landwirtschaftstraditionen gewähren.

Im ganzen Land erläutern Themenwege das Erbe der Schweiz aus allen möglichen Perspektiven: So gibt es Dinosaurier-, Giftpflanzen-, Gletscher-, Architektur-, Murmeltier-, Uhren- und Geologiewege. Und wenn du das Tempo rausnehmen willst, dann locken sinnliche Barfußpfade durch Wiesen und steinige Bäche.

Noch mehr Spaß!

KLETTERN
Schiere Felswände, Klettersteige und gefrorene Wasserfälle: Die Guides von **Zermatters** (S. 137) unterstützen dich.

KANUFAHREN
Auf dem **Kanuweg Thunersee** (S. 110) in aller Stille an bewaldeten Felsen, Burgen und schneebedeckten Gipfeln vorbeipaddeln.

PARAGLIDING
Von der **Cimetta** (S. 154) bei Locarno wie ein Vögelchen über den Lago Maggiore gleiten mit den Alpen am Horizont.

FAMILIEN-ABENTEUER

Sattle eine Kuh und wandere im Kuhtempo durch eine idyllische Landschaft zum Ufer des **Rheins** (S. 187).

Schippere auf einem Belle-Époque-Dampfer über den **Genfer See** (S. 41) und schau dir an, wie die riesigen Kolben arbeiten.

Miete einen Holzschlitten und sause in **Davos** (S. 236) unterm Sternenhimmel über eine legendäre Rodelbahn.

Halte die Kids mit einer E-Bike-Tour durch's käsige **Emmental** (S. 94) bei Laune.

Spiele am **Schilthorn** (S. 108) James Bond.

Geh mit den Kindern auf einer geführten Wanderung über den **Aletschgletscher** (S. 140) mit dem Eis auf Tuchfühlung.

Ältere Kids werden einen Tag mit Kitesurfen, Wingfoiling oder Schneekiting auf dem **Silvaplanasee** (S. 242) bei St. Moritz genießen.

Skifahren & Wintersport

In einem Land, in dem dich jede Dreijährige abhängt und scheinbar jedes Kuhdorf einen Skilift hat, ist die Frage nicht, *wo* du Ski fahren kannst, sondern bloß *wie*: Nobel oder abgelegen, partyverrückt oder idyllisch, für Anfänger:innen oder Könner:innen, schwarz oder blau? Die Schweiz hat für jeden Bedarf das richtige Skigebiet. Gletscherabfahrten, haarsträubende Buckelpisten, vertikale Abhänge und Freestyle-Parks voller Jumps. Auch das Terrain ist sehr unterschiedlich, wobei neben den gut gefüllten Abfahrten immer auch Skiwanderwege und Langlaufloipen zur Verfügung stehen. Skipässe machen einen Großteil der Kosten aus, doch wenn du die Schulferien meidest und kleinere Dörfer gehobenen Skigebieten vorziehst, wird's erschwinglicher. Für die, die sich nicht entscheiden können, bietet der unglaublich preiswerte Magic Pass (magicpass.ch) unbegrenzten Zugang zu Liften in 69 Skigebieten.

E-BIKES

Trekking-E-Bikes und E-Mountainbikes sind in der Schweiz derzeit schwer angesagt (S. 253).

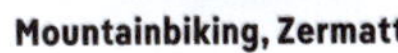
Mountainbiking, Zermatt

Radfahren

Mit 9000 km an Radwegen und 4500 km an Mountainbike-Trails ist die Schweiz ein effizient ausgebautes Paradies für Pedalritter:innen. Bergpässe mit herrlicher Aussicht locken echte Straßenradler:innen mit einem Hang zu anspruchsvollen Anstiegen an und zahlreiche von gut befahrbaren Radwegen gesäumte Seen und Flüsse bilden das Ziel für Menschen, die es auf flacherem Terrain lieber gemütlich angehen lassen. Mountainbiker:innen bereiten erstklassige Bikeparks in Verbier und Davos sowie Mountainbike-Trails in vielen Bergorten Adrenalinschübe ohne Ende. Im ganzen Land organisiert SlowUp (slowup.ch) tolle Familientagesausflüge auf zwei Rädern.

Schwer angesagt sind in der Schweiz derzeit E-Bikes, die du überall problemlos leihen kannst.

BUNGEESPRINGEN
Im Tessiner Verzascatal *GoldenEye* nachspielen – der **Contra-Damm** (S. 159) bietet den zweithöchsten Bungeesprung der Welt.

EISBADEN
In **Arosa** (S. 232) bei Vollmond durch den Schnee trapsen und am zugefrorenen Untersee im frisch geschlagenen Eisloch baden.

STEHPADDELN (SUP)
An der **Pointe de la Jonction** (S. 50), wo sich bei Genf Arve und Rhone treffen, aufrecht auf dem SUP-Brett stehen.

RAFTING & CANYONING
In Lütschine, Simme und Saane und in den Kalksteinschluchten von **Interlaken** (S. 96) durch's Wildwasser rauschen.

ACTION AREAS

Die besten Outdoor-Erlebnisse in der Schweiz.

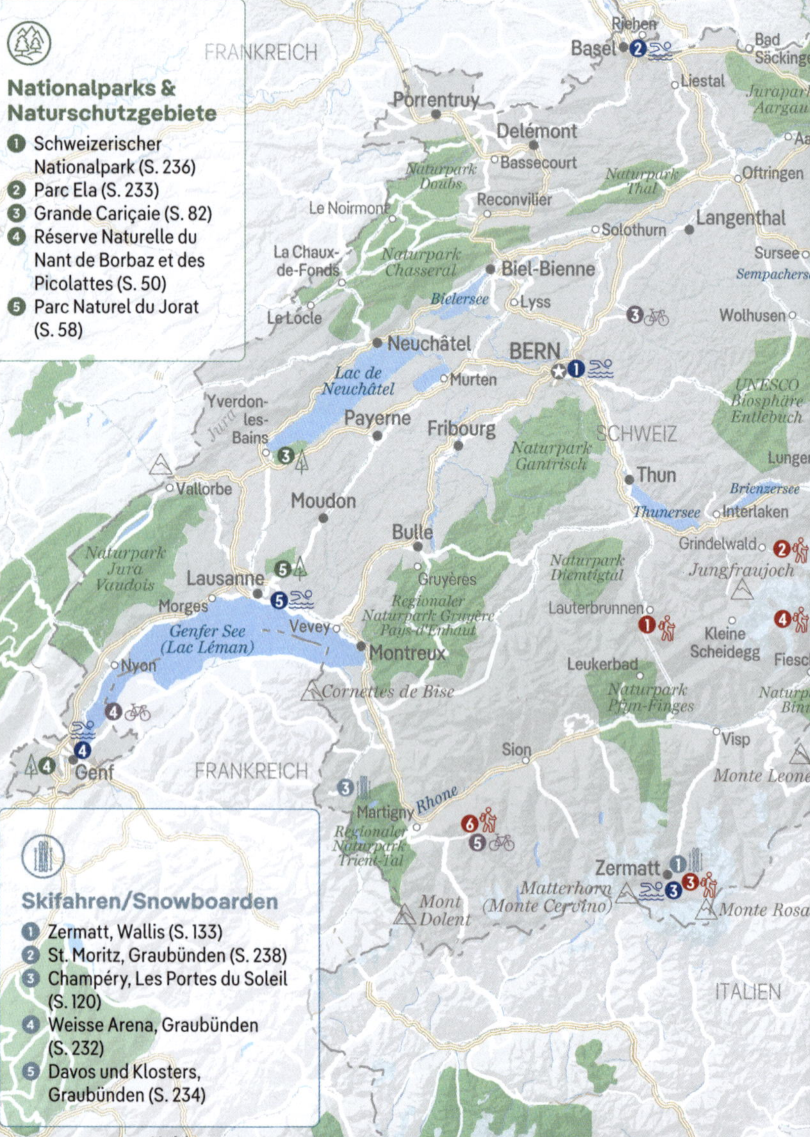

Nationalparks & Naturschutzgebiete

1. Schweizerischer Nationalpark (S. 236)
2. Parc Ela (S. 233)
3. Grande Cariçaie (S. 82)
4. Réserve Naturelle du Nant de Borbaz et des Picolattes (S. 50)
5. Parc Naturel du Jorat (S. 58)

Skifahren/Snowboarden

1. Zermatt, Wallis (S. 133)
2. St. Moritz, Graubünden (S. 238)
3. Champéry, Les Portes du Soleil (S. 120)
4. Weisse Arena, Graubünden (S. 232)
5. Davos und Klosters, Graubünden (S. 234)

Radfahren

1. Davos und Klosters, Graubünden (S. 234)
2. Bodensee-Radweg (S. 212)
3. Emmentaler Käseroute, Burgdorf (S. 94)
4. Von Genf nach Hermance, Genfer See (S. 51)
5. Verbier Bike Park, Verbier (S. 125)

Wandern

1. Kandersteg, Berner Oberland (S. 112)
2. Faulhornweg, Berner Oberland (S. 99)
3. Fünf-Seen-Weg, Zermatt (S. 136)
4. Von der Fiescheralp zur Konkordiahütte, Aletschgletscher (S. 141)
5. Macun-Seen, Zernez (S. 236)
6. Pierre Avoi, Verbier (S. 122)
7. Liechtenstein-Weg (S. 246)

Kaltwasserschwimmen

1. Aare, Bern (S. 90)
2. Rhein, Basel (S. 185)
3. Grünsee und Leisee, Zermatt (S. 136)
4. Bains des Pâquis, Genf (S. 46)
5. Lutry, Genfer See (S. 63)
6. Seebad Seeliken, Zug (S. 173)
7. Eisbadi, Arosa (S. 232)

SCHWEIZ

REISEZIELE

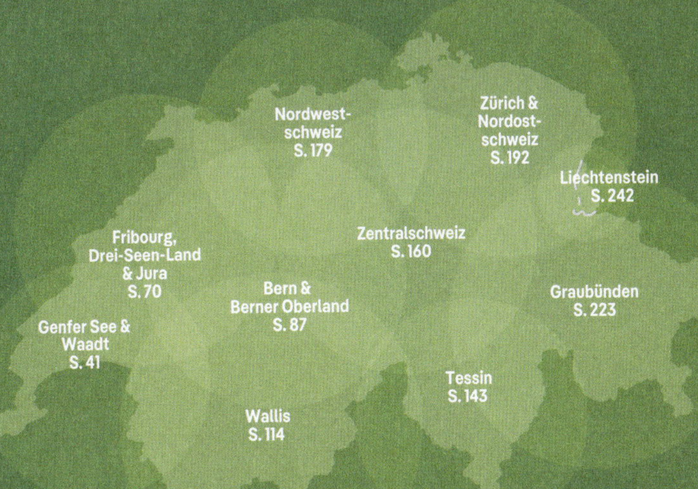

In jeder Region starten wir mit dem perfekten Standort, um die Umgebung zu erkunden. Entdecke einzigartige Erlebnisse, Tipps unserer Autor:innen und Expert:innen, Hintergründe und Empfehlungen.

Grindjisee und Matterhorn (S. 136), Wallis
SEAN PAVONE/SHUTTERSTOCK ©

NIKONKAI/SHUTTERSTOCK ©

Oben: Weinberg im Lavaux (S. 62), Genfer See; Les Diablerets (S. 68)

Genfer See & Waadt

URBANE LÄSSIGKEIT UND SEEUFERSCHICK

Die Hälfte des Genfer Sees und der größte Teil seines Südufers sind französisch, doch der Rest ist der große Stolz des Waadtlands (frz. Vaud).

Der Genfer See (frz. Lac Léman) prägt den Lebensstil der gesamten Region. Unterhalb der terrassierten Weinberge des Lavaux verkehren die Züge Richtung Osten am Seeufer entlang. Schifffahrten versetzen einen zurück in die Zeit der Belle Époque, als hier der europäische Adel seine Ferien in noblem Ambiente verbrachte. Und dann ist da natürlich noch der Mont Blanc, der höchste Berg Europas, der auf der anderen Seeseite über die französischen Alpen wacht. Der Blick auf den Bergriesen vom Quai du Mont Blanc in Genf aus ist überwältigend.

Dampfer aus den 1900er-Jahren überqueren auf dem halbmondförmigen Gewässer, das bis zu 310 m tief und mit einer Fläche von 580 km² der größte See in den Alpen ist, die unsichtbare Grenze zwischen der Schweiz und Frankreich. An klaren Tagen bietet es ein Bild der Stille. An anderen weht die bitterkalte Bise aus dem Nordwesten heran und peitscht den See auf – zur Freude der Kitesurfer:innen und zum Leid aller anderen, die völlig durchgefroren sind.

Das französischsprachige Genf (Genève), die zweitgrößte Stadt der Schweiz, ist schick und weltoffen. Hier wird auch jede andere Sprache der Welt gesprochen.

Seit dem 19. Jh. wird die Höhe der Schweizer Berge vom Pierre du Niton aus gemessen: einem Fels im See, nahe des Jet d'eau, der das Wahrzeichen von Genf ist. Lausanne an einem Hügel am Nordufer ist eine Universitätsstadt, während das glamouröse Montreux noch immer von seinem Ruhm als Perle der Schweizer Riviera zehrt.

URSULA PERRETEN/SHUTTERSTOCK ©

DIE WICHTIGSTEN ZIELE

GENF
Weltoffene Stadt am Genfer See. **S. 44**

LAUSANNE
Französischsprachige Studentenstadt. **S. 52**

MONTREUX
Highlife am Seeufer mit Belle-Époque-Charme. **S. 64**

Erste Orientierung

Der schimmernde Genfer See ist kaum aus den Augen zu verlieren. In diesem wasserreichen Teil der Schweiz ist die Reise selbst – per Schiff – das Ziel. Genieße das Erlebnis auf dem Wasser.

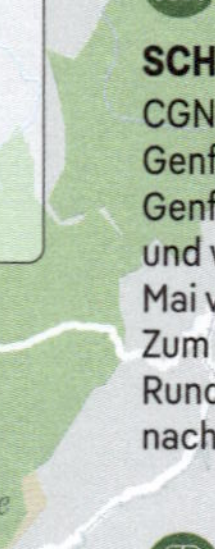

Genf, S. 44

Radfahren, Meerjungfrauen und Fondue bei Mondschein: Die Stadt, die dem See seinen Namen gab, verzaubert und überrascht.

Lausanne, S. 52

Von Live-Jazz in Kirchen bis zu DJs am Strand und dazu eine bunte Museumslandschaft: Die fröhliche Universitätsstadt wird ihrem Ruf als Kulturmetropole mehr als gerecht.

Montreux, S. 64

Früher ein Hauptziel auf der Grand Tour, hat die Seestadt dank Blumenpracht, Musik, Kunst, Bahntouren und Riviera-Flair nichts von ihrem Reiz eingebüßt.

SCHIFF/FÄHRE

CGN betreibt Dampfer auf dem Genfer See; Drehkreuze sind Genf und Lausanne. Sonntags und von Mitte September bis Mai verkehren weniger Schiffe. Zum Angebot gehören auch Rundfahrten und Pendlerschiffe nach Frankreich.

ZUG

Die Züge von Genf nach Aigle halten an Dutzenden Bahnhöfen am Nordufer des Genfer Sees. Montreux ist ein Drehkreuz für Rundfahrten in speziellen Panoramazügen, Zahnrad- und Standseilbahnen von MOB.

Zahnradbahn von Montreux (S. 67)

Perfekte Tage

Im Sommer, wenn das Leben draußen stattfindet, solltest du dir für diese Region Zeit nehmen. In der Zwischensaison lässt sich das Erbe des Genfer Sees erkunden, das im Weinbau und in der Bergkultur wurzelt.

Ein Wochenende

Einen Tag widmest du **Genf** (S. 44), einer internationalen Stadt mit hübscher Altstadt, spannenden Museen und quirligem Nachtleben. Mit dem Zug geht's in die Olympiastadt **Lausanne** (S. 52). Auf dem **Sentier des Rives du Lac** (S. 54) bieten sich umwerfende Seeblicke; den Abschluss bilden ein Festschmaus mit Seefisch und eine Übernachtung im entzückenden **Lutry** (S. 63).

Eine Woche

In einer Woche hast du Zeit für weniger bekannte Seeorte wie **Vevey** (S. 61); hierher kommst du von Genf oder Lausanne per Belle-Époque-Dampfer. In **Montreux** (S. 64) geht's per Zahnradbahn auf die **Rochers de Naye** (S. 67). Tolle Tagesausflüge sind ein Spaziergang durch Blumen zum **Château de Chillon** (S. 64) und eine Wanderung durch die Weinberge des **Lavaux** (S. 62).

BESTE REISEZEIT

FRÜHLING

Die Cafés stellen Tische raus, Blumen blühen und bei den **20KM de Lausanne** im April wird gelaufen.

SOMMER

Pop-up-Bars, **Musikfestivals**, Konzerte und **Filmvorführungen** im Freien füllen den Veranstaltungskalender.

HERBST

Die **Weinlese** im September bietet Proben, Bankette und Dorffeste wie die **Fête des Vendanges** in Lutry.

WINTER

Im Dezember beginnt in Genf **L'Escalade**. Ab Mitte des Monats wird es in den **Skiorten** in der Waadt voll.

Genf

KUNST & KULTUR | LEBEN AM SEE | ALTSTADT

UNTERWEGS

Die Genfer Touristeninformation bietet Themenrundgänge durch die Stadt an; die Audiodateien gibt's auf geneve.com.

Für das hocheffiziente Verkehrsnetz aus Bussen, Straßenbahnen und gelben-Mouettes-Booten über den See gelten dieselben Tickets, erhältlich an Haltestellen sowie über SMS und die SBB-App. Tageskarten sind nach 9 Uhr 2 SFr billiger.

Normale Räder und E-Bikes verleiht Genèveroule am Bahnhof und am rechten Rhoneufer bei den Bains des Pâquis. Leihräder gibt's auch über die App Donkey Republic.

TOP TIPP

Hotelgäste erhalten gratis eine Geneva Transport Card für die unbegrenzte Nutzung von Stadtbussen, Straßenbahnen und Pendlerbooten.

Genf ist eine Ausnahmestadt. Wie sie da mit ihren Luxusjuwelieren, Schokoladengeschäften und Banken, in Reichtum und Prestige schwelgend, in der Sonne funkelt, erscheint ihre makellose Oberfläche undurchdringlich. Doch abseits der Altstadt und des Seeufers zeigt sich die Stadt im raueren Pâquis, im dörflichen Carouge und in den postindustriellen Vierteln am Rhoneufer als ungeschliffener Diamant voller Kunstschaffender und Tagedieb:innen.

Als Ort der internationalen Diplomatie schon seit der Zeit, als hier verfolgte Protestanten aus Frankreich während der Reformation im 16. Jh. Schutz suchten, beherbergt Genf rund 200 internationale und Nichtregierungsorganisationen wie die UN, die Welthandels- und Weltgesundheitsorganisation, das Internationale Komitee des Roten Kreuzes und die Weltbank. An nebligen Wintertagen ist Genf so grau und langweilig wie der Anzug eines Bankers, doch an Sommertagen, bei strahlend blauem Himmel, entfaltet Genf seinen wahren Zauber: Dann findet das Leben draußen statt und steckt mit seiner Fröhlichkeit an.

Samstagmorgens auf dem Markt

Saisonale Erzeugnisse aus der Region

Mittwoch- und samstagmorgens kannst du auf dem **Marché de Rive** (Marché Helvétique) in den städtischen Alltag eintauchen. Dann säumen die Stände von *maraîchers* (Gemüsebauern) aus den umliegenden Dörfern den Bd Helvétique. In der Seitenstraße Rue Louis Duchosal verkauft gegenüber von Genfer:innen, die auf der eleganten Terrasse des **Planet Caviar** Fischeier löffeln, der zum Fischer mutierte Kühlschranktechniker Julien Monney seinen Fang: je nach Jahreszeit Barsch, Felchen, Seesaibling und Langusten. Sein Boot liegt 15 km nördlich in Hermance. Am Stand des Bioweinguts **Domaine de la Devinière** kann man Weine verkosten, Honig aus der Stadt gibt's bei **Genevabeez**, Käse, Wurst und fertige Gerichte sind in der Markthalle **Halle de Rive** am Bd Helvétique erhältlich.

HIGHLIGHTS
1 Cimetière des Rois
2 Patek Philippe Museum

SEHENSWERTES
3 Conservatoire et Jardin Botaniques
siehe 7 Halle de Rive
4 Horloge Fleurie
5 Jet d'Eau
6 MAMCO
7 Marché de Rive
8 Musée de Carouge
9 Musée International de la Croix-Rouge et du Croissant-Rouge
10 Parc de la Perle du Lac
11 Parc de l'Ariana
12 Place de l'Octroi
13 Place du Marché
14 Plaine de Plainpalais

AKTIVITÄTEN
15 Bains des Pâquis

SCHLAFEN
16 Float Inn
17 Hôtel Bel'Esperance
18 Hôtel Edelweiss

ESSEN
19 Buvette des Bains
siehe 13 Café du Marché
20 Chez Ma Cousine
21 Légumes en Ville
22 Madame
23 Planet Caviar

AUSGEHEN & FEIERN
24 Bateau Lavoir
25 Birdie
26 Chat Noir
27 La Buvette du Bateau

UNTERHALTUNG
28 Java Club

SHOPPEN
29 Genevabeez

WARUM ICH GENF LIEBE

Nicola Williams, Autorin

Das verführerische Spiel des Lichts auf dem schillernden, sich kräuselnden See lockt mich seit 15 Jahren auf's Rad – der Weg am See entlang bis in die Stadt ist niemals langweilig.

Das Genfer Stadtbad, die Bains des Pâquis aus den 1930er-Jahren, ist das ganze Jahr über geöffnet und viel mehr als nur eine herrlich altmodische Badegelegenheit. Dorthin gehe ich im Sommer mit meinen Freundinnen zu schicken Konzerten bei Sonnenuntergang und im Winter zu Sauna und eiskalten Seebädern und danach einem cremigen, schmelzenden Käsefondue.

Das Geheimnis? Der Crémant de Dardagny, ein Chardonnay-Schaumwein aus den Weinbergen westlich von Genf.

BASCAR/SHUTTERSTOCK ©

Patek Philippe Museum

Anschließend folgst du dem Bd Helvétique fünf Minuten Richtung Norden und gehst dann rechts neben dem Musée d'Arts et d'Histoire eine Treppe hoch. Im Gemüsegarten **Légumes en Ville** gegenüber werden auf Infotafeln saisonale Gemüsesorten vorgestellt; die Sofas und Sessel aus Holzpaletten im Schatten der Bäume sind perfekte Picknickplätzchen.

Verneigung vor dem Mont Blanc

Ein Spaziergang am Quai du Mont Blanc

Blumen, Statuen, Fotoausstellungen unter freiem Himmel und – an klaren Tagen – herrliche Ausblicke auf den Mont Blanc präsentieren sich am passend benannten Quai du Mont Blanc. Die malerische Promenade am nördlichen Seeufer führt vorbei an den **Bains des Pâquis**, wo sich die Genfer:innen schon seit 1872 in der Sonne verlustieren, zum **Parc de la Perle du Lac**, wo die Römer Thermalbäder anlegten. Weiter nördlich umschließt der von Pfauen frequentierte **Parc de l'Ariana** das UN-Gelände und den botanischen Garten **Conservatoire et Jardin Botaniques** mit 12 000 Pflanzen aus aller Welt.

Friedhof der Könige

Frieden finden inmitten der Seelen Schweizer Präsidenten

Auf dem **Cimetière des Rois**, einem stillen Friedhof in Plainpalais, entfliehst du den Massen in der Altstadt. Er wurde im 15. Jh. außerhalb der Stadtmauern für Opfer der Pest angelegt; seit der Reformation ein Jahrhundert später wurden hier Genfer Bürger:innen zur Ruhe gebettet – und zwar ohne

STILVOLL SCHLUMMERN

Hôtel Edelweiss
Genieße die Schweizer Alpen mitten in der Stadt in diesem Refugium mit Kamin und erstklassigem Käserestaurant. €€

Hôtel Bel'Esperance
Mittelklassehotel mit Einzel- bis Familienzimmern für vier Personen sowie Dachterrasse. €€

Float Inn
In Luxus-B&B verwandelter Katamaran mit traumhaften See- und Stadtblicken. Auch Segelwochenenden. €€

Grabsteine, gemäß den kargen Sitten des „protestantischen Roms“. Der einfache, mit den Initialen JC versehene Stein für den protestantischen Prediger Jean Calvin (1509–1564) wurde erst im 19. Jh. aufgestellt.

Später wurden hier Staatsmänner, Politiker, Ärzte, Bankiers und Universitätsangehörige bestattet. Die Gräber sind ein Mix aus Felsen, Skulpturen und Grabsteinen, die wie zufällig Rasenflächen im Schatten alter Bäume spicken. Hier und da sind Kunstwerke zeitgenössischer Kunstschaffender zu finden, die sich als Grabsteine ausgeben, z. B. Gianni Mottis *Je vous avais dit que je n'allais pas très bien* („Ich habe dir gesagt, dass es mir nicht gut geht“; 2016). Du kannst hier picknicken oder du gehst fünf Minuten zum Coffeeshop **Birdie** in der Rue des Bains mit Ingwer-Eistee und Kaffee.

Genfer Uhrmachern zuschauen

Fünf Jahrhunderte Uhrengeschichte

Singende Vögel, Automatikmäuse, die erste Sportuhr für Damen aus den 1930er-Jahren mit Wende-Ziffernblatt, um es beim Polospielen zu schützen, schwarz oxidierte Uhren für Witwen und „Liebes-Duellpistolen“, geladen mit einem Duft, für Ablenkung sorgen soll, wenn man einen heimlichen Blick auf die im Griff versteckte Uhr werfen möchte: Das **Patek Philippe Museum** erzählt nicht nur von dem 1839 gegründeten Familienunternehmen, dessen Uhren 20 000 SFr aufwärts kosten, bei jahrelangen Wartezeiten, sondern auch von gesellschaftlichen Usancen. Die Manufaktur stellt pro Jahr nur etwa 70 000 Uhren her, die Bauzeit beträgt je nach Modell neun Monate bis zwei Jahre.

Um dir für die Führung durch das Museum (auf Englisch) am Samstagnachmittag (2 Std., 15 SFr) einen der 20 Plätze zu sichern, solltest du spätestens um 12.45 Uhr da sein. Das Haus ist ausstaffiert wie ein opulentes Juweliergeschäft: mit dicken Teppichen, Holzvertäfelung und Glasvitrinen mit 2500 Zeitmessern vom 16. Jh. bis heute. Von Dienstag bis Freitag kannst du den Uhrmachern in den Werkstätten zuschauen und mit einem kostenlosen Audioguide einen Rundgang unternehmen.

Ein Abstecher ins Bohemeviertel

Dorfflair und Marktbummel in Carouge

Im künstlerisch angehauchten **Carouge** haben viele der Häuser aus dem 18. Jh. Hofgärten. Im winzigen **Musée de Carouge** erzählen Keramiken die Geschichte des Ortes: Vittorio Amedeo III., aus dem Haus Savoyen, König von Sardinien, ließ Carouge Ende des 18. Jhs. zur mächtigen Rivalin von Genf

GENFER UHREN

In der Stadt der Luxusuhren ist Präzision angesagt. Satelliten sorgen dafür, dass die **Horloge Fleurie** (Blumenuhr) am Pont du Mont Blanc mit dem weltweit längsten Sekundenzeiger (2,5 m) und 6500 Pflanzen die Zeit genau anzeigt. Doch die Genfer Uhrmacher verlassen sich auf altes Know-how.

Nicht umsonst wurden die Krone zum Aufziehen der Armbanduhr, der immerwährende Kalender und Himmelskarten mit über 400 Sternen zum ersten Mal hier angefertigt.

Im 16. Jh. brachten französische Protestanten die Uhrmacherei nach Genf. Angesichts reformatorischer Schlichtheit verlegten sich die Genfer Goldschmiede und Juweliere auf die Uhrmacherkunst.

1760 gab es in der Stadt 600 Uhrmachermeister. Zu den 700 Uhrenherstellern, die heute in der Schweiz ihren Sitz haben, zählen Rolex, Richemont und Patek Philippe aus Genf.

FEIERN & TANZEN AM ABEND

Bateau Lavoir
Zwischen Pont de la Coulouvrenière und alter Markthalle vertäuter, angesagter Kahn mit hippem Publikum.

Java Club
Genfs beliebtester, immer voller Club mit drei Bars, VIP-Bereich und Tanzfläche. Oder ins glamouröse Le Baroque.

La Buvette du Bateau
Champagner zu unschlagbarem Seeblick auf ausgemustertem Raddampfer von 1896 beim Jet d'Eau.

ERKUNDUNGSGANG DURCH DIE ALTSTADT

In der Vieille Ville auf dem einst von den Römern bewohnten Hügel, ab dem 5. Jh. Bischofssitz, ist das alte Genf noch gegenwärtig. Unter der Cour de St-Pierre sind an der **1 Site Archéologique de la Cathédrale St-Pierre** keltische und römische Relikte zu sehen. Auf dem Platz wird im Dezember bei der Escalade, dem Fest zur Feier des Siegs über die Savoyer Armee 1602 ein großes Feuer entfacht. Der Überlieferung zufolge goss eine Genfer Hausfrau einem Soldaten heiße Suppe über den Kopf, verpasste ihm eins mit dem Topf und löste Alarm aus.

Während der Reformation hielt der französische Theologe Jean Calvin (1509–1564) feurige Predigten in der gotischen **2 Cathédrale St-Pierre** mit einem klassizistischen Portikus aus dem 18. Jh. Nach 157 Stufen bieten sich vom Nord- und Südturm weite Ausblicke auf die Altstadt – zauberhaft in Vollmondnächten im Juli und August, wenn die Türme bis 23.30 Uhr geöffnet sind. Weitere schöne Ausblicke eröffnen sich von der **3 Terrasse Agrippa d'Aubigné**, einem schattigen Park hinter der Kathedrale. Im **4 Musée International de la Réforme** erfährst du, wie Calvins Genf zu einem Zufluchtsort für wegen ihres Glaubens verfolgte Prostestant:innen wurde.

Über die Rue Otto Barblan geht's vorbei an **5 Les Amures**, heute ein Luxushotel, bergan zum ältesten erhaltenen Wohnhaus der Stadt, der **6 Maison Tavel**, und zum **7 Arsenal** mit Kanonen, die einst auf die Savoyarden feuerten. In der **8 Grand-Rue**, der Hauptstraße der Altstadt, wurde in Nr. 40, der heutigen **9 Maison de Rousseau et de la Literature**, der Philosoph Jean-Jacques Rousseau (1712–1778) geboren. Der Rundgang endet an der **10 Place du Bourg-de-Four**, dem einstigen römischen Forum, wo im 13. Jh. Jahrmärkte stattfanden; heute drängen sich hier Caféterrassen.

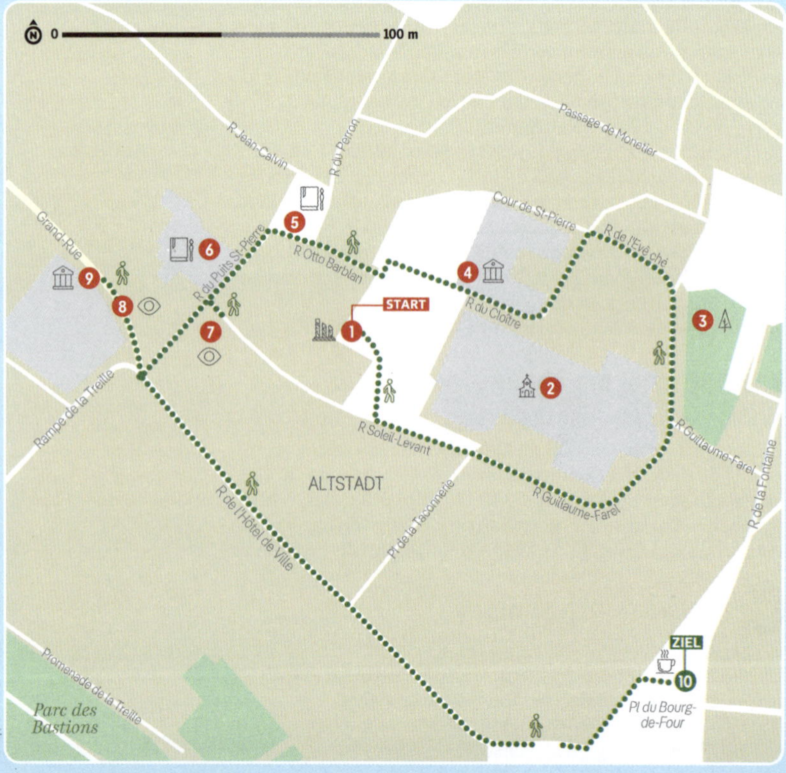

ausbauen, um die Stadt als Handelszentrum auszustechen. Mit dem Vertrag von Turin gelangte Carouge 1816 an Genf.

Die Sträßchen mit Musikbars wie dem **Chat Noir**, Caféterrassen, Geschäften und Künstlerateliers verströmen dörfliches Flair. Mittwoch- und samstagmorgens findet unter den Platanen der **Place du Marché** ein Markt statt. Fürs Mittagessen bietet sich das **Café du Marché** mit einem federleichtem Grand-Marnier-Soufflé an. Der Donnerstagsmarkt (14–21 Uhr) ist ein After-Work-Event mit Drinks und Tapas. Im Dezember warten an der **Place de l'Octroi** Pferdewagen, um Weihnachtsshoppenden zu einer Spritztour zu entführen. Zur Place du Marché fährt vom Bahnhof die Trambahn 18 (20 Min.).

Nachtkunst in Plainpalais

Gegenwartskunst nach Einbruch der Dunkelheit

Nach Einbruch der Dunkelheit erstrahlt in Genf die Kunst im öffentlichen Raum: ein himmlisches Fest moderner Skulpturen und Installationen, das über den rosa, blau und andersfarbig angestrahlten Jet d'Eau weit hinausweist.

Das sanfte Glühen an Sommerabenden verleiht der Industriearchitektur des **MAMCO** (Musée d'art moderne et contemporain) mit multimedialer moderner und Gegenwartskunst aus aller Welt in einer Fabrik aus den 1950er-Jahren noch mehr Flair. Im Juli und August öffnet das Museum später (17–22 Uhr, Eintritt frei), es gibt Livemusik, DJs und festliche Soireen auf dem Museumshof Le Square. Auf den Dächern an der großen, diamantförmigen **Plaine de Plainpalais** leuchten mehrere aufregende Neon- und LED-Lichtkunstwerke – nach oben schauen!

Im CERN das Universum erkunden

Wissenschaftsshows, Führungen und eine Radelmission

Untersuchen, wie Materie sich aufbaut und ihre Partikel erforschen, das ist es, was die Spitzen-Physiker:innen der Europäischen Organisation für Kernforschung (CERN) tun. Hier erfand der Brite Tim Berners Lee 1989 das World Wide Web, und hier werden in einer 27 km langen Ringröhre, dem Large Hadron Collider (LHC), der größten Maschine der Welt, Protonen fast auf Lichtgeschwindigkeit beschleunigt.

Plätze für die 90-minütigen Führungen durch das riesige Forschungszentrum in Meyrin sind äußerst begehrt (visit.cern; Tram 18 ab Bahnhof Genf). Doch auch das hypermoderne Besucherzentrum **Science Gateway**, 2023 vom italienischen Stararchitekten Renzo Piano erbaut, erklärt mit Wissenschaftsshows, interaktiven Ausstellungen und Filmen die Arbeit des CERN.

Mehr über hässliche Quarks und schöne Antiquarks erfährst du, wenn du bei **Meyrinroule** (geneveroule.ch) beim Eingang zum CERN ein Mountainbike leihst und dich auf eine Mission zum Neustart des Teilchenbeschleunigers begibst: Dazu radelst du zu zehn Stationen auf der Radroute **Passport to the Big Bang** und sammelst dabei Aktivierungscodes. Du kannst auch nur einzelne Abschnitte des kostenlosen Rundwegs (54 km) in Angriff nehmen.

DAS ROTE KREUZ

Die Welt hatte Glück, dass der Genfer Geschäftsmann Henry Dunant 1859 durch Solferino in Italien kam. Das Grauen, das er sah – Tausende verwundete italienische, französische und österreichische Soldaten siechten und starben dort, wo sie kurz zuvor in der Schlacht von Solferino verletzt worden waren –, veranlasste ihn, Freiwillige zusammenzutrommeln und erste Hilfe zu leisten.

Zurück zu Hause setzte er sich für die Schaffung nationaler Körperschaften ein, die dazu ausgebildet wurden, in Kriegszeiten neutrale medizinische Hilfe zu leisten. Dies führte 1863 zur Gründung des internationalen Roten Kreuzes.

Ein Jahr später sicherte die Genfer Konvention medizinischen Helfern und auf dem Schlachtfeld Verwundeten Neutralität und Schutz zu. 1901 wurde Dunant für sein humanitäres Engagement mit dem ersten Friedensnobelpreis ausgezeichnet. Weitere Infos hält das interessante **Musée International de la Croix-Rouge et du Croissant-Rouge** bereit.

Rund um Genf

Genf an der Südwestspitze des Sees ist ein Sprungbrett für Ausflüge in Dorfidyllen und unberührte Natur.

Ziele

UNTERWEGS

Vom TPG-Busbahnhof Rive in Genf am linken Rhoneufer fährt Bus E am Seeufer Richtung Nordosten über TCS Camping Genève-Vésenaz (18 Min.), Corsier Port (20 Min.) und Anières (25 Min.) zur französisch-schweizerischen Grenze bei Hermance (30 Min.). Im Sommer fahren auch CGN-Raddampfer.

TOP TIPP

10 km nordöstlich von Genf liegt das französische Département Haute-Savoie mit hübschen Seedörfern wie dem Touri-Hotspot Yvoire. Benzin ist in Frankreich erheblich billiger.

Egal, in welche Richtung du Genf verlässt, du kannst nichts falsch machen. Halte dich ans Seeufer und du kommst zu mittelalterlichen Dörfern, kleinen Jachthäfen und grasigen „Stränden“, die hinunter zum Kieselufer führen. Abseits des Sees geht's bergauf zu atemberaubenden Ausblicken auf den Genfer See, den Jura, die Alpen und den schneeweißen Mont Blanc – im Süden mit der Seilbahn auf den Genfer Hausberg Mont Salève (1100 m), im Norden zu Fuß auf den La Dôle (1677 m).

Genf ist von Stränden und Bergen umgeben und ein „bestes“ Fortbewegungsmittel für die Erkundung der Gegend gibt's nicht – Fahrrad, Boot, Dampfer, SUP, Auto, Schneeschuhe, alles klasse!

Peney-Dessous

DAUER AB GENF: **3 STD.**

Über die Rhone paddeln

Seit sich Menschen an ihren fruchtbaren Ufern niederließen, übt die mächtige Rhone dank legendärer Drachen und kopfloser Märtyrer Faszination und Furcht zugleich aus. Am grünen Stadtrand von Genf werden an der **Pointe de la Jonction** SUPs und Kajaks verliehen.

Nichts bereitet dich auf den psychodelischen Anblick vor, wenn hier die Arve, die nur eine kurze Reise vom Mont-Blanc-Massiv im benachbarten Frankreich zurücklegt, in die Rhone mündet. Von **Rafting Loisirs** (40 SFr pro Pers.) neben dem TPG-Busdepot und dem L'Asphalte am linken Rhoneufer sind es nur zwei Minuten bis zum Zusammentreffen der beiden Flüsse: der eine dank Gletschersedimenten milchig, der andere in einem klaren Grün. Die Trennlinie ist klar zu erkennen; paddelst du an ihr entlang, bemerkst du auch die unterschiedlichen Fließgeschwindigkeiten. Die Arve ist schneller und nach zehn Minuten flussabwärts hat die glasklare Rhone ein schmutziges, schlammiges Salbeigrün angenommen.

Für die 8 km flussabwärts von La Jonction bis zum **Pont de Peney** in Peney-Dessous brauchst du etwa drei Stunden; von dort sind es zwei Minuten zu Fuß zum Café de Peney und 45 Minuten Busfahrt zurück ins Zentrum von Genf. Auf der stillen Strecke, die unter sechs Eisenbahn-, Straßen- und Fußgängerbrücken hindurchführt, begegnest du wilden Schwänen, Reihern und Reiherenten und kommst an Klippen, Wäldern und Röhricht vorbei. Gegen Ende führt ein Kanal in die

Réserve Naturelle du Nant de Borbaz et des Picolattes. Per Fernglas kannst du hier Eisvögel, Rotschenkel und manchmal Kormorane erspähen. Bei geführten Kajaktouren im Mondschein lauschst du Waldkäuzen und Kuckucken.

Hermance

DAUER AB GENF: **30 MIN.** 

Durch Weinberge zur Grenze radeln

Raus aus dem städtischen Gewühl in Genf führt eine idyllische Radtour nach Hermance, einem mittelalterlichen Seedorf nordöstlich von Genf an der französisch-schweizerischen Grenze. Das Wochenendausflugsziel mit engen, von terrassierten Häuschen mit Blumenschmuck gesäumten Gassen ist wie gemacht fürs Herumbummeln.

Am eleganten Seeufer spenden Platanen Schatten und Familien freuen sich über den Grasstrand mit Sandkasten, Spielplatz und gelegentlichen Konzerten am Abend. Überreste der Burg aus dem 13. Jh. flankieren den winzigen Hafen, in dem im Sommer alte Raddampfer anlegen und der Fischer Julien Monney in der **Pêcherie du Coheran** seinen Fang verkauft. Dort wird der Barsch fachkundig filetiert angeboten; köstlich ist auch das verzehrfertige *féra marinée* (mariniertes Felchen).

Weiter geht die kulinarische Erkundung mit einem Drink und Tapas (Empanadas, Focaccia und Räucherforellen-Dips) in der **Buvette au Près de L'Eau**. Von Mai bis September wird alles in einem Blumengarten mit Zitronenbäumen, Lichterketten und Palettenmöbeln serviert, im Winter treffen sich die Einheimischen im Hühnerhaus zum Fondue. Toller Seeblick. Im legendären Hotelrestaurant **Auberge d'Hermance** werden ganze Hühner in einer ausgezeichneten Kräutersalzkruste gebacken und serviert.

Für die 14,5 km vom Genfer Jet d'Eau brauchst du etwa eine Stunde. Am Quai Gustave Ador führt ein zweispuriger Radweg entlang. Auf Fußgänger:innen, Fahrradampeln und braune Schilder achten, die auf die Radroute 46 an Weinbergen und Sonnenblumenfeldern entlang Richtung Hermance hinweisen. Außerhalb der Stadt ist der Seeblick bald dein ständiger Begleiter.

SOMMER-BUVETTES

Die Hipster-Snackbar **Buvette à la Pointe** am linken Ufer der Rhone neben Rafting Loisirs ist eine beliebte Sommeradresse für Drinks, Wochenendbrunch, Yoga und Konzerte. Weitere Sommerlokale gibt's in **Genf** (S. 44) am See.

DIE BESTEN SEESTRÄNDE

Corsier Port
Das Kieselufer in dem kleinen Hafen ist ideal zum Paddeln; Pontons dienen als Sonnendecks. Über die App Equip Sport kannst du an der Leihstation SUP-Bretter mieten.

Pointe à la Bise
Der Grasstrand säumt den TCS Camping Genève-Vésenaz, den Genf am nächsten gelegenen Campingplatz (7 km nördlich) mit Zelten, Hütten, Stellplätzen und Wohnmobilplätzen.

Plage de la Savonnière
Dank großer Rasenflächen, Duschen, Toiletten und einer Snackbar ist der Strand von Collonge-Bellerive bei Familien beliebt.

Plage de la Nymphe
Bei Port de Bellerive führt zwischen Chemin de Milieu 27 und 29 ein unmarkierter Pfad zu diesem versteckten Strand mit Blick auf eine bronzene Meerjungfrau auf einem Felsen im Wasser.

FÜR EINEN NACHMITTAGSHAPPEN

Le Petit Lac, Corsier Port
Die beliebte, herrliche *auberge* (Gasthaus) am See bietet mit das beste Barschfilet am Genfer See. **€€**

Café de Peney, Satigny
Malerisches Dorfrestaurant mit Fensterläden und Blumenkästen mit Geranien sowie erstklassiger Küche. **€€**

Le Floris, Anières
Cocktails, Brunch, moderne Gourmetkost und „romantische Seeblicke" ohne Ende: Genfer-See-Schick in Reinform. **€€€**

Lausanne

ALTMODISCHER GLANZ | KUNSTMUSEEN | HIPPE STADTSTRÄNDE

UNTERWEGS

Mit Trolleybussen und Bussen und dank dem U-Bahnnetz, das 28 Stationen hat, ist Lausanne leicht zu erkunden; Fahrpläne siehe t-l.ch.

Wer am Bahnhof Zeit hat, dem bieten sich gleich nebenan zwei übercoole Cafés: das Café du Simplon und das Café de Grancy auf der Bahnhofssüdseite (Richtung „Lac").

Schick, keck und auf Draht: Die viertgrößte Stadt der Schweiz an einem Hang oberhalb des Genfer Sees ist fröhlich und vergnüglich und wartet mit tollen Ausblicken auf. Während die Studierenden den Glam-Grunge-Bars im Zentrum und den Sommerlokalen am See Partyflair einhauchen, forschen an der EPFL oben auf dem Hügel brillante junge Akademiker:innen für eine bessere Zukunft.

Lausanne liegt auf Hügeln, die über steile Treppen verbunden sind. Die *escaliers* (Treppen) führen hinauf zur Altstadt und hinunter zu trendigen Bars in den Bögen alter Brücken: Gönn dir unter Grand Pont und Pont Bessières ein Craftbier von Doctor Gab oder einen Weißwein von den städtischen Weinbergen. Realität bietet ein Abstecher in den Westen nach Flon, einst industrielles Ödland, wo in alten Lagerhäusern rund um Voie du Chariot und Place de l'Europe Obdachlose neben Modefreaks existieren und im MAD Clubgänger bis zum Morgengrauen tanzen.

Eine Belle-Époque-Promenade

Glamour und olympische Geschichte in Ouchy

Zwischen Blumengärten und ein- und auslaufenden Dampfern verströmt Ouchy Glamour alter Schule. In der Belle Époque mutierte das frühere Fischerdorf zum geschäftigen Hafen und zur angesagten Adresse. Europäische Adlige tanzten auf den Bällen im **Hotel Beau-Rivage** (1861) am See und 1877 wurde eine Standseilbahn gebaut, die das Ufer mit der Stadt am Hügel verband – die erste in der Schweiz.

Das neugotische **Château d'Ouchy** (1889–1893) wurde als Hotel um einen Wohnturm aus dem Mittelalter erbaut. Richtung Osten geht's am Wasser entlang zum **Quai de Bélgique** und **Quai d'Ouchy**, heute noch genauso elegant wie um 1901, als hier Damen in langen Röcken und mit Sonnenschirmen flanierten. Gesäumt wird die 1,2 km lange Promenade von Rasenflächen, Blumenbeeten und alten Bäumen, bis zur Ruine der **Tour Haldimand** (1830), einst ein zinnenbewehrter

TOP TIPP

Die Touristeninformation von Lausanne am Bahnhof bietet interessante Themenführungen, u. a. eine Schokotour auf eigene Faust mit Verkostungen bei fünf der elf Chocolatiers vor Ort. Über aktuelle Ausstellungen informiert lausanne-musees.ch. Wer viel Sightseeing macht, für den lohnt sich der Lausanne City Pass (1/2 Tage 35/39 SFr).

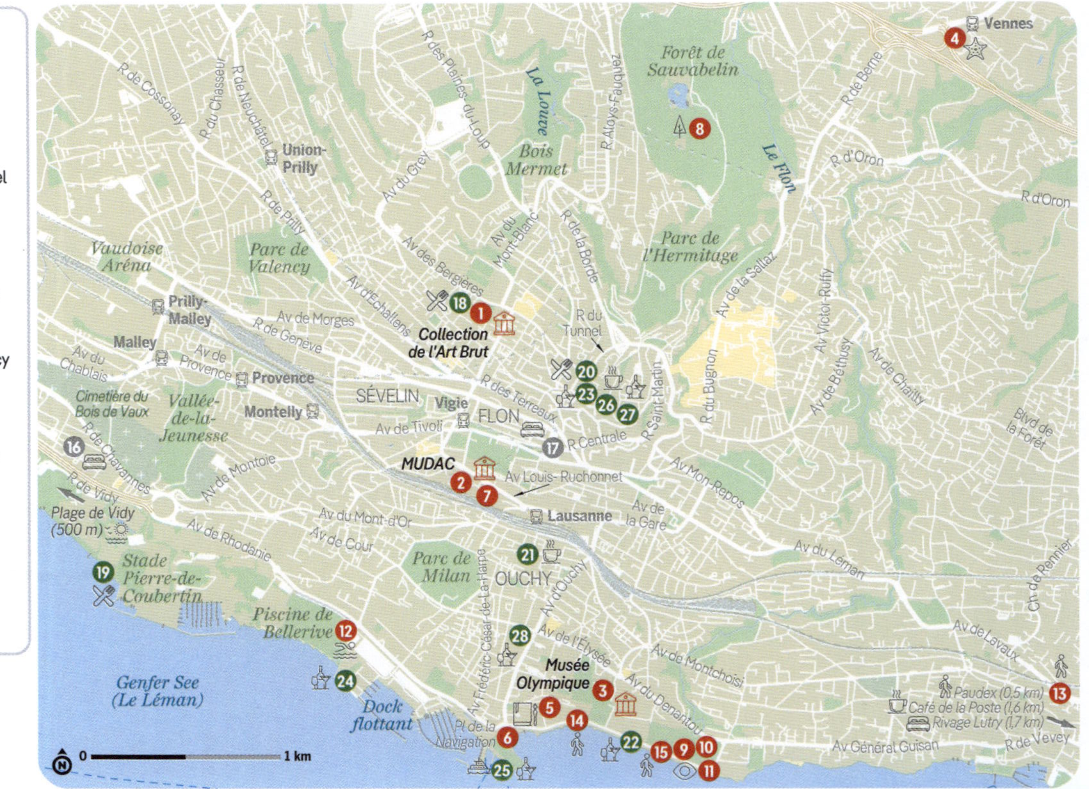

HIGHLIGHTS
1 Collection de l'Art Brut
2 MUDAC
3 Musée Olympique

SEHENSWERTES
4 Aquatis Aquarium-Vivarium
5 Hotel Beau-Rivage
6 Château d'Ouchy
7 Musée Cantonal des Beaux Arts
8 Parc de Sauvabelin
9 Parc du Denantou
siehe 2 Photo Elysée
10 Thai Pavilion
11 Tour Haldimand
14 Quai de Bélgigue
15 Quai d'Ouchy

AKTIVITÄTEN
12 Bellerive-Plage
13 Pully

SCHLAFEN
16 Auberge de Jeunesse Lausanne Jeunotel
17 MadHouse

ESSEN
18 Auberge de Beaulieu
19 La Guinguette de Vidy
20 Un Po di Più
21 Café de Grancy

AUSGEHEN & FEIERN
22 Côte Lac
23 Great Escape
24 Jetée de la Compagnie
25 Lacustre
26 Le Barbare
27 Les Jardins
28 Royal Savoy Skylounge

SENTIER DES RIVES DU LAC

Auf dem für Fahrräder gesperrten Fußweg von Ouchy am Wasser entlang nach Lutry (4,7 km) kannst du dem Besucherstrom entfliehen.

Außer ein paar Jogger:innen gibt's hier nur Seehäuschen und versteckte, von Feigenbäumen oder Weiden gesäumte Strände. Von **Pully** mit Seglerhafen, tollem Spielplatz ganz aus Holz und trendiger Freiluft-Cafébar bieten sich herrliche Ausblicke auf die Weinberge des Lavaux.

Die Dent d'Oche (2222 m) und andere Berge am französischen Seeufer beherrschen die Szenerie über dem hübschen Grasstrand mit Sprungbrett in **Paudex**. Im mittelalterlichen **Lutry** ist das Panorama noch toller. Vom Kiesel- und Grasstrand 500 m östlich vom Dorf bieten sich herrliche Ausblicke auf Berge und Weinberge.

Turm im **Parc du Dernantou**. Für den nötigen Schuss Romantik sorgt heute ein goldener **thailändischer Pavillon**, ein Geschenk des Königs von Thailand an die Stadt.

Für die Exponate und das historische Filmmaterial zu olympischen Dramen im erstklassigen **Musée Olympique** auf der Mitte des Quai d'Ouchy solltest du rund zwei Stunden einplanen. Der Fußweg hinauf durch terrassierte Gärten (kostenlos) misst 1363 griechische Fuß – der Länge eines antiken Stadions entsprechend. Mittagessen und Drinks im **TOM Café** im Museum mit sensationellem Ausblick – für den Wochenendbrunch unbedingt reservieren! – sind jeden Rappen wert. Drinks zum Badegang bietet im Sommer das **Côte Lac**, ein Kiosk am Wasser mit Sonnenliegen, Snacks und Musik.

Fisch-Festmahl

Der Klassiker am Genfer See

Nicht alle *filets de perche meunière* (Barschfilets nach Müllerinart), die in den Restaurants serviert werden, stammen aus dem Genfer See – Barschsaison ist von Juni bis Dezember. Zu den leckersten zählen die im **Café de la Poste** am See in Lutry mit streichholzdünnen Pommes, Sauce Tartare und *beurre maison* (Buttersauce) – göttlich! Auch die zauberhafte Lage unter sonnenblumengelben Sonnenschirmen auf einer Terrasse mit Blick auf das funkelnde Wasser ist großartig. Dazu passt bestens eine schöne Bahnfahrt (5 Min.) oder ein Uferspaziergang über den Sentier des Rives du Lac.

Kunstattacke auf Gleis 10

Modernes Kunstschaffen am Güterbahnhof von Lausanne

Das Kunstquartier von Lausanne fasziniert jeden. In drei Museen ist Kunst vom 18. Jh. bis heute, Kunstgewerbe und Fotografie zu bewundern und schon die Architektur ist betörend. Das Spiel von Licht und Schatten auf dem weißen Betonwürfel, den der portugiesische Architekt Manuel Aires Mateus für das **MUDAC** und **Photo Elysée** entworfen hat, haut einen um. Oder auch das Fenster in der himmelhohen Lobby des **Musée Cantonal des Beaux**

C'EST LE GUET! IL A SONNÉ DIX!

Nach mittelalterlicher Tradition ruft in Lausanne noch immer ein Turmwächter (bzw. seit 2021 eine Wächterin) von 22 bis 2 Uhr vom **Glockenturm der Kathedrale** die Stunden aus. Wer um 22 Uhr an *le guet* (der Wache) teilnehmen möchte, wende sich an die Touristeninformation.

PREISGÜNSTIG ESSEN

Le Barbare
Café bei den Escaliers du Marché mit Wurst von umliegenden Höfen, Bioforelle und anderen *produits du terroir.* €

Café de Grancy
Trendiges Café hinter dem Bahnhof mit einem preiswerten *plat du jour* sowie Büchern und Brettspielen. €€

Un Po di Più
Italienische Trattoria bei der Place de Riponne mit Flohmarktgeschirr. Nach einem Tisch im Hof fragen! €€

PHOTOGRAPHY AMORE/SHUTTERSTOCK ©

Thai-Pavillon im Parc du Denantou, Lausanne

Arts, das den Blick auf Eisenbahngleise rahmt – im 19. Jh. wurden hier Lokomotiven repariert. Der 14,5 m hohe Baum aus Granit und Gold des italienischen Bildhauers Giuseppe Penone erinnert dich wieder daran, dass du auch wegen der Kunst hier bist.

Im Hof des Quartiers Plateforme 10 bieten sich von den Terrassen der Cafés **Le Nobi** und **L'Arcadia** wunderbare Ausblicke auf eine Fontäne, die immer wieder Dunstwolken ausstößt. Wenn du gerne auf Züge schaust, steure das **Café Lumen** des MUDAC an: Es befindet sich in der Spalte, wo Mateus' Kubus sich öffnet. Montags und dienstags sind die Museen teils geschlossen, donnerstags sind sie bis 20 Uhr geöffnet. Am ersten Sonntag des Monats ist der Eintritt frei.

DRINKS MIT AUSBLICK

Great Escape
Alteingesessener Laden mit coolem Publikum, grungiger, clubartiger Einrichtung und fabelhafter Terrasse an der Place de Riponne.

Les Jardins
Idyllische Gartenbar in der Altstadt mit Blick auf die massiven Steinmauern der Kathedrale von Lausanne.

Lacustre
In diesem angesagten Bar-Restaurant mit Seeblick in Ouchy trifft Kalifornien auf den Genfer See. Den Hunger stillen Steaks, Holzofenpizza und Wochenendbrunch.

Royal Savoy Skylounge
Kultivierte Dachbar für Wohlhabende mit hervorragendem Seeblick. Alle Cocktails mit dem hausgemachten Sirup aus geräuchertem Rosmarin sind ein Gedicht.

(FÜR SCHWEIZER VERHÄLTNISSE) GÜNSTIG NÄCHTIGEN

Auberge de Jeunesse Lausanne Jeunotel
Schickes Hostel in der Nähe von See, Ausgrabungsstätte und Hauptsitz des IOC. **€**

MadHouse
Angesagte Adresse in Flon mit Dachbar, Streetart-Deko und funkigen Zimmern vom Team des Clubs MAD. **€**

Rivage Lutry
Zauberhaftes altmodisches Hotel am See in Lutry mit Zimmern mit Balkon und Seeblick. **€€**

HÖHEN ERKLIMMEN IN DER CITÉ

Steile *escaliers* prägen den Spaziergang durchs mittelalterliche Lausanne. Vom Bahnhof geht's gleich die Rue Petite Chêne hoch zur gotischen **1 Église St-François**. Sehenswert ist auch die Einrichtung des **2 Café Romand** (1951), einer Brasserie und *pinte* (Kneipe) mit traditionellem *papet vaudois* (Kohlwurst mit Kartoffelbrei und Lauchcreme). Folge der **3 Rue de Bourg** vorbei am ältesten Chocolatier von Lausanne, Blondel (1850) in Nr. 5, zum **4 Pont Bessières**.

Jetzt geht's die steile Rue Louis-Auguste Curtat hinauf – höllisch beim 20-km-Lauf im April – zur **5 Cathédrale de Notre Dame**; wer will, besteigt den Glockenturm. Gegenüber im **6 Musée Historique de Lausanne** residierten im 15. Jh. die Bischöfe. Vom **7 Aussichtspunkt** hier eröffnen sich fabelhafte Blicke auf Stadt und See. Weitere schöne Ausblicke gibt's von den Stufen hinauf zum **8 Château St-Maire** aus dem 15. Jh., dem kantonalen Regierungssitz.

Über die **9 Escaliers du Marché** geht's hinunter zur Place de la Palud, früher Sumpf, im Mittelalter Marktplatz. Von der **10 Fontaine de la Justice** (1584–1585) aus schaust du zu, wie die Uhr in Nr. 23 mit einem einminütigen Sprint durch die Geschichte Lausannes zur vollen Stunde schlägt. Über das **11 Hôtel de Ville** (Rathaus) aus dem 17. Jh. wachen Wasserspeier in Drachenform. Von da geht's bergauf zum **12 Palais de Rumine** (1891–1906), wo 1923 der Vertrag von Lausanne unterzeichnet wurde. Heute befinden sich hier Museen zu Archäologie, Geologie und Geld; der Eintritt ist frei. Schließlich erkletterst du noch die **13 Escaliers de l'Université** zurück zur Brücke; den Abschluss bildet ein Drink unter den Bögen im Studiliebling **14 Terrasse des Grandes Roches**.

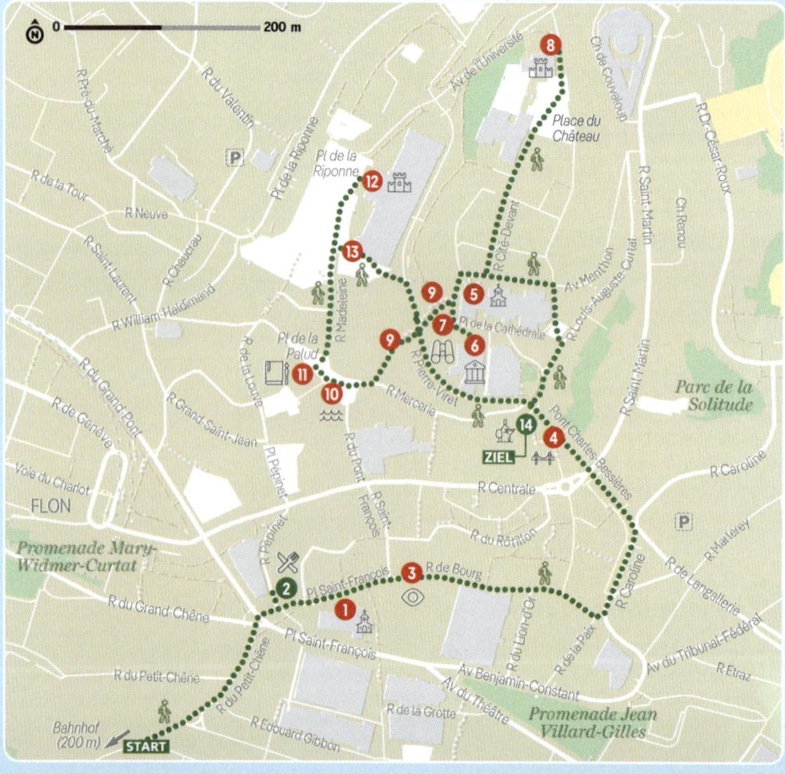

Am Rand der Gesellschaft in der Collection de l'Art Brut

Entdecke die Künstlerin bzw. den Künstler in dir

Lausanne ist die Rebellin unter den Schweizer Kunststädten. Davon zeugt unter anderem die bahnbrechende Collection de l'Art Brut in einem Château aus dem 18. Jh.: die erste und immer noch beste Sammlung von Art brut weltweit, also von subversiver, „rauer Kunst" von Künstler:innen ohne formelle Ausbildung, die oft am Rand der Gesellschaft standen. Der zum Künstler mutierte französische Winzer Jean Dubuffet (1901–1985), der als ihr Gründer gilt, stiftete seine Gemälde, Zeichnungen und Collagen 1976 der Stadt Lausanne, nachdem Museen in Frankreich sie abgelehnt hatten. Einige Werke waren 1947 in der Pariser Galerie Drouin gezeigt worden – aber nur einem ausgewählten Publikum, zu heikel waren die Motive, zu skandalös der radikale Verzicht auf althergebrachte Techniken.

Anschließend lockt die **Auberge de Beaulieu** ganz in der Nähe mit Mittagessen oder Cocktails und Mezze. Von der Place de Riponne (Métrolinie 2) sind es zu Fuß zehn Minuten, mit dem Bus (3 oder 21) fährst du zur Haltestelle Beaulieu-Jomini.

Städtisches Strandflair

Sonne, Kies und Käse

Yoga, DJs, *musique à l'aube* (Konzerte zum Sonnenaufgang): Das alles gibt's an der **Jetée de la Compagnie**, Lausannes hipstem „Strand" am See mit einer Containerbar, Tischen am Wasser, Sonnendecks und Blick auf die Alpen. Toll sind hier auch die Sonnenuntergänge bei einem Glas Kombucha oder Bier.

Genauso idyllisch ist die **Guinguette de Vidy** mit Sonnenliegen unter Bäumen und köstlichen Wurst- und Käseplatten. Zehn Minuten zu Fuß das schattige Seeufer entlang tummelt sich am Kieselstrand **Plage de Vidy** das gemeine Volk.

Zwei Becken, Sprungbretter, ein Hindernisparcours auf dem Wasser und große Rasenflächen locken Familien und Badehungrige zum Poolkomplex **Bellerive-Plage**; nach 17 Uhr ist der Eintritt billiger.

RAUS AUFS WASSER!

Im Sommer werden beim Château d'Ouchy Tretboote und Kajaks verliehen; für die 8-PS-Schnellboote bei **Cousin** gegenüber vom Hotel Beau-Rivage brauchst du keinen Führerschein. Zum Stehpadddeln steure den Lieblingsstrand vieler Lausanner:innen in **Lutry** (S. 63) mit teurer *buvette* (Snackbar) an.

DIE BESTEN ATTRAKTIONEN FÜR FAMILIEN

Musée Olympique
Ein Highlight in diesem tollen Museum mit jeder Menge interaktiven Exponaten für jedes Alter ist ein Sprintwettkampf mit Usain Bolt.

Spielplätze am See
Klettergerüste, Rutschen und Schaukeln gibt's auf den Grasflächen am See jede Menge. Besonders toll sind die Spielplätze in Vidy und Pully.

Aquatis Aquarium-Vivarium
Topmodernes Aquarium mit 10 000 Fischen und Reptilien von den Gletschern Europas bis zum Amazonas; nach 17 Uhr ist der Eintritt billiger.

Parc de Sauvabelin
Park auf einem Hügel mit hölzernem Wachturm, See, Spielplätzen und tollem Ausblick. Kombinieren lässt sich der Parkbesuch mit Kunst und Sonntagsbrunch in der Fondation de l'Hermitage in einer Villa aus dem 19. Jh. mit Ausstellungen und dem Café-Bistro L'Esquisse.

Rund um Lausanne

Schlösser und Blumendörfer säumen das Seeufer rund um Lausanne. Die terrassierten Weinberge des Lavaux sind so steil, dass sie zum Unesco-Welterbe gekürt wurden.

Der weiße Brocken von Europas höchstem Berg, der Mont Blanc (4805 m), rund 80 km entfernt auf der anderen Seeseite in Frankreich, wirkt von diesem Abschnitt des Genfer Sees aus besonders imposant. Vielleicht ist es der Kontrast zum stetig wachsenden Lausanne, der den schneebedeckten Gipfel so allgegenwärtig wirken lässt. Seine Schönheit zu bewundern gehört zu jedem Ausflug rund um Lausanne – ob vom hübschen Winzerdorf Morges mit den trefflich benannten Quais du Mont-Blanc, vom noblen Vevey mit seinen feinen Geschäften und fabelhafter Aussicht auf die Alpen am anderen Ufer oder von der Terrasse der weißen Burg im einst römisch besiedelten Nyon aus. Lass dir Zeit, um alles zu genießen!

UNTERWEGS

Von Genf und Lausanne fahren auf wunderschönen Strecken SBB-Züge nach Vevey, Morges und Nyon; den besten Ausblick hast du rechts. Für das Lavaux in Lutry oder Cully aussteigen.

Morges

DAUER AB LAUSANNE: **13 MIN.**

Feste zu Ehren von Tulpen und Dahlien

Bei der **Fête de la Tulipe** im April kannst du dich 12 km östlich von Lausanne in einem Meer aus Tulpen verlieren. Mit der Burg aus dem 13. Jh. am Seeufer und dem majestätischen Koloss des Mont Blanc mit seiner schneeweißen Brust am Horizont ist die Szenerie sehr verführerisch. Von Ende März bis Mitte Mai verwandeln 140 000 Exemplare von 300 Tulpenarten die Uferanlagen und den **Parc de Indépendance** am See in ein Meer aus Farben. Von Juli bis Oktober werden Dahlien angepflanzt. Mittwochs und samstags säumen Marktstände die Fußgängerzone **Grand-Rue**.

Parc Naturel du Jorat

DAUER AB LAUSANNE: **60 MIN.** 

Grüne Gourmetküche

Direkt nördlich von Lausanne erstreckt sich im Parc Naturel du Jorat ein großes Stück dichter Fichten- und Buchenwald. Hier gedeiht der Schachtelhalm, in feuchteren Gebieten mit zahlreichen Quellen wachsen Eschen. Es gibt ein 37 km langes Netz aus gekennzeichneten Wanderwegen.

Außerdem beherbergt der Wald zwei kulinarische Ökojuwele. In den 1940er-Jahren, als sie im Hotel Beau-Rivage in Lausanne abstieg, spazierte Coco Chanel gern auf eine Schale

TOP TIPP

Schick Shoppen in Vevey kannst du am ersten Samstag im Monat (März–Nov.) um einen Besuch auf dem *marché aux puces* (Flohmarkt) auf der Place Robin ergänzen.

SARENAC77/SHUTTERSTOCK ©

Fête de la Tulipe, Morges

Milch und ein Stück Obsttorte zur **Auberge du Chalet des Enfants**. In Absinth gebratenes Huhn, Käsefondue mit Bärlauch, Suppe mit Platterbsen und geräuchertem Schinken: Die Köche in dem Bauernhaus aus dem 14. Jh. beziehen ihre Zutaten aus dem eigenen Gemüsegarten und von Kleinerzeugern der Umgebung und bitten ihre Gäste, über **1 CHF pour le climat** (1francpourleclimat.ch) die Region zu unterstützen. In der gleichgesinnten **Abbaye de Montheron** sind gelegentliche Essen im Wald das Highlight der streng nachhaltigen Gourmetküche (Mittagessen/Menüs ab 49/115 SFr).

Nyon

DAUER AB LAUSANNE: **30 MIN.** 

Tief eintauchen in die Kultur des Genfer Sees

Bodenständiger geht es in Nyon zu – der Ort liegt auf halber Strecke zwischen Genf und Lausanne und jeden Morgen kommen hier bootsweise französische Pendler:innen aus dem mittelalterlichen Yvoire am anderen Ufer an. Das **Musée du Léman** informiert über die Natur, die Biodiversität – es gibt 32 Fischarten im See, dazu Strumpfbandnattern und nervige Bodennestflöhe – und das Klima des Genfer Sees sowie über seine glamouröse Vergangenheit als Etappe auf der Grand Tour.

Mehr kulturelles Erbe gibt es im **Village des Pêcheurs** drei Minuten zu Fuß den Quai Louis Bonnard in südlicher Richtung hinunter. Malerische Fischerhütten und traditionelle Holzboote säumen das Ufer; von hier brechen die letzten Berufsfischer von Nyon auf, um ihre Netze nach Barsch und *féra* (Felchen) auszuwerfen. Kaufen kannst du Fisch direkt an der Quelle in der **Pêcherie Deli** oder du genießt ihn zubereitet mit herrlichem Seeblick, Pommes und Buttersauce im **O'Les Terrasses du Lac**.

SCHLÖSSER

Château de Nyon
Das weiße Schloss von Nyon aus dem 12. Jh. beherbergt ein historisches Museum und eine Sammlung mit seltenem Porzellan. Toller Seeblick von der Terrasse!

Château de Prangins
Französische Gärten mit Blumenbeeten und *potager* (Gemüsegarten) sind ein Highlight dieses Herrenhauses aus dem 18. Jh. mit Geschichtsmuseum; 2 km nördlich von Nyon.

Château de Coppet
In Coppet empfing in die Pariser Exilantin Madame de Staël (1766–1817) in Louis-seize-Räumen Leute wie Edward Gibbon und Lord Byron.

Château de Morges
Heute haben Tausende Zinnsoldaten die untersetzte Burg von Morges in Beschlag, erbaut 1286 von Ludwig von Savoyen.

VOGELINSEL

Wer mit dem Rad von Lausanne nach Morges fährt, schöne 14,5 km meist am See entlang, kann auf der **Île aux Oiseaux** Kormorane beobachten und in einem kleinen Museum etwas über Zugvögel auf der Halbinsel erfahren. Auch die **Rhone** (S. 50) in Genf ist bei Vogelfreund:innen beliebt.

CHAPLIN'S WORLD

Das Schweizer Domizil von Charlie Chaplin (1889–1977), der **Manoir de Ban**, ist eine klassizistische Villa mit einem 14 ha großem Park nördlich von Vevey in Corsier-sur-Vevey.

Hier verbrachte der in London geborene Filmstar die letzten 25 Jahre seines Lebens. Bestattet ist er neben seiner Frau Dora auf dem überwucherten Friedhof von Corsier bei der Funiculaire du Mont Pélerin.

1978 entführten zwei Männer aus Polen und Bulgarien Chaplins Leichnam, um von der Familie 600 000 US$ Lösegeld zu erpressen – ohne Erfolg.

Der Sarg wurde später 20 km entfernt in einem Maisfeld vergraben gefunden. Diese und andere Geschichten über den weltberühmten Komiker mit Stock und Hut werden im Museum **Chaplin's World** erzählt.

SAIKO3P/SHUTTERSTOCK ©

Alimentarium, Vevey

Corseaux

DAUER AB LAUSANNE: **30 MIN.** +

Le Corbusier am Genfer See

Heute ist es unvorstellbar, dass ein Haus mit Europas größtem Alpensee vor der Haustür *keinen* Garten auf dem Dach oder große Fenster für den himmlischen Ausblick hat. Aber 1923, als der junge Schweizer Architekt Le Corbusier (1887–1965) für seine alternden Eltern die **Villa Le Lac** in Corseaux entwarf, ein kleines weißes Haus mit Flachdach und 11 m langem Fensterband mit Panoramablick auf die Landschaft, war das visionär. Was sich schnell als Ouvertüre zum phänomenalen Rationalismus des großen Architekten der Moderne und seiner Liebe zu Stahlbeton herausstellte, gehört heute zum Unesco-Welterbe. Hin und wieder finden hier in spektakulärem Ambiente Kunstausstellungen statt (14 SFr, nur Barzahlung, geöffnet Sa & So nachmittags). Vom Bahnhof von Vevey ist das Haus etwa eine Viertelstunde zu Fuß entfernt.

STILVOLL ÜBERNACHTEN RUND UM LAUSANNE

La Maison d'Igor
Igor Strawinskys elegantes Haus in Morges ist heute ein Boutiquehotel mit acht Zimmern und Restaurant. **€€**

Hôtel des Trois Couronnes
Edle Küche und Weine und schlummern in einer alten Villa am Ufer – eine der besten Bleiben am Genfer See. **€€€**

Grand Hôtel du Lac
Grandhotel von 1868 in Vevey in zeitgenössischem Stil, mit opulenten Speisemöglichkeiten und kultivierten Bars. **€€€**

Vevey

DAUER AB LAUSANNE: **15 MIN.**

Kulinarik und Kultur im Alimentarium

In einer Stadt, in der die öffentliche Bücherei im Café **Le Littéraire** zu Getränken kostenlos Saatgut verteilt und schon seit dem Mittelalter an der **Place du Marché** ein Wochenmarkt stattfindet, ist ein Lebensmittelmuseum keine echte Überraschung. Vom Bahnhof von Vevey geht's durch die Stadt zur 8 m großen Silbergabel, die gegenüber vom **Alimentarium** aus dem See sticht. Im Garten wachsen seltene und alte Gemüse- und Blumenarten; drinnen locken verspielte Ausstellungen zu Essen und Ernährung. Kochworkshops vorher buchen!

Steil bergauf durch Blumengärten und von einer Handvoll Winzerfamilien bewirtschaftete Weinberge rattert die kirschrote **Funiculaire du Mont Pélerin** (2,80 SFr, 15 Min.) auf den Mont Pélerin (1080 m). Die Talstation ist zwölf Gehminuten vom Bahnhof von Vevey entfernt. An der Bergstation kannst du im **Le Chalet** zu einem Stück *tarte à la raisinée* (süßer Kuchen mit Sirup) seltene Weine einer kleinen Chardonne-Appellation verkosten. Eine Waadtländer Spezialität sind biergetränkte *malakoffs* (frittierte Käseschnitten) mit viel Gruyère; die Ausblicke auf den Genfer See, das Rhonetal und das französische Massif du Chablais sind spektakulär.

An der automatisierten Radstation Espace Cendrillon am Chemin de Pélerin hinter dem Le Chalet kannst du E-Bikes ausleihen (4/8 Std. 30/45 SFr); oder du folgst dem Wanderweg (3 km, 1 Std.) zur **Tour Plein-Ciel**, einem Sendemast auf dem Mont Pélerin mit Panorama-Glasaufzug (Erw./Kind 5/3 SFr). Es geht 65 m nach oben – super!

SCHWEIZER TÖNE

Schweizer Klänge bestehen aus weit mehr als Kuhglocken, Jodeln und Alphörnern: Das große Musikfestival **Paléo** (yeah.paleo.ch), das jedes Jahr im Juli sechs Tage lang in Nyon stattfindet, zählt zu den wichtigsten Rock- und Popfestivals in Europa.

Im Lauf der Jahre sind auf den sieben Freilichtbühnen schon Künstler:innen wie Bob Dylan, Elton John, The Cure, Sting, Rosalía und Aya Nakamura aufgetreten.

Die Wurzeln des Ferstivals liegen im traditionellen Folk. Zum ersten, 1976 vom Folk Club de l'Escalier im Rathaus organisierten Folkfestival kamen rund 1800 Menschen. Heute besuchen 230 000 Fans das Festival; auf dem kostenlosen Campingplatz stellen sie Tausende von Zelten auf und tanzen bis zum Morgengrauen.

DEN KREIS SCHLIESSEN

Vorspulen zum großen Finale der Karriere von Le Corbusier kannst du am Nordostufer des **Zürichsees** (S. 198) in Zürich: Hier ist das letzte von ihm entworfene Gebäude zu sehen, seine einzige Schöpfung aus Stahl und Glas.

ESSEN & TRINKEN IN VEVEY

Ze Fork
Kreative Küche und eine Terrasse am Wasser sorgen dafür, dass das rustikale Bistro immer voll ist. Mit Dachterrasse. €€

Le Mazot
Familiengeführtes Bistro in der Altstadt mit traditionellem *fondue moitié-moitié* (mit Käsemischung) und Steaks. €€

Le Non-Stop
Erfrischend bodenständiger Bier-und-Burger-Laden mit tollen Burgern im US-Stil – eine Institution! €

CAPRICORN STUDIO/SHUTTERSTOCK ©

HIGHLIGHT

Lavaux

Östlich von Lausanne ziehen sich über dem Genfer See steile Weinberge terrassierte Hänge hinauf – die Weinregion Lavaux ist Unesco-Welterbe. Weinbergwanderungen, Weinproben und himmlische See- und Bergblicke sind gute Gründe für die Erkundung einer Reihe von Weindörfern an einer 40 km langen Uferstrecke.

NICHT VERSÄUMEN

- Maison Lavaux
- Lavaux Vinorama
- Lavaux Classic
- Sentier Gourmand Lavaux
- Lutry's Paddle School
- Auberge du Raisin
- Weinberge im Herbst

In den Weinbergen

Ein Fünftel der Weinproduktion des Kantons Waadt stammt von diesen von der Sonne verwöhnten, schwindelerregenden Hängen. Die gen Süden und Südwesten weisenden Hänge sind durch alte Trockenmauern, die tagsüber die heiße Sommersonne aufsaugen und abends langsam eine nährende Wärme abgeben, in kleine Parzellen geteilt. Die Nähe zum Genfer See garantiert ein mildes, gemäßigtes Klima.

Klare, fruchtige Weißweine aus Chasselas-Trauben bilden den Großteil der **AOC Lavaux** – fruchtige Rote aus Gamay-, Pinot-noir- und Salvagnin-Trauben machen nur 20 % aus. Echte Weinkenner:innen können nicht genug bekommen von den seltenen Weinen der **AOC Calamin Grand Cru**, gekeltert von *vignerons* (Winzern) im Weiler Epesses, aus Trauben, die weniger als 2 % der Weinberge des Lavaux ausmachen. Die kalksteinreichen Weinberge für die Weine der prestigeträchtigen **AOC Dézaley** sind so steil, dass die Oberfläche der stützenden Steinmauern der Fläche für die Rebstöcke entspricht.

Wandern & Radfahren

Durch die Weinberge verlaufen Wanderwege wie die **Grande Traversée** (37 km, 9½ Std.) von Lausanne zum Château de Chillon. Am schönsten ist jedoch der kürzere Weg über die **Terrasses de Lavaux** (11,3 km, 3¼ Std.) vom mittelalterlichen Dorf Lutry (4 km östlich von Lausanne) nach St-Saphorin. Einer der ersten Stopps ist die **Domaine du Daley** (2,5 km, 45 Min. ab Lutry), wo schon seit 1392 Wein gekeltert wird; Weinproben vorher telefonisch arrangieren! In Grandvaux führt der Weg zur **Maison Lavaux** (lavaux-unesco.ch) mit Ausstellungen zum Weinbau, geführten Spaziergängen und Kulturevents. Vorbei an den hübschen Weindörfern Grandvaux und Riex geht's nach Epesses, das von unglaublich steilen Hängen mit Dézaley-Reben gesäumt ist. Im Dorf kannst du bei der **Cave Massy** ein herrliches in Holz eingearbeitetes Wandbild des Streetart-Künstlers LPVDA bewundern.

Von Riex aus können wirklich ambitionierte Wandernde einen steilen, 3,4 km langen Abstecher (1½ Std.) durch Weinberge und Wald hoch zur **Tour de Gourze** (924 m) unternehmen, im 12. Jh. als Wehrturm erbaut. Als Belohnung lockt ein unverstellter Panoramablick auf die Weinberge des Lavaux, den Genfer See, das Waadtland und den Jura.

Lavaux Vinorama, 1,5 km vor dem Ziel in St-Saphorin, ist ein modernes Verkostungs- und Erkundungszentrum in einer Art Designerkasten. Die Vorderfront schmückt ein schimmerndes, 15 m langes Fenster, das von 6000 Metallpixeln in Form der Adern eines Traubenblatts geziert wird. Drinnen kannst du einen Film anschauen und Wein verkosten.

Radritter:innen können einer ganz ähnlichen Route folgen, doch diese führt nicht wie die Wanderroute teils durch Weinberge, sondern über asphaltierte Straßen.

Paddeln

Die Weinberge lassen sich auch wunderbar vom Genfer See aus bestaunen. In Lutry verleiht **Lutry's Paddle School** (following-john.ch; April–Okt.) am Strand Kajaks und SUP-Bretter zum Paddeln Richtung Osten. Die Ausblicke auf die sich steil die Hänge emporziehenden Weinberge sind himmlisch. Es werden auch geführte Paddeltouren angeboten.

Traktoren, Bahnen & Standseilbahnen

Über die geteerten Straßen zwischen den Weinbergen zuckelt die von einem Trecker gezogene Touristenbahn **Lavaux Express** (April–Mitte Nov.) – eine tolle Sache für Familien mit kleinen Kindern. Los geht's in Cully und Lutry am See neben dem CGN-Bootsanleger. Schöne Weinbergblicke bieten sich auch von der Funiculaire du Mont Pélerin (S. 61) in Vevey.

ESSEN & MUSIK IN DEN REBEN

Im Juni gibt's beim **Lavaux Classic** zehn Tage lang Konzerte von in- und ausländischen Musiker:innen auf den Weingütern und am Seeufer.

Im Juli geht's auf dem **Sentier Gourmand Lavaux** über eine 5 km lange Weinbergroute zu Wein und Speisen.

Im Rahmen der **vendange** (Weinlese) im Oktober finden in der gesamten Region Weinfeste statt.

TOP TIPPS

- Die Touristenbüros in Lausanne und Montreux haben Karten. In Cully gibt's am Bahnhof eine Information.
- Am schönsten ist der Oktober: Dann sind die Trauben prall und die Blätter leuchten feuerrot und golden.
- In den Weinbergen stehen teils Kühlschränke mit Wein und Vertrauenskasse – Bargeld mitnehmen!
- In Cully lädt die alte **Auberge du Raisin** am See zum Essen und Übernachten ein.
- Jedes Dorf hat einen **caveau des vignerons** (Winzerkeller) für Weinproben und -verkäufe.

Montreux

KONZERTE AM SEE | KUNST & KULTUR | NATUR

UNTERWEGS

Bus 201 (15 Min.) verbindet Montreux etwa alle zehn Minuten mit dem Château de Chillon. CGN-Boote und Dampfer ab Lausanne (1¾ Std.), Vevey (50 Min.) und Montreux (15 Min.) legen direkt bei der Burg an.

Montreux 30 km südöstlich von Lausanne besticht mit Kunst, Musik und Naturschönheit. Das elegante Städtchen am See war im 19. Jh. bei Schriftsteller:innen und Künstler:innen wie Lord Byron und den Shelleys beliebt und ist seitdem ein Magnet für Reiche und Berühmte.

Was man hier tut? An der gepflegten Promenade an Hotels aus dem 19. Jh. und Blumengärten entlangflanieren, freitagmorgens auf dem Markt am Ufer einkaufen und sich auf einer Caféterrasse des milden Klimas erfreuen. Im Sommer kommen noch Pop-up-Bars und Kulturevents dazu.

Alte Rockfans schwelgen in Erinnerungen an die Zeit, als die britische Band Deep Purple 1971 hierher kam, um im Konzertsaal des Kasinos ein Album aufzunehmen, der dann bei einem Konzert von Frank Zappa and the Mothers of Invention durch einen Brand zerstört wurde. Der Rauch über dem Genfer See inspirierte Deep Purple zu ihrem Klassiker „Smoke on the Water".

TOP TIPP

Beim Festival Dolce Riviera im Juli und August finden Freiluftkonzerte mit Jazz, Swing, Bigbands, Lounge, Pop usw. in Parks und am See u. a. in Vevey und Montreux statt. Über andere Konzerte am See informiert au-quai-ok.ch, über andere Kulturevents die Touristeninformation von Montreux (montreuxriviera.com).

Ein Blumenweg zum Château de Chillon

Durch Kunst zur Geschichte

Der sanfte, von Zierbeeten und zeitgenössischen Skulpturen gesäumte **Chemin Fleuri** (Blumenweg) zieht sich 2,5 km lang (40 Min.) heiter am Seeufer von Montreux entlang bis zur am besten erhaltenen mittelalterlichen Burg der Schweiz. Die Blumenpracht ist farblich und in Sachen Vielfalt und Üppigkeit wahrhaft tropisch und wie geschaffen für Disney-Filme.

Die flache, breite Fußgängerpromenade beginnt am **Quai des Fleurs** beim Wassersportzentrum **Nautic Loisirs** (Tretboot/Kajak/SUP/führerscheinfreies Motorboot 33/18/20/85 SFr pro Std.), am Südende der Av Nestlé, am See. Wie wär's mit einem Kaffee oder Mittagsmahl im **Le Contretemps** im **Parc Mannerheim** oder etwas später mit einem Crème-double-Eis oder einem waadtländischen Aprikosensorbet im alten Pavillon beim **Port de Territet**? Der kleine Hafen ist auch

HIGHLIGHTS
1 Château de Chillon
2 Queen: The Studio Experience
3 Rochers de Naye

SEHENSWERTES
4 Caux Palace
5 Freddie-Mercury-Statue
6 Grand Hôtel
7 La Rambertia
8 Montreux Palace
9 Parc Mannerheim

AKTIVITÄTEN
10 Auditorium Stravinski
11 Grottes de Naye
12 Jaman
13 Nautic Loisirs
siehe 13 Quai des Fleurs

SCHLAFEN
14 Auberge de Jeunesse Montreux
15 Hôtel La Rouvenaz
16 Hôtel Masson

ESSEN
17 Buvette de Jaman
18 Confiserie Zucher
siehe 15 La Rouvenaz
19 Le Contretemps
siehe 19 Port de Territet
siehe 6 Restaurant 45

AUSGEHEN & FEIERN
20 Le Cabanon de Mam's

UNTERHALTUNG
siehe 8 Montreux Jazz Lab

MUSIK OHNE ENDE

Schwimmende Bars, Jamsessions, Poolpartys und Tanzklassiker: Beim **Montreux Jazz Festival**, für das zwei Wochen im Juli 250 000 Musikfans in die Stadt strömen, ist alles möglich. Der Name täuscht: Alle Musikrichtungen sind hier vertreten. Zu den Musiklegenden, die hier seit der ersten Edition 1967 schon gespielt haben, zählen Pink Floyd, David Bowie, Elton John, Ella Fitzgerald, Aretha Franklin, Van Morrison und Paul Simon. Die Konzerte finden auf elf Bühnen statt; nur die im **Auditorium Stravinski** und im **Montreux Jazz Lab** kosten Eintritt (50–500 SFr). Den Kern des Festivals bilden junge Talente aus dem In- und Ausland; jede Menge Konzerte sind kostenlos.

ein beliebter Badespot. Bei der **Biennale Montreux** (Aug.–Nov. in ungeraden Jahren) sind am Ufer rund 50 verspielte Skulpturen von Schweizer Künstler:innen wie Gustav Oggier, Sara H und Sonja Knapp zu sehen. Damit die Werke dem berüchtigten Nordwind am Genfer See – der Bise – standhalten, müssen sie mindestens 2,5 m groß sein.

Auf dem letzten Kilometer der Strecke dominieren dann die Türme des **Château de Chillon** mit ihren schmalen Schießscharten den zauberhaften Ausblick. Zu Getränken, hausgemachtem Kuchen und einem Pläuschchen mit Antonietta lädt **Le Cabanon de Mam's** (Quai Alfred Chatelanat) ein. Die Hütte am See fungiert auch als Strandclub für Hipster, mit Sonnenliegen auf dem Rasen und Würstchen, die auf dem gemeinschaftlichen Grill auf den Steinen brutzeln. Auf dem Weg zur Burg liegt rechts ein großer Kieselstrand.

Made in Heaven

Freddie Mercury feiern und etwas spenden

Es ist kein Zufall, dass ein Ausblick von Montreux auf den Genfer See das Cover des letzten Albums der britischen Rockband Queen, *Made in Heaven* (1991), ziert. Sänger Freddie Mercury (1946–1991) waren Stille und Anonymität in dem kleinen Ort am See lieber als die aufdringlichen Paparazzi seiner Heimatstadt London. In den 1980er-Jahren mietete er im Vorort Clarens, 2 km westlich, eine Villa. Das **Duck House** – oder Duckingham Palace, wie die Villa am See, Baujahr 1973, mit schattigem Park, genannt wurde – kann heute als Ferienhaus gemietet werden (auf interhome.fr nach „Duck House" suchen).

Vor der alten Markthalle von Montreux an der Place du Marché schmücken frische Blumen die 3 m große bronzene **Statue von Freddie Mercury** (1996) von der tschechischen Bildhauerin Irena Sedlecká. Fünf Gehminuten entfernt befindet sich das Studio, in dem Queen bis zum Tod des legendären Rocksängers 1991 sieben Alben aufnahm. Im Kasino ermöglicht **Queen: The Studio Experience** in den Aufnahmestudios, die Queen von 1978 bis 1993 gehörten, eine emotionale Reise durch die letzten Jahre der berühmten Band. Spenden (der Eintritt ist frei) fließen an den Mercury Phoenix Trust, der sich dem Kampf gegen Aids verschrieben hat.

Zu sehen sind Mercurys spektakuläre Bühnenkostüme und der handgeschriebene Text zu „A Winter's Tale" und „Mother Love". Du kannst an der Stelle stehen, an der er im Mai 1991 den Song einsang, den er als letztes aufnahm, und an einem kompletten Nachbau des Original-Neve-8048-Mischpults dein Lieblingsstück von Queen neu abmischen. Weitere Infos gibt's auf einer Freddy-Mercury-Führung (freddie-tours.com).

ÜBERNACHTEN RUND UM MONTREUX

Hôtel Masson
Familiengeführte Pension seit 1829: ein reizendes Winzerhaus in den Hügeln südöstlich von Montreux. **€€**

Hôtel La Rouvenaz
Boutiquehotel mit modernem Ambiente und mit Restaurant am See in Montreux – sehr preiswert! **€€**

Auberge de Jeunesse Montreux
Hostel zwischen Montreux und dem Château de Chillon – vom Bett geht's gleich in den See! **€**

ANTON GVOZDIKOV/SHUTTERSTOCK ©

Kartenverkauf beim Montreux Jazz Festival

Bahnabenteuer zu den Rochers de Naye

Berge, Käse und Alpenblumen

Sie ist laut, schwerfällig und stoppt manchmal plötzlich, um dann wieder Anlauf auf der steilen Bergstrecke zu nehmen: Die 1892 eröffnete **Zahnradbahn** von Montreux fährt stündlich vom Bahnhof zu den Rochers de Naye auf 2042 m Höhe. Am besten sucht man sich rechts – da gibt's zwischen den Tunneln die besten Seeblicke – einen Sitz in Fahrtrichtung (um nicht vom Sitz zu rutschen). Einige der Tunnel sind so eng, dass sich die Bahn nur langsam hindurchzwängen kann.

Von **Jaman** (1743 m) eröffnen sich beeindruckende Bergblicke etwa auf den Dent de Jaman (1875 m). Vom kleinen Bahnhof führt ein anspruchsvoller Weg (1½ Std., 3 km) zu den Rochers de Naye hinauf und durch die unbeleuchteten **Grottes de Naye** (Juli–Okt., Taschenlampe und Helm erforderlich). Im Haus des Stationsvorstehers serviert die **Buvette de Jaman** (Mi–Mo) legendäre Käsefondues, *croûte au fromage* (Käse auf Toast) und Blaubeerkuchen.

Bei den Rochers de Naye auszusteigen ist atemberaubend. Paraglider:innen stürzen sich in die Tiefe und es gibt unterschiedlich schwierige Wanderwege, auch einen hinunter nach Montreux (3½ Std.). Ein leichter Spaziergang führt an Murmeltiergehegen vorbei zu einem mit einem Holzkreuz markierten Aussichtspunkt (30 Min.) mit Blick auf das Dreigestirn (Eiger, Mönch und Jungfrau) und den verschneiten Dome du Goûter (4304 m) im französischen Mont-Blanc-Massiv. In die andere Richtung führt ein Weg in 15 Minuten von der Bergstation zum 1896 angelegten Alpengarten **La Rambertia** (Juni–Mitte Okt.) mit 1000 Pflanzenarten.

MITTELALTER-KAPELLEN & GOTISCHE KERKER

Das berühmte Schloss am Genfer See, das **Château de Chillon**, wurde im 13. Jh. vom Haus Savoyen errichtet und, nachdem die Waadt an Bern gefallen war, von den Berner Landvögten übernommen.

Berühmt wurde die Festung mit ihren herrlichen mittelalterlichen Fresken und grausigen gotischen Verliesen durch Byrons Gedicht „Der Gefangene von Chillon" (1816) über François Bonivard, der wegen seiner aufrührerischen Ideen eingekerkert und 1536 von bernischen Truppen befreit wurde. Byron ritzte seinen Namen in den Pfeiler, an dem Bonivard angekettet gewesen sein soll.

Die Maler William Turner und Gustave Courbet verewigten die Silhouette der Burg auf Leinwand; Jean-Jacques Rousseau, Alexandre Dumas und Mary Shelley schrieben über sie.

ESSEN IN MONTREUX

La Rouvenaz
Unschlagbares Mittagessen bei modernem Italiener mit Moretti-Pizzaofen und Tischen auf dem Bürgersteig. **€**

Restaurant 45
Grillrestaurant des Grand Hôtel mit tollem Seeblick und rund einem Dutzend Saucen zu Steaks und Salaten. **€€€**

Confiserie Zucher
Teesalon aus dem 19. Jh. mit *perchettes du Léman* (fischförmigen Pralinen), Backwaren und heißer Schokolade. **€€**

Rund um Montreux

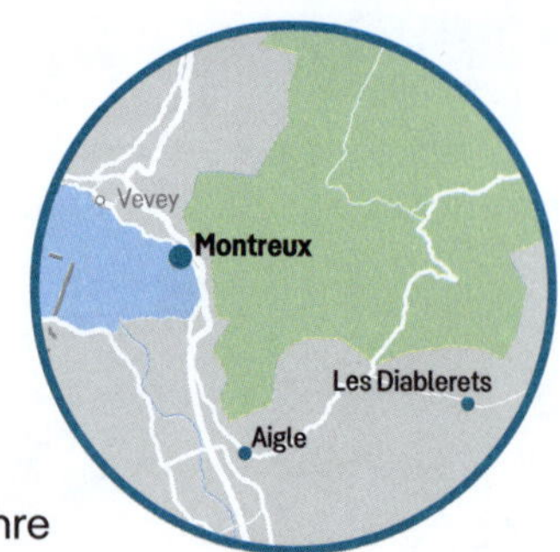

Passend zur Nostalgie der Seestadt für ihre goldene Vergangenheit sind auch die Ausflüge außerhalb von Montreux von Romantik und Exzentrik geprägt.

Ziele

UNTERWEGS

Züge der SBB fahren regelmäßig von Montreux (10 Min.), Lausanne (30 Min.) und Genf (1¼ Std.) nach Aigle. MOB-Bahnen auf der Golden Pass Line nach Luzern nutzen in Montreux ebenfalls den normalen Bahnhof.

TOP TIPP

Neben der Golden Pass Line bietet die Eisenbahngesellschaft MOB von Mai bis September ab Montreux auch Thementouren zu Schokolade und Käse.

Das beeindruckende Panorama erreicht am Ostende des Sees seinen Höhepunkt. Mit den gezackten Dents du Midi in Frankreich am Horizont im Süden und den sanften Waadtländer Alpen, die sich im Norden über Montreux wellen, verschmelzen hier Berge und See. Wer bei Sonnenauf- oder Sonnenuntergang aufs Wasser schaut, dem wärmt eine Sinfonie aus gedämpften Blau-, Silber-, Rosa- und Goldtönen das Herz.

Die Berge der Waadt sind im Winter ein eher geruhsames Wintersportgebiet und im Sommer ein spannendes grünes Refugium. Richtung Osten verkehren als Tüpfelchen auf dem i legendäre Bahnen wie der Panorama Express, die Golden Pass Belle Époque und der Golden Pass Express Richtung Zentralschweiz.

Les Diablerets

DAUER AB MONTREUX: **90 MIN.** 

Eine schwindelerregende Brücke

An klaren Tagen ist der Ausblicke von der weltweit ersten Hängebrücke, die zwei Gipfel miteinander verbindet, auf den Mont Blanc und die schweren Jungs der Schweiz – Matterhorn sowie Eiger, Mönch und Jungfrau – wirklich himmlisch. Der schwindelerregende, 107 m lange **Peak Walk by Tissot** auf dem Tsanfleuron-Gletscher im Skigebiet **Glacier 3000** bei den Les Diablerets ist ein Höhepunkt auf jeder Reise in die Waadtländer Alpen. Für die Brücke zwischen dem View Point Peak (2965 m) und dem Scex Rouge (2971 m) ist der Sommer die beste Zeit. Nichts für Leute mit Höhenangst!

Aigle

DAUER AB MONTREUX: **10 MIN.**

2000 Jahre Winzerei

Aus den Reben, die an den sanften Hängen rund um Aigle 16 km südlich von Montreux wachsen, werden einige der besten Weißweine der Schweiz gekeltert. Im **Musée de la Vigne et du Vin** erfährst du, wie der kleine Ort am Südostende des Genfer Sees zum Zentrum des Waadtländer Weinbaugebiets Chablais wurde. Dank modernen, interaktiven Exponaten

Peak Walk by Tissot

kannst du digital u. a. an einer Chasselas-Weinlese teilnehmen und deinen eigenen Wein keltern. Das Museum residiert im märchenhaften Château von Aigle aus dem 12. Jh. inmitten von erbsengrünen Weinreben, die von niedrigen Steinmauern geschützt und vom warmen Föhnwind belüftet werden.

Jedes Jahr treffen sich Winzer:innen aus aller Welt auf dem Château d'Aigle zum Weinfest **Mondial des Chasselas**, wo sie um die jährliche Auszeichnung „bester Chasselas-Wein der Welt" ringen. Die alten Gassen hoch zur Burg sind von *caves* (Weinkellern) mit Tröpfchen heimischer *vignerons* gesäumt und bilden das ganze Jahr über eine stimmungsvolle Kulisse für Weinverkostungen.

SKIFAHREN IN DEN WAADTLÄNDER ALPEN

Les Diablerets für Anfänger & Fortgeschrittene
Isenau und Glacier 3000 (ja, oben auf einem Gletscher) sind die beliebtesten Skigebiete von Les Diablerets. 2024 wird hier das Designerrestaurant Botta nach Plänen des Schweizer Architekten Mario Botta eröffnet.

Familienspaß in Villars-Gryon
Schweizer Familien lieben dieses gehobene, superurige Doppelskigebiet rund um das Dorf Villars-sur-Olon. Mit dem Skipass kann man auch das Skigebiet Les Diablerets nutzen.

Populäres Leysin
Mit 60 km an Pisten für jeden Geschmack wartet dieses Skigebiet auf 1350 m Höhe auf, das als Luftkurort für Tuberkulosekranke das Licht der Welt erblickte.

Fribourg, Drei-Seen-Land & Jura

SCHWEIZER STILLE, SEEN UND BERGE

Eine Zeitreise in Fribourg, Käse in Gruyères und die Stille des Juragebirges – in dieser seltener besuchten Region lässt sich die Schweiz auf einzigartige Weise bereisen.

Abseits der Schweizer Alpenlandschaften verbirgt sich eine wenig erkundete Region mit dem Kanton Fribourg, den ruhigen Gewässern des Drei-Seen-Lands und den hohen Bergen des Jura.

Die gleichnamige mittelalterliche Hauptstadt des Kantons, wo in den Kopfsteinpflasterstraßen die Vergangenheit zu spüren ist, aber auch der Puls des modernen Lebens schlägt, lädt zu einer Zeitreise ein. In der fruchtbaren Gegend um Gruyères bieten die jahrhundertealten Traditionen der Käseproduktion ein Fest für die Sinne. Beim Creux du Van im Jura zeigt sich die Schönheit der Natur bei herrlichen Ausblicken und unterwegs auf Wanderwegen, die durch sanfte Hügel, dichten Wald und urige Dörfer führen. Das Val de Travers und die Geschichte der Absinth-Brennereien dort verleiht der Region ein Quäntchen Schrulligkeit. Das Drei-Seen-Land mit Bielersee, Lac de Neuchâtel und Murtensee ist ein friedvolles Refugium, ob beim Wandern am Seeufer, Abhängen an den Stränden oder schönen Schiffsfahrten übers Wasser.

Im Wechsel der Jahreszeiten hält dieser reizvolle Teil der Westschweiz Aktivitäten für alle Reisenden bereit. Ob im verschneiten Winter oder im üppig-grünen Sommer, hier kannst du Schweizer Meringues mit samtiger Crème double probieren, mit exquisiten Weinen aus der Region anstoßen und die hiesige Gastfreundschaft genießen. Ob Kultur, Abenteuer oder heitere Stille: Fribourg, das Drei-Seen-Land und der Jura haben unvergessliche Erlebnisse zu bieten.

DIE WICHTIGSTEN ZIELE

XAVO/SHUTTERSTOCK ©

Wandern an den Gastlosen (S. 79), Fribourg

Erste Orientierung

Lass dir Zeit für die entspannte Region Fribourg, Drei-Seen-Land und Jura. Im geruhsamen Lebensrhythmus der Schweiz geht's von der Stadt an den See und hoch in den Jura.

Jura, S. 83
Die unberührten Landschaften des Jura mit sanften Hügeln und entzückenden Dörfern sind das stille Herz der Schweiz.

Drei-Seen-Land, S. 80
Am Bielersee, Murtensee und Lac de Neuchâtel trifft die Schönheit der Natur auf idyllische Seestädtchen.

Fribourg, S. 74
Die hübsche Kantonshauptstadt an der Saane zieren mittelalterliche Gassen und gotische Schmuckstücke.

FAHRRAD
Auf dem Rad spürst du die Verbindung zur Natur, ideal für abenteuerlustige und umweltbewusste Reisende. Radle über das Kopfsteinpflaster in Fribourg, am Wasser entlang durchs Drei-Seen-Land und auf Kieswegen durch den Jura.

AUTO
Mit dem Auto bist du in Fribourg, dem Drei-Seen-Land und dem Jura flexibel und komfortabel unterwegs – zu mittelalterlichen Dörfern, zu stillen Seen und zu Bergpanoramen, alles in deinem eigenen Tempo.

Jura (S. 83)

Perfekte Tage

Entdecke bei einem intensiven Kurzbesuch oder einem einwöchigen Abenteuer Fribourg, Gruyères und die bezaubernden Landschaften des Jura, eine reiche Geschichte und kulinarische Genüsse.

Wenig Zeit

Wenn du wenig Zeit hast, konzentriere dich auf Fribourg und Gruyères. Los geht's mit einem Bummel durch die mittelalterlichen Straßen von **Fribourg** (S. 74) und zu den historische Wahrzeichen der Stadt, dann weiter ins malerische **Gruyères** (S. 77). Dort kannst du den weltbekannten Käse verkosten und eine märchenhafte Burg bestaunen.

Eine Woche

Das Abenteuer beginnt in **Fribourg** (S. 74), wo du zwei Tage in den mittelalterlichen Straßen verbringst. Dann geht's durch die Hügel von **Gruyères** (S. 77); du probierst Käse in der **Fromagerie d'Alpage de Moléson** (S. 77) und bewunderst die alte Burg. Die zweite Wochenhälfte widmest du den Seen im **Drei-Seen-Land** (S. 80) und dem **Jura** (S. 83).

BESTE REISEZEIT

FRÜHLING
Im Frühling erwacht Fribourg wieder zum Leben – toll für üppige **Gärten**, saisonale **Küche** und frische Luft.

SOMMER
Die perfekte Zeit, um in der Sonne zu baden, über die Seen zu **segeln** und hoffrische Produkte zu genießen.

HERBST
Der Herbst taucht alles in Goldtöne. Schau bei der Ernte und der **Käseherstellung** zu und wandere durch **Wälder**.

WINTER
Genieße **Wintersport** in den Schneegebieten im Jura, wärme dich mit einem Fondue und feiere das Jahresende.

Fribourg

KOPFSTEINPFLASTER | ALTE BRÜCKEN | KÜNSTLERISCHE FUSION

UNTERWEGS

Das kompakte Fribourg lässt sich am besten zu Fuß erkunden. Zwar ist der Weg durch die Straßen wegen der Topografie teils etwas schweißtreibend, doch die meisten sind gut begehbar und die Ausblicke lohnen die Mühsal. Für längere Strecken oder steilere Anstiege gibt es Stadtbusse.

Fribourg (Freiburg), eine historisch und kulturell tief verwurzelte Stadt, verströmt einen zeitlosen Charme, der alle Besuchenden bezaubert. Der gut erhaltene mittelalterliche Kern des von der Saane zerteilten Fribourg gewährt einen Einblick in ihre faszinierende Vergangenheit. Von früheren Zeiten zeugen Kopfsteinpflasterstraßen, alte Brücken und die große Kathedrale, während eine bunte Kulturszene und die muntere Studentenschaft die Stadt mit jugendlicher Energie erfüllen.

Erkunde die Cathédrale de St-Nicolas de Myre und die zauberhafte Altstadt, probiere örtliche Leckereien, nimm an Events und Festen teil und bewundere die Arbeiten von heimischen Kunstschaffenden. Der für Fribourg typische Mix aus historischem Umfeld und modernem Flair macht die Stadt zusammen mit ihrer Zweisprachigkeit - hier wird sowohl Französisch als auch Deutsch gesprochen - zu einem besonderen Fleckchen, das zur Entdeckung von Herz und Seele der Westschweiz einlädt.

Fribourgs Kunstschätze

Kreativität in historischem Ambiente

In Fribourg lockt eine inspirierende Mischung aus modernem Kunsthandwerk und altmodischem Charme. Los geht's in der **Kunsthalle Friart** im Ziegelgebäude eines ehemaligen Priesterseminars mit Ausstellungen zur Gegenwartskunst von in- und ausländischen Künstler:innen. Spannend ist auch das avantgardistische Universum des **Espace Jean Tinguely – Niki de Saint Phalle**: Das Museum in einem Straßenbahndepot von 1900 widmet sich den Schöpfungen eines Fribourger Künstlerpaars: des Schweizer Bildhauers Jean Tinguely (1925–1991) und der französisch-amerikanischen Künstlerin Niki de Saint Phalle (1930–2002), die seit den 1950er-Jahren bis zu dessen Tod mit Tinguely zusammenarbeitete.

Außerdem sind die Kopfsteinpflasterstraßen der Altstadt von bunten Wandbildern und Streetart gesäumt.

TOP TIPP

Die Gassen und historischen Wahrzeichen von Fribourg sollte man erlaufen. Von der Cathédrale de St-Nicolas de Myre bieten sich Panoramablicke auf die Stadt und die Umgebung; örtliche Genüsse kredenzen quirlige Märkte und charmante Cafés.

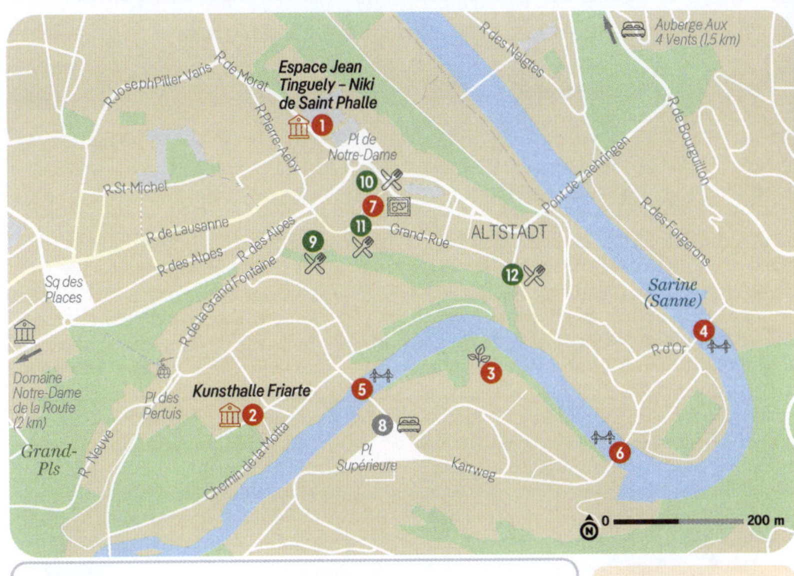

HIGHLIGHTS
1 Espace Jean Tinguely – Niki de Saint Phalle
2 Kunsthalle Friart

SEHENSWERTES
3 Le Port de Fribourg
4 Pont de Berne
5 Pont de St-Jean
6 Pont du Milieu
7 Quartier d'Artisans

SCHLAFEN
8 Le Sauvage

ESSEN
9 Brasserie de l'Hôtel de Ville
10 Café du Gothard
11 Restaurant La Schweizerhalle
12 Restaurant Le Belvédère

Auf Tuchfühlung mit dem Kunstschaffen gehst du im **Quartier d'Artisans** an der Rue des Épouses: Hier öffnen Künstler:innen ihre Ateliers fürs Publikum und du erlebst die Geburt von Kunstwerken direkt mit – Maler:innen schwingen ihre Pinsel, Bildhauer:innen formen Träume und Kunsthandwerker:innen hauchen ihren Materialien Leben ein.

Stille an der Saane

Flussblicke und Brücken

Sanft windet sich die Saane (frz. Sarine) durch das Herz von Fribourg und um sie entfaltet sich der spannende Mix aus Geschichte und Natur, der die Stadt auszeichnet.

Der **Pont de Berne**, eine gedeckte Holzbrücke von 1250, ist eine der ältesten in der Schweiz; der malerische **Pont du Milieu** von 1720 war die Hauptzufahrt in die Stadt. Vom Wahrzeichen **Pont de St-Jean** bieten sich schöne Ausblicke auf die mittelalterliche Architektur. Bummelst du am Flussufer entlang, kommst du an charmanten Cafés und kleinen Läden vorbei. Ein hübscher Garten am Fluss ist **Le Port de Fribourg** – hier treffen sich abends Menschen jeden Alters.

GUT ESSEN IN FRIBOURG

Restaurant La Schweizerhalle
Beliebtes Lokal mit authentischer, köstlicher Schweizer Küche. €€

Café du Gothard
Tinguelys Stammcafé mit 19. Jh.-Ambiente und französischer Küche. €

Restaurant Le Belvédère
Schweizer Küche mit modernem Einschlag und herrliche Ausblicke über Fribourg. €€

Auberge Aux 4 Vents
In der historischen *auberge* (Gasthof) erzählt jedes Gericht eine Geschichte aus dem kulinarischen Erbe von Fribourg. €€

Brasserie de l'Hôtel de Ville
Gourmettempel im Herz der Stadt mit munterem Flair. €€

DIE REIZE VON FRIBOURG ERKUNDEN

Los geht's an der **1 Cathédrale de St-Nicolas de Myre**, einem gotischen Meisterwerk mit leuchtenden Buntglasfenstern und prächtiger Orgel. Im Nordwesten ist der **2 Espace Jean Tinguely – Niki de Saint Phalle**, der sich den berühmtesten Künstler:innen Fribourgs widmet. Ein Stückchen weiter nördlich liegt das **3 Musée d'Art et d'Histoire** zur Kultur und Geschichte der Region.

Südöstlich steht die **4 Basilique de Notre-Dame de Fribourg** mit herrlicher Innenauskleidung. Vom **5 Pont de Zaehringen** weiter östlich bieten sich Ausblicke auf die Saane und die mittelalterlichen Befestigungen. Im Süden erstreckt sich die **6 Altstadt** mit alten Gemäuern an schmalen Straßen.

Im **7 Musée Wassmer** Richtung Westen gibt es eine eigenwillige Sammlung von Nähmaschinen und ungewöhnliche Dinge zu sehen. Das Restaurant **8 Schweizerhalle** serviert Schweizer Kost, das gemütliche **9 Café du Gothard** Erfrischungen.

Weiter südlich ist das **10 Hôtel de Ville** (Rathaus) mit Wandbildern zur Geschichte von Fribourg geschmückt. Weiter geht's Richtung Südwesten zur Galerie **11 Friart** mit Gegenwartskunst. Essen in historischem Ambiente ist im **12 Le Sauvage** möglich.

Jetzt führt der Spaziergang nach Norden zum **13 Pont de Berne** mit weiteren Flussblicken. Richtung Westen am Fluss entlang geht's zum malerischen **14 Le Port de Fribourg** und dann weiter zur schönen, geschichtsträchtigen **15 Église St-Jean**.

In der kleinen **16 Chapelle de Lorette** weiter südlich gibt es Fresken zu entdecken. Auch die alte **17 Église St-Maurice** lohnt einen Besuch. Der Rundgang endet mit einer Fahrt mit der Standseilbahn, der **18 Funiculaire de Fribourg**.

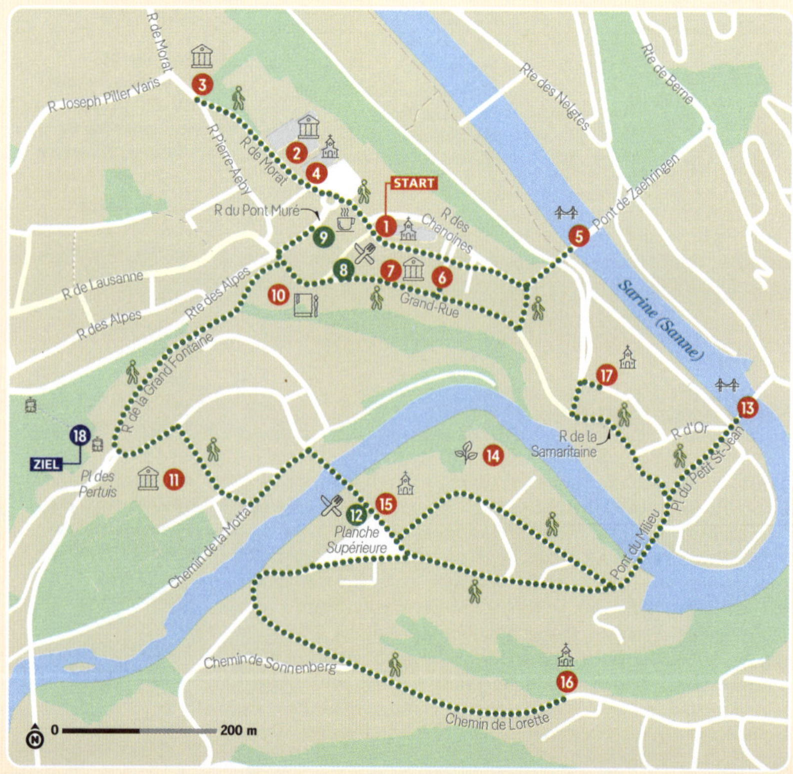

Rund um Fribourg

Ziele

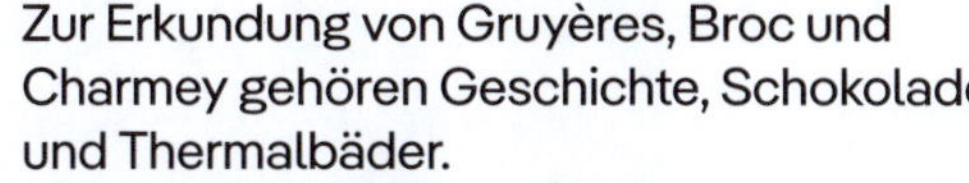

Zur Erkundung von Gruyères, Broc und Charmey gehören Geschichte, Schokolade und Thermalbäder.

Außerhalb von Fribourg liegen drei reizende Ziele, die an denen sich Schweizer Kultur und Gastronomie genießen lassen. Das malerische mittelalterliche Dorf Gruyères beherbergt eine zauberhafte Burg und ist berühmt für den köstlichen Gruyère. Wie der Käse schon seit Jahrhunderten von Hand hergestellt wird, kannst du dir in Moléson anschauen. Die Maison Cailler in Broc bietet eine Einführung in die Schokoladenproduktion. Im Barockdorf Charmey kannst du dich, umgeben von wunderschöner Berglandschaft, in den beliebten Thermalbädern erfrischen. Das Gastlosen-Gebiet hat sich zu einer Wander- und Mountainbike-Hochburg entwickelt. Wegen der Sprachgrenze spricht man im Westen der Region Französisch und im Osten Deutsch.

UNTERWEGS

Die Dörfer Gruyères, Bulle und Broc sind durch Straßen und Bahnen verbunden und daher leicht von Fribourg sowie untereinander zu erreichen. Ihre mittelalterlichen Reize erschließen sich am besten zu Fuß. Mit dem Auto kannst du unterwegs nach Lust und Laune an schönen Fleckchen halten.

Pringy & Moléson

DAUER AB FRIBOURG: **40 MIN.**

Die Kunst der Käseherstellung

Der Besuch einer Käserei in der Umgebung von Gruyères, etwa in Pringy oder Moléson, führt dich in die faszinierende Welt des Schweizer Käses. Hier wird schon seit Jahrhunderten der Gruyère (Greyerzer) produziert; der nussige, halbharte Käse ist eine weltberühmte Appellation d'Origine Contrôllée (AOC).

In der **Maison du Gruyère** in Pringy kannst du die Kunstfertigkeit der Käser:innen bewundern, die dort große Käseräder herstellen, und an einer Verkostung teilnehmen, die dir uralte kulinarische Traditionen erschließt. Oder du steigst hoch zur **Fromagerie d'Alpage de Moléson**, einer rustikalen Alpkäserei, die seit dem 17. Jh. existiert und wo noch immer nach traditionellen Methoden Käse erzeugt wird. Hier kannst du in herrlicher Bergkulisse dem täglichen Käsewenden beiwohnen. In der Berghütte wird der Käse auch verkauft und im Restaurant in Fondues und verschiedenen Bergbauern-Essen serviert.

Sportliche Reisende können den schönen, wenn auch steilen **Sentier des Fromageries** („Käsereiweg") in Angriff nehmen, einen 7,3 km langen Rundweg von Pringy nach Moléson. Er führt über Hochalpen voller Kühe zu Berghütten mit traditionellen Schieferdächern, in denen Käse produziert wird.

TOP TIPP

Schweizer Schokolade kannst du im Dorf Broc probieren. Hier bietet einer der ältesten Schweizer Schokoladenhersteller, die Maison Cailler, Führungen und Workshops.

DAS KULTURERBE VON GRUYÈRES

Die zwei größten Attraktionen von Gruyères bieten zeitgenössischen Surrealismus und mittelalterliche Wohnkultur für eine außergewöhnliche Zeitreise.

Im **Museum HR Giger** tauchen die Besucher:innen in die bizarre Schönheit der biomechanischen Kunst von HR Giger (1940–2014) ein, dem Schweizer Künstler, der die Aliens für die *Alien*-Filme schuf. Im surrealistischen Stil ist auch die Museumsbar gegenüber gestaltet.

Das **Château de Gruyères** ist ein mittelalterliches Juwel – in dem mit Türmchen bewehrten Schloss residierten die 19 Grafen von Gruyères, die vom 11. bis 16. Jh. das Saanetal beherrschten. Die Innenräume der gotischen Anlage mit Wandbehängen und altem Mobiliar strotzen vor Geschichte.

La Maison du Gruyère (S. 77)

Die Maison du Gruyère in Pringy hält eine Broschüre zur Wanderung bereit. Hin und zurück sind es etwa vier Stunden, die einfache Strecke dauert entsprechend zwei Stunden, mit Rückfahrt per Bus ab Moléson. Unterwegs erhältst du besondere Einblicke in kulinarische Traditionen der Schweiz.

Charmey

DAUER AB FRIBOURG: **40 MIN.**

In warmen Quellen entspannen

Im verschlafenen Dorf Charmey in der ländlichen Region Gruyères finden erholungsbedürftige Besucher:innen die Thermalbäder **Les Bains de la Gruyère**, die 13 km vom namensgleichen Ort entfernt liegen. Die Mischung aus warmem, mineralreichem Wasser und malerischer Berglandschaft schafft eine Oase der Stille, während erstklassige Einrichtungen jede Menge Gelegenheit zum Entspannen bieten. Außerdem kannst du schwimmen oder dich von erfahrenen Masseur:innen durchkneten lassen; dazu kommen noch Schönheitsanwendungen. Die ruhigste Zeit zum Baden ist gleich nach Öffnung und in der Stunde, bevor die Bäder schließen.

Gastlosen

DAUER AB FRIBOURG: **1 STD.**

Wandern durch alpine Schönheit

Die Gastlosen-Kette bei Gruyères, die wegen ihrer markanten Kalksteinspitzen auch oft als „Schweizer Dolomiten" bezeichnet wird, bietet fantastische Möglichkeiten für Wandertouren. Beschilderte Wanderwege führen durch abwechslungsreiche Landschaften, von dichten Wäldern bis zu weiten Bergwiesen. Für die etwa 11 km lange Schleife ab dem Dorf **Jaun** braucht man rund fünf bis sechs Stunden, was sie zu einer idealen Tageswanderung macht. Unterwegs kannst du hohe Gipfel wie die markante Dent de Ruth bewundern. Außerdem führt der Weg vorbei an traditionellen Schweizer Chalets und Berghütten. Karten und Broschüren halten die Touristeninformationen von Jaun und Gruyères bereit; auf geführten Wanderungen erhältst du Einblick in die geologische und kulturelle Bedeutung der Region.

DIE BESTEN ESSLOKALE RUND UM FRIBOURG

Fromagerie d'Alpage de Moléson
Authentische Bergaromen in hübscher *fromagerie* (Käserei) mit regionalem Käse und schönem Ambiente. €€

Brasserie Le Tonnelier
In gemütlicher Atmosphäre serviert die Brasserie deftige Gerichte mit regionalen Aromen sowie heimische Biere. €€

Café-Restaurant des Remparts
Klassische Schweizer Küche mit modernem Einschlag in historischem Kulisse und mit Stadtblick. €€

Le Cheval Blanc
Eine kulinarische Eskapade: Klassische Schweizer Gerichte werden kunstvoll neu interpretiert. €€

Le Baron
Regionale Zutaten zu internationaler Küche zubereitet, serviert in rustikalem Setting. €€

ÜBERNACHTEN RUND UM GRUYÈRES

Hotel Cailler
Historisches Hotel in Charmey mit Zimmern im Chaletstil und direktem Zugang zu den Bains de la Gruyère. €€

Hotel de Gruyères
Behagliche Zimmer im traditionellen Stil mitten im mittelalterlichen Gruyères mit Blick auf die Berge. €€

Hotel Wasserfall
Schöne Ausblicke und Komfort gehen in diesem Hotel am Fuß der Gastlosen nahtlos ineinander über. €€

Drei-Seen-Land

WEITE WEINBERGE | SCHÖNE LANDSCHAFT | WANDERN & RADFAHREN

UNTERWEGS

Das Drei-Seen-Land lässt sich am besten mit einer Kombination aus Autofahren, Bootstouren und Spaziergängen erkunden. Die Topografie ist meist flach und somit ideal zum Radeln und Laufen. Größere Orte und Attraktionen sind durch Bus und Bahn verbunden. Den ganzen Zauber der Region enthüllt jedoch eine Schiffstour über die stillen Seen.

Das Drei-Seen-Land im Herzen der Schweiz verkörpert Stille und landschaftliche Schönheit. Die glitzernden Gewässer von Bielersee, Lac de Neuchâtel und Murtensee, die durch Kanäle miteinander verbunden sind, bilden ein malerisches und dicht bewaldetes Tableau, das von einer Postkarte abgenommen zu sein scheint.

Die reizenden Städtchen Biel, Neuchâtel und Murten warten mit historischen Wahrzeichen und beschaulichen Seepromenaden auf. Von den Sehenswürdigkeiten abgesehen, lockt die Region auch mit sinnlichen Genüssen: Spaziere durch die weiten Weinberge und verkoste die renommierten Weine und du erlebst eine einzigartige kulturelle Mischung aus französischer Finesse und Schweizer Präzision. Für Reisende, die gerne auf dem Rad unterwegs sind, finden sich in der sanft gewellten Landschaft Radrouten entlang von Naturschönheiten und Architekturjuwelen.

Auch wenn der offizielle Name der Region deutsch ist, wird im Drei-Seen-Land doch vorwiegend Französisch gesprochen.

Radtour um den Murtensee

Am Seeufer und an Weinbergen entlang

Der Murtensee lässt sich auf einer 28 km langen Tour wunderbar mit dem Drahtesel umrunden. Start und Ziel ist die alte Stadt **Murten**, wo du am Bahnhof und im Ort auch Fahrräder leihen kannst. Die Route führt über gut ausgeschilderte Radwege, sodass hier die ganze Familie sicher unterwegs ist. Unterwegs kannst du durch die umliegenden Weinberge streifen – in den Weinbergen von **Vully** werden Weinproben angeboten, bei denen du die prestigeträchtigen Tröpfchen der Region verkosten kannst.

TOP TIPP

Gemächliche Touren über die drei Seen mit Panoramablick bieten BSG und Navigation Lacs de Neuchâtel et Morat.

Rückzug auf ein ruhiges Eiland

Tagesausflug zur Sankt Petersinsel

Die **Sankt Petersinsel** (frz. Île de St-Pierre) mitten im Bielersee ist ein stilles Refugium. Hier suchte der bekannte Philosoph Jean-Jacques Rousseau Ruhe, genauso wie viele, die heute herkommen. Die Insel, eigentlich eine Landzunge, die dank des fallenden Wasserspiegels am Südwestufer in den See sticht, ist auf zweierlei Art zu erreichen: zu Fuß über den Damm bei Erlach oder mit fahrplanmäßigen BSG-Schiffen ab Biel/Bienne. Unterwegs wirst du entweder vom Knirschen der Kiesel unter deinen Schuhen oder vom sanften Plätschern des Wassers begleitet. Auf der Insel beherbergt ein Kloster aus dem 11. Jh. ein historisches Gasthaus – wo Rousseau residierte, befindet sich heute ein Restaurant mit

DIE BESTEN ESSLOKALE IM DREI-SEEN-LAND

Restaurant-Cave Bel-Air
Feinschmeckerküche am See aus frischen regionalen Zutaten. Tipp: die Barsch-Bratlinge. €€

Chesery
Innovative Gerichte mit einem Hauch Tradition sowie Käse in allen Variationen. €€

Restaurant des Bains
Reizvolles Dinieren mit wöchentlich wechselnder Karte. €€

La Maison du Prussien
Das Ambiente einer historischen Mühle und französische Gourmetküche – ein elegantes kulinarisches Erlebnis. €€€

Famiglia Leccese
Warmherzige Gastfreundschaft, Familienrezepte und authentische italienische Aromen im Herzen der Schweiz. €

Käserei
Schweizer Küche in einem Treff für Käseliebhaber:innen in Murten. €€

opulenter Schweizer Küche vor einer Kulisse herrlicher Seeblicke. Auf der Insel ist es das ganze Jahr über schön, doch besonders stimmungsvoll ist es im Herbst, wenn die Natur in ein rostrotes Farbenmeer getaucht ist.

Murtens große Vergangenheit

Seefolklore und festliche Traditionen

Am stillen Murtensee liegt das deutschsprachige Murten, das historische Herz des Drei-Seen-Lands. Hier erzählt jeder Back- und jeder Pflasterstein von der Vergangenheit. Los geht die Erkundung am Stadttor, Teil der robusten Wehranlagen der Stadt aus dem 11. Jh. Schon von ferne lockt der Turm des alten **Schloss Murten**. Von dort gibt es Panoramablicke auf den See und die weitere Umgebung. Im **Museum Murten** tauchst du anschließend tief in die Geschichte ein; hier wird auch anschaulich von der Schlacht von Murten im Jahr 1476 erzählt.

Doch nicht alles dreht sich in Murten um die Historie. Neben traditionellen Gaststätten säumen auch moderne Cafés die Straßen. Beim **Murten Licht-Festival** wird die Stadt jedes Jahr im Januar mit allen möglichen Projektionen und Installationen bespielt. Im Sommer werden auf dem See Schiffsausflüge angeboten, vom Murtensee zu den anderen Attraktionen des Drei-Seen-Lands. Neigt sich der Tag seinem Ende zu, ist ein Spaziergang am See entlang angesagt, den du idealerweise mit einem Gläschen Wein krönst.

Bummel durch Geschichte & Natur in Neuchâtel

Blick vom Schloss und Vogelbeobachtung

Das mittelalterliche Städtchen Neuchâtel (Neuenburg) am Ufer des gleichnamigen Sees wartet mit Geschichte, Kunst und Naturwundern auf. Nach der Erkundung der Altstadt mit hübschen Häusern aus dem 18. Jh. und schmuckvollen Brunnen geht's zum **Château de Neuchâtel** – die Ausblicke auf die Stadt und die umliegende Landschaft sind unvergleichlich.

Kein Neuchâtel-Besuch wäre komplett ohne **La Grande Cariçaie**. Das Naturreservat am Südufer des Lac de Neuchâtel ist das größte seiner Art in der Schweiz und mit seinen üppigen Feuchtgebieten und vielen Vögeln eine Oase der Ruhe. Auf Plankenwegen kann man Röhrichte erkunden und dabei Vögel erspähen; von Aussichtstürmchen ist von Enten bis zu Reihern alles zu sehen. Die oft von erfahrenen Naturkundigen geleiteten Führungen gewähren Einblick in das Ökosystem. Das Schutzgebiet ist ganzjährig geöffnet, besonders lohnenswert ist der Besuch zur Vogelzugzeit im Frühjahr und Herbst.

ÜBERNACHTEN IM DREI-SEEN-LAND

La Pinte du Vieux Manoir
Drei Glamping-Bleiben südlich von Murten sowie ein Restaurant am See mit üppiger Gartenterrasse. €€€

Adler Boutique-Hotel
Auf den Spuren von Goethe, Casanova und den Herzögen von Savoyen in diesem Hotel in Murten. €€

Les Cabanes de Marie
Eine Auszeit für die Seele in gemütlichen Holzhütten mit rustikaler Eleganz südlich des Lac de Neuchâtel. €€

Der Jura

WANDERABENTEUER | GESCHICHTE | ABSINTHROUTE

UNTERWEGS

Abenteuerlustige gehen im Jura wandern, es gibt aber auch bequemere Erkundungsmöglichkeiten. Durch die Berge führen Straßen; wegen der vielen Kurven und möglicherweise Nebel muss man aber umsichtig fahren.

Viele Dörfer werden von Bussen angefahren und kleine Bahnen ermöglichen schöne Fahrten durch die Berge. Meist gibt's genügend Parkplätze, nur an den Startpunkten beliebter Wanderwege kann's eng werden.

TOP TIPP

Der majestätische Creux du Van ist der Grand Canyon des Jura; schön ist eine Wanderung zum Gipfel mit spektakulärem Sonnenaufgang. Gut markierte Wege ermöglichen anspruchsvolle Wanderungen wie auch gemütliche Spaziergänge, allesamt mit tollen Ausblicken.

Die oft wenig beachteten Berge des Jura sind eine interessante und friedliche Region mit unberührter Natur, sanften Hügeln, dichten Wäldern und jeder Menge Kühen auf den Weiden.

Im urigen Porrentruy treffen Geschichte und Gegenwart in Form von sehenswerter Architektur, Kopfsteinpflaster, Speisemöglichkeiten unter freiem Himmel und einer lebendige Kulturszene aufeinander. Die größte Stadt im Jura sowie die höchstgelegene der Schweiz ist La Chaux-de-Fonds, zusammen mit dem kleinen Nachbarort Le Locle ist sie Unesco-Welterbe.

Der Jura wartet mit einem vielfältigen Angebot an Outdoor-Aktivitäten auf, vom Wandern und Radfahren bis zu Skifahren und Schneeschuhwandern.

Den Reiz von Porrentruy entdecken

Durch eine historische Kulisse bummeln

Porrentruy in Norden des Jura ist sehr geschichtsträchtig. Über dem Ort thront das stattliche **Château de Porrentruy** aus dem 13. Jh. mit der 44 m hohen Tour de Réfous; leider ist das Schloss nicht öffentlich zugänglich. Doch ein Bummel durch das Wirrwarr der Sträßchen im alten Ortskern ist nicht weniger stimmungsvoll; die Grand Rue säumen ansehnliche Gemäuern. Im netten **Musée de l'Hôtel-Dieu** gibt es von Büchern und Uhren bis zu pharmazeutischen Geräten viel zu sehen; es residiert im wunderschönen Barockgebäude des alten Krankenhauses von Porrentruy.

Kunstfertigkeit in La Chaux-de-Fonds

Die Uhrmachertradition erkunden

2009 wurde La Chaux-de-Fonds als Wiege der Uhrenindustrie in die Unesco-Welterbe-Liste aufgenommen. Hier haben viele namhafte Marken ihren Sitz. Auf einer Tour zu den Top-Uhrmanufakturen zeigt sich die Kunstfertigkeit, die Schweizer Uhren ihren erstklassigen Ruf eingebracht hat. Als Tor zur Uhrmachertradition in der Stadt dient das **Musée International d'Horlogerie**; ein großes stählernes Glockenspiel erklingt zur Viertel-, halben und vollen Stunde. Alternativ

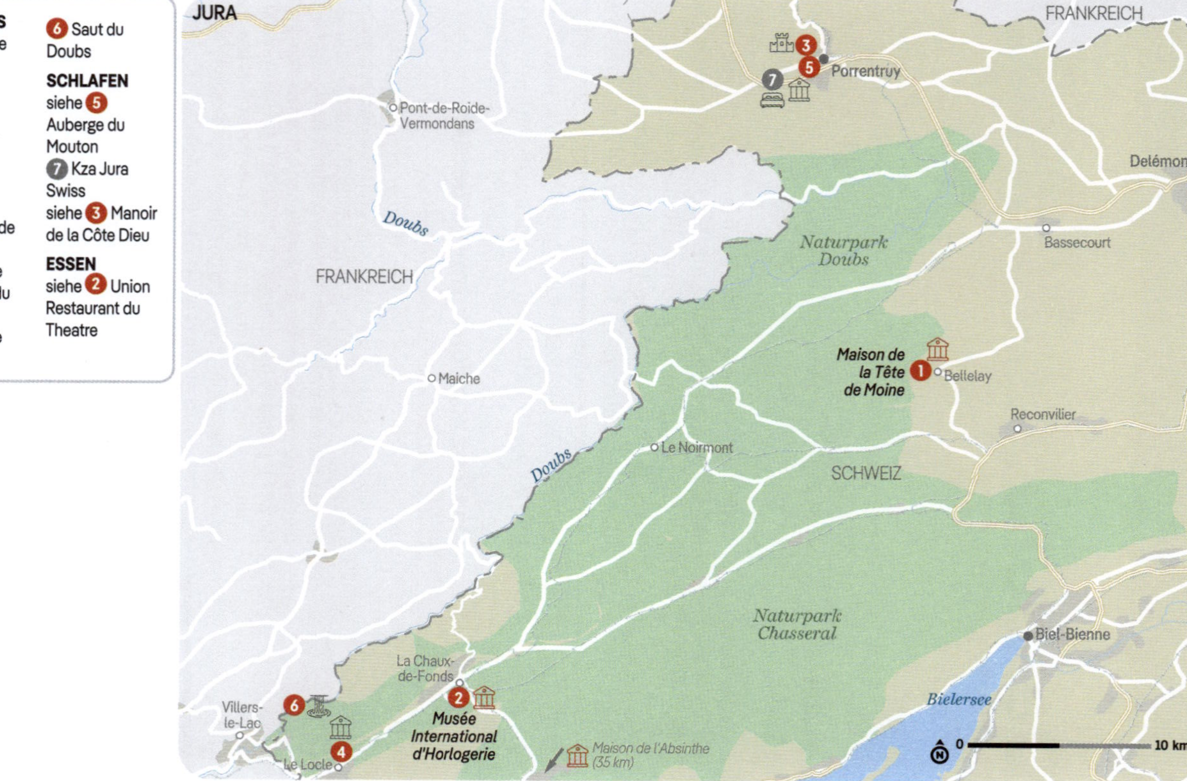

HIGHLIGHTS
1 Maison de la Tête de Moine
2 Musée International d'Horlogerie

SEHENSWERTES
3 Château de Porrentruy
4 Musée de l'Horlogerie du Locle
5 Musée de l'Hôtel-Dieu
6 Saut du Doubs

SCHLAFEN
siehe 5 Auberge du Mouton
7 Kza Jura Swiss
siehe 3 Manoir de la Côte Dieu

ESSEN
siehe 2 Union Restaurant du Theatre

steuerst du das **Musée de l'Horlogerie du Locle** in Le Locle 8 km westlich von La Chaux-de-Fonds an. Das prächtige Herrenhaus wurde im 18. Jh. für einen Uhrmacher erbaut; in den Räumen ticken alle nur erdenklichen Uhren.

Mönchsleckerei: der Käse aus Bellelay

Käseverkostung und Abteilegenden

Im Dorf Bellelay zwischen Biel/Bienne und Porrentruy lernst du die Geschichte des Tête de Moine (Mönchskopf) kennen – die nussige Halbhartkäse wurde ursprünglich von den Mönchen der Abtei Bellelay hergestellt. Der Name soll auf französische Revolutionstruppen zurückgehen; vielleicht erinnerte sie die Art, wie der Käse traditionell mit dem Hobel geschabt wird, daran, wie die Tonsur der Mönche geschnitten wurde. In der Nähe der Abtei gewährt die **Maison de la Tête de Moine** Einblick in die Vergangenheit des Ortes und bietet Käseverkostungen. Auch das Gelände der früheren Abtei, die heute als psychiatrische Klinik fungiert, kann besichtigt werden.

Serenade der Natur am Doubs

Der Wasserfall, an dem der Fluss singt

Am **Saut du Doubs**, einem schönen Wasserfall am Doubs, der an der schweizerisch-französischen Grenze entlangfließt, singt Mutter Natur. Vom Dorf Les Brenets, 15 km südwestlich von La Chaux-de-Fonds, ist er eine Stunde Fußmarsch oder eine nette Bootsfahrt (Anbieter ist Navigation sur le Lac des Brenets) entfernt. Der Fluss ergießt sich 27 m tief in ein Becken und seine Kaskaden klingen wie Musik. Der Saut du Doubs liegt im fast 300 km² großen Naturschutzgebiet Parc du Doubs, das von den Ufern des Doubs bis zu den Franches Montagnes hinauf reicht.

Die Absinthroute im Val de Travers

Begegnungen mit der grünen Fee

Das Val de Travers ist bekannt für seine Verbundenheit mit dem Absinth, der verführerischen „grünen Fee". Hier wurde die starke Spirituose 1740 zum ersten Mal gebrannt. In der schicken **Maison de l'Absinthe** in Môtiers wird ihre Geschichte verknüpft mit Geschichten von Rebellen und Bohemiens wie Baudelaire, Rimbaud, Vincent van Gogh und Oscar Wilde, bis hin zum historischen Verbot des Elixiers, dem manche halluzinogene Wirkung nachsagen. Heutzutage sind die Brennereien der Gegend komplett legal; verkosten kann man den Schnaps z. B. in der Bar des Museums.

WARUM ICH DEN JURA LIEBE

Michaela Scalisi, Autorin

Im Jura herrscht Stille: Jeder sanfte Hügel und jeder dichte Wald wirkt wie ein Refugium.

Der berühmte Creux du Van ist ein majestätischer Kessel, der es mit jedem anderen Naturjuwel aufnehmen kann. Die oft mit Kiefernnadeln übersäten Wanderwege im Jura führen durch Landschaften mit einsamen Höfen und glatten Seen, in denen sich der weite Himmel spiegelt.

Zwischen den Kalksteinfelsen und Karstformationen verstecken sich allerlei Tiere wie Gämsen und Luchse.

Jeder Besuch im Jura ist eine Begegnung mit der verschwiegenen, aber tiefen Schönheit einer weniger bekannten Region der Schweiz, in der der geruhsamere Lebensstil einen erfrischenden Kontrast zum Trubel in den berühmten Schweizer Bergorten darstellt.

ÜBERNACHTEN IM JURA

Manoir de la Côte Dieu
Nächtigen und speisen im historischen Porrentruy, in elegantem Herrenhaus mit Schweizer Gourmetküche. €€€

Auberge du Mouton
Historisches Gasthaus im alten Ortskern von Porrentruy mit rustikalem Charme und modernen Annehmlichkeiten. €€

Kza Jura Swiss
Kleines Boutiquehotel in Courtedoux mit sechs Zimmern und einzigartigen Ferienhäuschen. €€

PETER STEIN/SHUTTERSTOCK ©

Oben: Oeschinensee (S. 112); rechts: Raften auf der Aare (S. 90)

Bern & Berner Oberland

ERHABENE GIPFEL IM HERZEN DER SCHWEIZER BERGWELT

Im paradiesischen Berner Oberland geht der Blick ständig staunend nach oben: zu Schluchten und Wasserfällen, glitzernden Gletschern und Gipfeln mit Wolkenfahnen.

Die mit Kultur gespickte kleine Hauptstadt der Schweiz, Bern, ist ein fabelhaftes Sprungbrett zum Eintauchen in die Umgebung. Selbst im Angesicht von Unesco-Welterbe-Altstadt, Einsteins Spuren und phänomenaler Kunst von Paul Klee ziehen die mächtigen Berge am Horizont immer wieder die Aufmerksamkeit auf sich. Die Anziehungskraft der freien Natur ist hier unwiderstehlich.

Im Osten erstreckt sich das nur wenig besuchte, auf stille Art liebreizende und durch und durch volkstümliche Emmental, in dem sich Bauernhäuser mit dunklen Holzfassaden in die Einschnitte zwischen samtigen Berghügeln schmiegen. Hier kannst du gemütlich über Weiden voller Kühe und Blumen wandern und biken und unterwegs den berühmten Käse mit Löchern probieren, der den Namen der Region trägt, und mehr über ihn erfahren.

Doch das dient nur der Einstimmung aufs Berner Oberland. Denn gerade wenn du denkst, noch reizender kann die Schweiz wirklich nicht mehr werden, wirst du mit einer Schönheit konfrontiert, die jede Vorstellungskraft übersteigt. Ob du im Schatten der legendären Nordwand des Eigers wanderst, in Gstaad an einem klaren, kalten Wintermorgen auf Skiern über blanke Gletscher fährst, auf dem grünblauen Thunersee mit dem Kanu an Burgen und Weinbergen vorbei paddelst, vom Jungfraujoch (3463 m) auf die Alpen herabschaust oder dich in Interlaken in Wildwasser-, Canyoning-, Skydiving- oder Paragliding-Abenteuer stürzt: Diese Region bringt dein Herz zum Singen.

DIE WICHTIGSTEN ZIELE

BERN
Historische Hauptstadt an der Aare. **S. 90**

INTERLAKEN
Extremsportzentrale. **S. 96**

LAUTERBRUNNENTAL
Wasserfälle und alpine Abenteuer. **S. 103**

THUNERSEE
Leben am See. **S. 110**

Erste Orientierung

Der Kanton Bern im Westen der Schweiz ist der zweitgrößte des Landes. Per Zug und Bergbahn lässt sich die Region bequem erkunden. Nicht vergessen: Fahrten hinauf auf die Gipfel lohnen sich nur bei klarer Sicht.

Bern, S. 90

Die Schweizer De-facto-Hauptstadt verführt mit ihrer mittelalterlichen Altstadt, Kunstmuseen von Weltrang und einer umwerfenden Lage am Fuße der Berner Alpen.

Interlaken, S. 96

In Interlaken trifft viktorianischer Stil auf hohe Berge – hier werden fast alle erdenklichen Bergsportaktivitäten angeboten.

Lauterbrunnental, S. 103

In Lauterbrunnen, dem Sprungbrett zu Bergabenteuern und legendären Skipisten in der Jungfrau-Region, ergießen sich Wasserfälle über senkrechte Felswände.

Thunersee, S. 110

Eine himmlische Erscheinung in Blau, umrahmt von schneebedeckten Bergen, Burgen, Weinbergen und eleganten Orten. Vom Kanu aus erlebst du den See von seiner besten Seite.

AUTO

In den entlegenen Ecken der Region kommst du am besten mit dem Auto vorwärts. Auf der A6 sind es von Bern 45 Minuten nach Interlaken. Bern selbst hat einen ausgezeichneten ÖPNV.

ZUG

Von Bern bestehen schnelle Verbindungen mit Zügen der SBB z. B. nach Thun (20 Min.) und Interlaken (50 Min.). Wegen der überwältigenden Berglandschaft wirst du die ganze Zeit am Fenster kleben.

0 25 km

BORIS-B/SHUTTERSTOCK ©

First Cliff Walk, Grindelwald (S. 105)

Perfekte Tage

Die Entfernungen sind im Berner Oberland nicht groß und das öffentliche Verkehrsnetz ist exzellent. Nimm dir mindestens eine Woche Zeit – du wirst dir wünschen, du hättest mehr.

Ein Bergwochenende

Von **Interlaken** (S. 96) geht's nach **Grindelwald** (S. 105) in der Jungfrau-Region. Der Eiger Express bringt dich aufs **Jungfraujoch** (S. 107) mit Blick auf die Schweizer Alpen und den Aletschgletscher. Zu Fuß oder auf Skiern schaust du von der **Kleinen Scheidegg** (S. 105) auf die Eiger-Nordwand oder rutschst am **First** (S. 105) in die Tiefe: im Sommer am Stahlseil, im Winter auf der Rodelbahn.

Eine Woche

In **Bern** (S. 90) steigst du ein: mit Kultur in der sehenswerten Altstadt und dem von Renzo Piano entworfenen Zentrum Paul Klee. Dann geht's zum **Thunersee** (S. 110) mit Burgen, Kanutouren und Weinproben mitten in den Weinbergen. Anschließend nimmst du den Zug nach **Lauterbrunnen** (S. 130) mit seinen vielen Wasserfällen. Schließlich erwarten dich Bergabenteuer in **Mürren** (S. 109).

BESTE REISEZEIT

FRÜHLING
Die Täler und Seen sind herrlich, mit blühenden Bäumen und stillen Tagen zum **Wandern**, **Radfahren** und **Paddeln**.

SOMMER
Die Region ist verrückt nach **Musikfestivals**. In den Alpen öffnen die Hütten für **mehrtägige Wanderungen**.

HERBST
Im September gibt's **Weinfeste**. Die Kühe kommen von den Alpen und in Bern findet der **Zibelemärit** statt.

WINTER
In der Jungfrau-Region funkeln die Gipfel und die **Skisaison** nimmt Fahrt auf. In Bern gibt's festliche **Weihnachtsmärkte**.

Bern

WELTERBESTÄTTEN | FLUSSBÄDER | HISTORISCHE MUSEEN

UNTERWEGS

Die meisten Sehenswürdigkeiten liegen in der kleinen Altstadt, die gut zu Fuß zu erkunden ist.

Der Berner ÖPNV, Bern Mobil, ist effizient und preiswert. Übernachtungsgäste haben Anspruch auf das Bern Ticket mit kostenloser ÖPNV-Nutzung im Zentrum, inklusive der Standseilbahnen Marzili und Gurten.

In Bern gibt's das Radleihsystem PubliBike. Fahrräder können mit dem Swiss Travel Pass und der PubliBike-App geliehen werden.

TOP TIPP

In Bern ist immer etwas los. Im Frühjahr gibt's das Jazz Festival Bern, im Sommer das Gurten Rock Festival und fröhliche Straßenmusik beim Buskers Bern, im Herbst den volkstümlichen Zibelemärit (Zwiebelmarkt) mit allerlei Drumherum und im Winter festlichen Glanz beim Weihnachtsmarkt.

Das an einer schönen Schleife der Aare inmitten sanfter Hügel mit Blick auf die Alpen gelegene Bern ist eine echte Schönheit. Hier kann man ohne Aufwand von der Stadt ins Grüne wechseln.

Vielen erscheint Bern als Hauptstadt zu klein, doch mit nur 133 000 Einwohner:innen passt die zauberhafte Stadt zu dem kleinen und doch so schönen Land. In der Stadt herrscht ein lockeres Flair, doch lass dich nicht täuschen: In Sachen Geschichte, Kultur und Sehenswürdigkeiten kann es Bern mit weitaus größeren Städten aufnehmen.

Mindestens einen Tag solltest du der Unesco-Welterbe-Altstadt widmen, wo du auf den Spuren von Einstein wandeln, unter insgesamt 6 km langen Laubengängen herumspazieren und Kunstmuseen erkunden kannst. Gleich außerhalb erhebt sich wie Wellen Renzo Pianos Zentrum Paul Klee mit der farbenfrohen Kunst des Malers.

Auf der Aare treiben

Wildbaden in der Stadt

In die Aare, die sich wie ein türkises Band um Bern wickelt, fließt Gletscherschmelzwasser aus den Berner Alpen. Im Sommer können es die Einheimischen kaum erwarten hineinzuspringen. Du kannst dich ihnen zu einem Sonnenaufgangsbad zugesellen oder dich an den historischen Wahrzeichen der Altstadt vorbeitreiben lassen – der Sprung ins kalte Wasser ist ein Ritual. Aber du bist nicht allein: Büroangestellte legen ihre Anzüge ab und gönnen sich mittags ein erfrischendes Bad. Ab 18 °C ist das Wasser für alle warm genug, doch selbst im tiefsten Winter gibt's Unerschrockene.

Erfahrene Schwimmer können an mehreren Stellen über Stufen ins Wasser steigen; die Einstiegspunkte sind mit roten Stangen gekennzeichnet. Pack deine Klamotten in einen wasserdichten Sack und versuch's mit der klassischen Strecke: Vom **Marzilibad** gehst du 2 km zum **Camping Eichholz** und lässt dich dann mit der Strömung zu dem berühmten (kostenlosen) Freibad zurücktreiben. Hier kannst du Bahnen ziehen,

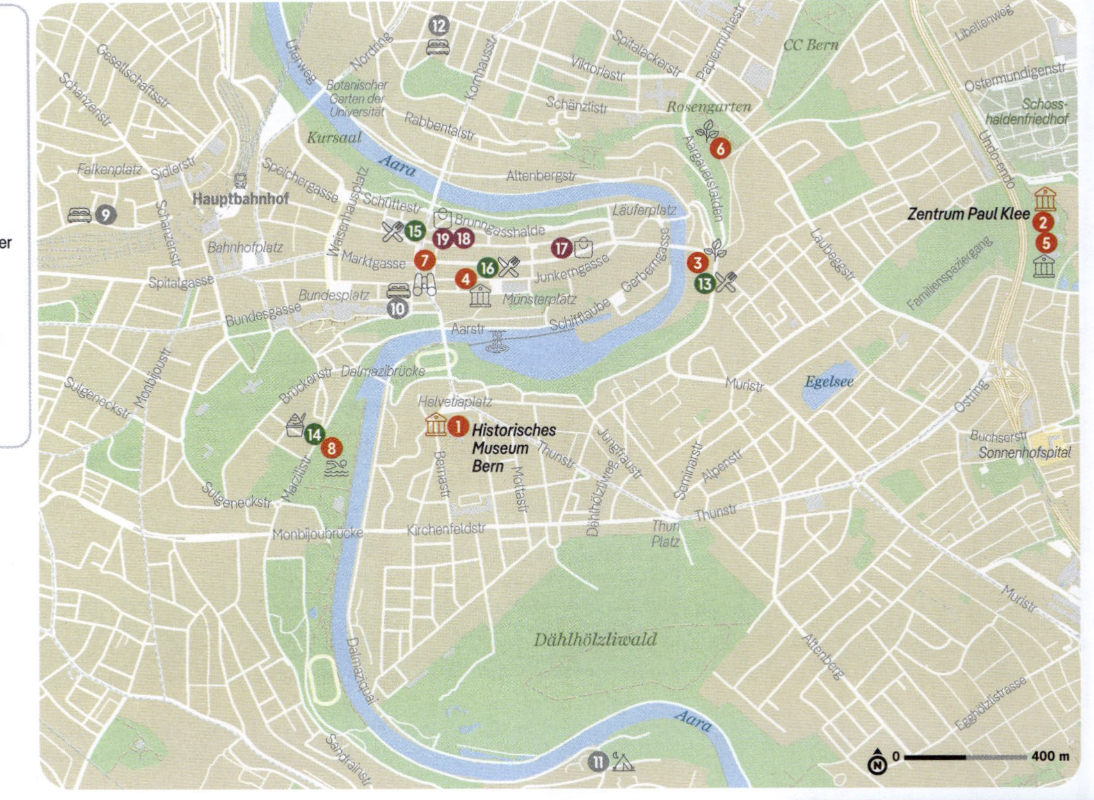

HIGHLIGHTS
1 Historisches Museum Bern
2 Zentrum Paul Klee

SEHENSWERTES
3 BärenPark
4 Einsteinhaus
5 Kindermuseum Creaviva
6 Rosengarten
7 Zytglogge

AKTIVITÄTEN
8 Marzilibad

SCHLAFEN
9 Am Pavillon
10 Bellevue Palace
11 Camping Eichholz
12 Hotel Marthahaus

ESSEN
13 Altes Tramdepot
14 Gelateria di Berna
15 Kornhauskeller
16 Wein & Sein

SHOPPEN
17 Bazaar58
18 Drachennest
19 Ein Laden

DAS HISTORISCHE BERN ERKUNDEN

Der Rundgang führt zu allen historischen Top-Sehenswürdigkeiten. Los geht's mit den Gewächshäusern im **1 Botanischen Garten der Universität Bern**, inklusive Drink unter Palmen im **2 Café Fleuri**. Über die Lorrainebrücke kommst du zum stattlichen **3 Kunstmuseum**, einem Bau aus dem 19. Jh., mit Meisterwerken von Paul Klee bis Picasso.

Richtung Süden steht der barocke **4 Käfigturm**, in dem über Jahrhunderte Häftlinge schmoren mussten. In der Nähe ist der **5 Bundesplatz** mit 26 tanzenden Wasserdüsen, einer für jeden Schweizer Kanton. Ende November findet hier der Zibelemärit (Zwiebelmarkt) statt, eine Kirmes, auf der du geflochtene Zwiebel- und Knoblauchzöpfe erstehen und Zwiebelgerichte verzehren kannst.

Beherrscht wird der Platz vom **6 Bundeshaus**, in dem die beiden Kammern des Parlaments tagen, mit Statuen der Gründerväter der Nation und Buntglaskuppel. Durch die Amthausgasse geht's links in die **7 Marktgasse**; die Trambahngleise führen dich an mit Fahnen geschmückten Laubengängen vorbei zum mittelalterlichen **8 Zytglogge**. Zur vollen Stunde versammeln sich hier viele Menschen, um das Figurenspiel mit tanzenden Bären, Hahn und Narr zu bestaunen.

Im Norden steht auf dem Kornhausplatz der merkwürdigste aller Berner Brunnen, der **9 Kindlifresserbrunnen** aus dem 16. Jh.: Hier verspeist ein Unhold Kinder.

Zurück in der Kramgasse kommst du zum **10 Einsteinhaus**, wo Einstein von 1903 bis 1905 lebte und seine Relativitätstheorie austüftelte. Ein Stück südlich erhebt sich das gotische **11 Münster**. Sein 100 m hoher Turm ist der höchste in der Schweiz. Nach 344 Wendeltreppenstufen genießt du Ausblicke über die Dächer der Stadt und die gewundene Aare.

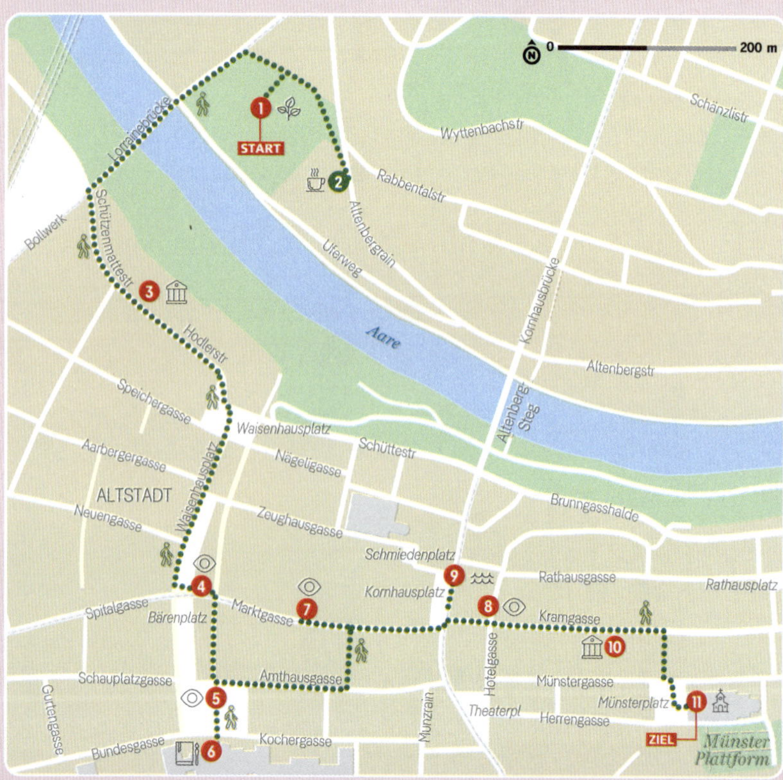

sonnenbaden und Volleyball spielen, oder du holst dir in der **Gelateria di Berna** ein Eis – alles mit Blick auf die Kuppel des Bundeshauses und den Turm des Münsters.

Für noch mehr Abenteuer versorgt dich **Aare Schlauchboot** (aareschlauchboot.ch) mit Reifen, aufblasbaren Rafts und SUP-Brettern, Schwimmwesten und Sicherheitsunterweisung inbegriffen. Näheres über Locations, Preise und Buchungen steht auf der Website. Wer's noch riskanter mag, kann's mit Bungeesurfen (bungeesurfen.ch) probieren.

Einsteins Bern

Auf den Spuren eines Genies

Im Laufe der Zeit hat Bern viele große Geister angeregt, darunter auch Albert Einstein, der von 1903 bis 1905 im Patentamt arbeitete. Angeblich half ihm der Blick auf den Uhrenturm **Zytglogge** dabei, die Spezielle Relativitätstheorie zu entwickeln – unser Verständnis vom Universum und davon, wie die Schwerkraft Zeit und Raum beeinflusst.

Auf den Spuren des Genies wandelst durch Bern. Von der Zytglogge geht's zum **Einsteinhaus** in der Kramgasse 49 mit der kleinen Wohnung, in der der Physiker mit seiner jungen Familie wohnte, heute angefüllt mit Fotos und Erbstücken. Anhand von Objekten, Nachbauten und Filmen erkundet das **Historisches Museum Bern** am Helvetiaplatz Einsteins Leben. Als Skulptur ist er, auf Bänken sitzend, an mehreren Orte in der Stadt zu finden, u.a. im **Rosengarten** und **BärenPark**. Führungen gibt's auch, z.B. **Einstein & die Zeit**.

König der Farben: Zentrum Paul Klee

Schweizer Kunst in Technicolor

In den Feldern gleich außerhalb der Stadt erhebt sich wie drei Wellen Renzo Pianos architektonisch markanter Bau, das **Zentrum Paul Klee**. Das Museum ist eine Huldigung an den visionären, 1879 in Münchenbuchsee bei Bern geborenen Schweizerdeutschen Künstler. Die wechselnden Ausstellungen schöpfen aus einem 4000 Werke umfassenden Fundus an farbenfrohen, von der Musik inspirierten Gemälden und Zeichnungen Klees, die dem Expressionismus, Kubismus und Surrealismus zugeordnet werden.

Im benachbarten, höchst vergnüglichen **Kindermuseum Creaviva** können die Kleinen bei Mitmach-Ausstellungen und am Wochenende in der Fünfliber-Werkstatt für fünf Franken ihrer kreativen Fantasie freien Lauf lassen. Vom Bahnhof fährt Bus 12 direkt zum Museum.

BERN ABSEITS DER TOURIPFADE

Stadtführerin **Beatrice Gyger-Lang** empfiehlt Möglichkeiten, den Massen aus dem Weg zu gehen.

Am Fluss
Im Sommer ploppen überall an der Aare Bars auf. Ich mag vor allem das **Eichholz** und die Ruhe im Botanischen Garten. Sonnenuntergangsblicke über den Fluss bieten sich vom **Rosengarten**.

Flucht in die Natur
Mit dem E-Bike bist du in Minutenschnelle in einem Wald oder radelst über Felder. Schön sind der **Wohlensee** und das **Emmental**. In Hofläden gibt's saisonale Zutaten für ein Picknick.

Versteckte Orte
In den schmalen Straßen zwischen Zytglogge und BärenPark verstecken sich kleine Läden, Ateliers und Boutiquen. Holzschnitzereien bietet **Ein Laden**, Spiele das **Drachennest** und Knöpfe und hübsche Mitbringsel der **Bazaar58**.

ÜBERNACHTEN IN BERN

Bellevue Palace
5-Sterne-Palast im alten Zentrum von Bern mit fürstlichem Komfort. **€€€**

Hotel Marthahaus
Schöne, einfache Pension in einem schattigen Viertel, ruhig und mit moderner Kunst eingerichtet. **€€**

Am Pavillon
Umgebautes Stadthaus aus dem späten 19. Jh. mit viel Jugendstilcharme beim Hauptbahnhof. **€**

Rund um Bern

Wer sich von Bern losreißen kann, wird feststellen, dass seine Umgebung genauso zauberhaft ist.

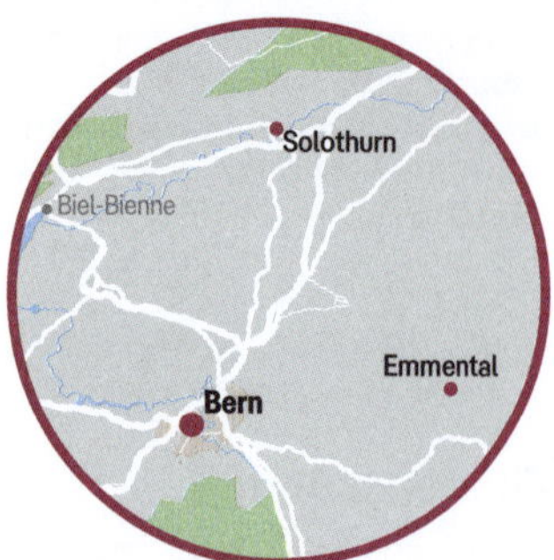

Ziele

UNTERWEGS

Von Bern aus ist das Emmental leicht erreichbar. Es liegt etwa eine halbe Autostunde östlich der Stadt, und es gibt regelmäßige Zugverbindungen nach Burgdorf (15 Min.) und Langnau (30 Min.).

Im Emmental selbst bist du am besten zu Fuß oder mit dem Rad unterwegs.

TOP TIPP

Mitte September kommen bei der Alpabfahrt in den Dörfern Sumiswald und Wasen die Kühe an, die von den Sommerweiden herabgetrieben werden.

Mit idyllischen Dörfern und gewellten Landschaften ist das Emmental wie gemacht für geruhsame Wander- und E-Bike-Touren. Hier wird der Traum vom Landleben wahr; von hier stammt der gleichnamige Käse. Vor den Toren der Städte Burgdorf und Langnau liegt zwischen Feldern ein Flickenteppich aus rustikalen Chalets, strohgedeckten Speichern und grasenden Kühen.

Die Barockperle Solothurn im Norden haut einen um. Mit ihren Plätzen, Brunnen, Stadttoren und der großen Kathedrale wirkt die Altstadt eher italienisch als schweizerisch. Wer verweilt, verfällt dem historischen Charme, den tollen Kunstmuseen und der Lage am Fluss am Fuß der Berge, besonders abends, wenn die Tagesausflügler:innen weg sind.

Emmental

DAUER AB BERN: **15 MIN.**

Mit dem E-Bike über die Emmentaler Käseroute

In der käseverrückten Schweiz mischt das Emmental ganz vorne mit. In der grünen Region schmiegen sich Kuhweiden und Bauernhäuser mit Walmdach im Schatten der Alpen in bewaldete Hügel. Natürlich kannst du hier auch einfach nur fabelhaften Emmentaler verschlingen, hergestellt aus Rohmilch von Weidekühen und in großen Rädern, mindestens 120 Tage in Kellern gereift. Doch um seine Herkunft zu ergründen, setzt du dich am besten aufs Rad, besser noch aufs E-Bike.

Im von einer mittelalterlichen Burg gekrönten **Burgdorf**, 15 Zugminuten von Bern, beginnt die **Emmentaler Käseroute**: Die App-basierte E-Bike-Tour zieht sich über goldene und grüne Felder, von Picknickwiesen zu Holzchalets und Hofkäseläden. Die 35 km lange Schleife ist einfach zu fahren, vorbei an geduckten, mit Blumenkästen geschmückten alten Bauernhäusern mit sorgfältig aufgestapelten Holzscheiten und makellos gepflegten Küchengärten vor der Tür. Die 78 km lange, zweitägige Variante führt noch weiter. Am besten buchst du dein Flyer-E-Bike auf rentabike.ch im Voraus. Ladestationen sind unterwegs vorhanden.

Du kriegst von dem nussigen Käsegeschmack nicht genug? Dann auf zur **Emmentaler Schaukäserei** in Affoltern: Hier kannst du zusehen, wie der Emmentaler in 95 kg schwere Laibe geformt wird, und den fertigen Käse verkosten. Kurze Videos geleiten dich durch den Produktionsprozess und einmal am Tag wird im Schäferhäuschen aus dem 18. Jh. die traditionelle Käsezubereitung über dem offenem Feuer gezeigt.

PRISMA BY DUKAS PRESSEAGENTUR GMBH/ALAMY STOCK PHOTO ©

Emmentaler Schaukäserei, Affoltern

Solothurn

DAUER AB BERN: **40 MIN.** 

Ein Fest der Kunst und Architektur

Mit seinen Stadthäusern, reich verzierten Brunnen und Kopfsteinpflastergassen stiehlt sich Solothurn sofort in dein Herz. Die an einer Biegung der Aare gelegene Stadt gilt vielen als schönste Barockstadt der Schweiz. Warum, ist leicht zu erkennen. Bei Sonnenschein tobt auf den Plätzen und Caféterrassen und in den Blumengärten zwischen den alten Stadtmauern das Leben und verströmt einen Hauch von Italien.

Die **Altstadt** ist klein genug für eine Erkundung zu Fuß. Platzhirsch ist die **St.-Ursen-Kathedrale** aus dem 18. Jh. Bei der klassizistischen Fassade hielt sich Architekt Gaetano Matteo Pisoni noch zurück, doch innen ließ er seiner Kreativität freien Lauf und gestaltete den Raum mit Weiß und Gold in einer Art Zuckerbäckerbarock. Weitere Juwele sind die reich mit Stuckarbeiten verzierte **Jesuitenkirche** und der **Zeitglockenturm** aus dem 12. Jh. mit einer astronomischen Uhr, an der sich zur vollen Stunde ein Ritter, ein König und Gevatter Tod blicken lassen. Der Turm steht am **Märetplatz**, auf dem mittwoch- und samstagvormittags ein Markt stattfindet.

Das **Kunstmuseum** in einem stattlichen klassizistischen Bau gleich nördlich der Altstadt beherbergt eine eindrucksvolle Kunstsammlung, z. B. mit Ferdinand Hodlers berühmtem Wilhelm Tell, der ein bisschen wie Goliath mit roten Haaren und Bart aussieht, und der *Solothurner Madonna* (1522) von Hans Holbein dem Jüngeren.

Alles Sehenswerte lässt sich gut an einem Tag abklappern, doch warum die Eile? Wenn die Tagesgäste weg sind, kannst du dir am Fluss in der schattigen **Hafebar**, im **Solheure** oder in der **Bademeister Sommerlounge** einen Sundowner gönnen.

TOLLE RESTAURANTS IM EMMENTAL & IN SOLOTHURN

Zum Goldenen Löwen
Gasthaus im Fachwerkhaus in Langnau mit saisonaler, regionaler Karte mit Gerichten wie Saiblingsfilet mit Erdnuss-Gurken-Relish und Gnocchi. €€

Cantinetta Bindella
Schickes toskanisches Restaurant in Solothurn mit treuer Gästeschaft dank kerzenbeschienenem Speiseraum und schattigem, von einer Mauer umgebenen Garten mit weiß eingedeckten Tischen unter Bäumen. €€

Emmentaler Schaukäserei
Die Schaukäserei in Affoltern ist ideal für einen Käse-Brunch oder ein schweres, sämiges Fondue. €

ÜBERNACHTEN IM EMMENTAL & IN SOLOTHURN

Emme Lodge
Schnuckeliges rustikales Hostel in einem Bauernhaus aus dem 18. Jh. in Langnau. €

Hotel Möschberg
Bio-Hotel über einem Milchviehdorf, 4 km westlich von Langnau – morgens wecken dich Kuhglocken. €€

Baseltor
Schickes Boutiquehotel in Stadthaus aus dem 17. Jh. mit lichtdurchfluteten Suiten und einer andalusischen Terrasse. €

Interlaken

BERGTRUBEL | SCHWEIZER SCHOKOLADE | VOLKSMUSIK

UNTERWEGS

Interlaken kannst du leicht zu Fuß erkunden, doch an den Bahnhöfen gibt's auch Taxis und Busse, und mit der bei Übernachtung inbegriffenen Gästekarte kannst du in der Stadt und der Umgebung kostenlos den ÖPNV nutzen. Bei Flying Wheels am Höheweg kannst du ein Mountainbike oder Trekkingrad, ein Tandem, Gravelbike oder E-Bike leihen. Es werden auch Radtouren angeboten.

In Interlaken versetzten einst Bergblicke von mit Kronleuchtern ausgestatteten Grandhotels aus die Viktorianer:innen in Verzückung. Heute berauschen sich hier Abenteuerlustige an unzähligen Arten, den Puls in die Höhe zu treiben – oben auf den Gipfeln, unten auf dem Wasser oder am Himmel. Willkommen in Europas Extremsportdorado!

Die Stadt an der reißenden türkisen Aare, zwischen Thuner- und Brienzersee, die beide von Gletschern gespeist werden, und im Schatten von Eiger, Mönch und Jungfrau ist das Sprungbrett in die berühmte Jungfrau-Region.

Wenn einen das touristische Städtchen selbst auch nicht umhaut, besorgen das die Berge vor der Tür. Ob du dich an einem Wasserfall abseilst, durch beißend kaltes Wildwasser rauschst, im Schatten des Eigers im Bond-Stil aus dem Hubschrauber springst oder geräuschlos über 4000 m hohe Gipfel hinweggleitest: Dies ist freie Natur im Blockbuster-Maßstab!

TOP TIPP

Auf zweistündigen Rundgängen (Mi & Sa 18 Uhr) zeigen dir kenntnisreiche Guides Interlaken; Lokalgeschichte, Anekdoten und Legenden inbegriffen. Treffpunkt ist der Ticketshop am Höheweg 95. Eine Anmeldung ist nicht erforderlich. Näheres auf interlaken-walkingtours.ch.

Nervenkitzel in den Alpen

Der Thrill der Berge

Die Seen- und Bergkulisse der Jungfrau-Region ist filmreif. Ob bei Schnee oder Sonne: Diese Gipfel, Flüsse und Seen ermöglichen dir Abenteuer, von denen du noch jahrelang schwärmen wirst. Auf den ersten Blick ist es vielleicht nicht zu erkennen, aber mit diesem kleinen Alpenstädtchen kann in Sachen Extremsport nur das neuseeländische Queenstown mithalten.

Am besten bist du mit Profis unterwegs. Der sehr renommierte Anbieter **Outdoor Interlaken** (outdoor.ch) mitten im Ort hat alle nur erdenklichen Abenteuersportarten im Angebot. Beim Gleitschirmfliegen und Fallschirmspringen segelst du zwischen Viertausendern zur Erde. Du kannst über einem glitzernden Bergsee von einer Berggondel bungeespringen, dich in einem tosenden Fluss ins Wildwasser stürzen oder mit bis zu 120 km/h auf einer Schaukel zwischen den Wänden einer engen Schlucht pendeln.

TIM GRAHAM/ALAMY STOCK PHOTO ©

Wildwasserraften, Interlaken

Eine echte Herausforderung? Schließe dich einer der Expeditionstouren des Anbieters an, von Tagestouren, je nach Witterung zu Fuß, per Ski oder Schneeschuh, auf den **Mönch** (4107 m) bis zu Wintertouren auf der **Berner Oberländer Haute Route** und, falls du sehr erfahren und superfit bist, einer dreitägigen Besteigung des **Eiger** (3970 m) über Ostegg. Du bist noch nicht bereit für die ganz großen Nummern? Es gibt auch Schnupperkurse im Klettern, Eisklettern, Schneeschuhwandern und Skiwandern.

Der Funky Chocolate Club

Schweizer Schokolade schlemmen

Was könnte es in einem Land mit einer Leidenschaft für Süßes Passenderes geben als Schokolade selbst herzustellen? Die passionierten Schokoholiker:innen Sandy und Brad betreiben den **Funky Chocolate Club**: Hier preschst du in 75-minütigen Workshops durch den Prozess der Schokoladenherstellung von der Bohne bis zur Tafel, inklusive Gießen, Verzieren – und Verkosten – wie die Profis. Am Ende hältst du eine hübsch verpackte Tafel Schokolade in den Händen und wirst wahrscheinlich so schnell keine andere mehr ansehen wollen.

INTERLAKENS BERGOLYMPIADE

Als eine Art Olympiade des Brauchtums findet schon seit 1805 das **Unspunnenfest** statt, das größte Alpenfest in der Schweiz, mit Jodeln, Alphornblasen, Flaggenwerfen, Volksmusik, Trachten, Tänzen, Schwingen (Schweizer Art des Ringkampfs, der im Sägemehlring ausgetragen wird) und Steinstoßen, u. a. mit dem 83,5 kg schweren Unspunnenstein. Das Fest findet alle zwölf Jahre statt, das nächste Mal 2029. Die Tickets gehen jedes Mal weg wie warme Semmeln.

Wer nicht bis dahin warten kann, dem bleibt das Interlakener **Unspunnen-Schwinget** Ende August mit Schwingen, Alphornblasen, Jodeln und Steinstoßen, bei dem ebenfalls schwere Steinen herumgeworfen werden – jede Menge Volksfestspaß!

ÜBERNACHTEN IN INTERLAKEN

Salzano Hotel & Spa
Kleines Chalethotel am Stadtrand von Interlaken mit Spa, Bergblick und italienischer Hausmacherkost. **€€**

Victoria-Jungfrau Grand Hotel & Spa
Jugendstilschönheit mit Blick auf die Jungfrau, Restaurants und Spa. **€€€**

Backpackers Villa Sonnenhof
Öko-Chalet und -Hostel mit makellosen Dorms, relaxter Lounge und Küche. **€**

TOLLE RESTAURANTS IN INTERLAKEN

Little Thai
In dem winzigen Lokal wird echt thailändisch gekocht. Serviert werden frische Frühlingsrollen, hausgemachte Currys und würzige Papaya-Salate. €

La Terrasse
Nobellokal im Victoria-Jungfrau mit opulentem Ambiente im französischen Orangeriestil. Bei Gerichten wie einem Schweizer Lachs-Ceviche mit Sellerie, Trüffel und Borretsch kommen regionale Zutaten zum Zuge. €€€

Hüsi Bierhaus
Cooles Lokal mit heimischen Craftbieren und dazu passendem Essen, von großen Schnitzeln bis zu Älpler Makkaroni. €€

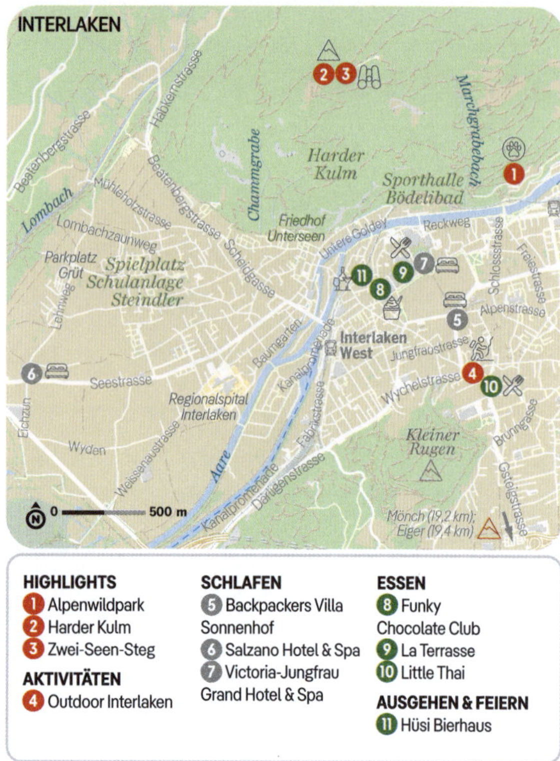

Solltest du noch Platz für mehr haben, kannst du im Café in Schokolade getauchte Erdbeeren, cremige heiße Trinkschokolade, Schokokuchen und mehr schlemmen. Gut gemeinter Tipp: Das Mittagessen an diesem Tag am besten auslassen.

Ein alpines Hoch am Harder Kulm

Vorgeschmack auf die Alpen

Beim Anblick der Viertausender wirst du es wahrscheinlich kaum erwarten können, in die Berge aufzubrechen. Einen kleinen Vorgeschmack bietet der 1322 m hohe **Harder Kulm** mit grandiosem Blick auf Eiger, Mönch und Jungfrau und die strahlend blauen Seen Thuner- und Brienzersee. Die Standseilbahn braucht nur acht Minuten bis nach oben, doch mehr Spaß macht es zu Fuß auf Serpentinen durch den Wald – für die 8,2 km lange Schleife solltest du etwa vier Stunden rechnen. Einen sensationellen Ausblick hast du vom **Zwei-Seen-Steg**, der wie ein Sprungbrett ins Tal hinausragt. Und am schönsten ist es hier, wenn sich im Glühen des Sonnenuntergangs die Berge in eine Silhouette verwandeln.

Wer den Nachwuchs im Schlepptau hat, kann mit ihm im kostenlosen **Alpenwildpark** bei der Talstation mit Alpensteinböcken mit gebogenem Gehörn und pfeifenden Murmeltieren auf Tuchfühlung gehen.

Rund um Interlaken

Von alpinen Wanderwegen bis zu fantastischen Seen und tosenden Wasserfällen: Vor der Haustür von Interlaken legt die Natur sich mächtig ins Zeug.

Ziele

UNTERWEGS

Von Interlaken fahren BLS-Schiffe über den Brienzersee oder du nimmst den Zug nach Brienz (20 Min.). Über den Brünigpass (1008 m) geht's nach Luzern.

Meiringen ist eine halbe Zugstunde von Interlaken entfernt bzw. liegt an der Hauptstraße 6, die im Süden Richtung Wallis und im Westen am Nordufer des Brienzersees entlangführt.

TOP TIPP

Der Jungfrau Travel Pass umfasst von April bis Anfang November die unbegrenzte Nutzung von Schiffen, Bussen und Bergbahnen für drei bis acht Tage.

Selbst im Zentrum von Interlaken vernimmst du deutlich den Ruf der Berge. Gleich vor der Haustür erstreckt sich der zwischen Bergen eingezwängte, gleißend türkise Brienzersee. Der Ort Brienz am Nordende hat einen wunderbar erhaltenen Kern mit Holzhäusern, hier gibt's Workshops im Holzschnitzen und eine Zahnrad-Dampfbahn. Nur zehn Minuten entfernt ist Meiringen mit einem tosenden Wasserfall, Gletscherschluchten, Sherlock-Holmes-Szenario und Meringues, die zu den besten in der ganzen Schweiz zählen.

Ab Wilderswil, ein Stückchen südlich von Interlaken, rattert schon seit 1893 eine Zahnradbahn auf einer herrlichen Strecke hinauf auf die Schynige Platte. Oben auf dem Plateau beginnen Wege in alle Alpenrichtungen, darunter der felsige Faulhornweg mit Blick auf die eisigen Jungfrau-Gipfel oben und Thuner- und Brienzersee unten.

Schynige Platte

DAUER AB INTERLAKEN: **5 MIN.**

Bergwanderungen und herrliche Ausblicke

Seit 1893 rumpelt von Wilderswil, fünf Zugminuten von Interlaken entfernt, eine kleine rote **Zahnradbahn** auf die Schynige Platte. Diese Bahn erinnert an eine geruhsamere, romantischere Zeit des Reisens und ist etwas Besonderes: Auf dem Weg durch Wildblumenwiesen und Wald neckt sie dich mit aufblitzenden Bergblicken. Schließlich erreicht sie das Plateau auf 2099 m Höhe, eine Art natürlichen Balkon auf den Berner Alpen mit umwerfendem Ausblick auf die weißen Gipfel und den Thuner- und den Brienzersee.

Oben wachsen in einem duftenden **botanischen Garten** 600 Alpenblumen wie Schneeglöckchen, Arnika, Enzian, Windröschen und Edelweiß. Über den Bergkamm und Wiesen führen unter Kuhglockengebimmel Wanderwege, darunter der 6 km lange **Panoramaweg** (2 Std.) mit tollem Blick auf den Dreifachhammer Eiger, Mönch und Jungfrau. Im Sommer stürzen sich Gleitschirmflieger:innen vom Plateau hinab.

Für erfahrene Wandernde beginnt hier eine der schönsten Tageswanderungen der Schweiz. Nach der Bahnfahrt am frühen Morgen führt der 15 km lange **Faulhornweg**, ein sechs-

TOLLE ESSLOKALE IN BRIENZ

Bino's
Nettes und einfaches Lokal an der Hauptstraße von Brienz mit frischer Pizza und Eiscreme. **€**

Steinbock
Beliebtes altmodisches Lokal mit Tischen drinnen und draußen und guten Schweizer Klassikern wie Jägerschnitzel oder Zanderfilet mit Kräuterreis. **€€**

Seehotel Bären
Restaurant in bester Lage am See mit Regionalgerichten wie Zander, Felchen aus dem Thunersee und in Heu mariniertem Lamm. Bei Sonne Platz auf der Terrasse sichern! **€€**

MAKSYM KETSMUR/SHUTTERSTOCK ©

Wanderweg, Schynige Platte (S. 99)

stündiger Höhenweg, über Weiden, Geröllhänge, felsige Pässe und Hochmoore zum Faulhorn (2681 m) mit Rundumblick bis zum Schwarzwald und zu den Vogesen an wolkenlosen Tagen. Auf dem Weg von der Schynigen Platte zum First schaust du auf den Thuner- und den Brienzersee sowie auf gewaltige Gipfel wie das Wetterhorn und das Dreigestirn Eiger, Mönch und Jungfrau. Fürs Mittagessen bei traumhafter Aussicht bietet sich das **Berghotel Faulhorn** von 1830 an.

Brienz

DAUER AB INTERLAKEN: **20 MIN.**

Nostalgiefahrten und Dorfromantik

Gäbe man einem Kind den Auftrag, ein Fantasie-Alpendorf zu malen, käme dabei wohl Brienz, 20 Zugminuten von Interlaken, heraus. Mit seiner Ansammlung an dunklen, mit roten Geranien geschmückten Holzhäusern, einer trötenden Dampfeisenbahn und Ausblicken über das türkise Wasser des gleichnamigen Sees hin zu hohen Bergen und dichten Wäldern erfüllt das zutiefst traditionelle, in der Zeit stehen gebliebene Dorf sämtliche Schweiz-Klischees.

Drum herum ist man im 21. Jh., aber hier weiß man davon nichts. Die schönste Gasse ist die **Brunngasse** mit ihren tadellos erhaltenen Holzhäuschen, von denen jedes sei-

ÜBERNACHTEN AM BRIENZERSEE

B&B Brienz
Zwei traumhafte Chalets mit Blick auf den türkis glitzernden See. **€**

Hotel Steinbock
Behagliches Bergchalet am See, das sich sehr um Nachhaltigkeit bemüht. **€€**

Grandhotel Giessbach
Tolle Anreise: Über den See und dann per Standseilbahn geht's zur Belle-Époque-Schönheit in toller Lage. **€€**

nen Nachbarn mit noch mehr Weinranken, Gartenzwergen und üppigen Blumenkästen auszustechen versucht. An der nahen Seepromenade informiert das **Schweizer Holzbildhauerei Museum** über die reiche Schnitzkunsttradition von Brienz: Es zeigt die wertvolle Sammlung der Werkstatt Jobin, die schon seit 1835 erfolgreich im Geschäft ist – fein gefertigte Skulpturen, Reliefs und Spieldosen.

Außerdem ist das Dorf Ausgangspunkt für einige fabelhafte Ausflüge, z. B. eine Fahrt mit der **Brienz Rothorn Bahn**. Die einzige noch betriebene Dampf-Zahnradbahn der Schweiz rattert hinauf aufs Rothorn (2350 m), wo du wandern oder einfach den weiten Blick über den Brienzersee und auf schneebedeckten Viertausendern genießen kannst. Der Weg von Brienz zu Fuß hier herauf dauert etwa fünf Stunden.

Oder du setzt auf dem See zum Beginn des Rundwegs über, der zu den **Giessbachfällen** (10 Min.) führt. Wie ein Licht in der Dunkelheit stechen sie aus dem Tannenwald hervor und stürzen über 14 Felsstufen 500 m tief ins Tal. Man kann am Schiffsanleger noch auf Europas älteste Standseilbahn (von 1879) umsteigen, doch bis zum eindrucksvollsten Abschnitt der Kaskaden sind es nur 15 Minuten Fußmarsch.

Meiringen

DAUER AB INTERLAKEN: **30 MIN.**

Detektiv-Szenario und köstliche Meringues

Einst ließ der Schriftsteller Arthur Conan Doyle seinen berühmten Detektiv Sherlock Holmes am Fuß der Reichenbachfälle bei Meiringen vorläufig sterben. Seit diesem scheinbaren Ableben ist der Ort eine halbe Zugstunde östlich von Interlaken von einem englischen Spleen geprägt: Am „Todestag" ihres Idols (4. Mai) veranstalten Fans in typischen Tweedmützen und Capes hier eine Gedenkfeier. Das ganze Jahr über steuern sie das **Sherlock-Holmes-Museum** im Kellergeschoss der Englischen Kirche in Meiringen an. Das Highlight dort ist ein Nachbau des Wohnzimmers in der Londoner Baker Street 221b.

Doch in Meiringen beschränkt sich das Drama nicht auf die Fiktion. Mit ohrenbetäubendem Donnern stürzen über sieben Stufen die **Reichenbachfälle** 120 m ins Tal. Für Arthur Conan Doyle der perfekte Ort, um in *Sein letzter Fall* (1891) seinen Helden wie auch Dr. Moriarty ins literarische Jenseits zu befördern. Zu den Wasserfällen nimmst du am besten die Standseilbahn ab Willigen und gehst zu Fuß zurück. Alternativ führt ein steiler Pfad am Rand der Fälle hinauf zum Dorf Zwirgi. Dort vermietet das Gasthaus *trottinettes* (Roller) für eine schnellere Rückkehr nach Meiringen.

LÄNDLICHE TRADITIONEN AM BALLENBERG

Das von April bis Oktober geöffnete **Freilichtmuseum Ballenberg** bietet auf einem 80 ha großen Gelände östlich von Brienz einen faszinierenden Einblick in das Schweizer Landleben früherer Zeiten. Authentisch nachgebaute Bauerndörfer ermöglichen eine architektonische Rundreise durch die Schweiz. Das Spektrum der 100 Jahre alten Gebäude reicht von schlichten Walliser Holzhütten bis zu Bauernhäusern aus dem Berner Oberland mit Walmdächern. Bei den Vorführungen etwa im Spitzenklöppeln, Viehtreiben, Brotbacken, Räuchern, Weben, Schmieden, Hutmachen und Dachdecken erwachen Schweizer Handwerke und Traditionen zum Leben. Dazu werden viele Aktivitäten für Kinder angeboten, mit Zauberwald und Waldspielplatz sowie Hoftieren seltener Rassen zum Streicheln.

ÜBERNACHTEN BEI DER SCHYNIGEN PLATTE

Berghotel Faulhorn
In dem gemütlichen rustikalen Hotel mit tollem Eigerblick kannst du nach langen Wanderungen die Füße hochlegen. **€€**

Berghotel Schynige Platte
Wunderbar altmodisches Berghotel mit herrlichem Blick auf die Berner Alpen – wie eine Zeitreise! **€€**

Dany's Camping
Sonniger Campingplatz im Lütschental mit Wanderwegen und tollen Bergblicken vor der Haustür. **€**

DER RUF DER ALPEN

Das bis zu 3,9 m lange, imposante Alphorn ist ein Nationalsymbol der Schweiz.

Das lange, unten wie ein Kuhhorn gebogene Holzblasinstrument wurde jahrhundertelang von Berghirten genutzt, um die Kühe von den Weiden zurückzurufen und zu ihrer Besänftigung beim Melken im Stall, als eine Art Abendgebet in Ermangelung einer Kirche und zur Kommunikation mit Bauern in Nachbartälern.

Einst war das Alphorn das Instrument armer Bauern, doch im 19. Jh. erlebte es eine Wiedergeburt.

Heute werden Alphörner meist aus Weichhölzern wie Esche, Kiefer oder Fichte gefertigt und zur besseren Kontrolle des Tonumfangs mit einem becherförmigen Mundstück versehen.

Die Berge um Meiringen werden von einigen der schönsten Schluchten in der Schweiz durchschnitten, u. a. von der **Rosenlaui**, einer Gletscherschlucht mit Wasserfall zwischen 80 m hohen Felsen. Und von der 200 m tiefen **Aareschlucht**, in der Tunnel und Galerien an milchig-blauen Sturzbächen und Felsüberhängen vorbeiführen. Weiter hinten im Haslital kannst du zur 170 m langen, 100 m hohen **Triftbrücke** wandern, einer der längsten und höchsten Hängeseilbrücken in Europa. Sie überspannt den Triftgletscher, der sich heutzutage schneller als gewohnt in Schmelzwasser verwandelt.

Habkern

DAUER AB INTERLAKEN: **15 MIN.**

Eine Alphornwerkstatt besuchen

Der tiefe, volltönende und eindringliche Klang des Alphorns hat etwas zutiefst Schweizerisches. Um es zu spielen, braucht man ordentlich Übung und Puste. Bei sommerlichen Volksfesten und Konzerten sind jedoch oft Alphornbläser zu hören, so auch bei den kostenlosen Konzerten im **Berghotel Schynige Platte** (Juli–Okt. tgl. 11–14 Uhr). Das Alphornbauen ist eine Kunst, die von einer Generation an die nächste weitergegegeben wird. Einen Einblick kannst du dir bei einem zweistündigen Workshop von Heinz Tschiemer bei **Bernatone Alphornbau** im kleinen Bergdorf Habkern, 15 Busminuten nördlich von Interlaken West, verschaffen. Hier kannst du auch Instrumente leihen, kaufen und erlernen.

St.-Beatus-Höhlen

DAUER AB INTERLAKEN: **15 MIN.**

Rätsel- und zauberhafte Höhlen

Auf der Suche nach dem perfekten Eremitenrefugium stolperte im Jahr 100 der irische Mönch St. Beatus über die **St.-Beatus-Höhlen** – angeblich jedenfalls. Von dem in der Höhle wohnenden feuerspeienden Drachen ließ er sich nicht abschrecken, er kämpfte gegen ihn und verschaffte ihm ein Grab im Thunersee. Angeblich diente die Legende Tolkien als Vorbild für *Der Herr der Ringe*. Und tatsächlich sind die Höhlen wie geschaffen für Fantasy-Geschichten: Über mit Pflanzen überwachsene Felsen und Wasserfälle geht's zum Eingang der Kalksteinhöhlen, die sich 14 km tief ins düstere Herz des Niederhornmassivs bohren. Die Höhlenwanderung – warm anziehen! – führt an in Jahrtausenden entstandenen Tropfsteinformationen und unterirdischen Seen entlang. Von Interlaken West sind die Höhlen 15 Minuten mit dem Bus oder eine halbe Stunde mit dem Schiff (schöner!) entfernt.

ÜBERNACHTEN IN MEIRINGEN

Hotel Victoria
Designerbleibe mit Boutiqueflair, herrlichen Bergblicken und Restaurant mit Küche aus marktfrischen Zutaten. **€€**

Park Hotel du Sauvage
In dem Jugendstilklassiker mit freundlichem Personal und tollem Ausblick nächtigte Arthur Conan Doyle. **€€**

Hotel Alpbach
Reizende, kiefernholzverkleidete Unterkunft mitten in Meiringen – noch romantischer mit Himmelbett. **€€**

Lauter-brunnental

WASSERFÄLLE | FELSWANDERUNGEN | SKIFAHREN & SNOWBOARDEN

UNTERWEGS

Die hiesigen Berge wurden mit großem Eifer erschlossen, sind daher leicht zu erkunden.

Von Interlaken verkehren regelmäßig Züge nach Lauterbrunnen (20 Min.), dem Drehkreuz für allerlei Bergbahnen. Nach Grindelwald ist es mit dem Zug eine halbe Stunde.

Wer viel herumfährt, für den lohnt sich der Jungfrau Travel Pass für drei bis acht Tage, in dem alle Bergbahnen und Schiffe inbegriffen sind.

Wie in göttliche Hände gebettet schaut Lauterbrunnen zu den vergletscherten Bergen auf. Mit seinen 72 Wasserfällen, die sich im Sommer über senkrechte Wände ergießen und Winter zu Eis erstarren, verzauberte das Tal bereits Goethe, Lord Byron und andere romantische Seelen. Furchtlos stürzen sich Basejumpende von Felsen; Wanderwege führen über Kuhweiden und durch düsteren Fichtenwald. Hier kann man sich wunderbar entspannen und die Natur bestaunen – oder lustvoll in sie eintauchen.

Lauterbrunnen ist eine tolle Basis für ein tieferes Vordringen in die Alpen, ob auf den Weltcuppisten von Wengen, im Schatten der Jungfrau, oder auf den gepflegten Pisten der Kleinen Scheidegg mit dem Eiger am Horizont. Oberhalb von Grindelwald warten am First weitere Outdoor-Freuden: Im Sommer gibt's Seilrutschen, Gocarts und Trottibikes, im Winter anspruchsvolle Wanderungen durch den Schnee aufs Faulhorn, Startpunkt einer 15 km langen Abfahrt auf der längsten Rodelstrecke der Welt.

Auf Wasserfalltour in Lauterbrunnen

Faszinierende Kaskaden

An Sommertagen wirkt das Tal paradiesisch, mit grünen Wiesen, auf denen Kühe mit Glocken bimmeln und den Blick zu senkrechten, 400 m hohen Felsformationen mit dunstigen Wasserfällen erheben oder noch höher zu dunklen Fichtenwäldern und Bergen, auf denen Gletscher funkeln. Über blanke Steinwände ergießen sich insgesamt 72 Wasserfälle – viele Betrachtende sind einfach sprachlos, andere verzweifelt, weil ihr Handy den herrlichen Anblick nicht originalgetreu einzufangen vermag.

Der zarte **Staubbachfall** inspirierte Goethe zu seinem Gedicht *Gesang der Geister über den Wassern*, in dem er seine himmlische Schönheit lobte; Lord Byron verglich den Wasserfall mit dem „Schweif jenes fahlen Pferdes, das der Tod in der Apokalypse reitet". Besonders im Licht am frühen Mor-

TOP TIPP

Übernachtungsgäste haben die Vorteile der digitalen Jungfrau-Region-Gästekarte mit kostenloser Nutzung der Lokalbusse, 20 bis 30 % Ermäßigung bei den Bergbahnen sowie Rabatten bei Aktivitäten, Führungen, in Läden und Restaurants der Region.

gen wird deutlich, warum der in einen Sprühnebel getauchte, 297 m hohe Wasserfall mit seinen Gischtfäden, die die Felsen hinunterfließen, ihre Fantasie anregte. Was aus der Ferne wie feiner Sprühregen wirkt, erweist sich als reißender Sturzbach, wenn man hinter dem Wasserfall steht (und mit Sicherheit durchnässt wird). Für die kurze, aber steile Wanderung bergan ist festes Schuhwerk unentbehrlich.

Eine halbe Marschstunde südlich ergießen sich ohrenbetäubend die **Trümmelbachfälle**. Sie donnern in eine von Felsbrocken übersäte Schlucht, zugänglich über Galerien, Tunnel und Plattformen. Die zehn Kaskaden speisen sich aus den größten Gletschern und Schneefeldern der Jungfrau-Region: Bis zu 20 000 l Wasser kämpfen sich pro Sekunde durch die im Lauf der Zeit entstandenen Spalten und Strudellöcher.

Fahrt aufnehmen am First

Eine höchst verrückte Abfahrt

Am 2184 m hohen First, oberhalb des Abenteuer-Paradieses Grindelwald, erhöht sich der Puls, denn der Blick auf die Jungfrau ist atemberaubend. Die abschreckende Nordwand der Eigers und der 4078 m hohe Zacken des Schreckhorns wirken vom **First Cliff Walk by Tissot**, einer Aussichtsplattform, die 45 m in die Leere sticht, zum Greifen nah. Alpendohlen nutzen den Steg als Start- und Landeplatz.

Ein kurzer, aber überwältigend schöner Weg führt zum **Bachalpsee**, faszinierend vor allem in frühmorgendlicher Stille und ein perfektes Spiegelbild der weißen Gipfel. Der Gletschersee liegt weniger als eine Stunde Fußmarsch von der First-Bergstation entfernt. Es geht über Bergwiesen voller Wildblumen und Kuhglockengeläut. Im Sommer kannst du mit der Seilrutsche **First Flyer** mit bis zu 84 km/h Richtung Eiger sausen, wobei die Berge verschwimmen. In Schreckfeld kannst du in ein **Mountain Cart** umsteigen und durch Wälder und üppigen Wiesen hindurch die Naturstraße nach Bort nehmen, wo wiederum robuste **Trottibikes** für den rasanten Weg hinunter nach Grindelwald bereit stehen.

Im Winter liegt hier oben schöner Pulverschnee zum Snowboarden und Freeskiing. Für ein echtes abgeschiedenes, etwas anspruchsvolleres Abenteuer schleppst du einen Schlitten 2½ Stunden auf markierten Wegen durch den Schnee hoch zum Faulhorn (2681 m). Dort ist der Startpunkt für die 15 km lange **Big Pintenfritz**, die weltweit längste Schlittenabfahrt der Welt, über Hänge und durch Wälder bis hinunter nach Grindelwald. Am besten geht man die Tour früh am Vormittag an.

Skifahren in der Jungfrau-Region

Leben auf der Überholspur

Egal, ob du über die breiten, sonnigen Hänge am Fuß des Eigers carven oder über atemberaubend steile Weltcuppisten hinabdüsen möchtest: Die Jungfrau-Region bietet Abfahrten für jeden Geschmack. Rund um Grindelwald, den Männlichen, Mürren und Wengen erstrecken sich über zwei Täler und drei Bergketten insgesamt 211 km präparierte Pisten, wobei Eiger, Mönch und Jungfrau zu den schönsten Kulissen in den Schweizer Alpen zählen.

Die Skiregion First erstreckt sich vom Oberjoch in 2486 m Höhe bis hinunter nach Grindelwald, mit einer tollen Mischung aus mittelschweren (roten) und schweren (schwarzen)

SNOWBOARDEN AN DER JUNGFRAU

Goldmedaillengewinner **Gian Simmen** nennt uns seine Lieblingsorte zum Snowboarden und Entspannen.

Snowparks
Grindelwald ist von imposanten Bergen wie dem Eiger umgeben. Ich liebe den Snowpark am **Oberjoch**-Sessellift mit kleinen und großen Jumps, Rails, Boxes und einer Halfpipe. Hier ist es nie langweilig.

Abseits der Piste
Wenn der Schnee gut ist, gibt's am **Bachalpsee** zahlreiche Möglichkeiten zum Querfeldein- und Pulverschneefahren. Das Terrain ist leicht zu Fuß zu erreichen – eine tolle Zuflucht, wenn das Skigebiet voll ist.

Chillen
Nach einem langen Tag auf der Piste treffen wir uns in der retrocoolen **Bus Stop Bar** oder in der **Avocado Bar**, um uns aufzuwärmen und Pläne für den nächsten Tag zu schmieden.

ÜBERNACHTEN IN LAUTERBRUNNEN

Hotel Silberhorn
Im familiengeführten Hotel im Zentrum kommen Öko-Bergstil-Schick und altmodischer Charme zusammen. €€

Hotel Staubbach
Stattliches altes Hotel mit holzvertäfelten Zimmern, teils mit traumhaftem Blick auf den Staubbachfall. €€

Valley Hostel
Cooles Hostel und tolle Basis für Aktivitäten, mit holzverschalten Dorms und Garten mit Wasserfallblick. €€

DER VELOGEMEL

Skier, Snowboards und Schlitten sind nicht die einzigen Möglichkeiten, sich über Schnee zu bewegen. Wer im Winter in der Jungfrau-Region ist, sieht vielleicht Menschen auf dem Velogemel.

Das einspurige, lenkbare Schneefahrrad erfand 1911 der Grindelwalder Tischler Christian Bühlmann, um es Leuten wie Postboten, Bauern, Ärzten und Kindern leichter zu machen, durch die Berge zu kommen.

Heute genießt der Fahrradschlitten mit Kufen Kultstatus. Im Februar gibt's in Grindelwald sogar eine Meisterschaft.

Am Bahnhof von Grindelwald und in Sportgeschäften kannst du einen Velogemel leihen; anfangs sieht es ein wenig umständlich aus, aber nach ein paar wackeligen Minuten rauschst du schon bald die Berge hinunter – gebremst wird mit den Hacken.

BORIS-B/SHUTTERSTOCK ©

Wanderweg, Bachalpsee (S. 105)

Skipisten. Von der **Kleinen Scheidegg** und vom **Männlichen** führen lange, einfache Pisten zurück nach Grindelwald. Wer ganz gemächlich und ohne Menschenmassen durch die Gegend kurven will, findet ein 15,5 km langes Netz gut präparierter Langlaufloipen vor.

Wengen in himmlischer Lage über dem Lauterbrunnental ist eine tolle Wintersportbasis: Zum Männlichen bringt dich die Seilbahn, zur Allmend, Wengernalp und Kleinen Scheidegg die normale Bahn. Die meisten Pisten sind leicht bis mittelschwer, doch am **Lauberhorn** können echte Skicracks haarsträubende schwarze Weltcupabfahrten in Angriff nehmen wie die treffend benannte „Oh God".

Vom auf 1650 m Höhe auf den Felsen auf der anderen Seite des Tals klebenden, schneesicheren Mürren (S. 109) bieten sich überwältigende Ausblicke auf Eiger, Mönch und Jungfrau sowie Möglichkeiten zum Skifahren bis hinauf auf 3000 m am Schilthorn (S. 108). Hier gibt's alles von fast senkrechten Abfahrten bis zu fabelhaften Routen abseits der Pisten. Wer Ende Januar in Mürren ist, sollte sich keinesfalls den **Inferno Run** vom Schilthorn herunter entgehen lassen. Schon seit 1928 wetteifern Waghälse bei dem 16-km-Rennen.

ÜBERNACHTEN IN GRINDELWALD

Boutique Hotel Glacier
Umwerfender Eigerblick, stylishe Zimmer in Eisfarben, Spa mit Bergblick und tolles Gourmetrestaurant. **€€**

Gletschergarten
Schönes familiengeführtes Chalet mit tollem Bergblick sowie viel Kiefer, Wärme und Familienerbe. **€€**

Alpinhotel Bort
Bergchalet hoch oben über Grindelwald an der First-Mittelstation, mit schnellem Zugang zu Wegen und Pisten. **€€**

Rund ums Lauter-brunnental

In der Jungfrau-Region scheint alles vertikal. Wie majestätisch und wild die Bergwelt hier ist, merkst du erst, wenn du dich nach oben begibst.

Ziele

UNTERWEGS

Von Lauterbrunnen kommst du am schnellsten nach Mürren, indem du die Seilbahn zur Grutschalp und von dort den Zug nach Mürren nimmst. Von Mürren fahren Seilbahnen über Birg aufs Schilthorn. Hoch aufs Jungfraujoch geht's am besten mit dem Eiger Express – die Fahrt dauert nur 45 Minuten.

TOP TIPP

Vor der Fahrt aufs Jungfraujoch oder Schilthorn das Wetter checken! Warme Kleidung, Sonnenbrille und -creme mitnehmen; oben gibt's das ganze Jahr Schnee und grelles Licht.

Lauterbrunnen ist der Ausgangspunkt für eine Fahrt ins Bergdorf Mürren oben auf der Felskante – vor der gewaltigen Kulisse ähneln die Holzchalets Spielzeughäusern. Ob du zum Skifahren, Wandern, Schneeschuhwandern oder Bergsteigen über die Klettersteige hergekommen bist – die Ausblicke auf Eiger, Mönch und Jungfrau sind übernatürlich schön.

Weiter oben ziehen sich Seil- und andere Bergbahnen durch Fels und Eis. Die Fahrt zum Jungfraujoch (3463 m) ist unvergesslich: Sie führt in eine Szenerie des ewigen Winters. Kaum weniger spektakulär ist das Schilthorn, wo du an schwindelerregenden Aussichtspunkten und steilen Hängen echte Bond-Momente erleben kannst.

Jungfraujoch

DAUER AB LAUTERBRUNNEN: **85 MIN.** 

Ewiges Eis und Schnee

Schon lange bevor das Mode wurde, strebten die Schweizer:innen Nachhaltigkeit an. Seit 1912 fährt eine kleine rote Bahn aufs Jungfraujoch, mit 3454 m Höhe Europas höchster Bahnhof. Die von Anfang an mit Wasserkraft betriebene Bahn bohrt sich durchs steinerne Herz des Eigers und ist eine Meisterleistung der Ingenieurskunst.

Seit 2020 hat die Region einen weiteren Pfeil in ihrem Öko-Köcher: den **Eiger Express**, eine schicke, superschnelle Gondelbahn, die die erste Etappe der Fahrt ab Grindelwald abdeckt – und mit Generatoren an den Laufrollen zudem grünen Strom erzeugt. Und die Fahrt? Einfach herrlich! Beim Gleiten über Weiden und Fichtenwald wirst du dir die Nase am Fenster platt drücken; an der 1,8 km hohen Nordwand des Eigers kommst du so nah vorbei, dass du meinst hineinzukrachen.

Am **Jungfraujoch**, Unesco-Welterbe, ist es auf einmal erheblich kälter und auf dem Gipfel liegt immer Schnee. Die Ausblicke vom Aussichtsdeck **Sphinx** reichen über ein endloses Meer aus schneebedeckten Gipfeln, viele um die 4000 m hoch, und bis auf den 23 km langen **Aletschgletscher**, während in der Ferne Deutschland und Frankreich schweben.

GLETSCHER-WANDERN AUF DEM ALETSCH

Um die umwerfende Schönheit des größten Gletschers in den Alpen wirklich zu würdigen, könntest du an einer der zweitägigen Sommerwanderung übers Eis teilnehmen, die die **Outdoor Bergsportschule** in Grindelwald organisiert.

Der riesige Eisstrom des Aletschgletschers windet sich 23 km lang von den Gipfeln der Jungfrau-Region ins Wallis. Die unvergessliche Wanderung inklusive Übernachtung auf der **Konkordiahütte** auf 2850 m Höhe führt dich abseits ausgetretener Pfade.

Gletschererfahrung ist nicht erforderlich, du musst aber höhentauglich und trittsicher sein und sechs Stunden mit einem Rucksack auf dem Rücken laufen können, teils als Seilschaft.

Skyline Walk, Schilthorn

Der **Eispalast**, ein Wunderland aus Eistunneln und -skulpturen, ist noch immer beeindruckend. Wie imposant mag er erst in den 1930er-Jahren gewesen sein, als Bergsteiger ihn angelegten? Für den 45-minütigen Marsch durch Schnee zur **Mönchsjochhütte**, der höchsten bewirtschafteten Hütte in der Schweiz, musst du dich warm anziehen und warme Schuhe tragen.

Schilthorn

DAUER AB LAUTERBRUNNEN: **50 MIN.** + +

Ein Abenteuer im Bond-Stil

Wenn die Seilbahn über den Talfalten und großen Felsfäusten immer höher hinaufgleitet, fühlst du dich winzig klein. Über der 1,8 km hohen Nordwand des Eigers zieht in güldener Pracht der Tag heran. Nicht schlecht, was den morgendlichen Pendlern hier geboten wird. Die Fahrt hinauf aufs **Schilthorn** (2970 m) wirst du so schnell nicht vergessen.

Andere Berge der Jungfrau-Region sind höher, doch in Sachen Landschaftsdrama ist das Schilthorn unübertroffen, mit dem adlerhorstartigen **Piz Gloria** auf dem Gipfel, von dem aus du auf 200 Gipfel rund um blickst: vom Titlis bis zum Mont Blanc und an klaren Tagen bis zum Schwarzwald. Am besten stehst du früh auf, um den Gipfel in Ruhe zu genie-

ÜBERNACHTEN IN DER JUNGFRAU-REGION

Hotel Eiger
Holzchalet in Mürren mit zauberhaftem Blick auf Eiger, Mönch und Jungfrau vom Pool und von den Zimmern. **€€**

Mönchsjochhütte
Die höchste bewirtschaftete Hütte in der Schweiz, mit Schlafsälen. Den Sonnenaufgang nicht versäumen! **€**

Esther's Guesthouse
Tolle familiengeführte Pension mit makellosen, hellen Zimmern, Familien-Apartments und Dachzimmer. **€**

ßen und dann im Drehrestaurant einen Brunch zu verzehren – reservieren!

Spüre deinem inneren 007 nach, indem du in der **Spy World** Hubschrauber und Bob aus *Im Geheimdienst Ihrer Majestät* besteigst und dein Filmwissen auffrischst. Oder stürz dich auf der **Direttissima** (Nr. 9), einer der schwärzesten Abfahrten in der Region mit einer Neigung von 88 %, ins weiße Nichts.

An der Mittelstation Birg reicht der **Skyline Walk** aus Glas und Stahl hinaus über einen tiefen Abgrund, mit tollen Ausblicken auf von Gletschern bedeckte Gipfel. Noch mehr Abenteuer bietet der am Fels klebende **Thrill Walk** mit Glasbalkon und einem Tunnel zum Durchkriechen.

Mürren

DAUER AB LAUTERBRUNNEN: **30 MIN.** +

Das Schweizer Bilderbuchdorf

Näherst du dich an einem klaren Abend mit dem Zug, von der Grütschalp am Talrand entlang, dem Dorf Mürren, wirken die Gipfel jenseits des Tals zum Greifen nah. Da ist man direkt im siebten Heidi-Himmel. Mit seinen stämmigen Holzchalets und hinreißenden Blicken auf Eiger, Mönch und Jungfrau ist Mürren ein Stück Bilderbuch-Schweiz.

Noch ein Blick auf die Hollywood-Kulisse des Dorfs, und du willst sofort in die Berge! Im Sommer schnürst du die Stiefel für den 7,5 km bzw. 2½ Stunden langen **Nordwandweg** über die Schiltalp, von der Allmendhubel-Standseilbahn bis zur Schilthorn-Seilbahn. Du wanderst über blühende Kuhweiden und durch Fichtenwald, der sich dann zurückzieht, um den Blick auf Eiger, Mönch und Jungfrau freizugeben.

Nervenaufreibender ist der Mürrener **Klettersteig** mit Blick auf die zum Greifen nahen Berner Alpen auf dem Weg nach Gimmelwald, der an blanken Felsen entlang führt. Mit seinen Leitern, Kabeln, der 80 m langen Hängebrücke und fabelhaften Ausblicken auf die Eiger-Nordwand ist der Steig im wahrsten Sinn des Worts atemberaubend. Erfahrene Kletternde können sich bei **Intersport** im Dorf Ausrüstung leihen und den Steig in Eigenregie in Angriff nehmen; ansonsten zeigt dir ein Bergführer von **Outdoor Switzerland**, wo es langgeht.

Im Winter locken die Pisten natürlich viele Skifahrende an. Um dem Trubel zu entfliehen, folgst du auf Schneeschuhen den Spuren von Rehen und Schneehasen in die verschneiten Wälder. Der gut gekennzeichnete, hin und zurück 3,6 km lange **Schneeschuhweg** nach Allmiboden beginnt am Bahnhof von Mürren und führt hinauf zum Hochmoorschutzgebiet Chänelegg. Oft bist du hier ganz allein unterwegs und hörst nur das Knirschen deiner Schritte im Schnee.

WARUM ICH DIE JUNGFRAU-REGION LIEBE

Kerry Walker, Lonely Planet Autorin

Seit ich vor langer Zeit zum ersten Mal einen Fuß in die Jungfrau-Region gesetzt habe, verzaubert mich ihre unvergleichliche Schönheit.

Dies sind die Schweizer Alpen in Reinform, mit hübschen, über die Berge verteilten Dörfern, Sommerwiesen voller Kühe mit Kuhglocken, Wäldern, die sich an Talwänden hochziehen, zerklüfteten Gipfeln und Gletschern. In dieser Landschaft steckt Poesie!

Ob du in einer futuristischen Gondel über ein Meer aus schneebedeckten Bergen gleitest, im Schatten des Eigers wanderst oder unterm Sternenhimmel Schlitten fährst: In der Region kannst du fast jedes erdenkliche Bergabenteuer erleben.

ESSEN IN DER JUNGFRAU-REGION

Mönchsjochhütte
Vom Jungfraujoch durch den Schnee herzustapfen regt den Appetit auf Kuchen, Raclette und anderes an. **€**

Tham's
Ein früherer 5-Sterne-Koch auf der Flucht vor dem Hamsterrad zaubert in Mürren Thai- und andere Asia-Gerichte. **€**

Hotel Eiger
Publikumsliebling mit Panoramafenstern und Sonnenterrasse bietet von Fondue bis Wild alles. **€€**

Thunersee

KANUFAHREN | BERGWEIN | FOODIE-HOTELS

Der Thunersee hält dem Jungfrau-Massiv quasi einen blauen Spiegel vor und ist in jedem Licht und zu jeder Jahreszeit umwerfend schön: still und glatt an einem klaren Sommermorgen, dunstig und golden im Herbst. Mit seinem mit Türmchen bewehrten Schloss auf einer Erhebung oberhalb des von Gassen durchzogenen Stadtkerns ist Thun an der Nordspitze des Sees echtes Disney-Material. Außerdem verströmt der Ort jugendliche Energie – die Einheimischen sitzen vor den Cafés in der Sonne, surfen auf der Aare und stöbern durch die sich unter die Lauben kauernden Läden.

Die Stadt ist ein außerdem Sprungbrett für die Erkundung des Sees zu Fuß, per Fahrrad oder Kanu, mit Burgen am Ufer, Pfaden durch Weinberge, und Stränden mit herrlichem Bergblick.

UNTERWEGS

Von Interlaken nach Thun ist es auf der A6 am See entlang eine nette halbe Stunde. Auch die öffentlichen Verkehrsverbindungen sind bestens, mit schnellen, regelmäßigen Zügen nach Interlaken und Bern. Über den See schippern Schiffe nach Interlaken West und Spiez. Außerdem kannst du auf einem 54 km langen Rundweg um den See radeln – normale und E-Bikes werden in Interlaken (Flying Wheels) und Thun (am SBB-Bahnhof) verliehen.

TOP TIPP

Wer in einem angeschlossenen Hotel übernachtet, erhält die PanoramaCard Thunersee, eine digitale Gästekarte für Gratis-Nutzung der Lokalbusse sowie 20 % Rabatt für die Bergbahnen Niederhorn, Stockhorn und Niesen, eine Stunde Leihrad gratis und 50 % im Strandbad Thun.

Mit dem Kanu auf dem Thunersee

Eine Paddeltour übers Wasser

Wenn du im klaren Morgenlicht ins Kanu steigst, das Paddel in den himmelblauen See stichst und staunend aufschaust zu bewaldeten Felsen, Weinstöcken, Örtchen mit Burgen und den Gipfeln von Eiger, Mönch und Jungfrau, sehen die Berge aus wie eine aus Pappe ausgeschnittene Silhouette. Auf dem **Kanuweg Thunersee** von Gwatt, 4 km südlich von Thun, nach Leissigen, 9 km westlich von Interlaken, zeigt sich der See in seiner ganzen stillen, wilden Pracht.

Für die 3½-stündige Paddeltour zum Weinstädtchen Spiez kannst du dir beim **Deltapark Vitalresort** ein Kanu oder SUP-Brett leihen und dann unterwegs Bade-, Picknick- oder Grillpausen einlegen, Letzteres an ausgewiesenen Stellen am Ufer. Einzelheiten über Routen und Abhol- und Rückgabepunkte für Leihgefährte gibt's auf kanuwegthunersee.ch.

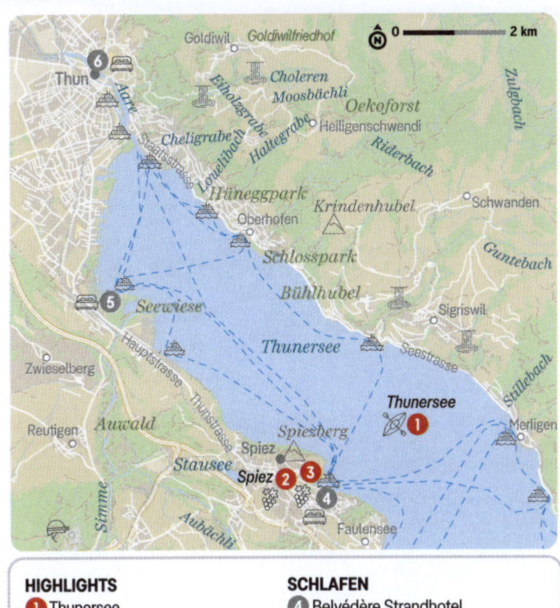

HIGHLIGHTS
1 Thunersee
2 Spiez

SEHENSWERTES
3 Alpine Weinkultur

SCHLAFEN
4 Belvédère Strandhotel
5 Deltapark Vitalresort
6 Schwert

In Spiez die Korken ploppen lassen

Weinproben und Weinbergpfade

Das stille Städtchen **Spiez** am Fuß des kegelförmigen Niesen (2362 m) ist wirklich märchenhaft, mit einem türmchenbewehrtem mittelalterlichem Schloss hoch oben über der hufeisenförmigen Bucht. In den Bergen liegt Schnee, doch im örtlichen Mikroklima gedeihen smaragdgrüne Weinreben und liefern frische, fruchtige Riesling- und Silvaner-Weißweine. Die Tröpfchen der örtlichen Weinkooperative **Alpine Weinkultur** reifen in den Kellern des Schlosses. Hier werden einstündige Führungen angeboten sowie Verkostungen von drei Weinen (reservieren!). Alternativ begibst du dich auf den 1 km langen Weinpfad durch die Weinberge, wo du von zwölf Infotafeln über den Prozess des Weinkelterns aufgeklärt wirst.

Mitte September entkorkt Spiez seine besten Weine beim Weinfest **Läset-Sunntig** mit bunten Umzügen, Märkten, Weinspaziergängen und Verkostungen inmitten von allerlei festlichem Trubel.

TOLLE FOODIE-HOTELS AM THUNERSEE

Deltapark Vitalresort
Resort am Nordufer des Thunersees mit schicken modernen Zimmern, großem Spa und Gourmet-Thai-Restaurant. €€

Schwert
Stilvolles Hotel aus dem 18. Jh. am Fuß von Schloss Thun, voller Antiquitäten und mit Restaurant mit einladender Holzvertäfelung. €€

Belvédère Strandhotel
100 Jahre altes Grandhotel in Spiez mit Jugenstilschick, Zimmern mit Seeblick, Spa und sehr renommiertem Restaurant, das Gerichten vor allem aus regionalen Zutaten serviert. €€€

Rund um den Thunersee

In der alpinen Wildnis wanderst du über imposante Bergpässe und saust Gletscherhänge hinunter.

Ziele

Kandersteg S. 112
Gstaad S. 113

UNTERWEGS

Mit dem Auto liegt Kandersteg 26 km südlich von Spiez, von wo die A8 Richtung Osten nach Interlaken und die A6 Richtung Westen nach Thun führen.

Kandersteg am nördlichen Ende des Lötschbergtunnels ist auch per Zug (stündl.) von Interlaken Ost erreichbar.

Gstaad liegt eine Autostunde südwestlich vom Thunersee. Mehrmals täglich verkehrt zwischen Gstaad und Les Diablerets ein Postbus.

TOP TIPP

Viele Hotels und Restaurants schließen von Mai bis Juni und Oktober bis November. Die geöffneten Unterkünfte locken mit Tiefstpreisen.

Südlich von Thun werden die Berge noch höher. Spiez ist nur einen Katzensprung vom Naturpark Diemtigtal entfernt, einem wenig bekannten Wildnisgebiet mit Wander- und Radwegen durch stille Wälder und Blumenwiesen. Hier werden ländliche Traditionen mit Stolz gepflegt, dazu gehören reich verzierte und bemalte Holzfassaden ebenso wie Bergkäsereien, in denen Käse auf althergebrachte Art hergestellt wird.

Richtung Süden fahren Züge ins Wanderparadies Kandersteg: Hier erreichst du auf schweißtreibende Wegen schmucke Seen, knorrige Gipfel und den Gemmipass, der über die Schulter des Daubenhorns nach Leukerbad im Wallis hinunterführt. Der glamouröse Ferienort Gstaad im Westen ist ein Zentrum der Outdoor-Action, mit tollen Pisten, Ausblicken auf über 4000 m hohe Berge und Wintersportvergnügen auf dem Glacier 3000.

Kandersteg

DAUER AB THUNERSEE: **30 MIN.**

Auf Bergwegen

Wer in Kandersteg keine verschlammten Stiefel trägt, wird schief angeschaut. In dem rustikalen Dorf eine halbe Zugstunde von Spiez treffen Berner Oberland und Wallis aufeinander. Um Kandersteg führen sorgfältig markierte Wanderwege mit einer Gesamtlänge von 550 km in echte Wildnis, ob du durch nach Baumsaft duftende Wälder zu knallblauen Seen stapfst oder Bergpässe wanderst, die in ihrer Kargheit Erhabenheit ausstrahlen.

Zum Aufwärmen dient der 3 km bzw. 1½ Stunden lange Weg über Bäche und Blumenweiden zum 1578 m hoch gelegenen **Oeschinensee**. Der See, eine Erscheinung aus Himmelblau, ist unglaublich reizvoll, eingerahmt von Fichtenwald und zerklüfteten Gipfeln mit Wasserfällen. Du kannst im prickelnd kalten Wasser schwimmen oder auf ihm rudern.

Ein weiterer Hingucker ist der **Blausee** inmitten der moosigen Märchenwälder eines Naturparks 6 km zu Fuß von Kandersteg entfernt. Das herrlich türkise Wasser lässt sich in Glasbodenbooten erkunden; im Restaurant am Ufer wird frisch aus dem See geangelte Forelle serviert.

Auf die ganztägige Wanderung über den 2270 m hohen **Gemmipass** nach Leukerbad solltest du dir Proviant mitnehmen.

Für die mittelmäßig anspruchsvolle Wanderung (14,5 km hin und zurück) sind sechs bis sieben Stunden zu veranschlagen. Die Bergwelt hier oben, auf Augenhöhe mit Steinböcken und Gletschern, ist himmlisch: von Wolken umhüllte Gipfeln über den verschlungenen Falten der Täler und den dunklen Holzchalets, die darin wie Spielzeughäuser aussehen. Schon seit Jahrhunderten begehen Reisende diese Nordsüdroute, darunter Mark Twain und Jules Verne.

Gstaad

DAUER AB THUNERSEE: **30 MIN.**

Gletscher und Glamour

Noblere Pisten als in Gstaad gibt's in der Schweiz nicht – hier wird mit einem Schuss Glamour und Promi-Spotting gewedelt. Jenseits der 5-Sterne-Hotels, Designerboutiquen und schicken Restaurants locken kolossale Berge und Gletscher, wo du zwischen 1000 m und 3000 m Höhe über 200 km an perfekt präparierten Pisten carven kannst. Wenn Nachtskifahren dein Ding ist, kannst du im Licht des Mondes und der Sterne den Berg hinunterfahren.

Das Sahnehäubchen ist das Skigebiet **Glacier 3000** hoch oben über der Passstraße zwischen Gstaad und Les Diablerets, mit sensationellem Ausblick auf Viertausenderberge. Auf diesem Gletscher herrscht ewiger Winter; er hat die längste Skisaison in den Berner Alpen, von Ende Oktober bis Anfang Mai. Genieße die Ausblicke, düse nach Herzenslust über die Pisten oder verfeinere deine Snowboard-Künste auf den Rails, Kickers und Boxes im Snowpark. Das Winterprogramm vervollständigst du, indem du im **Iglu-Dorf** nächtigst und als einer der ersten die Sonne über den Pisten aufgehen siehst.

Auch im Sommer gibt's viel Action, etwa mit Herzschlagmomenten auf dem **Peak Walk by Tissot**, einer nervenaufreibenden Hängebrücke zwischen zwei Gipfeln mit grandiosem Blick auf Matterhorn, Mont Blanc, Eiger, Mönch und Jungfrau. Von der Bergstation Scex Rouge führt der 3 km lange, einstündige **Glacier Walk** (Gletscherweg) über das surreal blaue, tief gefurchte Eis. Kinder lieben Schlittenfahrten mit Huskys und ebenso, mit Geschwindigkeiten von bis zu 40 km/h mit dem Bobschlitten **Alpine Coaster** die Hänge hinabzubrausen.

Um von Gstaad zum Gletscher zu gelangen, fährst du erst eine halbe Stunde mit dem Bus zum Col du Pillon, von wo aus eine Seilbahn hoch zum Gipfel zuckelt.

ROMANTISCHE REFUGIEN IN KANDERSTEG

Berghotel Oeschinensee
Um den Oeschinensee in absoluter Stille zu genießen, kannst du in diesem familiengeführten Chalet aus dem 19. Jh. nächtigen, das sich sehr um Nachhaltigkeit bemüht. €€

Ruedihus
Das typische Alpenchalet, in dem aus jedem knarrenden Balken 250 Jahre Geschichte sprechen, ist eine echte Schönheit, mit niedrigen Decken, alten bemalten Möbeln und Himmelbetten. €€

Hayloft
Stell dir vor: ein dunkles, 500 Jahre altes Holzchalet, das sich an den Hang schmiegt, Blumenwiesen mit Kühen, Ausblicke auf Wasserfälle und Gletscher – idyllischer geht's nicht! €

ESSEN IN KANDERSTEG

Nico's
Zutaten frisch vom Feld in Gerichten wie Bärlauch-Gnocchi und Blausee-Forelle in Kräuter-Nuss-Butter. €€

Ruedihus
Holzlastiges Interieur und selbst gezogene Kräuter. Tipp: Fondue, Schmorbraten und gepökelter Schinken. €€

Bernerhof
Der gemütliche Gasthof im Hotel Bernerhof serviert alles von Bärlauch bis zu Fisch und Wild aus der Region. €€

Wallis

HÖHEN-ACTION UND ALPINES SCHLEMMEN

Von bitterer Armut zu Wohlstand. Das ist die Geschichte des Wallis (frz. Valais). Verbundenheit mit dem Wechsel der Jahreszeiten, Promi-Spots und eine Natur, die nie aus der Mode kommt, gehören auch dazu.

Das im Süden der Schweiz gelegene Wallis ist eine echte Naturschönheit. Vor 100 Jahren waren die Bauern hier noch so arm, dass sie kaum zwei Franken zusammenkratzen konnten, heute schlürfen die Reichen und Schönen in den schicken Clubs in Verbier Champagner-Cocktails.

Die Landschaft ist einfach umwerfend: vom unergründlichen, der Trigonometrie trotzenden Matterhorn (4478 m; siehe Foto), übers Rhonetal mit seinen steilen, von mittelalterlichen *bisses* (Bewässerungskanälen) durchzogenen Weinbergen bis zum schimmernden Aletschgletscher. Klar, dass Wanderungen, Ski- oder Radtouren vor einer solchen Kulisse etwas ganz Besonderes sind!

Das Leben hier ist noch immer von der Tradition geprägt, von Kuhkämpfen über Gletscherwein bis zum Beerdigungsbrauchtum. Wenn im Oktober die Blätter golden leuchten, wird der Tisch zum Herbstfest La Brisolée mit Wild, Äpfeln, Birnen, Käse und Kastanien reich gedeckt.

Im westlichen Teil des Wallis spricht man Französisch, im östlichen Deutsch, doch alle eint der Stolz auf die guten Weine, den großartigen Käse und das beste Schweizer Rindfleisch von den schwarzen Kühen aus dem wunderschönen Val d'Hérens.

Hier geht es darum, die kleinen Freuden des Lebens zu genießen, und zwar schön geruhsam: einen Espresso mit Likör aus Walliser Aprikosen, Pappelflaum, der im Wind tanzt, ein Käsefondue hoch oben in den Bergen und eine Schlittenfahrt zurück auf stillen Schneehängen unter dem Sternenhimmel.

DIE WICHTIGSTEN ZIELE

MARTIGNY
Römerstädtchen und Tor zu den Alpen. **S. 118**

SION
Das kulinarische Herz des Wallis und Weinberge. **S. 126**

ZERMATT
Berühmter Berg- und Wintersportort. **S. 133**

EKATERINA GRIVET/SHUTTERSTOCK ©

Links: Skigebiet Gornergrat (S. 137); oben: Aletschgletscher (S. 140)

Erste Orientierung

Im Wallis gibt's endlose Wandermöglichkeiten. Es gibt keine großen Städte und selbst die größten Orte sind leicht zu Fuß zu erkunden oder auch per Fahrrad oder Bus, die Bergorte per Seilbahn.

Sion, S. 126
Die Liebe der Romande zu gutem Essen und zum Wein zeigt sich hier auf Caféterrassen, in Weinbars und auf den Weinbergen im kulinarischen Herzen des Wallis.

Martigny, S. 118
In dem Römerstädtchen, Tor zu den Schweizer Alpen und zum benachbarten Chamonix in Frankreich, schlägt spürbar ein französisches Herz.

Zermatt, S. 133
Der historische Wintersportort am Fuß des Matterhorns ist einer der wenigen in der Schweiz, in denen das ganze Jahr über das Alltagsleben pulsiert, und als alpine Spielwiese unübertroffen.

AUTO & MOTORRAD

Die Straßen zu den Skigebieten sind steil und kurvig. Von November bis Anfang April sind Winterreifen nötig. Im Winter sind die *cols* (Bergpässe) teils gesperrt, auch der Große Sankt Bernhard (nach Italien) und der Furkapass.

ZUG

Züge der SBB fahren durchs Tal nach Sion, Martigny und Zermatt. Von Andermatt (Zentralschweiz) fahren Züge und Autozüge durch den Furka-Basistunnel. Von Kandersteg (Berner Oberland) verkehren Autozüge nach Goppenstein oberhalb von Visp.

SERGIO ROJO/SHUTTERSTOCK ©

Großer Sankt Bernhard (S. 118)

Perfekte Tage

Das Reiseziel hängt von der Jahreszeit ab. Dank der „Besuchervorhersage" auf myswitzerland.com kannst du den Massen aus dem Weg gehen. Kleinere Dörfer sind günstiger als berühmte Hotspots.

Herbstidylle

Ein berühmtes Wintersportziel im Herbst anzusteuern, ist nicht unbedingt naheliegend, doch wer zur Weinlese in den Bergen rund um **Sion** (S. 126) ist, wird es nicht bereuen. Auf der Wanderung von **Sierre** (S. 130) nach **Salgesch** kannst du Wein verkosten. Ein feuerrotes Herbstfest bietet das **Val d'Anniviers** (S. 130). Mit Übernachtung auf dem **Großen Sankt Bernhard** (S. 118)!

Alpiner Strandurlaub

Statt Mittelmeer Wanderungen, Mountainbiken und Bäder in Bergseen. Nutze von **Zermatt** (S. 133) aus kostenlose Lifte für Wanderungen und Biketouren zwischen Seeufern. Nimm einen Zug Richtung Osten zur autofreien **Bettmeralp** (S. 140), dem Inbegriff von Sommer-am-See-Romantik. In **Fiesch** geht's los zu abenteuerlichen Eiswanderungen auf dem **Aletschgletscher** (S. 140).

BESTE REISEZEIT

FRÜHLING

Im März finden in Martigny **Kuhkämpfe** statt. Mit **Musik** wird im April das Ende der Skisaison gefeiert.

SOMMER

Die Skilifte öffnen für **Wandernde** und **Biker:innen**. Im Juli erklingt in Verbier **klassische Musik**.

HERBST

Biker steuern Verbier an. **Trauben** werden geerntet und auf Bergweiden wird **Rohmilchkäse** hergestellt.

WINTER

Es ist kalt, es schneit und die Tage sind kurz. Das **Skivolk** zieht es in die Berge. Im Februar sind die Pisten voll.

Martigny

SKITOUREN | BERNHARDINER | RÖMISCHE RUINEN

UNTERWEGS

Wer mit dem Zug kommt, steigt zur Place Centrale an der Martigny Gare, zur Fondation Pierre Gianadda und zum Barryland in Martigny Bourg aus.

Der nur im Sommer geöffnete Große Sankt Bernhard ist 45 Autominuten von Martigny entfernt; die direkte Route nach Italien führt durch den 6 km langen Großer-Sankt-Bernhard-Tunnel.

Der Panoramazug Mont Blanc Express fährt von Martigny ins französische Chamonix (1½ Std.). Über den Col de la Forclaz ist es mit dem Auto eine halbe Stunde.

TOP TIPP

Im Oktober findet in den umliegenden Weinbergen nicht nur die *vendange* (Weinlese) statt, sondern auch die zehntägige Foire du Valais zu Küche, Weinbau und Musik und Kultur der Region. Den Höhepunkt bildet ein traditioneller Kuhkampf.

Liebe auf den ersten Blick wird's wohl nicht. Doch wer ein paar Tage in der ältesten Stadt des Wallis und dem Hauptort des französischsprachigen Teils verbringt, erkennt, warum die Römer als Fans von Wein und Sonne auf dem Weg nach Italien hier verweilten. Vom mittelalterlichen Zentrum von Martigny an der Dranse ziehen sich terrassierte Weinhänge steil nach oben. Vom Château de la Bâtiaz aus dem 13. Jh. geht der Blick ins Rhonetal und hinauf zu Bergpässen hinüber nach Frankreich und Italien.

In der Neustadt verbirgt sich zwischen Hochhäusern eines der besten Schweizer Museen für moderne Kunst, an der Av de la Gare und der Place Centrale gibt's spannende Gegenwartskunst und im Barryland, das bis 2025 zu einem Themenpark ausgebaut werden soll, niedliche Bernhardiner. Zur römischen Glanzheit von Martigny schauten im Amphitheater 5000 Menschen bei Gladiatorenkämpfen zu. Heute locken Sommerkonzerte und traditionelle *combats des reines* (Kuhkämpfe) zahlreiche Besucher an.

Auf der Spur der Bernhardiner

Große Hunde und ein einsamer Bergpass

Zum *souper* (Abendessen) an langen Gemeinschaftstischen werden die Gäste von einer mächtigen Messingglocke gerufen und morgens werden sie in den spartanischen Schlafsälen um 7.15 Uhr mit Vivaldis *Vier Jahreszeiten* geweckt – eine Übernachtung im **Hospice du Grand-St-Bernard** hat etwas Ergreifendes. Die weit ab der übrigen Welt gelegene Herberge am **Großen Sankt Bernhard** (2469 m) bietet Reisenden und Pilgern auf der Via Francigena schon seit dem 11. Jh. Zuflucht und geistlichen Beistand an diesem historischen Gebirgspass zwischen der Schweiz und Italien.

Im Jahr 1800 verköstigten die Mönche hier auch die 40 000 Soldaten und 6000 Pferde von Napoleons Armee, die sich auf dem Weg ins Piemont befand, um dort in der Schlacht von

VON RÖMISCHEN RUINEN BIS ZU RODIN

Römische Überreste in der Stadt sorgen für einen erlebnisreichen Tag für Geschichtsinteressierte. 2024 eröffnen beim **Amphitheater** in der Rue du Levant die **Jardins de Brigitte** mit Duftpflanzen, die die Römern nutzten, und Bronzestatuen. In der Nähe der **Fondation Pierre Gianadda** (mit einer Sammlung moderner Kunst) in der Rue du Forum befinden sich die Überreste eines Tepidariums, das zu den öffentlichen Bädern der Siedlung Octodurus gehörte. In dem Museum, das um die Überreste eines 1976 ausgegrabenen gallorömischen Tempels herum gebaut wurde, sind auch römische Meilensteine, Münzen und Bronzen ausgestellt, die das römische Erbe der Stadt beleuchten. Im Skulpturengarten steht neben Tempelresten Rodins *Le Baiser* (1886), der zweite von vier „Küssen" des französischen Bildhauers.

Marengo Österreich zu besiegen. Von Mitte Oktober bis Ende Juni ist die Passstraße schneebedingt gesperrt – somit ist eine Winterexpedition zum Hospiz auf Skiern oder Schneeschuhen eine wunderbare Reise durch eine stille Schneewelt von überwältigender Naturschönheit.

Im Museum von **Barryland** im Städtchen Martigny kannst du eine Fülle von Historchen über die berühmten Bernhardiner hören, die traditionell dort oben gezüchtet wurden, und erfahren, wie sie bis weit in die 1950er-Jahre einen lebenswichtigen Rettungsdienst für Menschen, die sich im Schnee verirrt hatten, leisteten. Zwar werden im Hospiz noch immer ein paar Exemplare gehalten, aber die Aufzuchtstation befindet sich mittlerweile hier: Jedes Jahr werden in Barryland 20 bis 30 Welpen geboren. Auf einer 1½-stündigen Wanderung kannst du die typisch Schweizer Hunderasse, die für ihre Geselligkeit berühmt ist, bewundern und die Jungtiere nach Herzenslust knuddeln: im Frühjahr in Martigny, im Sommer oben am Großen Sankt Bernhard auf Bergwiesen voller Wildblumen und im Winter am märchenhaften Ufer im verschneiten Champex-Lac.

Rund um Martigny

Tausche die Betonarchitektur der Vororte gegen Alpentäler mit hohen Gipfeln, Scheunen auf Stelzen und reichlich Käsefondue.

Ziele

UNTERWEGS

Mit dem Bahnhof Le Châble unten im Tal ist Verbier durch eine Seilbahn verbunden; in Zugtickets nach Verbier ist die Fahrt meist inbegriffen. Billigere Busse brauchen für die Strecke 25 Minuten.

Wer in Verbier nächtigt, sollte vom Hotel einen QR-Code für einen VIP-Pass für die Le-Châble-Seilbahn erhalten. Im Ort ist man zu Fuß unterwegs; ein kostenloser Pendelbus klappert Seilbahnen und Nachbarörtchen ab.

TOP TIPP

In Verbier ist meistens etwas los. Von Juni bis Oktober umfasst der in Hotelübernachtungen inbegriffene VIP-Pass einige Seilbahnen und Rabatte.

In den idyllischen Tälern rund um Martigny verstecken sich einige der besten Skigebiete Europas – Berge voller Outdoor-Fun im verschneiten Winter und im Sommer mit Wildblumen, die Biker:innen, Wandernde und Bergabenteurer:innen erfreuen.

Champéry nahe der französischen Grenze ist das Tor zum Skigebiet Les Portes du Soleil mit 650 km an Abfahrtspisten in den Schweizer und französischen Alpen. Im Süden verzaubert das glamouröse Verbier Skifahrer:innen, Promis und Bikefans gleichermaßen. Ein Verkaufsautomat vor der *laiterie* (Käserei) des Orts ist eine der wenigen Verbeugungen vor der Moderne, denn unter dem Glitzer in einem der schicksten Wintersportorte Europas ist eine reiche und zeitlose pastorale Tradition noch sehr lebendig.

Champéry

DAUER AB MARTIGNY: **35 MIN.**

Die schwärzeste schwarze Piste in den Schweizer Alpen

Für Buckelpistenfans gibt's nichts Besseres als die haarsträubende **Mur Suisse** (Schweizer Wand), erreichbar vom Skidorf Champéry im riesigen grenzüberschreitenden Skigebiet **Les Portes du Soleil**. Der oberere Bereich der Abfahrt direkt an der schweizerisch-französischen Grenze liegt im französischen Avoriaz. Hast du die steile, eisige Piste, die ganz oben ein Gefälle von 35 bis 40 Grad aufweist, absolviert, bist du dann wieder in der Schweiz.

Die gesamte schwarze Piste, offiziell **Le Pas de Chavanette** genannt, ist mit Buckeln gespickt, die teils so groß wie kleine Autos sind. Auch wenn du kein Experte bist, solltest du mit dem Chavanette-Sessellift die 1 km lange Strecke hochfahren, um dir die Monster aus der Nähe anzuschauen. Bist du wieder unten, kannst du dich in der Holzhütte **Buvette Chavanette** bei einem Génépi oder einem Twenty-Six-Craftbier aus dem nahen Monthey, einem Teller *fromage à rebibes* (zu hauchdünnen Röllchen geraspelter Hartkäse), einem Raclette und einem Stück hausgemachter *salée de la vallée* (Butterkuchen) erholen.

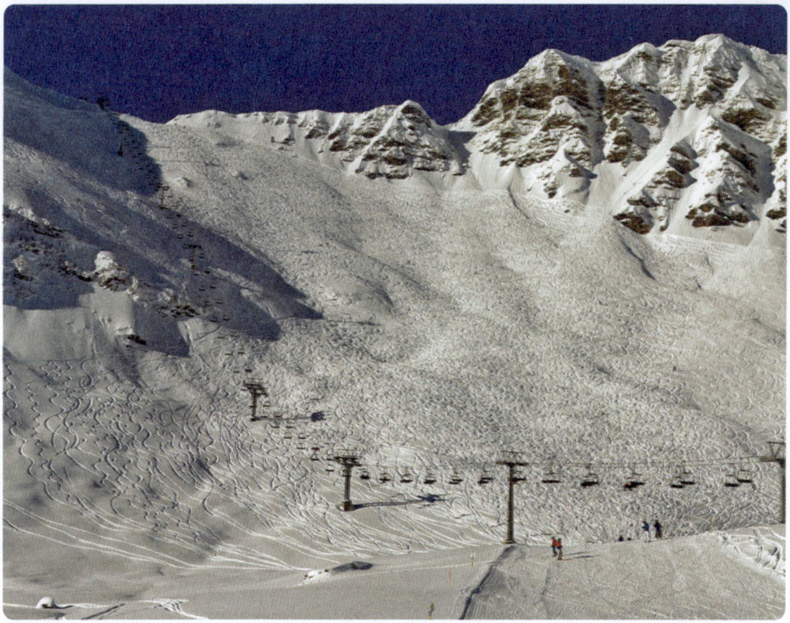

Le Mur Suisse (Schweizer Wand)

Verbier

DAUER AB MARTIGNY: **50 MIN.** +

Verschneite Gipfel, Seilrutschen und Kunst in der Natur

Vom **Mont Fort** (3330 m) aus zu erleben, wie über den rosa glühenden Gipfeln die Sonne aufgeht und die Silhouetten von Matterhorn, Mont Blanc und Grand Combin ein majestätisches Ensemble bilden, ist traumhaft.

Wem die Seilbahnfahrt um 4.25 Uhr und die 80 SFr (inklusive Frühstück und einem Tag Seilbahnfahren) zu viel sind, der kann später von der Station Médran an der Hauptstraße von Verbier zu den **Ruinettes** (2191 m) und weiter zum Mont Fort gondeln (21 SFr mit dem in Übernachtungen inbegriffenen Sommer-VIP-Pass).

Ober auf dem Mont Fort ist es sogar im August kühl – entsprechende Kleidung mitnehmen! Die letzte Seilbahn auf dem **Col de**

SONNENENERGIE

Auf dem Lac des Toules, einem Stausee im Wallis an der schweizerisch-italienischen Grenze, wurde 2019 der erste schwimmende Solarpark eröffnet. Mehr darüber, wie die Schweiz Sonnenenergie nutzt, steht auf S. 280.

SKIFAHREN IM UNTERWALLIS

Ovronnaz
Das kleine Skigebiet mit nur acht Liften und 30 km an Abfahrten ist einen Tagesausflug von Martigny entfernt.

4 Vallées
Verbier ist weltberühmt, doch preiswerter sind kleinere Gebiete wie Thyon-Les Collons, Nendaz oder Vezsonnaz.

Crans-Montana
Promis und Neureiche zieht es zu diesem großen modernen Skigebiet mit mehreren Seen.

WARUM ICH DIE PORTES DU SOLEIL LIEBE

Nicola Williams, Autorin

Im Grunde meines Herzens bin ich ein Schneehase. Am Ende des Sommers warte ich immer schon sehnsüchtig darauf, dass die kalten Tage zurückkommen, sodass ich endlich wieder skifahren, eisbaden und mit Freund:innen bei Mondenschein schneeschuhwandern kann.

Zum Abfahrtslauf am Wochenende habe ich immer die Portes du Soleil im Visier. Die sieben Zacken der Dents du Midi halten am Horizont Wacht und die schönen geruhsamen Abfahrten in Champéry könnten schöner nicht sein.

Eine meiner Lieblingspisten ist die Ripaille, eine anspruchsvolle rote Piste, die von 1790 m Höhe über 10 km zum Grand Paradis auf 1055 m führt, über Hänge, die die Waden strapazieren, und durch stille Wälder.

Gentianes (2994 m) gleitet über den Tortin-Gletscher. Oben auf dem Gipfel kannst du dich mit *abricotine* (Aprikosenlikör) und Käsefondue aufwärmen. Nachdem du von der Panoramaplattform (120 Stufen) den Rundumblick genossen hast, geht's wieder hinunter – für Wagemutige mit 130 km/h auf der 1,4 km langen Mont-Fort-Seilrutsche (45 SFr).

Unten in **La Chaux** (2265 m) bietet sich fürs Mittagessen das beliebte **Le Dahu** an. Anschließend genießt du auf dem Wanderweg (3 km, 1½ Std.) durch Verbiers **3-D Parc des Sculptures** nach Les Ruinettes Kunst in freier Wildbahn. Den Horizont beherrscht der schneebedeckte **Grand Combin** (4314 m) – verspielte Skulpturen, viele zum Thema Klima, unterhalten Jung und Alt, z. B. Antoines *Bureau A* (eine Hütte mit Tisch und Herd, verkleidet als Felsbrocken mit Fenster), in das du hineinklettern kannst, oder Zak Ovés *Elephant Walk* aus allerlei Müll. In Les Ruinettes genießt du auf der Terrasse der Hipsterbar **Ice Cube** einen Drink, während Paraglider:innen Regenbögen in den Himmel malen.

Berge und Wasserwege, die der Schwerkraft trotzen

Im Sommer rund um Verbier auf 500 km an markierten Wegen zu wandern ist großartig. Um sich den Ort aus anderer Perspektive anzuschauen, wandere zum kantigen Gipfel des **Pierre Avoi** (2473 m) hinauf und an den alten, zur Bewässerung trockener Weiden angelegten *bisses* (Kanälen) entlang.

Von Verbier geht's mit der Savoleyres-Seilbahn bis zur Bergstation (2347 m) – unten zieht sich die Bisse du Levron über die grünen Weiden. Du folgst den gelben Schildern zum Pierre Avoi (40 Min.) über einen grasbewachsenen Bergkamm zum **Col de Marlène**. Von hier bieten sich schöne Ausblicke auf Verbier, das Rhonetal und das Massif du Mont Blanc. Am **Wegweiser zum Pierre Avoi** (2420 m) verwandelt sich der Weg in einen Felssteig mit Metallleitern – blau-weiße Streifen weisen ihn ab hier als anspruchsvollen „Bergweg" aus. In zehn Minuten kraxelst du zum Gipfel mit umwerfendem Panoramablick auf den Mont Fort und den Grand Combin, die Zacken

DOWNHILL-HIMMEL

Les Portes du Soleil ist ein Downhill-Paradies für fortgeschrittene Skifahrende und Snowboarder:innen. Die Liftpässe für die vier Wintersportorte auf der Schweizer Seite sind billiger als die, die auch die acht Orte in Frankreich (wie Morzine und Avoriaz) umfassen. Mehr zum Skifahren siehe S. 34.

AUSGEHEN & TANZEN IN VERBIER

Pub Mont Fort
Après-Ski-Schwergewicht von Verbier, mit Livemusik, DJs, Terrasse und erstklassigem Kneipenessen.

Fer à Cheval
Das von Bergfexen betriebene „Hufeisen" hat alles: Kaffee am Morgen, Tee am Nachmittag, Après-Ski, Abendessen.

Milk Bar
Die legendäre 30er-Jahre-Hütte ist berühmt für dicke heiße Schokolade, Milchshakes, Kuchen und Crêpes.

Pierre Avoi

Mountainbiken, Verbier

der Dents du Midi, den Tsanfleurongletscher und Les Diablerets sowie die Grandes Jorasses (4208 m) zwischen Frankreich und Italien. Am frühen Morgen tummeln sich hier Gämsen. Dann geht's wieder runter auf den Fußweg. Lass dich nicht von den Kletternden irritieren, die hier von den nackten Felswänden baumeln und folge dem ausgeschilderten Weg bergab (rechts), an den steilen **Crêtes de la Marlène** entlang durch Lärchenwald zur **Chute du Bisse** (55 Min.). Das Tosen des Wasserfalls – der Schwanengesang der 18 km langen Bisse du Levron, die um 1460 angelegt wurde – ist überwältigend. Von hier folgst du dem Wasserlauf durch den Wald, über den **Chemin du Vieux Bisse** nach La Marlène (1920 m; 20 Min.) und bis zur Quelle hinter Les Ruinettes (2 Std.). Für ein Erfrischungspäuschen bietet sich **La Marmotte** in Les Planards (40 Min.) an.

FESTIVALVERGNÜGEN

Das zweiwöchige **Verbier Festival** im Juli will überraschen und klassische Musik unters Volk bringen: Es lädt Musiker:innen aus aller Welt in die Berge ein, um hier in Kirchen und unter freiem Himmel zu spielen. Auch das kleinere **Festival de Sion** im August ist toll. Weitere Festivals siehe S. 27.

AUSGEHEN & TANZEN IN VERBIER

Farinet
Die niedrigschwellige Terrassenbar im Zentrum wartet in der Skisaison mit einer Happy Hour und Livemusik auf.

Ice Cube
Die sonnenverwöhnte Hütte an der Piste in Les Ruinettes mit weitem Ausblick ist für Après-Ski-Fans die erste Adresse.

Le Rouge
Von der blauen Piste Le Rouge wedelst du direkt in „Das Rote" zu Après-Ski-Drinks, Fondue-Soireen und DJs.

Mountainbiken auf alpiner Spielwiese

Ob du von den Bergstationen der Seilbahnen Les Ruinettes und Savoleyres mit den Kids auf *trottinettes* (Roller) mit Fatbike-Reifen den Berg hinunterdüst (Haarnetz und Helm inbegriffen; ab acht Jahren) oder lieber in einem Bikepark mit fachkundigen Mountainbiker:innen Jumps ausprobierst – im Sommer ist **Verbier** ein Zentrum des Bergradsports. Von Juni bis Mitte Oktober können Mountainbikende ihre Räder in der Médran-Gondelbahn und im La-Chaux-Express-Sessellift mitnehmen, um die 19 km an Abfahrten im **Verbier Bike Park** zu erreichen.

Die *pistes de descente* (Downhilltrails) sind wie Skipisten nach Schwierigkeit farbkodiert. Anfänger:innen können erst mal den leichten grünen Trail **Tsenelle** (1,9 km) von Fontanet nach La Chaux ausprobieren oder auch den blauen **Tsopu** (2,4 km) ab dem Trailzentrum Les Ruinettes. Auf dem offiziellen Wettkampftrail **Tire's Fire** werden regelmäßig Europameisterschaften ausgetragen; vier Endurotrails (7,7–18,8 km) winden sich hinter Verbier hinunter nach Le Châble (822 m) im Tal. Drei halbtägige E-Bike-Routen laden zum Genussradeln ein; beim jährlichen **Verbier E-Bike Festival** im August wird der Sport mit Gourmetkost und Musik versüßt.

Wenn sich Bikende und Wandernde einen Weg teilen, haben die Fußgänger:innen Vorrang, ebenso wie langsamere Biker:innen vor dir. Im Ort verleiht **Médran Sports** alle möglichen Fahrräder (Mountainbikes, Straßen-, Downhill- und Enduro-Räder sowie E-Bikes); empfehlenswerte Mountainbike-Schulen sind **Singletrail** und die **École Suisse de VTT**, geleitet von Einheimischen, die sich gut auskennen. Für Leute, die noch nie so richtig Mountainbike gefahren sind und sich mit steinigen Flowtrails, Waldsprüngen und haarigen Abfahrten nicht auskennen, ist es sehr zu empfehlen, mit einem Guide unterwegs zu sein.

PREISGÜNSTIG SCHLUMMERN IN VERBIER

Ride Inn
B&B im Chaletstil mit Gemeinschaftsbädern und Sommergarten. Die Gastgeber kennen sich in der Gegend bestens aus. **€€**

Cabane du Mont Fort
Bekannte Berghütte auf einem Felsbuckel auf 2457 m. Ausgezeichnetes Essen. **€**

No 8 Bed & Bar
Chalet für Nachteulen am Hauptplatz. Genieß das Partyflair der Musikbar vom Balkon aus. **€€**

Map Hostel
Retrocharme im alten Pfarrhaus bergab in Vieux Verbier mit Zimmern für zwei bis sechs Personen. **€**

Papill'on
Über einem Bistro in La Tzoumaz; von Verbier per Seilbahn oder in einer halben Stunde mit dem Auto erreichbar. **€€**

MITTELALTERLICHE BISSES

Als zwischen dem 13. und 20. Jh. die Gletscher zu schrumpfen begannen, wurde im sonnigen Verbier das Wasser knapper. Daher bauten die Dörfler für die Bewässerung ihrer Weiden ***bisses*** (Kanäle, auch Suonen genannt) aus Holzplanken, um Gletscher- und Bergwasser durch die Berge zu leiten. Mehr zu den *bisses* siehe S. 128.

Sion

WEINBERGSWANDERUNGEN | BURGEN | ESSEN & TRINKEN

UNTERWEGS

Alle Züge auf der Schnellstrecke zwischen Lausanne (50–80 Min.) und Brig (35–45 Min.) halten im kleinen, zu Fuß erkundbaren Sion. Wer Wein verkosten möchte, kann den Hop-on-Hop-off-Weinbus (sionwine.ch) nutzen, der jeden Samstag zwischen neun Weingütern verkehrt.

Ohne eigenes Fahrzeug zu den Startpunkten von Wanderungen entlang der *bisses* zu kommen, ist etwas schwierig; zwei fährt der Postbus (postauto.ch) an.

TOP TIPP

Für den Markttag (Freitag) in der Altstadt solltest du extra Zeit einplanen: Den würdigen Abschluss einer Shoppingrunde bilden ein Gläschen vom frischen weißen AOC Fendant du Valais und ein Raclette in einem Café in den Arkaden.

Achtung: Das französischsprachige Sion (Sitten) ist entwaffnend! Auf den ersten Blick präsentiert sich das kleine, vom Fluss zerschnittene Städtchen, das da plötzlich im Rhonetal auftaucht, modern und industriell, doch wenn du erst ein paar Stunden in der mittelalterlichen, von zwei Felsbastionen aus dem 13. Jh. bewachten *vieille ville* (Altstadt) verbracht hast, wirst du es ins Herz schließen.

Das Leben im Schlemmerparadies Sion geht seinen gemächlichen Gang, wobei das Weinkeltern eine wichtige Rolle spielt. Von Suonen (*bisses;* Bewässerungskanälen) durchzogene Weinberge umgeben die Stadt und Straßencafés säumen die idyllischen Gassen, die steil von den beiden Burgen hinunter in die Altstadt führen: Nicht ohne guten Grund heißt die Hauptstraße, die Rue de Conthey, im Ort auch *rue de la soif* („Durststraße").

Von Château zu Château

Ein Spaziergang durch die Altstadt

Seit dem 13. Jh. wachen die beiden Burgen über die Stadt – aus der Ferne ein faszinierender Anblick. Vom Bahnhof an der Place de la Gare sind es zehn Minuten zu Fuß zur **Touristeninformation** (siontourisme.ch) an der Place de la Planta. Hier gibt's eine Karte für eine schöne **Balade Découverte** (Entdeckungsspaziergang; 2,5 km, 1¼ Std.) durch die Altstadt, vorbei an 14 Infotafeln auch auf Deutsch. An der Rue du Grand-Pont – unter ihr fließt auf ganzer Länge ein Fluss – kannst du auf dem Freisitz der **Brasserie du Grand Pont**, die in einem schönen historischen Gebäude mit rostfarbenen Fensterläden und schmiedeeisernen Balkonen einquartiert ist, bei einem Kaffee oder einem Glas Fendant verweilen.

Über die Rue des Châteaux geht's vorbei am **Château de la Majorie et du Vidomnat** – im 14. Jh. der Sitz der Bischöfe von Sion, seit 1947 ein Kunstmuseum – zum **Château de Valère**, das zwischen dem 11. und 13. Jh. rund um eine befestigte Basilika erbaut wurde. In der Kirche befinden sich

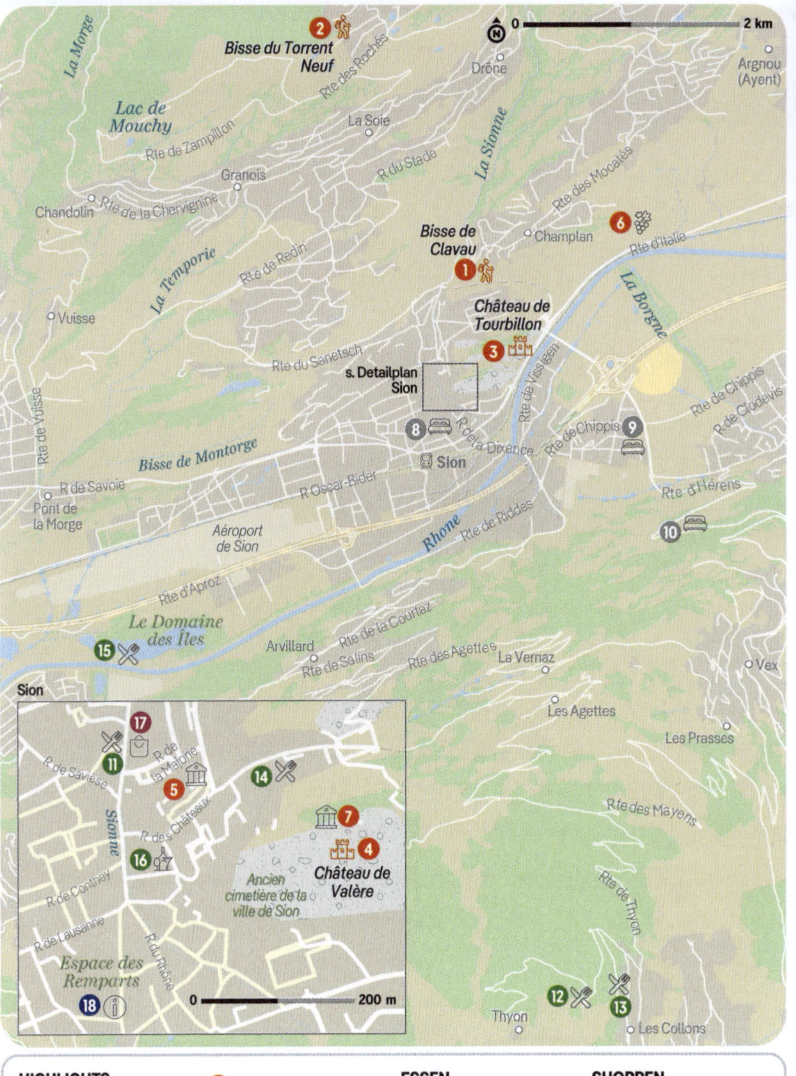

HIGHLIGHTS
1 Bisse de Clavau
2 Bisse du Torrent Neuf
3 Château de Tourbillon
4 Château de Valère

SEHENSWERTES
5 Château de la Majorie et du Vidomnat
6 Le Cube Varone
7 Musée Cantonal d'Histoire

SCHLAFEN
8 Hôtel Elite
9 Moxy Sion
10 Ranch des Maragnènes

ESSEN
11 Au Cheval Blanc
12 Cabane de la Matze
13 La Cambuse
14 L'Enclos de Valère
15 Les Îles

AUSGEHEN & FEIERN
16 Brasserie du Grand Pont

SHOPPEN
17 Cave Les Futailles

INFORMATIONEN
18 Touristeninformation

REGIONALE KÜCHE IN SION

Au Cheval Blanc
Örtliche Institution mit einer beliebten Terrasse an der Rue du Grand-Pont mit Rindfleisch aus dem Val d'Hérens als Tatar, Carpaccio, *tagliata di filetto* oder *en rossini.* **€€**

L'Enclos de Valère
Wild (Ziege, Gämse, Reh) prägt die Karte in diesem Restaurant mit Bauerngarten auf halber Strecke die steile Gasse zu den Burgen von Sion hinauf. **€€**

Les Îles
Im Sommer kann man auf dem schattigen Anwesen 3 km vom Ortszentrum erstklassiges Carpaccio vom Rind, Wallis-Burger (mit geschmolzenem Raclettekäse und luftgetrocknetem Rindfleisch) und Fondues mit Seeblick kombinieren. Für eine Runde auf dem See kannst du ein SUP-Brett leihen. **€€**

NIKONKAI/SHUTTERSTOCK ©

Bisse du Torrent Neuf

ein wunderschönes geschnitztes Chorgestühl, eine mit Fresken ausgeschmückte Apsis und die älteste noch spielbare Orgel (1440) der Welt. Die am Wochenende und beim **Festival de Sion** im August stattfindenden Orgelkonzerte sind reinste Magie. Im **Musée Cantonal d'Histoire** wird die Lokalgeschichte präsentiert.

Von hier sind es 15 Minuten zu Fuß durch die Weinberge zu den Überresten des hinreißend schönen **Château de Tourbillon**. Dies war der ursprüngliche Bischofspalast von Sion, bis 1371 der Bischof Boniface de Challant ins Château de la Majorie im Ort umzog; die majestätische Burg oben auf dem Hügel mit wunderbarem Ausblick behielt er als Sommerresidenz. Auf Führungen (tourbillon.ch) wird die spannende Geschichte der Anlage erzählt.

SCHWEIZER FESTIVALS

Um das Schweizer Alphorn in seiner natürlichen Umgebung zu erleben, fahre in Nendaz, 13 km südlich von Sion, mit der Seilbahn vom Talboden hinauf zum Lac de Tracouet, wo das **Festival International de Cor des Alpes de Nendaz** stattfindet. Zu Festivals in der Schweiz siehe S. 27.

Durch Weinberge & an Suonen entlang

Wild und feucht

Beim Wandern rund um Sion gibt's mehr zu entdecken als die Weinberge. Dutzende von Wegen führen an den Suonen *(bisses)* entlang, kleinen Kanälen, die seit dem 13. Jh. zur Bewässerung der steil terrassierten Weinberge und Felder angelegt wurden. Am bekanntesten ist die **Bisse de Clavau**, ein Bewässerungskanal von 1450, der die von der Sonne verwöhnten Weinberge zwischen Sion und St-Léonard mit Wasser versorgt. Die Weinstöcke, die auf den schmalen, von Bruchsteinmauern gestützten Terrassen angebaut werden, liefern leckere Walliser Dôles (Rotweine) und Fendants (Weißweine). Probieren kann man sie auf einer Wanderung an der Bisse de Clavau (8 km, 2½–4 Std.), auch in Verbindung mit einem Mittagessen im **Le Cube Varone**, einer alten Winzerhütte. Zu jedem Gericht gibt's den passenden Wein und die Aussicht ist einfach sagenhaft. Die Hütte ist von Mai bis Oktober geöffnet – die beste Zeit für eine Wanderung entlang der *bisses*.

Die schönste Szenerie bietet jedoch die **Bisse du Torrent Neuf** aus dem 15. Jh. Die Hängebrücken und am schieren Felsen klebenden Gehsteige auf der anspruchsvollen, 8 km langen Route sind nichts für Leute mit Höhenangst oder kleine Kinder. Der Weg zur Chapelle Ste-Marguerite und darüber hinaus beginnt in Prafirmin, 8 km nördlich von Sion. Am besten startet man früh am Morgen, dann ist es nicht so voll und der Weg liegt im Schatten. Bei Regen wird der von Mai bis Oktober geöffnete Weg gesperrt.

Der Bau der Bewässerungskanäle, oft in mehrere hundert Meter hohe Felswände hinein, war kein leichtes Unterfangen. Ein Drittel der ursprünglich 600 Suonen, die das Wallis bewässerten, führen noch immer Wasser über Bergwiesen, durch Wald und über Felswände – insgesamt über 1800 km. Weiteres dazu siehe unter www.les-bisses-du-valais.ch.

DIE SEELE VON SION

Sabine De Kalbermatten-Van Vliet, geboren in Sion, nennt uns Adressen zur Erkundung der Walliser Seele.

Deine Lieblingsadresse in Sion für ein Sommer-Raclette?
Freitags beim Markt. An der Rue du Grand-Pont betreibt Philippe Savioz die **Cave Les Futailles**, einen Weinkeller aus dem 13. Jh. Er verkauft Raclette und Wein.

Und für ein Raclette im Winter?
La Cambuse in Les Collons; es liegt am Hang und hat Chaletambiente. Toll ist auch die **Cabane de la Matze** – da gibt es sogar einen Balken, auf dem „De Kalbermatten" steht!

Ein Muss im Wallis?
Der AOC-Fendant-Wein, am besten Les Murettes, der ist auch ein bisschen moussierend. Eine Empfehlung ist auch der rote Cornalin aus einer der ältesten *cépages* (Rebsorten).

Rund um Sion

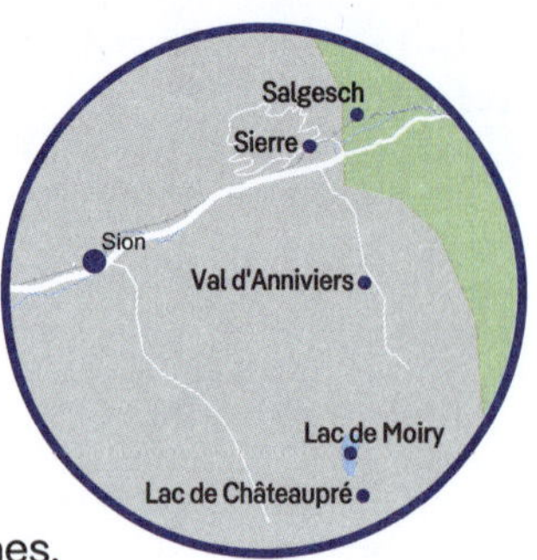

Obstgärten voller schwer behangener Aprikosenbäume und terrassierte Weinbergen, in den Burgen verstreut liegen: Sions grüne Umgebung hat etwas Magisches.

Ziele

UNTERWEGS

Sierre und Salgesch sind durch reguläre Züge mit Martigny, Sion und weiter entfernten Städten verbunden. Das PostAuto befährt das ganze Tal; im Sommer verkehren Shuttlebusse zwischen dem Moirygletscher, Grimentz und Zinal – praktisch, um nach einer Wanderung zurück zum Ausgangspunkt zu gelangen. Die Seitentäler erkundet man am einfachsten mit dem eigenen Fahrzeug.

TOP TIPP

Mit dem Valais Wine Pass (49 SFr), erhältlich auf sionwine.ch und in den Touristeninformationen von Sierre und Sion, erhältst du in Weinkellern der Region zehn Gläser (0,1 l) Wein.

Östlich von Sion spricht die weinliebende Bewohnerschaft von Sierre im Rhonetal Französisch, während die Nachbar:innen in Salgesch Schweizerdeutsch parlieren. Durch diese Gegend verläuft der sogenannte Röstigraben, die Grenze zwischen den beiden größten Sprachregionen: der französisch- und der deutschsprachigen Schweiz.

Eine Reihe von Viertausendern sowie Bergwiesen, durchzogen von gluckernden Suonen, um daran entlang zu wandern, bilden eine Outdoor-Spielwiese vom Feinsten. Im Winter nehmen Skifahrende in Sierre die längste Standseilbahn der Schweiz 4,2 km den steilen Berghang hinauf, um im glamourösen Skigebiet Crans-Montana (1495 m) herumzuwedeln. Schneebegeisterte Familien fahren kurvige Bergstraßen hoch zu kleineren Gebieten in drei weniger bekannten Seitentälern: dem Val d'Anniviers, Hérens und Hérémence.

Von Sierre nach Salgesch

DAUER AB SION: **10 MIN.**

Weinberge, Weinkeller und Weinmuseen

Über dem kleinen Sierre (frz. Siders), Start- bzw. Endpunkt des **Sentier Viticole** (Rebwanderweg), erheben sich mit Burgen gespickte Weinberge. Zwei Weinmuseen, das **Musée Valaisan de la Vigne et du Vin** im Château de Villa aus dem 17. Jh. in Sierre und das **Weinmuseum** in Salgesch, bilden die Endpunkte des 6 km langen Wegs mit Infotafeln zu den Pinot-Noir-Reben, die hier angebaut werden.

Der Weg ist in beide Richtungen begehbar – der Startpunkt ist jeweils 1 km vom Bahnhof in Sierre bzw. Salgesch entfernt. Doch wer Wein kaufen und stilvoll speisen möchte, sollte als Ziel Sierre wählen: Die **Oenothèque** im Château de Villa hat 630 verschiedene Weine aus dem Wallis auf Lager und das Restaurant serviert ein unvergleichliches Probierbankett mit fünf heimischen Raclette-Käsen und dazu passenden Weinen.

Val d'Anniviers

DAUER AB SION: **25 MIN.**

Panoramablick für Wanderer und Bungeejumper

Für den **Pont Suspendu de Niouc**, eine rote Hängebrücke über der Navizence im Val d'Anniviers, brauchst du echt Mut und absolute Schwindelfreiheit. Die stark abschüssige Brücke, wurde 1922 zur Versorgung der Bergweiden mit Wasser gebaut und ist ein faszinierendes Beispiel für eine Suone. Die Ausblicke aufs 8 km nördlich gelegene Sierre und das Rhonetal sind sensationell. Aber es sind die Bungeespringenden und die Wagemutigen, die für den Base-Jump (225 CHF) von der 190 m hohen Brücke trainieren, die einen in Staunen versetzen. Das Sommervergnügen komplett machen eine 230 m lange Seilrutsche, ein Klettersteig und die Café-Bar **Le Perchoir** mit Garten, Slacklines, Klettergerüst und Craftbieren.

Lac de Châteaupré & Lac de Moiry

DAUER AB SION: **1 STD.**

Gletscherschlamm und Bergabenteuer

Ob im Wohnmobil am Lac de Châteaupré mit milchblauem Gletscherwasser oder auf den Pritschen der Cabane de Moiry auf 2850 m Höhe mit Blick auf das tosende Gletscherschmelzwasser – eine Übernachtung am **Moirygletscher** ist filmreif.

Der Gletscher ist nur 5 km lang, aber das Schmelzwasser, das sich in den **Lac de Châteaupré** und 2,5 km nördlich in den smaragdgrünen Stausee **Lac de Moiry** (2250 m) ergießt, kann sich sehen lassen. Der samtige braungraue Schlamm vom Fuß des Gletschers kommt bei Schönheitsanwendungen im Spa des Hotels Bella Tola in St-Luc zum Einsatz. Ein Großteil der 1½-stündigen Wanderung am Gletscher (6 km, 500 m Anstieg) hoch zur *cabane* (Berghütte; Mitte Juni–Mitte Sept.) führt über karge Moränen. Oben an der Hütte von 1924 ist die Spiegelung des Gletschers im Glas des modernen Anbaus so atemberaubend wie die Gletscherblicke von drinnen.

Im Winter ist die Straße zwischen dem Parkplatz am Lac de Châteaupré und dem Lac de Moiry 12 km südlich von Grimentz geschlossen. Im Sommer ist der 1958 erbaute Staudamm der 120 000 Häuser mit Strom versorgt, Ausgangspunkt von Wanderwegen und Bike-Trails; die Umwanderung des Sees, auf dem oft Kajaks unterwegs sind, dauert etwa zwei Stunden.

Wer in der **Cabane de Moiry** nächtigen möchte, muss einen Schlafsack mitbringen. Eine Reservierung ist Pflicht; in der Halbpension (nur Barzahlung) inbegriffen ist ein dreigängiges Abendessen. Ebenso spektakulär wie das Herumlungern auf der Sonnenterrasse ist ein Mittagsmahl mit *croûte au fromage d'Anniviers* (Brot in Käse und Weißwein), Käsefondue oder *tarte aux myrtilles* (Blaubeerkuchen).

VIN DU GLACIER

„Gletscherwein" hat nichts mit Eis zu tun. Stattdessen handelt es sich um einen seltenen, mindestens zehn bis 15 Jahre gereiften Weißwein, den man nur direkt aus Lärchenholzfässern in Weinkellern im Val d'Anniviers probieren kann – abgefüllt und verkauft wird er nicht.

Die Fässer werden nie entleert, sondern jedes Jahr mit neuem Wein aufgefüllt.

Das älteste Fass im Keller des Bürgerhauses in Grimentz enthält noch immer Tropfen vom *vin du glacier* von 1886. Die Touristeninformationen in Chandolin, Vissoie und Grimentz bieten geführte Kellertouren. Im Sommer starten in Grimentz Taltouren mit einem Postbus von 1940 und enden mit einer Weinverkostung.

KÄSE & FENDANT

Der trockene weiße Fendant ist der bekannteste Wein des Wallis und – am besten kalt kredenzt– der perfekte Begleiter zu Fondue und Raclette. Er macht zwei Drittel der Weinproduktion im Wallis aus. Weitere bekannte Schweizer Weißweine stammen aus Spiez am Thunersee im Berner Oberland (S. 110).

DIE BESTEN ADRESSEN FÜR REGIONALKÜCHE

La Poste
Zauberhafte Pension mit Restaurant in Zinal mit dunkellila Fensterläden und dazu passenden Blumenkästen. **€**

Au Vieux Mazot – Chez Raymond
Legendäres Lokal in Evolène, das regionales Rindfleisch im Holzofen veredelt. **€€**

Chez Ida – Hotel Bella Tola
Zum Mittagessen passt der Haus-Spritz, ein Prosecco mit Kiefernknospensirup. Und es gibt Räucherbutter. **€€€**

BERGTRADITIONEN IM VAL D'ANNIVIERS

Das Seitental mit Dörfern mit dunklen Holzchalets und weißen Kapellen ist eine Pracht. Langsam fahren und den Anblick der Viertausender am Horizont genießen! Am besten nimmst du dir ein Wochenende Zeit.

Von **1 Sierre** geht's auf die Route d'Anniviers. Am **2 Pont Suspendu de Niouc** (S. 130) gönnst du dir einen Kaffee mit Blick aufs Rhonetal. Das mittelalterliche **3 Vissoie** (1200 m) ist das Drehkreuz für fünf kleinere Skigebiete; über Kehren geht's 7 km hinauf nach **4 St-Luc** (1655 m), im 19. Jh. von Bergsteigern auf der Haute Route zwischen Zermatt und Chamonix entdeckt. Bei einem Dorfbummel kommst du am *lavoir* (Waschhaus) und am *four à pain* (Brotofen) vorbei, in dem noch immer Roggenbrot gebacken wird. Im Juli und August kannst du es bei einem zweistündigen Kurs selbst tun. Im alten Hôtel Bella Tola (1859) speist du mit Blick aufs Matterhorn zu Mittag. Mit der Standseilbahn geht's hinauf nach Tignousa (2180 m) und dann 6 km zu Fuß über den Chemin des Planètes zum Hotel Weisshorn (2337 m), einem nur zu Fuß und auf Skiern erreichbaren Berghotel aus dem 19. Jh.

Zurück in St-Luc fährst du zehn Minuten nach **5 Chandolin** (1936 m), das mit St-Luc durch 75 km an Skipisten verbunden ist. In der Espace Ella Maillart lernst du die Schweizer Abenteurerin kennen, die in Chandolin lebte, wenn sie nicht gerade Afghanistan erkundete oder Skirennen gewann. Richtung Süden geht's weiter nach **6 Grimentz** (1553 m), einem Dorf mit Scheunen auf Stelzen und Chalets. Probiere den unverkäuflichen Gletscherwein. Per Seilbahn (oder mit dem Auto, 12 Min.) geht's nach **7 Zinal** (1675 m), wo im Sommer Besteigungen der Dent Blanche (4357 m) und des Weisshorns (4506 m) starten. Beende die Tour am **8 Lac de Moiry**.

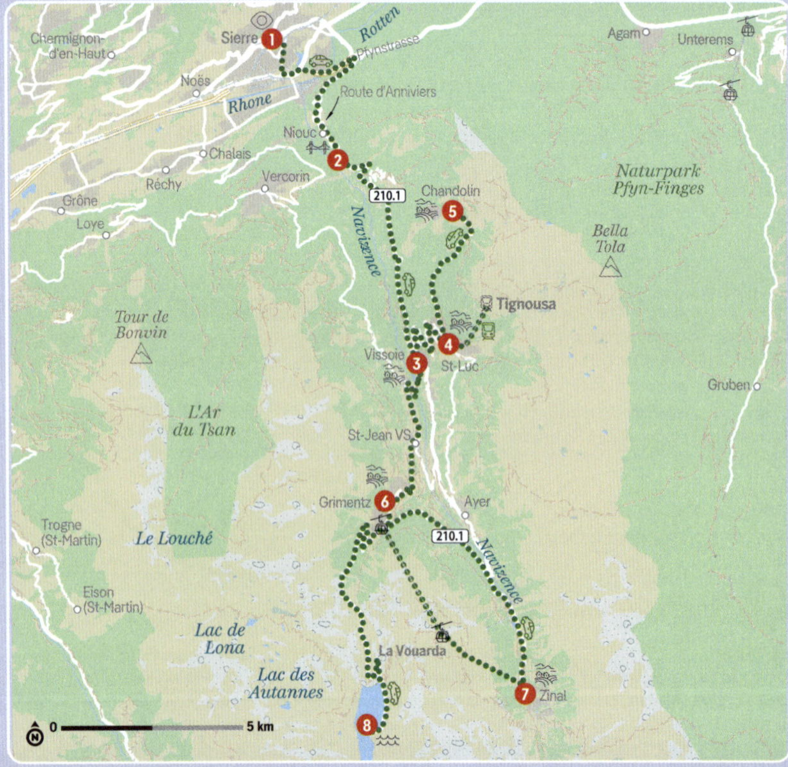

Zermatt

MATTERHORN | GLETSCHERPFADE | BERGMUSEEN

UNTERWEGS

Das autofreie Zermatt ist leicht zu Fuß zu erkunden. Für mit Gepäck oder Skistiefeln beladene Ankömmlinge stehen Elektrotaxis und kostenlose E-Busse bereit. Routen und Fahrpläne siehe e-bus.ch.

Autofahrende müssen ihr Fahrzeug am Matterhorn Terminal Täsch abstellen und die letzten 5 km nach Zermatt mit dem Shuttle-Zug (Erw./ Kind hin & zurück 16,40/8,20 SFr, 12 Min., 6–21.40 Uhr alle 20 Min.) fahren. Züge von anderswoher in der Schweiz kommen direkt am Bahnhof Zermatt an.

TOP TIPP

Tickets für die Seilbahnen zum Matterhorn Glacier Paradise und Matterhorn Alpine Crossing nicht vorab kaufen, um sicher zu sein, dass die Aussicht gut ist. Kinder bis 9 Jahre, die mindestens eine Nacht mit ihren Eltern im Hotel verbringen, erhalten die Wolli Card für die ganzjährige kostenlose Nutzung von Zermatter Liften und Bahnen.

Keine Frage, Zermatt ist ein Bucketlist-Ziel, trotzdem bereitet dich nichts auf den berauschenden ersten Anblick des Berges vor, der sich majestätisch über dem Ort und den Pisten erhebt. Steigst du aus dem Zug, steigt auch die Möglichkeit, dass sich das Matterhorn zu einer Obsession entwickelt – die kirschroten Bänke auf der Kirchbrücke über der milchiggrünen Vispa sind perfekt, um sich hineinzusteigern. Am 4478-m-Gipfel hängt so gut wie immer eine Wolke, erscheint die Bergspitze dann plötzlich wolkenfrei, erscheint das beinahe überirdisch.

Der glamouröse Wintersportort ist im Sommer voller Wandernder und Familien, im Winter voller stilbewusster Skifahrender. Um die Mitte des 19. Jhs. kamen britische Bergsteiger, um die Gipfel rund um Zermatt zu besteigen; 1927 kamen per Pferdeschlitten die ersten Winterurlauber. Auf dem Theodulgletscher kann man das ganze Jahr über skifahren, aber viele der wenigen Sommerabfahrten sind für Rennclubs und Profis reserviert, sodass der eintägige Liftpass im Sommer eine Investition ist.

Vom Bauern- zum Promidorf

Die Geschichte von Zermatt

An einem Nachmittag im **Matterhorn Museum** am Kirchplatz erfährst du etwas über Zermatt Entwicklung vom Bauerndorf zum glamourösen Wintersportort. Das Geschichtsmuseum verdankt sich der ersten erfolgreichen Besteigung des Matterhorns am 14. Juli 1865. Angeführt von dem britischen Bergsteiger Edward Whymper endete die Expedition in einer Tragödie, als vier Mitglieder beim Abstieg

KICKBIKES & DIRTSCOOTER

Im Sommer geht's per Kickbike, Gokart und Scooter ausgewiesene Bergwege hinab (9–12 J.). In Zermatt werden solche Gefährte an den Seilbahnstationen Sunnegga, Blauherd und Schwarzsee verliehen. Sonst auch in **Verbier** (S. 121) und **Saas-Fee** (S. 138).

1200 m in die Tiefe stürzten. Das gerissene Seil und andere Sachen der Toten wie ein Schuh, ein Hut, ein Gebetsbuch und ein Rosenkranz bildeten den Grundstock für das Museum.

Nachbauten von Schweineställen, Käsereien und Speichern, die auf Steinsockeln und Stelzen aufgebockt waren, um das luftgetrocknete Fleisch und das Getreide vor Ratten zu schützen, erzählen vom bäuerlichen Leben. (Nach dem Museumsbesuch schaust du dir in der **Hinterdorfstrasse** die Originale aus dem 16. Jh. an.) In der Bergführerhütte erfährst du, wie im Goldenen Zeitalter des Bergsteigens (1854–1865) 19 der 29 Viertausender um Zermatt bestiegen wurden und wie ihr langer Rock die Italienerin Félicité Carrel 1867 daran hinderte, die erste Frau auf der Spitze des Matterhorns zu werden. In einem Teehaus wie dem aus den 1920er-Jahren verkauften Frauen an Wanderwegen rund ums Dorf Getränke, Bergblumen und Andenken, während die Männer als Maultier- und Bergführer oder Sänftenträger arbeiteten. Bis die erste Skisaison 1927/28 das Leben hier für immer veränderte.

Die Reise durch die Geschichte endet mit Drinks auf dem Rasen des **Grand Hotel Zermatterhof** (1879), gefolgt von Käsefondue oder Raclette in der **Whymper Stube**. Das 1960er-Jahre-Bistro befindet sich im **Hotel Monte Rosa** (1839), wo Whymper vor der Besteigung des Matterhorns nächtigte.

Fahrt zum Matterhorn Glacier Paradise

Auf einen 3883 m hohen Berg

Nur wenig kann es mit dem Rundumblick vom Klein Matterhorn (3883 m) aufnehmen, das von Zermatt mit drei Seilbahnen hinauf zum **Matterhorn Glacier Paradise** (Erw./Kind hin & zurück 120/60 SFr) erreichbar ist. Oben ist die Luft dünn und der Ausblick auf das Matterhorn (4478 m), den Mont Blanc (4805 m), den Gran Paradiso (4061 m) in Italien, 14 Gletscher und 35 weitere Viertausender ist unbeschreiblich.

Die teure, aber herrliche Fahrt mit der höchsten Seilbahn der Welt lohnt sich nur an klaren Tagen, am besten früh am Morgen. Wer 10 SFr extra zahlt, genießt auf dem letzten Abschnitt vom Trockenen Steg von einer **Crystal Ride**-Gondel mit Glasboden Ausblicke auf wie Ameisen auf dem Theodulgletscher herumwuselnde Skifahrende. Oben erkundest du die Eisskulpturen im 15 m tief in den Gletscher hineingebauten **Gletscherpalast**. Auch die Eisrutsche und das Snowtubing sind gut.

Wanderung auf dem Matterhorn Glacier Trail

Etwas über Gletscher lernen

Bis zur Kleinen Eiszeit war es sicherer, die Alpen über Bergpässe statt durch die Täler zu überqueren. Bis 1665 hatte die zunehmende Vergletscherung die Route von Zermatt nach Sion über den Col d'Hérens (3462 m) so gefährlich gemacht, dass der Bischof von Sion die Zermatter von der Pflicht freisprach, jährlich eine Pilgerfahrt in den Hauptort des Wallis zu unternehmen. Dies ist eine der vielen Gletschergeschichten, die am **Matterhorn Glacier Trail** (6,5 km, 2 Std.), einem eher leichten, aber szenischen Weg vom Trockenen Steg zum Schwarzsee, auf 23 Infotafeln erzählt werden. Unterwegs ist immer das Matterhorn im Blick – so nah kommt man dem geheimnisvollen Monolithen sonst nicht.

FAMILIENSPASS IM SOMMER

Schaftracking
Nimm die Bahn hinauf zum **Gornergrat**, um dort mit dem Smartphone und über GPS-Schafhalsbänder eine Schafhirtin mit ihrer wolligen Herde zu tracken.

Ziegenparade
Im Juli und August ziehen täglich um etwa 9 und 16.30 Uhr 30 Schwarzhalsziegen über die **Bahnhofstrasse**.

Schluchtenwandern
Entfliehe der Sommerhitze auf einer spekaktulären Wanderung durch die grünen Felsen in der 10 000 Jahre alten **Gornerschlucht**.

Skywalk
Spannend für Teens ist ein Rundwanderweg (8,6 km, 4 Std.; europaweg.ch) mit steilen Aufstiegen vom Bahnhof Randa zur **Charles Kuonen Hängebrücke**. Die längste Fußgänger-Hängebrücke in den Alpen (494 m) schwebt 85 m über der Erde.

ZAUBERHAFTE BERGNÄCHTE

Fluhalp
Bergchalet mit herrlichem Matterhornblick, 2- und 3-Bett-Zimmern und Dorms. Geöffnet Mitte Juni–Okt. €

Hotel Schwarzee
Im Sommer eine der billigsten Bleiben in Zermatt, mit Matterhornblick; auf 2600 m an der Seilbahnstation Schwarzsee. €

Kulmhotel Gornergrat
Nach Abreise der Tagesgäste sind Einsamkeit und Bergpanorama in diesem Luxushotel einfach himmlisch. €€€

ALPENPARADIES MIT FÜNF SEEN

Auf dieser 10-km-Wanderung zu fünf zauberhaften Seen (3 Std., aber besser einen ganzen Tag planen) ist das Matterhorn auf spektakuläre Weise allgegenwärtig. Der Bergweg führt über felsige Fußpfade, Schotterstraßen und gelegentlich steile Anstiege; besonders familienfreundlich sind die erste und letzte Etappe. Unterwegs gibt's Bergpanoramen, Matterhorn-Spiegelungen, Bademöglichkeiten, eine seltene Bergflora und hier und da ein Murmeltier.

Von Zermatt geht's per Standseilbahn nach **2 Blauherd** (2571 m). Du folgst den Schildern „5-Seenweg" und schießt durch einen großen herzförmigen Rahmen ein Foto vom Matterhorn. Eine Viertelstunde ist es zum **3 Stellisee** (2537 m), in dem sich an Sonnentagen das Matterhorn spiegelt. Weiter geht's 15 Minuten bergan durch Felsen und über Schotter zur **4 Fluhalp** (2620 m) mit Matterhornblick bei Kaffee oder Fondue auf der Restaurantterrasse. Bis zum **5 Grindjisee** (2334 m), einem smaragdgrünen, von Lärchen gesäumten See, ist es von dort etwa eine Stunde. Vielleicht erspähst du auf dem Stück kurz vor dem See ein seltenes Edelweiß. Nach der Erkundung des reizvollen Seeufers ist es eine halbe Stunde zum **6 Grünsee** (2300 m). Vom winzigen Kieselstrand in den kalten See zu springen, ist ein Genuss. Eine weitere halbe Stunde entfernt ergießt sich Schmelzwasser vom Findelgletscher in den stahlblauen **7 Moosjisee** (2140 m). Der letzte, 20-minütige Anstieg zum **8 Leisee** (2232 m) gleich unterhalb der Sunnegga-Seilbahn, die zurück in den Ort führt, wird mit Bademöglichkeiten, Sonnenliegen am Kieselstrand, einem Spielplatz und einem Holzfloß am Drahtseil belohnt.

Nostalgie in der Gornergratbahn

Europas höchste Zahnradbahn

Die wunderschöne Fahrt mit der **Gornergratbahn** von 1898 von Zermatt zum Gornergrat (3089 m) steht ganz im Zeichen des Matterhorns. Wenn sich der rostfarbene Zug bei Steigungen von bis zu 20 % über die 9,4 km lange Strecke hinaufquält, räumen Lärchenwälder und die Vispa das Feld für limonengrüne Wiesen und felsige Gipfel. Oben bietet sich besonders bei Sonnenauf- und Sonnenuntergang ein faszinierender Blick auf das Monte-Rosa-Massiv und den höchsten Berg der Schweiz, die Dufourspitze (4634 m).

Wer möchte, kann unterwegs aus- und dann wieder zusteigen. Vom **Rotenboden** (2815 m) sind es zehn Minuten zu Fuß zur berühmten Spiegelung des Matterhorns im Riffelsee; an der **Riffelalp** (2211 m) kannst du an einem Automaten neben dem Restaurant Alphitta Käse kaufen.

Mit Priority Boarding (7 SFr) sicherst du dir einen Fensterplatz – rechts sitzen! Billiger sind Fahrten nach 15.30 Uhr: Dann kostet die Fahrt hin und zurück für Erwachsene statt 110 SFr (Juni–Aug. 126 SFr) nur 80 SFr (90 SFr). Im Preis inbegriffen ist der Eintritt zur Virtual-Reality-Ausstellung **Zooom the Matterhorn**, in der du 3-D ums Matterhorn fliegst, bei eisigem Wind und einem Herbststurm am Berg stehst usw.

Alpenmusik

Alphorn spielen lernen

Dem 2 bis 4 m langen Alphorn, mit dem einst zwischen den Tälern kommuniziert wurde, einen Ton zu entlocken ist machbar. Aber eine Melodie zu erzeugen, die so schön ist, wie sie die harmonischen Ensembles produzieren, die sich bei Festen an einem der Bergseen versammeln, isteine Kunst. Bei einem zweistündigen Workshop mit dem erfahrenen Hornisten Werner Erb (wernererb.ch) an der **Zen Steckenstrasse** kannst du es am Fluss unter Bäumen ausprobieren. Online über die Touristeninformation Zermatt buchen!

Ciao Italia!

Grenzüberquerung mit Alpine X

Im Sommer 2023 wurde für die Ingenieur:innen, die an dem Projekt Alpine X arbeiten, dem höchsten Grenzübergang der Welt per Seilbahn, ein Traum wahr: Die Verbindung des Klein Matterhorn mit der Testa Grigia (3458 m) in Cervinia im benachbarten Italien braucht keinen einzigen Stützpfeiler.

Für Skifahrende bedeutet die 1,6 km lange Fahrt (Erw. einfach/hin & zurück ab Zermatt 156/240 SFr), dass sie bequem zwischen zwei der schönsten Skigebiete Europas pendeln können. Bergfreunde haben beim Matterhorn Alpine Crossing freien Blick auf eine spektakuläre Gletscherwelt aus Eis und Schnee. Kinder unter drei Jahren dürfen wegen der Gefahr von Höhenkrankheit die Streckenabschnitte Trockener Steg–Matterhorn Glacier Paradise und Matterhorn Glacier Paradise–Testa Grigia nicht befahren.

SKIURLAUB-HIGHLIGHTS

Klein Matterhorn
Vom Klein Matterhorn (3820 m) hinunter nach Zermatt zieht sich die längste Abfahrtspiste in den Alpen und überwindet dabei 2200 Höhenmeter.

Chez Vrony
Fahre mit der Standseilbahn Sunnegga Express auf 2288 m und düse hinunter zur leckersten Pistenadresse von Zermatt, mit jeder Menge Käsegerichten und legendären Burgern.

Panoramaweg
Nach der Fahrt mit der alten Gornergratbahn geht's per Schneeschuh durch unberührten Schnee vom Rotenboden zum Riffelberg (2,5 km, 1½ Std.).

Zermatt Unplugged
Anfang April wird beim größten Musikfestival in Zermatt über fünf Tage auf 14 Bühnen musiziert.

Zermatters
Gletscherabenteuer mit einem erfahrenen Bergführer von der bekanntesten Ski- und Snowboardschule am Ort.

Rund um Zermatt

Extreme Gipfel, enorme Gletscher und eine traumhafte Zugstrecke – im Oberwallis wird einen Gang hochgeschaltet.

Ziele

UNTERWEGS

Saas-Fee ist nur über die Straße zu erreichen. Wer mit den Zug von Zermatt kommt, steigt in Stalden-Saas aus und nimmt ein PostAuto. Bettmer- und Riederalp, beide autofrei, sind vom Rhonetal nur per Seilbahn erreichbar; die Abfahrtszeiten sind auf die Zugankünfte abgestimmt.

Die Bergpässe sind meist von Juni bis Oktober geöffnet; PostAutos fahren von Oberwald (Wallis) über den Furkapass nach Andermatt.

TOP TIPP

Das Centre Pro Natura d'Aletsch in der Villa Cassel von 1902 (20 Min. von der Riederalp) informiert über die örtliche Flora und Fauna.

Das Rhonetal und die kleinen Seitentäler östlich von Zermatt sind fest in der Deutschschweiz verankert und lassen in die germanische Seele der gespaltenen Persönlichkeit des Wallis blicken. Schnitzel und Bratwurst beherrschen die kulinarische Welt, und wer nach 18.30 Uhr zu Abend isst, gilt als zu spät.

Im autofreien, gehobenen Bergsportort Saas-Fee traut sich ein Schweizer Nationaltier, das knuddelige Murmeltier – das einst von armen Bäuerinnen und Bauern zu Eintöpfen verarbeitet wurde –, vor die Tür. Weiter östlich lockt der lange, weiß schimmernde Aletschgletscher mit einigen vergleichsweise wenig genutzten, aber sehr reizvollen Möglichkeiten zum Skifahren und Wandern in der sogenannten Aletsch Arena.

Saas-Fee

DAUER AB ZERMATT: **2 STD.** +

Ein Tierabenteuer für die ganze Familie

Murmeltiere verbringen neun Zehntel ihres Lebens unter der Erde. Doch an sonnigen Julitagen tauchen in Saas-Fee ganze Kolonien von Murmeltieren aus sorgfältig angelegten Tunneln unter den Skipisten auf, um neugierige Wandernde zu unterhalten. Im Gegensatz zu Artgenossen an anderen Orten, die einander mit einem schrillen Pfeifen vor Menschen warnen und sich lieber nicht blicken lassen, haben diejenigen, die unter den sonnenverwöhnten Hängen von Spielboden, oberhalb von Saas-Fee, leben, wenig Scheu vor Menschen.

Von der Talstation der Längfluh-Seilbahn, die in Saas-Fee neben dem Sportplatz losfährt, geht's per Gondel zur Mittelstation **Spielboden** (2448 m). Alternativ folgst du dem mit „Gletschersee" beschilderten Weg nach Spielboden (4 km, 650 m Anstieg, 2 Std.). Im **Restaurant Spielboden by The Capra** – stilvolle Sonnenterrasse! – kaufst du für 6 SFr eine Tüte Murmeltierfutter (Möhren und Erdnüsse) und gehst hinunter zum 500 m langen **Murmeliweg** – einige Murmeltiere fressen dir aus der Hand. Auf Infotafeln wird die Geschichte von Eddie erzählt, der – wie alle Murmeltiere – bei der Geburt nur 30 g wog und an seinen kurzen Vorderbeinen über vier und an den längeren Hinterbeinen über fünf Zehen verfügt. Seine größten Feinde sind Steinadler, Füchse und Raben.

Von Spielboden führt ein kurzer steiler Weg im Zickzack über die Moräne hoch zur **Längfluh** (2 km, 1 Std.) auf eisigen 2870 m. Von einer Restaurantterrasse bieten sich weite Ausblicke auf die Pisten von Saas-Fee, die sich zur Eiszunge des Feegletschers ziehen. Um den stahlblauen **Gletschersee** windet sich ein 1,3 km langer Weg (30 Min.). Halte Ausschau nach tintenschwarzen Dohlen!

Von Zermatt nach St. Moritz

DAUER AB ZERMATT: **8 STD.**

Zauberhafte Bahnreise

Bei der Fahrt mit dem **Glacier Express** ergötzt du dich an einem grandiosen Ausblick nach dem anderen auf grüne Gipfel, in der Sonne funkelnde Seen, Gletscherschluchten und andere herrliche Naturschauspiele. Als der rote Zug 1930 zum ersten Mal in Zermatt losfuhr, wurde er noch von einer Dampflok gezogen. Auf dem Weg nach St. Moritz durchfährt er 91 Tunnel und überquert 291 Brücken. Das Tüpfelchen auf dem i: In der Excellence Class werden die Fahrgäste mit fünfgängigen Gourmetmenüs und Concierge-Service verwöhnt.

Die Fahrt zwischen zwei der glanzvollsten Bergorte Europas ist nicht billig: Die einfache Fahrt von Zermatt nach St. Moritz kostet 152/268 SFr (2./1. Klasse) plus 49 SFr für die verpflichtende Platzreservierung (Mitte Mai–Mitte Okt. 39 SFr). Die Excellence Class kostet noch einmal 470 SFr mehr. Kinder unter sechs bzw. im Besitz der SBB Junior Card (unter 16) fahren mit einem Elternteil gratis; 6- bis 16-jährige zahlen die Hälfte (es gelten auch die Rabatte der Schweizer Bahncards). Von Mitte Oktober bis Mitte Dezember verkehrt der Glacier Express nicht.

Wer nicht den ganzen Tag auf dem Platz sitzen und sich 290 km lang die Bergwelt im Sitzen anschauen möchte, sollte nur eine Teilstrecke buchen. Am schönsten ist die einstündige Fahrt von Disentis nach Andermatt über den **Oberalppass** (2033 m), den höchsten Punkt der ganzen Strecke. Auf dem 50 km langen Abschnitt zwischen Chur und Filisur ist ein Highlight der 65 m hohe, von sechs Bögen gestützte **Landwasserviadukt**.

Ob Sommer oder Winter: Die Fahrt lohnt sich nur bei klarem blauem Himmel – an einem grauen Wolkentag fühlst du dich eher verschaukelt.

GLACIER-EXPRESS-LIFEHACK

Die Panoramafenster des Glacier Express lassen sich nicht öffnen. Fotofans sollten lieber normale SBB-Züge nutzen – sie sind billiger, erfordern keine teure Reservierung und ihre Fenster lassen sich öffnen, siehe S. 253.

FILMREIFE BERGPÄSSE

Der im James-Bond-Klassiker *Goldfinger* von 1964 in einem Autorennen verewigte **Furkapass** im Nordosten des Wallis ist der König der Schweizer Bergpässe.

Die seit 1867 geöffnete Passstraße windet sich über unzählige Kehren und vorbei am berühmten Hotel Belvédère (heute geschlossen) nach Andermatt in der Zentralschweiz.

Wer noch eins draufsetzen möchte, kann den Furka mit dem **Susten** (2260 m) und dem **Grimsel** (2164 m) zu einer herrlichen Schleife (insgesamt 120 km) kombinieren oder über den abgeschiedenen **Nufenenpass** (2478 m) ins Tessin hinunterfahren.

DAS BESTE FONDUE VON SAAS-FEE

Vieux Chalet
Große Auswahl an Fondues – z. B. mit Pilzen, Tomaten, Knoblauch oder Ananas – im blumengeschmückten Chalet. €€

Skihütte
Beliebte Brasserie mit Terrasse sowie Fondue-Burgern und Fondue mit Kirschwasser. €€

Spielboden by The Capra
Bergrestaurant mit Schweizer Starköch:innen und moderner Bergküche aus regionalen, saisonalen Zutaten. €€€

GANZ TWINS/SHUTTERSTOCK ©

Über diesen QR-Code erfährst du mehr zum Aletschgletscher.

HIGHLIGHT

Aletschgletscher

An diesem atemberaubenden Supergletscher im Oberwallis wartet eine große Anzahl spannender Eisabenteuer. Der Aletschgletscher ergießt sich in einer breiten Kurve um das Aletschhorn (4195 m), den zweithöchsten Gipfel der Berner Alpen, und ist ein beeindruckendes Naturwunder.

NICHT VERSÄUMEN

- Bettmeralp
- Bettmerhorn-Eisterrasse
- Unesco-Höhenweg
- Eggishorn
- Fiesch
- Hotel du Glacier
- Gletscherstube
- Aletschji-Grünsee-Hängebrücke

Panoramablicke

Aus der Ferne auf das herrliche Eismeer zu blicken, den längsten Gletscher der Alpen und Unesco-Weltnaturerbe, ist schon seit den Tagen der Grand Tour ein fester Bestandteil jeder Schweizreise. Der klassische Blick ist der vom **Jungfraujoch** (3454 m) aus, erreichbar vom höchsten Bahnhof Europas im benachbarten Berner Oberland. Doch im Oberwallis bieten sich wundervolle Ausblicke ohne Massenandrang.

Als Aussichtspunkt ungeschlagen ist die 124 m lange **Aletschji-Grünsee-Hängebrücke**, die über die 80 m tiefe Massaschlucht am Fuß des Aletsch führt. Der Wanderweg (11,4 km, 5 Std., Juni–Okt.) verbindet die Alpenweiden auf der **Riederalp** (1925 m, erreichbar mit der Seilbahn ab Bahnhof Mörel) mit denen auf der **Belalp** (2100 m, erreichbar mit dem PostAuto ab Brig).

Das autofreie **Bettmeralp** (1900 m, erreichbar per Seilbahn ab Betten) mit der kleinen weißen Kapelle auf einem Hügel und einer urigen Hauptstraße, auf der im Winter Kinder und Gepäck auf Holzschlitten hochgezogen werden, ist ein Traum von einem Schweizer Dorf. Das Tüpfelchen auf dem i sind die Ausblicke auf den Aletschgletscher von der Seilbahnstation **Bettmerhorn** (2647 m). Oben führt ein Holzsteg zur **Eisterrasse** mit Infotafeln zur Gletscherkunde und Wegweisern für Wanderwege. Auf dem **Unesco-Höhenweg** (3 km, 3 Std.) kraxelt man über Felsen nach Eggishorn; die Blicke auf den Gletscher sind sensationell – falls du dich zwischen den Felsen hinunterzuschauen traust.

Der Rundumblick vom **Eggishorn** (2869 m), zu erreichen mit der Seilbahn ab **Fiesch** (1049 m), ist das ganze Jahr über einmalig. Oben führt ein familienfreundlicher Rundweg (1 Std.) zu neun „Gletscherlounges" mit Teleskopen und Fun-Fact-Tafeln mit Infos über den längsten Eisstrom in den Alpen.

Unten auf dem Eis

Auf dem apokalyptischen Schutt der **Kranzbergmoräne**, einer von zwei Moränen, die sich am Aletschgletscher entlangziehen, auf einem Felsen zu sitzen und zu picknicken, ist unvergesslich. Zu wissen, dass unter deinen Füßen das Eis 400 m in die Tiefe stürzt, macht dich ganz klein; sich vor Augen zu führen, dass der Gletscher seit 1860 30 % an Eis verloren hat und bis 2100 wahrscheinlich 90 % verlieren wird, ist erschütternd.

Auf den von Bergführern des **Bergsteigerzentrums Aletsch** in Fiesch geführten Sommertouren (Mitte Juni–Mitte Okt.) erlebst du den Gletscher aus der Nähe. Neun von zehn Schweizer Gletschern werden bis zum Ende des Jahrhunderts verschwinden. Am Aletschgletscher sollen an einem sonnigen Julitag pro Sekunde 80 m³ Eis wegschmelzen.

Die eintägigen Gletscherwanderungen (Erw./Kind 90/70 SFr) beginnen und enden an der Station **Fiescheralp** (2212 m) der Seilbahn ab Fiesch. Von dort geht's hinauf durch den schummrigen **Tällitunnel** zur gemütlichen **Gletscherstube** (2360 m; Juli–Okt.), hinunter zum **Märjelensee** (2300 m) und dann zum eisblauen Rand des Gletschers. Stell dich darauf ein, das Eis mithilfe von Steigeisen zu erklimmen, angeseilt an deinen Guide. Auf den anspruchsvolleren zweitägigen Wanderungen (350 SFr) wird in der **Konkordiahütte** (2800 m) übernachtet, die seit 1869 auf einem Felssporn steht und heute über 450 Metallstufen zu erreichen ist. Zauberhaft sind auch die Wintertouren über den verschneiten Gletscher.

BELLE-ÉPOQUE-GLAMOUR

Der Wanderweg von der Fiescheralp über den Tällitunnel zum Märjelatal führt an den Ruinen des historischen **Hotels Jungfrau** (1871) vorbei, in der Belle Époque eine kultivierte und dekadente Bergoase. Im Tal beherbergt das altmodische **Hotel du Glacier** (1866) in Fiesch noch immer Gäste auf der Suche nach winterlicher Schneeluft.

TOP TIPPS

- Der Aletschgletscher darf nur mit Bergführer und passender Ausrüstung begangen werden.
- Für die Seilschaft-Wanderungen mit Bergführer ist keine Bergsteigererfahrung nötig, doch du musst trittsicher und einigermaßen fit sein.
- Trage Handschuhe und lange Hosen, um Hände und Knie zu schützen. Solltest du stürzen, können dir die messerscharfen Eiskristalle die Haut wie Glas aufritzen.
- Im Sommer Sonnenbrille, Sonnencreme, viel Wasser und Wanderstöcke nicht vergessen!

SIMON DANNHAUER/SHUTTERSTOCK ©

Oben: Ponte dei Salti (S. 159); rechts: Fossil, Monte San Giorgio (S. 149)

Tessin

DAS SONNIGE JUWEL DES SÜDENS

Im Tessin bekommt die Pracht der Berge mediterranen Charme – eine einzigartige Mischung aus Natur und Kultur.

Ganz im Süden der Schweiz liegt das Tessin: Hier vermählt sich die Erhabenheit der Alpen mit dem sonnigen Gemüt Italiens. Jede Kopfsteinpflastergasse und jede Seepromenade zeugen von der Harmonie dieser Verbindung. Die schöne Hauptstadt Bellinzona ist Unesco-Welterbe. Mit mittelalterlichen Festungsanlagen erzählt sie vom Rittertum und alten Überlieferungen, während sie die Gaumen mit Köstlichkeiten mit italienischer Note kitzelt. Weiter südlich, in der Region Lugano, werden Reisende von stillen Seen begrüßt, in denen sich urige Villen und bunte Promenaden spiegeln: Sie erzählen aus einer Zeit, als Künstler:innen und Schriftsteller:innen hier Labsal und Ruhe suchten.

Vor deinen Augen entfaltet sich außerdem die unberührte Schönheit der Täler im Westen, die bis in die Hochalpen reichen, besonders des Valle Maggia, des Valle Verzasca und der Centovalli. Hier verbergen sich dramatische Wasserfälle, uralte Dörfchen und Pfade, die sich durch spektakuläre Natur winden. Ascona und Locarno, zwei Juwele am majestätischen Lago Maggiore, teilen ein reges Geistesleben mit Kultur, Musik und Film. Zugleich locken faule Bootstouren und Gourmeteskapaden ein Publikum hierher, das das gute Leben liebt.

Alles zusammengenommen ist das Tessin eine Region der Kontraste mit schneebedeckten Gipfel Tür an Tür mit sonnengefluteten Terrassen. Sie zieht sowohl Abenteuerlustige als auch Verträumte an und zeugt nicht nur von der Erhabenheit der Natur, sondern ist seit Jahrhunderten auch durchdrungen von Geschichte und Kultur.

Dieses Flecken Erde wird dir noch lange nach dem Ende deiner Reise guter in Erinnerung bleiben!

DIE WICHTIGSTEN ZIELE

Erste Orientierung

Im Tessin an der Südspitze der Schweiz verweben sich alpine Landschaften und mediterrane Kultur zu einem Teppich aus Tälern, Seen und Städten.

Westliche Täler, S. 156

Ein Refugium der Natur mit Bergen, tosenden Wasserfällen und einsamen, von der Zeit unberührten Weilern.

AUTO

Mit dem eigenen Auto kannst du die Attraktionen der Region auf kurvigen Berg- und schönen Uferstraßen im eigenen Tempo erkunden.

ZUG

Das herausragende Bahnnetz der Schweiz verbindet die wichtigsten Ziele im Tessin. Vom Zug aus lässt sich auch das Panorama am besten genießen.

Ascona-Locarno, S. 152

Als Mittelpunkt von Festivals, Kultur und Gastronomie verbinden die beiden Städtchen am See noble Eleganz und kulturelle Extravaganz.

Bellinzona, S. 146

Auf Welterbe-Burgen und bunten Märkten erwacht das Mittelalter zum Leben und lockt Geschichtsfans und Neugierige an.

Region Lugano, S. 149

In der Gegend um den Lago di Lugano trifft schickes urbanes Flair auf ruhige Seeufer mit einem Hauch Italien in jeder Ecke.

Santuario della Madonna del Sasso (S. 152)

Perfekte Tage

Ob für ein Wochenende oder eine ganze Woche: Plane die Erkundung des Tessins rund um die wichtigsten Ziele Bellinzona, Lugano, Ascona, Locarno und die westlichen Täler.

Ein langes Wochenende

Die Reise beginnt in der **Region Lugano** (S. 149) mit einem Seespaziergang und einem Besuch im Dorf **Gandria** (S. 151). Mit dem Schiff geht's über den Lago di Lugano; den Sonnenuntergang bewunderst du in **Morcote** (S. 151). Dann besichtigst du die Burgen von **Bellinzona** (S. 146). Zum Abschluss genießt du die wilde Schönheit des **Valle Verzasca** (S. 159) oder des **Valle Maggia** (S. 156).

Eine ganze Woche

Los geht's in **Bellinzona** (S. 146). Bei Lugano erkundest du das Dorf **Gandria** (S. 151), schaust dir das **Museo dei Fossili** (S. 149) an, genießt den Ausblick vom **Monte San Giorgio** (S. 149) und verkostest in **Mendrisiotto** Wein. Anschließend nimmst du ein Schiff nach **Morcote** (S. 151), genießt die Gastronomie in **Ascona** (S. 152) und besuchst die **Madonna del Sasso** (S. 152) in Locarno.

BESTE REISEZEIT

FRÜHLING
Das milde Klima ermöglicht tolle Wanderungen. Im April findet in Lugano ein **Klassikfestival** statt.

SOMMER
Die Tessiner Seen erfrischen. Genieße **Wassersport**, Konzerte und das **Filmfestival** von Locarno.

HERBST
Koste die Sonne und die Farben der Natur aus und erlebe die **Weinlese** im September.

WINTER
Der milde Tessiner Winter verheißt Sonne und schneefreie Seen. Im Februar lockt in Bellinzona der **Karneval**.

Bellinzona

MITTELALTER | SCHNEEBEDECKTE BERGE | ESSEN & TRINKEN

In Bellinzona betrittst du eine Welt der Burgen, Ritter und Schlachten. Die Hauptstadt der Region im Herzen des Tessins mit umwerfenden Ausblicken auf schneebedeckte Berge hat eine reiche Vergangenheit, die bis in die Zeit der Römer zurückreicht.

Im Lauf der Jahrhunderte war Bellinzona dank seiner strategisch günstigen Lage sehr begehrt und wurde zum Bollwerk ausgebaut, was die Errichtung von mehreren Festungen einschloss. Die drei massigen Burganlagen Castelgrande, Castello di Montebello und Castello di Sasso Corbaro gehören zum Unesco-Welterbe. Ihre imposanten Türme, ihre Wehrvorrichtungen und ihre raffinierte Architektur geben ein Bild von der Macht und dem Glanz des mittelalterlichen Bellinzona.

UNTERWEGS

Bellinzonas Altstadt ist flach und fußgängerfreundlich, doch die Burgen erfordern einen Bergmarsch. Die großen Sehenswürdigkeiten sind durch Busse verbunden. Mit dem Auto nach Bellinzona zu kommen ist okay, aber auf Fußgängerzonen achten! Besonders bei Veranstaltungen sind die Parkplätze schnell voll; besser parkst du etwas außerhalb und nutzt den ÖPNV.

Spaziergang durchs alte Bellinzona

Eine Tour zu den Burgen

Zwar kann ein Spaziergang zu allen drei mittelalterlichen Festungen in Bellinzona leicht zu einem Tagesprogramm ausgeweitet werden, doch wenn du ihre Erkundung mit einem Besuch in der Altstadt kombinierst, kannst du komplett ins architektonische und kulturelle Erbe der Stadt eintauchen. Von der Touristeninformation organisierte Touren liefern Einblicke in die faszinierende Vergangenheit der Stadt.

Los geht's mit dem **Castelgrande**, der mächtigen Burg, die die Stadtsilhouette beherrscht. Sie liegt auf einem felsigen Hügel, war ein römischer Grenzposten und eine langobardische Wehranlage, die später zu einer befestigten Stadt ausgebaut wurde, die von Mailand kontrolliert wurde. Die Burg wartet mit stimmungsvollen Innenhöfen und einem Museum sowie Panoramablicken von den Mauern auf. Weiter geht's zum **Castello di Montebello** mit Zugbrücken, Türmen und einer faszinierenden archäologischen Ausstellung. An einem bewaldeten Hang südlich der Stadt erhebt sich schließlich das **Castello di Sasso Corbaro**, das eine karge Schönheit auszeichnet. Anschließend spazierst du durch die Altstadt mit Kirchen aus der Zeit der Renaissance und hübschen Plätzen. Die **Chiesa Collegiata dei SS Pietro e Stefano** ist mit Fres-

TOP TIPP

Wer die Täler und Höhen um Bellinzona auf Rädern erkunden möchte, kann in der Touristeninformation an der Piazza Collegiata E-Bikes leihen. Dort gibt's auch Broschüren mit Streckenempfehlungen und Karten.

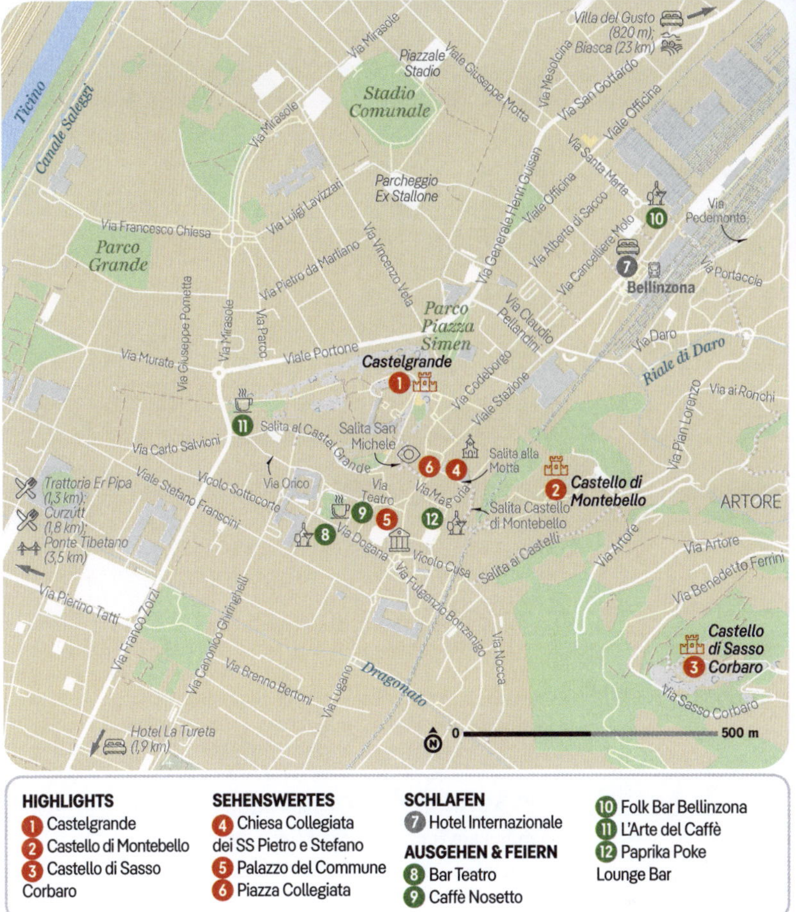

ken und Barockstuck üppig geschmückt; durch die Fensterrose überm Portal strömt das Licht. Der restaurierte **Palazzo del Commune**, ein Renaissancebau und heute das Rathaus, wartet mit einem dreistöckigen Innenhof mit Loggien und Fresken zur Geschichte der Stadt auf. Das quirlige Herz von Bellinzona schlägt auf der stimmungsvollen **Piazza Collegiata**. Den Kopfsteinpflasterplatz säumen Patrizierhäuser aus dem 18. Jh., von denen viele schmiedeeiserne Balkone haben.

Über die schwankende Brücke

Abenteuer auf dem Ponte Tibetano

Eine Herausforderung sowie einen Blick auf atemberaubende Schönheit aus einzigartiger Perspektive bietet der **Ponte Tibetano**, eine schwankende Hängebrücke nur 5 km außer-

AUSGEHEN IN BELLINZONA

Paprika Poke Lounge Bar
Trendiger Laden mit erfinderischen Drinks und Häppchen, perfekt für einen entspannten Abend.

Folk Bar Bellinzona
Hippe Bar, in der sich die Kreativszene der Stadt zu Craft-Cocktails und Livemusik trifft.

Caffè Nosetto
Das lässige Café ist ein behagliches Plätzchen für einen Kaffee morgens oder einen *apéro* am Nachmittag.

L'Arte del Caffè
In dem eleganten Café ist jede Tasse ein Meisterwerk italienischer Kaffeetradition.

Bar Teatro
Munterer Treff, einen Katzensprung vom Theater – hier tauscht man sich nach der Vorstellung aus.

ELESII/SHUTTERSTOCK ©

Lago Ritom

halb von Bellinzona. Die 270 m lange Brücke schwebt 130 m hoch, der Boden ist 1 m breit und aus Lärchenholz gebaut. Die Überquerung verlangt Entschlossenheit, ist jedoch dank entsprechender Sicherheitsmaßnahmen komplett risikofrei, was sie zu einer Top-Destination für furchtlose Geister, aber auch für abenteuerlustige Familien macht. Der Lohn sind herrliche Ausblicke auf Täler und Berge in der Umgebung. Der ideale Ausgangspunkt für diesen gewagten Spaziergang sowie das Ziel für eine wohlverdiente Stärkung im Anschluss ist der mit der Seilbahn Monte Carasso–Curzútt–Mornera erreichbare malerische Bergort **Curzútt**.

Ein Stückchen Bergalltag

Geruhsame Tour durch die Täler im Norden des Tessins

Die wilden Täler Valle di Blenio und Valle Leventina nördlich von Bellinzona erstrecken sich zu Füßen hoher Berge. Ein Besuch vermittelt eine authentische Kostprobe vom Tessiner Bergalltag, ohne sich weit von der Stadt zu entfernen, und sie eignen sich für eine schöne Autotour. In **Biasca** mit einer Kirche aus dem 13. Jh. kannst du in *grotti* (rustikalen Lokalen in kühlen Felskellern) deftige Tessiner Hausmacherkost probieren. Ganz in der Nähe ist von **Piotta** aus über eine der steilsten Standseilbahnen in Europa die Region Ritom-Piora zu erreichen, mit Wandermöglichkeiten, tollen Bergblicken und Bergseen wie dem Lago Ritom und dem Lago Cadagno mit seinem einzigartigen Ökosystem.

ÜBERNACHTEN IN BELLINZONA

Hotel Internazionale
Im Herzen von Bellinzona, mit komfortablen modernen Zimmern und Spa. €€

Villa del Gusto
Schöne Pension mit Bergblick, herrlichem Frühstück und stillem Garten. €€€

Hotel La Tureta
Boutiquehotel in restauriertem Gebäude aus dem 18. Jh. mit historischem Charme und modernen Annehmlichkeiten. €€

Region Lugano

FRÜHGESCHICHTE | OLIVENWEG | MONTE SAN SALVATORE

UNTERWEGS

Das Zentrum von Lugano ist leicht zu Fuß zu erkunden, hin und wieder sind Hügelchen zu bewältigen, die aber für schöne Ausblicke sorgen – eventuell Busse und die Standseilbahn nutzen! Besonders in der Hauptreisezeit können Parkplätze knapp werden. Viele Besucher:innen parken in einem der Parkhäuser und erkunden die Stadt zu Fuß oder mit dem ÖPNV. Außerhalb von Lugano bietet ein Auto natürlich mehr Flexibilität.

In der Gegend um den Lago di Lugano an der Südspitze der Schweiz gehen Schweizer Präzision und italienische Lässigkeit nahtlose ineinander über, ebenso wie alpine Pracht und mediterraner Charme. Es ist nicht nur ein Grenzgebiet, sondern ein Mosaik von Kultur, Landschaft und Stadtleben.

Im munteren Lugano sind die Seepromenaden von modernen Boutiquen und historischen Wahrzeichen gesäumt; das hübsche Dorf Gandria war einmal für seine Olivenölproduktion berühmt und bietet entlang des Olivenpfads schöne Wandermöglichkeiten. Von Lugano kannst du weiter südlich Mendrisiotto mit seinen Weinbergen und -kellern ansteuern, um den besten Merlot der Region zu probieren. Doch die Umgebung von Lugano ist auch eine Schatzkästchen der Geschichte. Der Monte San Giorgio, Unesco- Weltkulturerbe, wurde dank mariner Fossilien aus Zeit der Trias zu einem Mythos. Im Fossilienmuseum werden entsprechende uralte Erdgeschichten aufgewärmt.

Prähistorisches am Monte San Giorgio

Fossilien und vorgeschichtliches Meeresleben

Der Schweizer Saurierberg, der **Monte San Giorgio**, ist ein Magnet für Geschichtsfans und Paläontolog:innen. Das geologische Wunder mit einem fossilienreichen Innenleben, seit 2003 Unesco-Welterbe, gewährt einen faszinierenden Einblick in die Meeresgeschichte grauer Vorzeiten. Der pyramidenförmige Berg ragt 1097 m hoch über dem Südende des Luganer Sees auf. Hier wurden in einem vorgeschichtlichen Ozeanbecken 230 Mio. Jahre alte versteinerte Meereslebewesen gefunden, darunter Fische und große, 3 m lange Reptilien. An verschiedenen Grabungsstätten wurden mehr als 80 Fischarten und 30 Land- und Meeresreptilien aus der mittleren Trias entdeckt. Dazu kommen noch Wirbellose und uralte Pflanzen. Im vom berühmten Tessiner Architekten Mario Botta aufgefrischten **Museo dei Fossili** in Meride ist ein handverlesener Teil an Grabungsfunden ausgestellt. Begrüßt wird

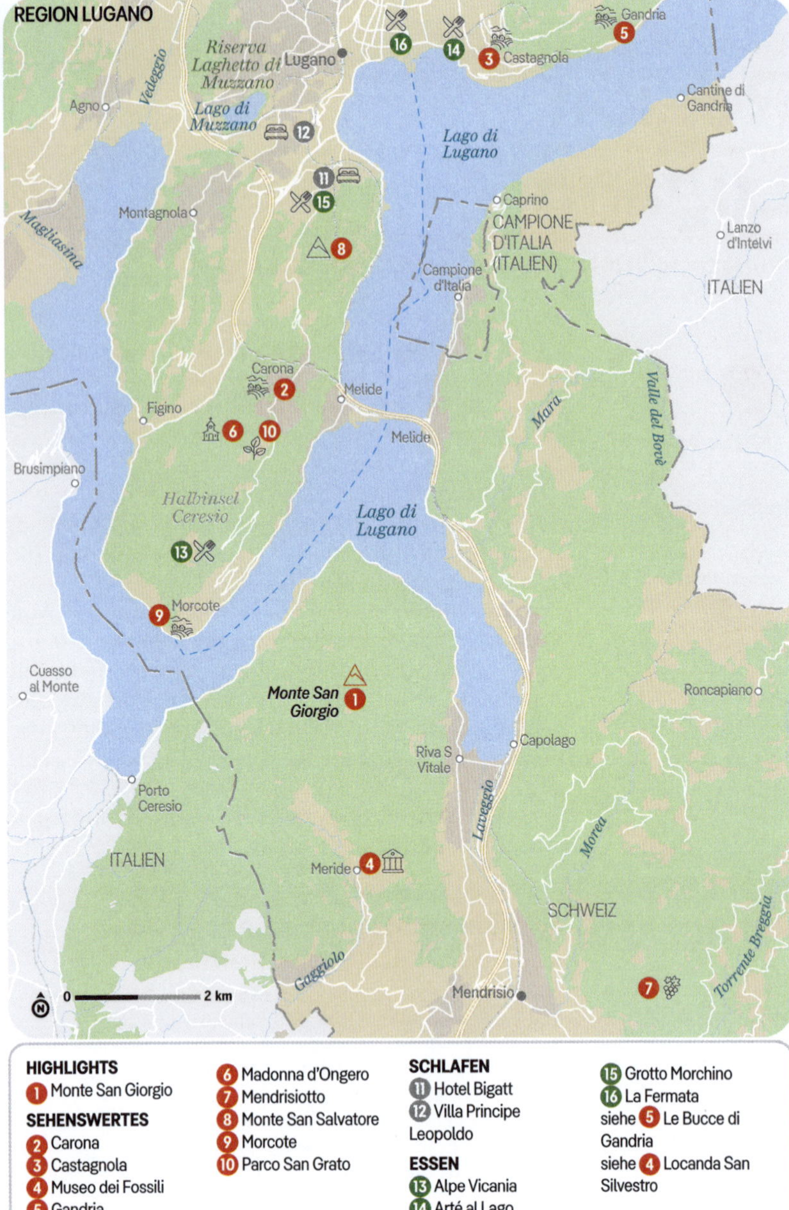

HIGHLIGHTS
1 Monte San Giorgio

SEHENSWERTES
2 Carona
3 Castagnola
4 Museo dei Fossili
5 Gandria
6 Madonna d'Ongero
7 Mendrisiotto
8 Monte San Salvatore
9 Morcote
10 Parco San Grato

SCHLAFEN
11 Hotel Bigatt
12 Villa Principe Leopoldo

ESSEN
13 Alpe Vicania
14 Arté al Lago
15 Grotto Morchino
16 La Fermata
siehe 5 Le Bucce di Gandria
siehe 4 Locanda San Silvestro

man von der 2,5 m langen Nachbildung eines *Ticinosuchus*. Vor der Kulisse der Weinberge am Südhang führt von Meride ein vierstündiger, 12 km langer Rundweg auf den Monte San Giorgio. Zum Gipfel hinauf windet sich ein alter Maultierpfad mit schönem Seeblick; hinab geht's dann auf einem Pfad mit Infotafeln zu den Fossilien und ihren Fundstätten.

Wanderung über den Olivenbaumweg

Ein Bummel durch die Zeit rund um Gandria

Zwischen den Dörfern Castagnola und Gandria lockt der 3,5 km lange **Olivenpfad** Reisende mit Blicken auf den Luganer See und mit mediterranen Aromen – er ist der Inbegriff jener harmonischen Mischung aus schöner Natur und kulturellem Erbe, die typisch für das Tessin ist. Los geht der mit einem Olivenbaumlogo gut gekennzeichnete Weg in **Castagnola** beim alten Gemeindezentrum. In **Gandria** beginnt der Weg beim Parkplatz des Dorfes an der Hauptstraße.

Immer wieder stehen Infotafeln am Weg, die von der tiefen Verwurzelung der Region im Olivenanbau erzählen. So ist der Pfad mehr als eine schöne Wanderstrecke: Er ist eine Reise durch die Zeit. Uralte Olivenhaine erinnern an die Vergangenheit, während Neupflanzungen von der Wiederbelebung der alten Tradition zeugen. Zurück geht's mit dem Bus zwischen Gandria und Lugano oder per Schiff über den See.

Der Abstieg vom Monte San Salvatore

Bergblick und Seeufer

Vom 912 m hohen **Monte San Salvatore** bieten sich herrliche Rundumblicke auf die Region, vom Lago di Lugano bis hin zu den Alpen. Von Lugano-Paradiso fährt eine Standseilbahn in zwölf Minuten auf den Gipfel. Doch das eigentliche Ereignis ist der Abstieg in Richtung des Dorfes Morcote.

Er beginnt steil, doch dann wird es flacher und recht bequem. Unterwegs kommst du durch die Künstlerkolonie **Carona**, wo sich schon Hermann Hesse rumtrieb. Außerdem kommst du am **Parco San Grato** vorbei, einem botanischen Juwel mit einer fantastischen Sammlung an Rhododendren, Azaleen und Koniferen. Anschließend geht's auf einem Waldweg vorbei an der Pilgerkirche **Madonna d'Ongero** aus dem 17. Jh. und der **Alpe Vicania** mit einem im Sommer beliebten *grotto*-Restaurant.

Das Finale bildet ein malerischer Weg durch einen Kastanienwald über unzählige Stufen hinunter nach **Morcote**. Eine geruhsame Schifffahrt von dort zurück nach Lugano ist der würdige Abschluss für diesen Ausflug, der alles bietet, was das Tessin so schön macht.

DIE BESTEN ESSLOKALE IN DER REGION LUGANO

Le Bucce di Gandria
Restaurant in Hanglage im Dorf Gandria mit herrlichem Seeblick und regionalen und saisonalen Speisen. €€

Arté al Lago
Luganos Sternerestaurant am See, mit Gourmetspeisen in modernem, kunstbeflissenem Ambiente. €€€

Locanda San Silvestro
In Meride elegant regionale Spezialitäten speisen, umgeben von einer Mischung aus Tradition und modernem Flair. €€

Grotto Morchino
Rustikales Refugium in Paradiso mit deftigen Tessiner Spezialitäten in friedvoller Atmosphäre. €€

La Fermata
Moderne italienische Küche in Luganos gemütlicher, schicker Kulinarikszene. €€

ÜBERNACHTEN IN DER REGION LUGANO

Locanda San Silvestro
Traditionelle Architektur und moderne Annehmlichkeiten in Meride. €€

Villa Principe Leopoldo
Tessiner Luxusherberge in Reinform: ein opulentes Hotel mit Panorama-Seeblick. €€€

Hotel Bigatt
Perfektes Refugium in Paradiso mit modernem Komfort und tollem Seeblick. €€

Ascona-Locarno

ZWILLINGSSTÄDTE | RELIGIONSGESCHICHTE | BRISSAGO-INSELN

UNTERWEGS

Ascona und Locarno sind wie geschaffen zum Zufußgehen. Ascona hat eine flache Seepromenade und in der Altstadt leichte Anstiege.

Die Piazza Grande in Locarno ist ideales Flanierpflaster, doch zur Madonna del Sasso geht's bergauf. Die beiden Städte sind durch Busse verbunden; in Locarno ist die Standseilbahn eine tolle Abkürzung nach Orselina.

Wer mit dem Auto unterwegs ist, sollte außerhalb der kompakten Innenstädte parken und sich dann per Bus oder zu Fuß fortbewegen.

TOP TIPP

Filme aus aller Welt gibt's am Lago Maggiore an elf Tagen im August beim Filmfestival von Locarno. Abends werden die Filme auf einer großen Leinwand auf der Piazza Grande gezeigt.

Ascona und Locarno sind sonnenverwöhnte Zwillinge in einer prächtigen Bergkulisse an der Nordspitze des Lago Maggiore – beide Städtchen verströmen viel Charme. Der künstlerische Geist von Ascona ist in den Straßen zu spüren, in denen die Kreativität sich so natürlich ausbreitet wie die Wellen auf dem See. Der Ort ist ein Paradies für Kunstfans, aber auch für alle, die ein ruhiges Plätzchen suchen.

Palmen und pastellfarbene Häuser säumen die Promenade am klaren Wasser des Lago Maggiore, im Hintergrund sieht man grüne Berge; die Altstadt lockt mit Geschäften, Galerien und Antiquitätenläden. In Locarno finden Historie und Filmglamour zusammen. Der kopfsteingepflasterte Stadtkern pulsiert, trotzdem ist der Ort tief mit seinen Wurzeln verbunden. Die Promenade hat See- und Bergblicke zu bieten, in den botanischen Gärten gibt es subtropische Pflanzen zu bewundern.

Wallfahrt zur Madonna del Sasso

Eine Kirche über dem Lago Maggiore

Das **Santuario della Madonna del Sasso** oberhalb von Locarno in Orselina ist im Tessin religiös wie historisch von überregionaler Bedeutung. Der Überlieferung zufolge wurde die Kirche an einer Stelle errichtet, an der der Franziskanermönch Bartolomeo d'Ivrea 1480 eine Marienerscheinung hatte. Dank der Lage auf einem Felssporn bietet sich von hier ein himmlischer Ausblick auf das zerklüftete Tal darunter, auf Locarno sowie den glitzernden See und die Berge in der Ferne.

Am Treppenaufgang stehen in Nischen einige fast lebensgroße Statuengruppen, darunter eine Darstellung des Abendmahls. Das berühmteste Gemälde im Gotteshaus ist *La fuga in egitto* (*Flucht nach Ägypten*, 1522) von Bramantino. Da sich der Wallfahrtsort in der Nähe der Seilbahn Orselina–Cardada–Cimetta befindet, die jede Viertelstunde vom Ortszentrum hochfährt, ist er auch ein idealer Ausgangspunkt für Wanderungen, z. B. an der **Cima della Trosa**. Schöner als die Seilbahn ist der pilgermäßigere 20-minütige Aufstieg über die malerische, von Kapellen gesäumte Via Crucis.

HIGHLIGHTS
1 Santuario della Madonna del Sasso

SEHENSWERTES
2 Museo Comunale d'Arte Moderna

AKTIVITÄTEN
3 Cardada

SCHLAFEN
4 Boutique Hotel Piazza Grande
5 Giardino Ascona
6 Villa Muralto

ESSEN
7 Gelateria Riccione
8 Grottino Ticinese
9 Grotto Ca Nostra
10 L'Archetto
11 Locanda Locarnese
12 Pinotti Panetteria
13 Vera Gelateria

AUSGEHEN & FEIERN
14 Muyu Coffee Roasters

EIS & SÜSSE AM LAGO MAGGIORE

Vera Gelateria
Authentisch traditionelles italienisches Eis aus frischen Zutaten. €

Gelateria Riccione
Ein Paradies für Eisliebhaber:innen mit einer Vielzahl von cremigen Geschmacksrichtungen. €

Pinotti Panetteria
Frisch gebackene Leckereien und traditionelle Brote – eine Hommage an Tessiner Backtraditionen. €

Caffè Barocco
Elegantes Café in Ascona mit barockem Interieur, perfekt für Reflexionen am See bei einem Espresso. €

Muyu Coffee Roasters
Fachkundig geröstete Bohnen sorgen in einer behaglichen Ecke von Locarno für reiche Kaffeearomen. €

Wanderweg Cardada–Cimetta

Wandern oberhalb von Locarno

Abenteuer in Cardada und an der Cimetta

Für Leute mit Sehnsucht nach Action beginnt diese an der Seilbahnstation Orselina. Von hier fährt eine Gondelbahn nach **Cardada** (1332 m), dann ein Sessellift weiter zur **Cimetta** (1671 m). Je nach Wetter und Abenteuerlust sind die bewaldeten Berge eine Spielwiese zum Wandern, Mountainbiken, Paragliden und Skifahren. In Cardada hat man von einem Aussichtspunkt am Weg über den Bäumen ein 180-Grad-Blick über die Stadt, den Lago Maggiore und die Täler dahinter. Das Panorama von der Cimetta ist an wolkenlosen Tagen ein atemberaubendes Spektakel. Unter dir erstreckt sich der azurblaue Lago Maggiore und im Hintergrund verschmelzen die Alpen mit dem Horizont. Mit Glück erspäht man auch die schneebedeckte Dufourspitze, den höchsten Berg der Schweiz (4634 m). Durch die Berge ziehen sich unzählige ausgeschilderte Wanderwege, von 1½-stündigen Spaziergängen bis zu vierstündigen Wanderungen. Für Ambitionierte führen Wege ins Valle Maggia (S. 154) und Valle Verzasca (S. 157).

Flucht auf die Brissago-Inseln

Tropische Stille im Lago Maggiore

Entdecke die Perfektion der Natur bei einem Besuch auf den **Isole di Brissago**, zwei winzigen Inseln im Lago Maggiore. Das subtropische Paradies trotzt dem typischen Schweizer Bergklima. Bekannt sind die Eilande für ihre botanischen Gärten, die im 19. Jh. angelegt wurden und verschiedene Lebensräume der Erde zeigen. Die – größere – **Isola di San Pancrazio** besteht aus fünf verschiedenen Bereichen, von denen jeder den botanischen Reichtum eines anderen Kontinents zeigt. Auf den gut ausgebauten Wegen können Sie eine Vielzahl von Pflanzenarten in ihrer natürlichen Umgebung entdecken und sich über ihre Herkunft und ökologische Bedeutung informieren. 1700 Arten, darunter Magnolien, Orchideen, Yuccas und Agaven, gedeihen hier. Zwischen Ascona und Brissago verkehren regelmäßig Boote von verschiedenen Orten aus.

Asconas bunte Farbpalette

Juwele der modernen Kunst im Museo Comunale

In den altehrwürdigen Mauern des Palazzo Pancaldi aus dem späten 16. Jh. präsentiert das **Museo Comunale d'Arte Moderna** eine spannende Sammlung von Gemälden von Künstler:innen mit Verbindung zur Stadt wie Paul Klee und Marianne von Werefkin, einer russisch-schweizerischen Malerin und Vorreiterin des Expressionismus. Dieser Tempel für moderne Kunst nennt 90 Gemälde und 170 Skizzenbücher von Werefkin sein Eigen. In den Wechselausstellungen werden oft besondere Aspekte der Sammlung beleuchtet.

DIE BESTEN ESSLOKALE IN ASCONA-LOCARNO

Locanda Locarnese
Lokal in der Altstadt von Locarno mit gemütlichem Ambiente und viel Charme, mit saisonalen Gerichten. €€

Da Enzo
Eine kulinarische Verbeugung vor den rustikalen Wurzeln des Tessins mit Fokus auf traditionellen Rezepten; unmittelbar nordwestlich von Locarno. €€

Grottino Ticinese
Grotto in Ascona mit Steinwänden und regionalen Speisen im Tessiner Stil. €€

Grotto Ca Nostra
Authentische Tessiner Küche in intimem, rustikalem *grotto*-Ambiente in Ascona. €€

L'Archetto
Schnelle, leckere Happen zum Mitnehmen im quirligen Herzen von Locarno. €

ÜBERNACHTEN IN ASCONA-LOCARNO

Giardino Ascona
Luxusbleibe mit üppigen Gärten zum Entspannen, direkt neben dem Golfplatz von Ascona. €€€

Boutique Hotel Piazza Grande
Im Herzen von Locarno, mit schickem Komfort und Blick auf die historische Piazza. €€

Villa Muralto
Elegantes Boutiquehotel mit acht Zimmern mit schöner Gartenanlage, nördlich des Zentrums von Locarno. €€

Westliche Täler

WASSERFÄLLE | VERSTECKTE WEGE | DAS KLEINSTE DORF

UNTERWEGS

Für den Weg in die Täler kommen verschiedene Transportmittel infrage. Beim Wandern reicht das Terrain von flachen Talböden bis zu anstrengenden Bergwegen, also passendes Schuhwerk tragen!

Zwischen den größeren Orten und Dörfern verkehren Busse, aber, besonders außerhalb der Hauptzeiten, unregelmäßig.

Flexibler bist du mit dem Auto. Du musst jedoch auf kurvenreiche Straßen und im Winter auf u. U. ungemütliche Straßenverhältnisse eingestellt sein.

TOP TIPP

Die stillen Wasser des Lago di Vogorno im Valle Verzasca laden zum Baden ein. Eine Kajaktour hier ist das entspannte Gegenprogramm zu Bungeesprüngen im Tal.

Die Täler im Westen des Tessins, das Valle Maggia, das Valle Verzasca und die Centovalli, sind Verkörperungen der Schaffenskraft der Natur. Die durch Gletscher geformten Täler beherbergen üppige Kastanien- und duftende Kiefernwälder, tosende Wasserfälle und tief eingekerbte, steile Berge. Doch sie sind auch Schatztruhen der Tradition im Tessin: Die alten Dörfer mit Steinhäusern mit schweren Schieferdächern erzählen von der Vergangenheit.

Architektur, kulturelle und kulinarische Bräuche werden hier bewahrt und zelebriert. Ob beim Wandern auf versteckten Pfaden, bei regionalen Festen oder beim Probieren traditioneller Tessiner Küche – der Aufenthalt hier ist eine Hommage an die ortsverbundenen Bewohner:innen und die Schönheit der Natur. In diesen Tälern kannst du ausspannen, in die Natur eintauchen, bei Outdoor-Abenteuern dein furchtloses Selbst erkunden oder dich einfach zurücklehnen und die Ausblicke genießen.

Der Wasserfall von Foroglio

Das Dörfchen mit dem Wasserfall

Durch die üppige Natur im Maggiatal zieht sich ein auffallend türkiser Fluss, bis er sich am Hauptort, Cevio, teilt. Es ist die erste von mehreren Aufspaltungen, an denen er sich in kleinere Täler verzweigt. Eine schöne Straße folgt einem Bergbach durch das Val Bavona mit schmalen Weiden zwischen steilen Felswänden. Die Landschaft um das Dorf **Foroglio** wird beherrscht von einem majestätischen **Wasserfall**, der daran erinnert, das dieses Tal vor Jahrtausenden von zwei Gletschern geschaffen wurde.

Wenn das Wasser sich 110 m in die Tiefe stürzt, ist das sowohl ein akustisches wie auch ein visuelles Spektakel. Rundherum breitet sich das Dörfchen mit seinen hübschen, schiefergedeckten Häusern aus grauem Stein aus, in deren Mitte ein Kirchlein aus dem 15. Jh. steht.

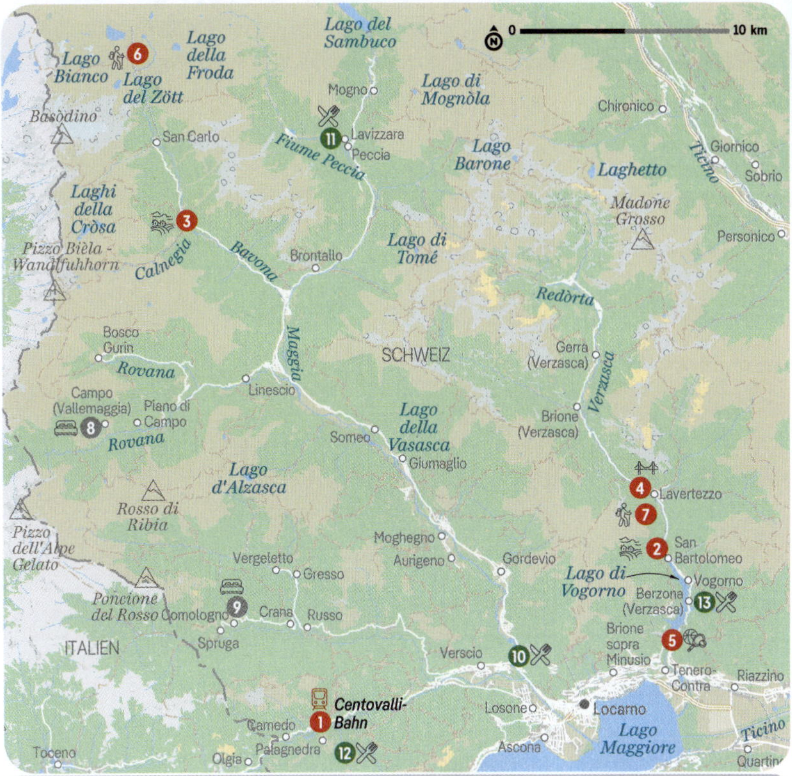

HIGHLIGHTS
1 Centovalli-Bahn

SEHENSWERTES
2 Corippo
3 Foroglio
siehe 3 Wasserfall von Foroglio
4 Ponte dei Salti
siehe 2 Santa Maria del Carmine

AKTIVITÄTEN
5 Contra-Damm
6 Lago di Robièi
7 Valle Verzasca

SCHLAFEN
siehe 2 Corippo Albergo Diffuso
8 Locanda Fior di Campo
9 Palazzo Gamboni

ESSEN
10 Grotto America
11 Grotto Pozzasc
12 Osteria Bordei
13 Osteria Paradiso

ÜBERNACHTEN IN DEN WESTLICHEN TÄLERN

Corippo Albergo Diffuso
Wiederbelebung eines Dorfs durch einzigartiges Unterkunftskonzept – genieße den Charme des Landlebens! €€

Palazzo Gamboni
Zeitreise in majestätischem Palazzo in Comologno; auch als Swiss Historic Hotel bekannt. €€

Locanda Fior di Campo
Tessiner Gastfreundschaft in der stillen Natur in einem Seitental des Valle Maggia. €€

WARUM ICH DIE WESTLICHEN TÄLER LIEBE

Michaela Scalisi, Lonely Planet Autorin

Die westlichen Täler haben einen Zauber, der nur schwer zu beschreiben ist.

Jenseits der fürs Auge wohltuenden grünen Landschaft haben für mich vor allem die versteckten Grotten, die Geschichten aus vergangenen Zeiten erzählen, ihren Reiz. In den Tälern verschmilzt die Stille der Natur mit sehr lebendigen Traditionen und Spuren der Vergangenheit.

Bei jedem Besuch hier fühle ich mich enger verbunden, sodass die Täler längst mehr für mich sind als ein gewöhnliches Reiseziel. Sie sind eine Art lebendige Leinwand, ein Zeugnis vom harmonischen Zusammenspiel von Natur und Kultur.

Centovalli-Bahn

Bergträumerei am Robièi-Damm

Gletscher, Seen und Wanderwege

Am **Lago di Robièi** hoch oben in den Bergen bietet die Natur einen grandiosen Anblick. Das Bergparadies am Fuß des Basòdinogletschers ist ein Flickenteppich aus unberührten Seen, einzigartiger Flora und Wildtieren, die hier ungestört leben. Von San Carlo im Val Bavona bringt eine Seilbahn Besucher:innen nach Robièi, wo sich auf 1890 m der majestätische Gipfel des Basòdino, umrahmt von der rauen Schönheit der Felswände, im stillen Wasser des Sees spiegelt. Robièi ist ein Refugium abseits von Locarno mit vielen Möglichkeiten für Outdoor-Aktivitäten. Die Region ist ein Wanderparadies: Zahlreiche Wege ziehen sich durch die dramatische Landschaft. Einer führt tief hinein in den Robièi-Damm, wo du einen Einblick in die Stromerzeugung in einem Wasserkraftwerk erhältst.

Alles einsteigen in die Centovalli-Bahn

Eine zeitlose Bahnreise

Von der malerischen **Centovalli-Bahn** aus lässt sich das Tal quasi in Zeitlupe bewundern: Auf seinem 1¾-stündigen Weg von Locarno nach Domodossola rumpelt der Zug tief in die Wildnis, über 83 Brücken und durch 34 Tunnel. Unterwegs in der Hügellandschaft der Centovalli („100 Täler") hast du hinter jeder Kurve einen sensationellen Blick auf schroffe Felswände mit Wasserfällen, Weinberge, Viadukte, Kirchturmspitzen, die aus Dörfern ragen, tiefe Schluchten, Kastanienwälder in der Sonne und oft schneebedeckte Gipfel.

Abenteuer im Valle Verzasca

Treffpunkt von Natur und Nervenkitzel

Im 26 km lange **Valle Verzasca** nordöstlich von Locarno erlebt man die Kräfte, die in der Natur walten. Unterhalb hoher Klippen und vorbei an Dörfern, von denen niemand weiß, wie alt sie sind, gräbt sich ein smaragdgrüner Fluss durch bewaldete Berge – über dem ganzen Spektakel wachen die alten Bögen des **Ponte dei Salti**. Auf dem 34 km langen Wanderweg zwischen Sonogno und Lavertezzo erschließt sich dir das gesamte Tal. Auch der Fluss selbst lockt Abenteuerlustige an. Hier zu raften bedeutet nicht nur Nervenkitzel – im Verzascatal verspürst du tiefe Verbundenheit mit der Natur. Ganz Mutige können sich bei einem Bungeesprung aus 220 m Höhe vom **Contra-Damm**, der die Kulisse für einige Szenen im Bond-Streifen *GoldenEye* bildete, von ihrer Tapferkeit überzeugen.

Übernachten in Corippo

Das Valle Verzasca alter Tage

Im Verzascatal bringt der Weiler **Corippo**, zu erreichen über eine Kutschstraße aus dem 19. Jh., alte Zeiten zurück. Das kleinste Dorf der Schweiz ist ein historisches Spektakel und wird von einer engagierten Stiftung geschützt. Am Dorfplatz steht die Kirche **Santa Maria del Carmine**. Die Granithäuser mit Schieferdächern scheinen an dem dicht bewaldeten Berghang zu kleben. Steinmauern, die einst Roggen- und Hanffelder begrenzten, zeugen von der nomadischen Vergangenheit der Bewohner:innen, die sich für den Winter Nahrung sichern mussten, sakrale Kunst von einer einst lebendigen Dorfgemeinschaft. Ein *albergo diffuso* bietet Reisenden die Möglichkeit, in den alten Häusern von Corippo zu nächtigen.

DIE BESTEN ESSLOKALE IN DEN TÄLERN

Osteria Paradiso
Kulinarische Oase im Verzascatal mit traditionellen Gerichten. Plaudere mit der Inhaberin und genieße den Ausblick von der Terrasse! **€€**

Grotto Pozzasc, Peccia
Grotto in Peccia mit rustikalem Charme und bewährter Regionalküche. Tipp: die Polenta-Gerichte. **€€**

Grotto America, Tegna
Das authentische *grotto* in Tegna feiert das gastronmoische Erbe des Tessins. Tipp: die *uganighetta* (regionale Wurst) und alle Ziegenprodukte. **€€**

Osteria Bordei, Palagnedra
Urige, gemütliche Osteria in Palagnedra mit traditioneller Regionalkost. **€€**

Zentral-schweiz

DIE ESSENZ DES SCHWEIZERTUMS

Seen und Berge, Tradition und Innovation: Diese Region im Herzen der Schweiz verkörpert das Wesen der Nation.

Die Region liegt nicht nur geografisch im Herzen der Schweiz und sieht durch und durch schweizerisch aus, sondern sie ist auch eng verbunden mit der nationalen Identität. Hier wurde 1291 die alte Eidgenossenschaft gegründet, als die drei Urkantone Uri, Schwyz und Unterwalden einen Pakt gegen die Habsburger unterzeichneten. Dem schloss sich 1332 Luzern an und stärkte damit einen Bund, der jahrhundertelang fortbestehen sollte und heute als Wurzel der Schweizer Konföderation gilt.

Noch immer erfreuen sich die vier „Waldkantone“ und der See, der sie alle vereint, der Vierwaldstättersee, einer Art stillen Verehrung – für die sanften Aquarellsilhouetten der Berge rund um den See und seine Teilbecken, für die leuchtenden Sonnenauf- und Sonnenuntergänge, die Turner, Wagner, Goethe und zahllose weitere Kunstschaffende inspirierten, für das unheimliche Pfeifen der Raddampfer, das über den See schallt, und für die stille Waldlichtung, die Rütliwiese, auf der der Überlieferung nach der erste Bund geschlossen wurde.

Die geschichtsträchtige Landschaft existiert ganz und gar im Einklang mit der modernen Schweiz: mit einer erstklassigen Konzerthalle und tollen Museen in Luzern, mit der Schwerkraft trotzenden Bergbahnen und einer weltoffenen Bevölkerung, die am Wochenende den Schreibtisch gegen Wedeln über Pisten oder Baden im See eintauscht. In der mühelos erkundbaren Region gibt es alles, was man von der Schweiz erwartet, und ein paar Überraschungen dazu.

DIE WICHTIGSTEN ZIELE

LUZERN
Nachtleben, Kultur und Leben am See. **S. 164**

ANDERMATT
Wandern, Skifahren und Après-Ski der gehobenen Art. **S. 174**

GANZ TWINS/SHUTTERSTOCK ©

Links: Karnevalsmasken, Fasnacht, Luzern (S. 164); oben: Fronalpstock (S. 174)

Erste Orientierung

Das glitzernde Wasser, die blumenreichen Wiesen und die rauen Gipfel der Zentralschweiz harren der Erkundung. Für einige der schönsten Ziele im ganzen Land sind Luzern oder Andermatt bestens geeignete Stützpunkte.

Luzern, S. 164

Die größte Stadt der Region bietet Kunst, Musik und Museen von Weltrang, eine spannende Altstadt und Essen und Trinken am See.

Andermatt, S. 174

Der hübsche Bergort lockt mit seinem großen Skigebiet, zahlreichen Wanderwegen und einer Kombination aus Luxus und Tradition Besucher:innen hoch hinauf.

ZUG, BUS & FÄHRE

Züge, Busse und Fähren bieten nahtlose Anschlüsse zu Berg- und Seilbahnen. Wer keinen Swiss Travel Pass hat, für den lohnt sich vielleicht der Tell-Pass (tellpass.ch), der das gesamte öffentliche Verkehrsnetz der Region abdeckt.

AUTO

In und um Luzern ist ein Auto nicht notwendig, doch für längere Strecken vielleicht vorteilhaft. Rund um Andermatt über einige der Bergpässe zu fahren ist schon ein Erlebnis.

KIT LEONG/SHUTTERSTOCK ©

Zahnradbahn, Pilatus (S. 169)

Perfekte Tage

Die Zentralschweiz hat so viel zu bieten, dass du ohne Weiteres zwei Wochen füllen könntest. Wer weniger Zeit hat, muss sorgfältig auswählen.

Wenig Zeit

Wenn du nur ein bis zwei Tage Zeit hast, steure von Luzern aus die **Rigi** (S. 169) an und wandere oben ein bisschen umher. Zurück in der Stadt gibt's im Inselipark beim **KKL** (S. 164) einen Drink, gefolgt von einem Abendessen in der **Altstadt** (S. 173). Oder du nimmst den Zug nach Stans und fährst aufs **Stanserhorn** (S. 171), das im Sommer auch am Abend noch besucht werden kann.

Eine Woche

Kombiniere Kultur, Geschichte und Natur, mit der **Sammlung Rosengart** (S. 166) und dem **Verkehrshaus** (S. 166) in Luzern sowie Touren auf die **Rigi** (S. 169) und den **Pilatus** (S. 169). Erkunde die Museen in **Schwyz** (S. 171) oder wandere oberhalb von **Stoos** (S. 172). Plane für die letzten zwei Tage **Andermatt** (S. 174): Wandere auf den **Oberalppass** (S. 174) und besuche den **Sasso San Gottardo** (S. 177).

BESTE REISEZEIT

FRÜHLING
Rund um Zug ist die **Kirschblüte** in vollem Gange und es herrscht meist mildes Wetter.

SOMMER
Jetzt sind Seen und Berge ideal zum **Baden** und **Wandern.** In Luzern findet das **Festival für klassische Musik** statt.

HERBST
Herbstfarben, mildes Wetter und weniger Andrang machen den Herbst zu einer tollen Zeit zum **Wandern**.

WINTER
In Engelberg, Stoos, Andermatt und auf der Klewenalp wird **Ski** gefahren; Luzern ist im **Karnevalsrausch**.

Luzern

KULTUR | MUSEEN | GLETSCHERGARTEN

Luzern, Mittelpunkt der Zentralschweiz, ist zwar nur die siebtgrößte Stadt des Landes, doch in Sachen Erscheinung und Flair macht es weitaus mehr her. Von Bedeutung ist es seit dem 13. Jh., als es nach der Eröffnung des Gotthardpasses zum Handelszentrum wurde. Heute ist die Stadt mit 82 000 Einwohner:innen außerdem ein Kulturzentrum mit einem renommierten Festival für klassische Musik, dem beliebtesten Museum in der Schweiz, einem lauten Karneval und einer schönen Altstadt. Der Vierwaldstättersee trägt nicht nur zur Schönheit der Stadt bei, sondern ist auch ein Freizeitziel für die naturvernarrten Luzerner:innen. Wenn die Sonne scheint, werden im Inselipark am See Cocktails geschlürft, im Seebad Ufschötti wird gebadet und „grilliert", man lässt sich über die Reuss treiben oder sitzt bei Sonnenuntergang um den Brunnen vor dem Kulturzentrum KKL, um dabei zuzusehen, wie der Abend das sanfte Licht eines Gemäldes von Turner annimmt.

UNTERWEGS

Luzern, besonders die Altstadt, lässt sich am besten zu Fuß erkunden. Jenseits der Stadt schippern Fähren über den See oder du nimmst für längere Strecken den Bus. Leihfahrräder sind über Next Bike (nextbike.ch) am Bahnhof erhältlich – die App herunterladen und einen QR-Code scannen, um ein Rad zu mieten. Parken kann teuer sein – Infos dazu gibt's auf parking-Luzern.ch.

Luzern musikalisch

Festivals, Konzerte und Komponisten

Luzern hat Musik im Blut. Beim Bahnhof liegt das **Kultur- und Kongresszentrum Luzern** (KKL) mit seinem riesigen flachen Dach, das wie ein Mantarochen über den See ragt. Das von Jean Nouvel entworfene postmoderne Gebäude bildet den Mittelpunkt beim sommerlichen **Lucerne Festival** mit klassischen Konzerten weltbekannter Musiker:innen. Ende Juni spielen beim **StadtFest** heimische Bands auf Bühnen in der ganzen Stadt; im Juli präsentiert **Luzern Live** in- und ausländische Musikschaffende aller Richtungen.

Doch die musikalischen Wurzeln der Stadt reichen weiter zurück. Im Februar erklingt während der **Fasnacht**, der fünften Jahreszeit, in den Straßen die Musik der *Guuggenmusigen*, traditioneller Blaskapellen. Und schon lange ist die Umgebung der Stadt Inspiration für Komponisten. Rachmaninow bewohnte eine Villa bei Weggis (S. 170), während Wagner sechs Jahre lang in einem Haus am See in Tribschen lebte, mit der

TOP TIPP

Zwar sind die Kopfsteinpflasterstraßen und schönen Häuser der Altstadt der Hauptmagnet, doch die weniger frequentierte Neustadt auf der anderen Flussseite beherbergt verschiedenste Restaurants und das hübsche Vögeligärtli mit nettem Gemeinschaftsflair.

HIGHLIGHTS
1 Sammlung Rosengart
2 Verkehrshaus

SEHENSWERTES
3 Gletschergarten
4 Löwendenkmal
5 Richard Wagner Museum
6 Zivilschutzanlage Sonnenberg

SCHLAFEN
7 Camping Lido Luzern
8 Hotel Continental Park
9 Lubo

ESSEN
10 Nozomi
11 Pastarazzi
12 Schiffrestaurant Wilhelm Tell
13 Zur Werkstadt

AUSGEHEN & FEIERN
14 Château Gütsch
15 Seebistro LUZ
16 Sunset Bar

UNTERHALTUNG
17 Kultur- und Kongresszentrum Luzern

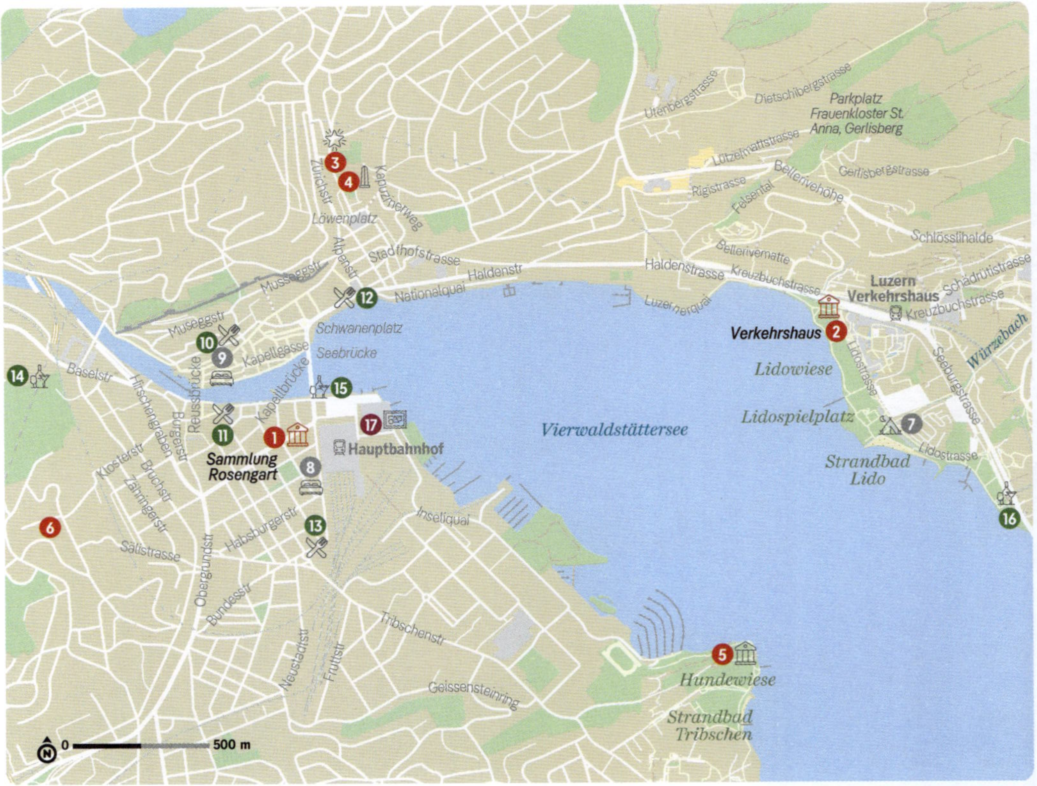

LUZERNER MUSEUMS-PASS

Wer mehrere Luzerner Museen besuchen möchte, für den lohnt sich vielleicht der zwei Tage gültige Museums-Pass für 39 SFr, erhältlich bei der Touristeninformation im Bahnhof und online.

Allein der Eintrittspreis fürs Verkehrshaus lohnt die Anschaffung des Passes. Außerdem inbegriffen sind das Geschichts- und das Naturkundemuseum der Stadt, das interaktive Spielemuseum Gameorama, das Richard Wagner Museum, die Sammlung Rosengart, der Gletschergarten, das Kunstmuseum Luzern im vierten Stock des KKL und das Bourbaki-Panorama, ein riesiges Wandgemälde aus dem 19. Jh. des Schweizer Künstlers Edouard Castres, das 1871 am Ende des Deutsch-Französischen Krieges in der Schweiz internierte besiegte französische Soldaten zeigt. Näheres auf shop.Luzern.com.

Fähre ein paar Minuten vom Bahnhofquai. Das 2023 renovierte **Richard Wagner Museum** (montags geschlossen) gewährt einen faszinierenden Einblick in das Werk und romantische Verwicklungen im Leben des Komponisten.

Picasso & Klee in der Sammlung Rosengart

Kunstsammlung von Weltrang

Siegfried Rosengart und seine Tochter Angela waren die Schweizer Kunsthändler:innen von Pablo Picasso. Die Sammlung Rosengart umfasst ihre private Picasso-Sammlung sowie zahlreiche Gemälde und Zeichnungen von Paul Klee und großartige Werke von Monet, Cézanne und Matisse u. a. Als Dreingabe gibt's Fotos von Picasso und seiner zweiten Frau Jacqueline in ihrem Haus bei Cannes. Die von einem Freund, dem amerikanischen Fotojournalisten David Douglas Duncan, aufgenommenen Bilder zeigen den Alltag und die Beziehung des Paares auf lebendige Weise.

Flugzeuge, Züge & Automobile

Hommage an den Verkehr

Es ist durchaus passend, dass das **Verkehrshaus** in Luzern steht, einer Stadt, die mit so vielen verschiedenen Transportmitteln aufwartet. Das meistbesuchte Museum der Schweiz huldigt der Ingenieurskunst, der wir es verdanken, dass wir vom Schiff bis zu Weltraumrakete viele Möglichkeiten zu reisen haben. Jedes Verkehrsmittel hat seinen eigenen Bereich in Bauten rund um einen zentralen Innenhof. Das Museum ist interaktiv angelegt: Du kannst kleine Seilbahnen in Bewegung setzen, Cockpits erkunden, digitale und analoge Spiele spielen, mit Spielzeugfahrzeugen über den Hof düsen – kein Wunder, dass Kinder hier rote Wangen bekommen. Komplettiert wird das Ganze durch ein Planetarium und ein 3-D-Kino. Vom Bahnhof ist das Museum leicht per Bus, Bahn und Schiff zu erreichen. Der Schiffsanleger befindet sich direkt neben einer beliebten Badestelle am See, sodass du nach dem Besuch eine Runde schwimmen kannst.

Das Löwendenkmal

Zum Gedenken an die Schweizergardisten

Das **Löwendenkmal** hat etwas Ergreifendes: Auf einem überlebensgroßen Steinrelief zeigt es einen von einem Speer durchbohrten Löwen, in dessen Gesicht sich Schmerz und Trauer abzeichnen. Das vom dänischen Künstler Bertel Thorvaldsen gestaltete, 1821 eingeweihte Denkmal erinnert an die

AUSGEHEN MIT AUSBLICK IN LUZERN

Sunset Bar
Pizza, Cocktails und munteres Flair in Freiluftbar beim Strandbad Lido und Verkehrshaus.

Château Gütsch
Mit der Seilbahn geht's hoch zu diesem Märchenschlösschen und einem Glas Wein mit Stadtblick.

Seebistro LUZ
Von der Balkonterrasse dieser Café-Bar am Anleger schaust du den Schiffen beim An- und Ablegen zu.

FRESKEN, BRUNNEN & TÜRME

Starte auf der **1 Kapellbrücke**, dem Wahrzeichen der Stadt wenige Minuten vom Bahnhof entfernt. Die gedeckte Holzbrücke aus dem 14. Jh. mit Giebelbildern unter der Überdachung wurde 1993 bei einem Feuer fast komplett zerstört und danach umfassend rekonstruiert. Der benachbarte Wasserturm von um 1300 überstand den Brand unbeschadet. Über die Reuss geht's in die Altstadt, ein Labyrinth aus Kopfsteinpflasterstraßen mit reich verzierten Brunnen und Freskenmalereien zu Geschichte und Brauchtum der Stadt.

Am Kapellplatz kannst du am bunten **2 Fritschibrunnen**, der bei der Luzerner Fasnacht eine wichtige Rolle spielt, deine Wasserflasche auffüllen. Über die Kapellgasse erreichst du den Kornmarkt mit dem **3 Rathaus** im Stil der Renaissance und dem hübschen alten Zunfthaus **4 Pfistern**. Rechts liegt der **5 Hirschenplatz** mit reich bemalten Fassaden; der Steinbrunnen am **6 Weinmarkt** zählt zu den schönsten der Stadt.

Links um die Ecke steht am Metzgerrainle das schön bemalte **7 Hotel des Balances**. Die Kramgasse führt dich rechts bis zum **8 Mühlenplatz**, dem größten der Stadt. Am Fluss kommst du an der **9 Spreuerbrücke** heraus, einer gedeckten Holzbrücke von 1408, in deren Giebelbildern ein Totentanz zu sehen ist. Über den St. Karliquai geht's zum **10 Nölliturm**, dem ersten von neun Türmen der Museggmauer, der mittelalterlichen Stadtbefestigung.

Auf dem Museggmauerweg gelangst du zum **11 Männliturm**; von dort oben bieten sich herrliche Ausblicke über die Stadt.

Vom **12 Wachturm** kannst du direkt über die Wehrmauern laufen, vorbei am **13 Zytturm** (Uhrturm) bis zum **14 Schirmerturm** (nur April–Okt.).

LUZERNER LIEBLINGS-RESTAURANTS

Roberto Riccardi ist der Leiter des Cargobike-Tourenanbieters Loop Tours (loop-tours.com) und empfiehlt folgende Restaurants in Luzern.

Nozomi Japanisches Restaurant in einem ehemaligen Gefängnis; statt Sushi gibt's hier Gerichte zum Teilen im Tapasstil.

Schiffrestaurant Wilhelm Tell Alle denken, dass dieses Restaurant auf einem am See vertäuten alten Raddampfer Touristennepp sein muss, aber das ist nicht der Fall. Auf der Karte stehen saisonale Schweizer Speisen wie Seefisch, kreative Salate und Fondue.

Zur Werkstadt Dieser Neuling bietet nur ein Menü, das man aber um zusätzliche Gänge erweitern kann. Die Gerichte werden direkt vor deinen Augen in einer offenen Küche zubereitet.

Schweizergardisten, die 1792 während der Französischen Revolution beim Sturm auf die Tuilerien für Ludwig XVI. starben. Was ein Ort der Stille sein sollte, ist oft von Selfies schießenden Tourist:innen überflutet – also früh am Morgen kommen!

Ein Gletschergarten in der Stadt

Luzern in der Eiszeit

Die vielleicht schrägste Attraktion in Luzern ist der **Gletschergarten**, ein Stück Frühgeschichte im Stadtzentrum. Als der Bankier und Weinhändler Josef Wilhelm Amrein-Troller 1872 einen Weinkeller anlegen lassen wollte, kamen bei den Aushebungsarbeiten Gletschertöpfe aus der letzten Eiszeit zum Vorschein. Daraufhin machte er aus der Entdeckung in eine Touristenattraktion. Heute präsentiert sich der Gletschergarten als bizarre Kombination aus faszinierender Geologie und 19.-Jh.-Kitsch. Die neueste Attraktion ist ein animierter Pfad durch den Fels: Er zeigt, wie sich die Landschaft um Luzern im Verlauf von Jahrmillionen entwickelt hat. Außerdem gibt's eine Berghütte mit einem Diorama vom Gornergletscher und ein Spiegellabyrinth, das der Alhambra in Granada nachempfunden ist– Eintritt auf eigene Gefahr, herauszufinden nimmt einige Zeit in Anspruch!

Unter der Erde in der Zivilschutzanlage Sonnenberg

Ein Bunker aus dem Kalten Krieg

Während des Kalten Kriegs war man in der Schweiz besorgt, dass man bei einem Atomkrieg ins Kreuzfeuer geraten könnte. Also wurden Schutzräume geplant. Die Stadt Luzern entschloss sich zum Bau eines Bunkers mit Platz für 20 000 Menschen – also für ein Drittel der damaligen Bevölkerung – in zwei Autobahntunneln unter dem Sonnenberg.

Die 1976 fertiggestellte Zivilschutzanlage Sonnenberg umfasste u. a. eine Kommandozentrale, ein Krankenhaus, ein Gefängnis und ein Rundfunkstudio. Im Notfall wären die Tunnel durch Sprengtüren abgeriegelt worden und auf dem Asphalt wären Feldbetten aufgestellt worden. Die Anlage wurde nie genutzt und später verkleinert, sie bot aber noch immer Platz für 2000 Personen. Auf einer spannenden Führung erfährst du vom möglichen Alltagshorror eines Lebens unter der Erde sowie von einigen offenkundigen Fehlern, die bei der Planung dieses Projekts gemacht wurden. Die Führungen finden von März bis September an ausgewählten Sonntagen statt – reservieren!

ÜBERNACHTEN IN LUZERN

Lubo
Zimmer mit Selbst-Check-in in der Altstadt, mit Frühstücksbar im Erdgeschoss, Streetfood und Cocktails. **€€**

Hotel Continental Park
Am hübschen Vögeligärtli in der Neustadt, mit stylishen Zimmern und Tessiner Restaurant. **€€**

Camping Lido Luzern
Saubere Einrichtungen am Seeufer und nahe beim Verkehrshaus. Es werden auch Wohnwagen vermietet. **€**

Rund um Luzern

Luzern ist Ausgangspunkt für einige herrliche Tagestouren. Picknick zusammenpacken und los geht's!

Ziele

UNTERWEGS

Alle Ziele sind von Luzern aus leicht mit vom Tell-Pass abgedeckten öffentlichen Verkehrsmitteln zu erreichen. Die Straßen sind ausgezeichnet und mühelos befahrbar, aber das Parken kann teuer sein, sodass sich das Autofahren (Benzin, Parken und Autobahn-Vignette) außer vielleicht für eine Gruppe nicht lohnt.

TOP TIPP

Die Cafékette Bachmann wie auch Migros-Take-Away haben Filialen im Luzerner Bahnhof – dort kannst du Proviant besorgen.

Die zauberhafte Landschaft rund um Luzern hat viele berühmte Besucher:innen in ihren Bann geschlagen. Königin Viktoria ritt zu Pferd auf den Pilatus, der amerikanische Schriftsteller Mark Twain wanderte auf die Rigi und Schauspielerin Audrey Hepburn heiratete auf dem Bürgenstock. Der Reiz ist unschwer zu erkennen: Die Landspitzen rund um den Vierwaldstättersee sind herrliche Aussichtspunkte. Allesamt sind dank bester Verkehrsverbindungen leicht zu erreichen – hier wird die Reise zum Ziel. Außerdem ist dies das Kernland der Schweiz: Museen in Schwyz ergründen die Entstehung der Eidgenossenschaft und die Legenden vom Rütli und von Wilhelm Tell, während in Zug und Einsiedeln das Mittelalter lebendig ist.

Rigi

DAUER AB LUZERN: **90 MIN.**  + 

Wahrhaft königliches Bergpanorama

Der Fernsehmast auf der Rigi (1797 m) ist meilenweit zu sehen. Die Fahrt hinauf zählt zu den beliebtesten Ausflügen in der Region. Die „Königin der Berge" ist auf verschiedenen Wegen zu erreichen, aber meist geht's mit einer einstündigen Raddampferfahrt von Luzern nach Vitznau los, gefolgt von einer Fahrt mit der Standseilbahn. Im Sommer drängeln sich auf dem Gipfel die Leute, sodass du dich am besten auf einen der vielen (leereren) Wanderwege begibst. Vom zwischen First und Unterstetten steilen Panoramaweg eröffnen sich tolle Ausblicke. Abwärts geht's mit der Luftseilbahn von Rigi Kaltbad ins hübsche Weggis, wo einst Mark Twain mit seiner Familie mehrere Wochen verbrachte. Hier kannst du vor der Rückfahrt nach Luzern in einem Lokal am See verweilen oder im **Strandbad Weggis** baden gehen.

Pilatus

DAUER AB LUZERN: **60 MIN.** 

Auf den Drachenberg

Nach der Überlieferung hausen auf dem Pilatus (2070 m) Drachen und von Luzern aus gesehen gleicht die Silhouette des Bergs mit ein bisschen Fantasie selbst einem schlafenden Drachen. Per Boot oder Bahn geht's nach Alpnachstad, von wo aus du in fünf anstrengenden Stunden hochwanderst oder die steilste Zahnradbahn der Welt nimmst, die hier schon seit 1889 fährt.

DER BERG DER EINHEIMISCHEN

Die Einheimischen lieben die von Tourist:innen weniger frequentierte **Klewenalp** im Sommer zum Wandern und im Winter zum Schneeschuhwandern, Skifahren und Rodeln.

Ein einfacher Nachmittagsausflug im Sommer führt mit der Luftseilbahn von Beckenried am See nach oben. Dann geht's eine Stunde meist bergab durch Wald und über Kuhweiden zur Stockhütte, von wo eine Seilbahn hinunter nach Emmetten fährt – oder du leihst einen Bergroller für eine schnelle Sause den Berg hinunter.

Beckenried und Emmetten liegen an der Busroute 311 von Stans; die führt weiter nach Seelisberg, von wo du hinunter zur Rütliwiese läufst oder die Standseilbahn nach Treib nimmst, um mit dem Schiff zurück nach Luzern oder weiter nach Brunnen zu fahren.

Seilbahn, Titlis (S. 169)

Die neuen schicken roten Wagen stammen von 2023, doch sie sind nicht groß – also in der Hauptsaison besser reservieren, wenn du nicht eine Stunde oder länger Schlange stehen willst! Oben am Gipfel gibt's mehrere kurze Wanderwege; am schönsten ist der Klippenweg zum Tomlishorn, der zum Matthorn ist länger und einsamer. Eine Gondelbahn fährt hinunter zur Fräkmüntegg; von dort führt ein leichter Weg hinab zur Krienseregg – im Winter wird hier gerodelt.

Engelberg

DAUER AB LUZERN: **45 MIN.** 

Skifahren, wandern und Boot fahren

Engelberg wird von einem Benediktinerkloster aus dem 12. Jh. sowie dem hohen Gipfel des **Titlis** (3028 m) dominiert. Mit einer Reihe von Seilbahnen, darunter die Drehseilbahn Rotair, gelangt man zur Gipfelstation über den eisblauen Spalten des Gletschers. Der Ausblick ist überwältigend, doch die Attraktionen hier oben sind überlaufen und Geschmacksache, wie z. B. das Fotostudio, in dem du dich in Schweizer Tracht ablichten lassen kannst. Besser begibst du dich hinunter zur Mittelstation am **Trübsee**, in dem sich die umliegenden Bergspitzen spiegeln. Hier kannst du ein Ruderboot leihen oder über einen der vielen Wege wandern. Schön ist die fünfstündige Wanderung über den Jochpass hinunter zum Engstlensee und weiter nach Meiringen. Im Winter heißt Engelberg Skifahrende aller Niveaus willkommen: Tempofreaks lieben die schwarzen und roten Pisten und die unpräparierten Hänge unter dem Klein Titlis (darunter eine 12-km-Abfahrt vom Gletscher zum Dorf), während Obertrübsee und Gerschnialp sanfte blaue Abfahrten in petto haben. Familienfreundlich ist mit zahlreichen Wander- und Schneeschuhwanderwegen das Gebiet **Brunni-Ristis** auf der anderen Seite des Dorfs.

AUSGEHEN RUND UM DIE RIGI

Rigi Kulm Hotel
Die moderne Inkarnation des ältesten Berghotels der Schweiz bietet erstklassige Ausblicke vom Gipfel der Rigi.

Rigi Bärenstube Gasthaus
Idyllisches Gasthaus in First, eine schöne Einkehr vor Begehung des Panoramawegs.

Restaurant Seerose
Dank schattiger Seeterrasse ein einladendes Fleckchen in Weggis für einen Spritz oder ein Bier nach der Wanderung.

Stanserhorn

DAUER AB LUZERN: **45 MIN.** 

Freiluftaufstieg

Aufs Stanserhorn (1898 m) gelangst du von dem hübschen Örtchen Stans mit einer 130 Jahren Standseilbahn und dann mit der offenen CabriO-Seilbahn. Oben am Gipfel gibt's viele Wanderwege, doch genauso schön ist es, sich ein stilles Fleckchen zu suchen und einfach den Ausblick zu genießen. In den Sommermonaten kannst du donnerstag- bis samstagabends länger oben bleiben, um den Sonnenuntergang zu bewundern und im Drehrestaurant ein Abendessen zu genießen.

Schwyz

DAUER AB LUZERN: **40 MIN.** 

Geschichte und Legende im Herzen der Schweiz

Das Städtchen Schwyz im Schatten des Bergmassivs Mythen hütet das wertvollste Dokument der Schweiz, den Bundesbrief von 1291. Auf die Unterzeichnung dieser Vereinbarung zwischen Schwyz, Uri und Unterwalden folgten unruhige Jahrhunderte, doch als 1848 die moderne Eidgenossenschaft geschaffen wurde und das Gefühl nationaler Zusammengehörigkeit gestärkt werden sollte, wurde das alte Pergamentblatt hervorgeholt und zur Gründungsurkunde des Landes erklärt. Heute wird es im **Bundesbriefmuseum** ausgestellt, in dem, auch auf interaktiven Bildschirmen, die Geschichte des Bundes erkundet wird. Noch weiter zurück geht es im **Forum der Schweizer Geschichte**: Es zeigt, was zur Zeit des Heiligen Römischen Reichs in dieser Region los war. Ein Kombiticket umfasst auch den Zutritt zur **Ital Reding-Hofstatt**. Alle drei Häuser sind montags geschlossen.

Urnersee

DAUER AB LUZERN: **40 MIN.** 

Auf dem Weg der Schweiz

Die Kulisse für den **Weg der Schweiz**, einen 35 km langen, 1991 zum 700. Geburtstag der Schweiz eingeweihten Wanderweg, bildet das türkise Wasser des Urnersees, wie der östliche Arm des Vierwaldstättersees genannt wird. Vom hübschen Brunnen, zehn Minuten von Schwyz, geht's mit dem Schiff hinüber zum **Rütli**, wo auf einer stillen Lichtung 1291 der berühmte Eid geschworen worden sein soll, weshalb hier auch am Nationalfeiertag, dem 1. August, die Bundesfeier stattfindet. Vom Ausgangspunkt windet sich der Weg in vier Etappen auf und ab am See entlang. Je nach Bevölkerungsgröße unterschiedlich lange Abschnitte repräsentieren die einzelnen Kantone. Wer vom Rütli nicht den steilen Weg hinauf nehmen möchte, nimmt das Schiff nach Treib und dann die

DIE HEIMAT DES SCHWEIZER ARMEEMESSERS

Die Stadt Schwyz steht nicht nur im Zentrum der Entstehung der Schweiz, sie hat auch das Symbol für Schweizer Präzision und Handwerkskunst hervorgebracht: das Schweizer Armeemesser von **Victorinox**.

1884 eröffnete der Messerschmied Karl Elsener hier seine Werkstatt, die er später nach seiner ihn stets unterstützenden Mutter Victoria benannte. Der Betrieb erhielt den Auftrag, die Schweizer Armee mit Messern zu beliefern. 1897 ließ sich Elsener sein mit mehreren Werkzeugen ausgestattetes Klappmesser patentieren, das heute als Schweizer Taschenmesser bekannt ist. Noch immer befindet sich die Victorinox-Fabrik in Ibach, einem Vorort von Schwyz.

In Brunnen gibt's einen größeren Laden, in dem du dir dein eigenes Schweizer Taschenmesser selbst zusammenbasteln kannst.

ESSEN IN ENGELBERG

Tea Room
Retro-Teesalon im englischen Stil in der alten Post mit Kuchen, Sandwiches und *afternoon tea*. **€**

Brasserie Konrad
Restaurant der Ski Lodge Engelberg mit nordisch-Schweizer Gerichten und hübschem Garten. **€€**

Berglodge Restaurant Ristis
Bergrestaurant auf dem Brunni mit traditionellen Schweizer Rösti und Älplermagronen (Makkaroni). **€€**

FREIHEITSHELD WILHELM TELL

Wilhelm Tell, der seinem Sohn einen Apfel vom Kopf schoss und später den Landvogt tötete, der ihn dazu gezwungen hatte, ist in der Schweiz ein Volksheld – er wird mit dem Freiheitskampf der frühen Schweizer Eidgenossen identifiziert.

In der gesamten Region sind Hinweise zu finden, vom Tell-Denkmal in **Altdorf**, wo sich alles zugetragen haben soll, über die **Tellskapelle** am Ufer des Urnersees, wo Tell der Sage nach dem Landvogt entkam, bis zum **Schillerstein**, einem Obelisken zum Gedenken an den Friedrich Schiller, dessen Drama die Tell-Sage im 19. Jh. berühmt machte.

Im **Tell-Museum** in Bürglen (Mitte Mai–Mitte Okt.) erläutert ein kurzer Film die Bedeutung der Geschichte für die Schweizer Kultur.

DAVE CUTTS/SHUTTERSTOCK ©

Stoosbahn

Standseilbahn nach Seelisberg. Von dort geht's meist bergab nach **Bauen**, das Ende der ersten Etappe, mit herrlichem Blick auf den Urnersee unterwegs.

Stoos

DAUER AB LUZERN: **75 MIN.**

Von Gipfel zu Gipfel wandern

Das autofreie Dorf Stoos 50 km östlich von Luzern ist der Ausgangspunkt einer der schönsten Wanderungen in der Region. Schon die Anreise nach Stoos ist Teil des Erlebnisses. Von der Talstation fährt die steilste Standseilbahn der Welt: Mit einer maximalen Neigung von 110 % überwindet sie 744 Höhenmeter. Die Wagen der 1933 eröffneten und 2017 grundlegend erneuerten **Stoosbahn** sind so konstruiert, dass die Fahrgastkabinen immer horizontal stehen. Oben angekommen, liegt Stoos im Schatten zweier Gipfel, des **Klingenstocks** und des **Fronalpstocks**, deren steile Hänge im Winter auf roten und schwarzen Pisten befahren werden. Im Sommer ist die Hauptattraktion der Kammweg zwischen den beiden Gipfeln. Nach der Fahrt mit dem Klingenstock-Sessellift folgst du dem schmalen, aber gepflegten und gesicherten Weg zum Fronalpstock, mit Aussicht auf die ganze Region: den Vierwaldstättersee, die Rigi mit ihrem Sendemast, die bewaldeten Felsen des Bürgenstocks und den Urnersee. Die Wanderung dauert zwei bis drei Stunden; zwischen den beiden Bergstationen gibt's keinerlei Gastronomie.

AUSGEHEN IN BRUNNEN

Mezcalito
Mexikanisches Restaurant mit Caipirinhas und Nachos sowie Balkon mit Blick aufs Seeufer.

Elvira's Trübli
Dank großer Auswahl an Weinen und freundlichem Service zu Recht beliebtes und gemütliches Weinlokal am Fluss.

Seehotel Waldstätterhof
Die große Seeterrasse des Hotels ist ein toller Ort für einen Aperitif oder ein Abendessen bei Sonnenuntergang.

Zug

DAUER AB LUZERN: **20 MIN.**

Eine Zeitreise am Seeufer

Zug, rund 30 km von Luzern entfernt, ist vor allem als Steueroase und für dort ansässige multinationale Konzerne bekannt, doch es lohnt den Besuch wegen seiner gut erhaltenen mittelalterlichen **Altstadt** am Ufer des Zugersees. Unter dem Zytturm (Uhrturm) hindurch geht's auf schmalen Kopfsteinpflasterstraßen an Fachwerkhäusern mit bunten Fensterläden und reich verzierten Gebäuden vorbei zum Landsgemeindeplatz, auf dem ab dem 14. Jh. Volksversammlungen stattfanden. Überall sieht man Hinweise auf Fische, da der Fischfang in der Vergangenheit des Ortes eine große Rolle spielte – der Name der Stadt stammt von „Fischzug" (Fischfang). Noch immer gibt's hier eine Fischzucht, außerdem ein **Fischereimuseum** und an der Ecke des Fischmarkts steht ein Bronzebrunnen, der einen Jungen zeigt, der einen Hecht aus dem See zieht. Wie ein Fisch im Wasser fühlst du dich im hübschen **Seebad Seeliken**.

ZUGER CHRIESI

Schon seit Jahrhunderten wird Zug mit Kirschen – *Chriesi* im örtlichen Schweizerdeutsch – in Verbindung gebracht; der Ort ist berühmt für sein Kirschwasser und die Zuger Kirschtorte.

Im Frühjahr zieren die blühenden Bäume die Wanderwege in der Gegend; Ende Juni findet in der Stadt der **Zuger Chriesisturm** statt, der auf Bräuchen rund um den Beginn der Kirschernte beruht.

Mit dem Mittagsgeläut der *Chriesigloggä* (Kirschglocke) beginnt das Rennen, bei dem Zweierteams mit Leitern (Männer) und Rückentragekörben (Frauen) durch die Altstadt spurten. Es gibt auch einen Kindersturm. Im Anschluss findet der Kirschmarkt (*Chriesimärt*) statt und auf dem Landsgemeindeplatz wird ordentlich gefeiert.

Einsiedeln

DAUER AB LUZERN: **60 MIN.**

Mönche, Putten und Skispringer:innen

Das verschlafene Städtchen Einsiedeln, 60 km von Luzern, wird von einem riesigen Kloster dominiert. Innen präsentiert sich die **Klosterkirche** als barockes Buffet aus Deckenfresken, drallen rosa Putten und Vergoldungen. Pilgernde strömen hierher, um in der kleinen, angeblich von Christus selbst geweihten Marienkapelle zu beten. Einkaufsfreudige zieht es im Dezember auf den Weihnachtsmarkt vor dem Kloster. Von der Rückseite des Klosterhofs führt ein Weg bergan zur **Statue des hl. Benedikt** mit Blick nicht nur auf den weitläufigen Klosterkomplex, sondern auch auf die vier großen Skischanzen des Orts, auf denen die Schweizer Skispringer:innen trainieren.

TELL-TRAIL

Die Stoos-Kammwanderung ist eine von acht Etappen des 156 km langen Fernwanderwegs Tell-Trail, der von Altdorf zum **Pilatus** (S. 170), nach **Rigi Kaltbad** (S. 170), zum **Stanserhorn** und nach **Engelberg** (S. 171) führt.

ESSEN IN SCHWYZ

Café Laden
Heimeliges Café mit köstlichen vegetarischen Speisen und Backwaren, auch glutenfrei; auch Secondhandkleidung. **€**

Gasthaus Schwyzer Stubli
Regionale saisonale Kost in Gasthaus aus dem 17. Jh. mit holzvertäfeltem Gastraum und geschützter Terrasse. **€€**

Brasserie Engel
Familiengeführtes Restaurant gegenüber der Kirche mit französischer Küche und hausgemachter Schokolade. **€€**

Andermatt

BERGWANDERUNGEN | KLETTERSTEIG | MUSEEN

UNTERWEGS

Vom Bahnhof und von der Gütsch-Express-Seilbahn sind es zu Fuß knapp zehn Minuten ins Ortszentrum.

Zum Oberalppass verkehren regelmäßig Züge, die im Andermatt+Sedrun+Disentis PASS inbegriffen sind.

Weniger regelmäßig fahren Busse auf den Gotthardpass (die nicht im PASS inbegriffen sind), sodass du mit dem Auto flexibler bist.

Andermatt ist ein Dorf mit Ambitionen. Der an der Kreuzung dreier Bergpässe – Gotthard, Furka und Oberalp – gelegene hübsche Ort im Urserental war einmal ein wichtiger Zwischenstopp, bis durch die Eröffnung des Gotthardtunnels 1980 ein Großteil des Verkehrs wegfiel. Im einstigen Garnisonsort gibt's zwar noch immer einige Kasernen, aber die Militärpräsenz ist nicht mehr so ausgeprägt und so erfindet er sich als Touristenziel neu.

Schon seit Langem ist das Skigebiet Gemsstock beliebt bei Leuten, denen der Sinn nach Pulverschnee abseits der Pisten steht. Mit gewaltigen Investitionen wurde es in den letzten Jahren weiter ausgebaut: Es verbindet nun Andermatt mit den Nachbardörfern Sedrun und Disentis in Graubünden. Am Ortsrand entstehen schicke neue Hotels und Restaurants, doch der Dorfkern ist nach wie vor sehr traditionell, mit von der Sonne gedunkelten Häusern und gemütlichen Gasthöfen sowie dem Rauschen der Unteralpreuss als ständiger Geräuschkulisse.

Wanderung zum Lai da Tuma

Die Quelle des Rheins

Dank der Lage an der Kreuzung mehrerer Bergpässe ist Andermatt ein wunderbarer Ausgangspunkt für Wanderungen. Die Matterhorn-Gotthard-Bahn bringt dich in 20 Minuten auf den **Oberalppass** (2044 m) und damit zum beliebten Wanderweg zum Lai da Tuma (Tomasee; 2345 m), der als Quelle des Rheins gilt. Der Weg windet sich gegenüber den Straßenkehren den Berg hinauf und ist anfangs leicht zu gehen. Steigst du höher und erreichst unterwegs zu dem stillen See schließlich einen felsigen Abschnitt, verstummt auch das Röhren der Motorräder.

Entweder gehst du denselben Weg wieder zurück oder weiter zur Badushütte und auf den **Pazolastock** (2740 m), was aber erheblich anstrengender ist. Statt mit dem Zug zurück

TOP TIPP

Mit der kostenlosen, in deiner Unterkunft erhältlichen Gästekarte genießt du Rabatte und Gratisangebote in Bars, Restaurants und Geschäften sowie Vergünstigungen bei den Bergbahnen. Der sieben Tage gültige Andermatt+Sedrun+Disentis PASS (nur im Sommer) kostet nur 20 SFr.

HIGHLIGHTS
1 Oberalppass

SEHENSWERTES
2 Suworowdenkmal
3 Teufelsbrücke

AKTIVITÄTEN
4 Lai da Tuma
5 Pazolastock

SCHLAFEN
6 Chedi
7 Gasthaus Tell
8 River House

ESSEN
9 Gasthaus zum Sternen
10 Gütsch by Markus Neff
11 Restaurant Ochsen
12 Toutoune
13 Vinothek 1620

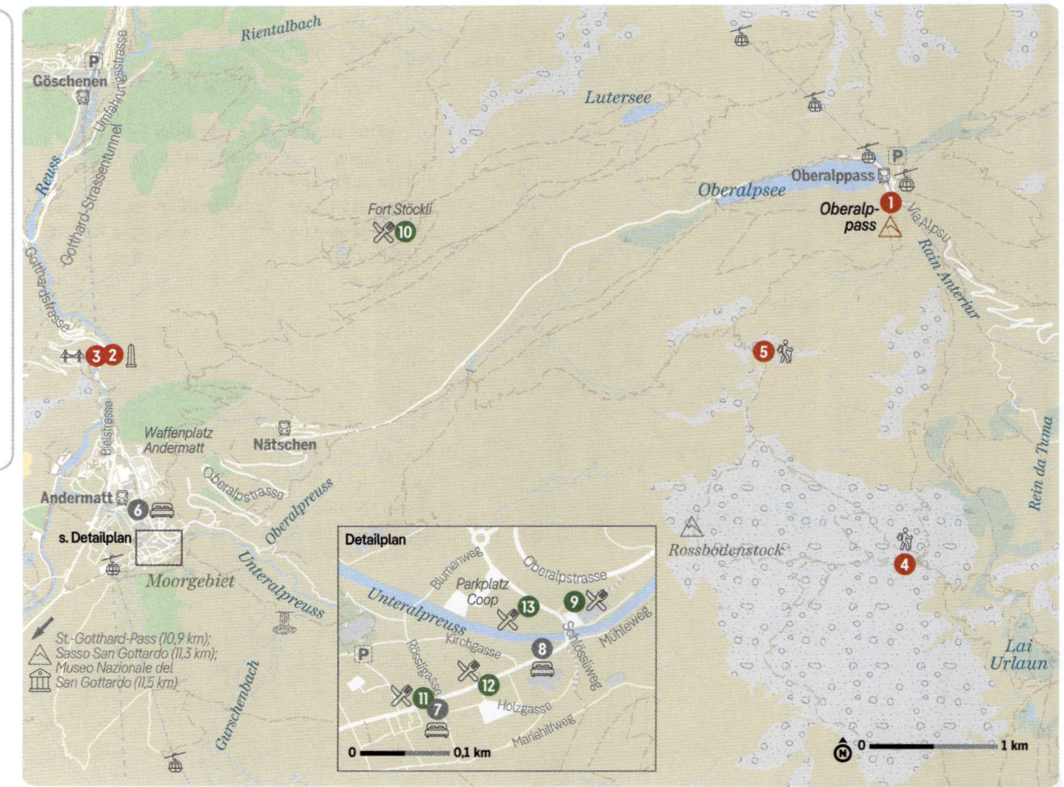

EIN LEUCHTTURM IN DEN ALPEN

Mit einer Höhe von 2044 m ist der Oberalppass nicht unbedingt ein naheliegender Standort für einen Leuchtturm, dennoch steht hier einer.

Er ist eine kleinere Nachbildung des Leuchtturms, der im 20. Jh. in Hoek van Holland in den Niederlanden an der Rheinmündung stand, und wurde 2010 hier, in der Nähe des Lai da Tuma, aufgestellt, um zu markieren, wo der europäische Wasserweg seine Quelle hat.

Jährlich wird ein Schweizer Prominenter oder eine Medienpersönlichkeit zum Ehrenwärter ernannt, dem bei einer Zeremonie ein übergroßer Schlüssel überreicht wird.

ALEH ALISEVICH/SHUTTERSTOCK ©

Teufelsbrücke

nach Andermatt zu fahren, kannst du am Oberalppass auch die Schneehüenerstock-Seilbahn nehmen und dann auf dem einfachen, zumeist flachen Weg von der Mittelstation nach Gütsch wandern, von wo eine weitere Seilbahn hinunter nach Andermatt fährt. Bei der Zeitplanung auf jeden Fall bedenken, dass die Seilbahnen meist nur bis 16.45 Uhr verkehren!

Der Weg durch die Schöllenenschlucht

Drei Brücken

Die wilde Schöllenenschlucht, über die die **Teufelsbrücke** führt, ist eine Viertelstunde zu Fuß von Andermatt entfernt. Die von allerlei Legenden umrankte Original-Steinbrücke aus dem 16. Jh. soll der Teufel selbst gebaut haben. Um die neuste Teufelsbrücke aus dem 20. Jh. und über sie hinweg führt ein Rundweg mit schönem Blick auf die Schlucht, die tosende Reuss und zwei andere Brücken: einen Eisenbahnviadukt und eine mehrbogige Straßenbrücke. Ganz in der Nähe erinnert das **Suworowdenkmal** an russische Soldaten, die hier 1799 im Kampf gegen das revolutionäre Frankreich fielen. Am Denkmal beginnt ein **Klettersteig**.

EINE EPISCHE REISE

Das PostAuto 682 fährt eine fast neunstündige Vier-Pässe-Runde über den **Gotthardpass** sowie die Pässe **Susten**, **Grimsel** und **Nufenen** (S. 139). Es handelt sich dabei um die längste öffentliche Verkehrsverbindung des Landes.

Armeealltag unter der Erde

Eine streng geheime Kriegsfestung

Mit dem Bus sind es von Andermatt 25 Minuten zum **Gotthardpass** (2106 m), über den in der Vergangenheit eine bedeutsame Handelsroute führte. Früher gab es hier außerdem eine riesige geheime Festung. Im Zweiten Weltkrieg fürchte die Schweiz eine deutsche oder italienische Invasion und baute das Schweizer Réduit, ein System aus Verteidigungsanlagen zur Sicherung der Bergpässe. 1941 wurde mit dem Bau einer Festung in einem Berg am Gotthardpass begonnen. Die Anlage Sasso da Pigna existierte bis 1998 und ist heute ein Museum namens **Sasso San Gottardo** (Juni–Mitte Okt.).

Von einer Tür im Felsen ziehen sich 2 km weit Tunnel in den Berg, während 475 Stufen – heute verkehrt dort eine Standseilbahn – von den unterirdischen (Ausstellungs)Räumen zur Festung hoch oben führen, mit Schlafsälen für Soldaten, Waschräumen, Küche, Kommandozentrale, Munitionslager und Artilleriestellungen.

Von einer Freiluftplattform sind Geschütze zu sehen, die aus dem Fels herausragen, um auf Invasoren weit unterhalb zu feuern. Es werden Führungen durchs Museum angeboten. Wer auch das **Museo Nazionale del San Gottardo** ganz in der Nähe besuchen möchte, das die historische Bedeutung des Gotthardpasses beleuchtet, kann für 29 SFr ein Kombiticket erwerben.

TOLL ESSEN IN ANDERMATT

Gasthaus zum Sternen
Erstklassige Rösti und toller Apfelstrudel in traditionellem Gasthaus im Dorfzentrum. €

Vinothek 1620
Gemütliches Weinlokal in einem schönen alten Gebäude mit kleiner Pizza-, Lasagne- und Focaccia-Karte; gebacken wird mit Biomehl. €

Restaurant Ochsen
Beim Betreten des rustikalen Lokals, bekannt für ausgezeichnetes Fondue und eine muntere Stimmung, umfängt dich der Geruch von geschmolzenem Käse. €

Toutoune
Mediterranes Café mit Falafel, Mezze, Pasta und Flammkuchen. €

Gütsch by Markus Neff
Französische Sterneküche und erstklassige Ausblicke an der Bergstation der Gütsch-Seilbahn. €€€

ÜBERNACHTEN IN ANDERMATT

Gasthaus Tell
Einfache, geräumige Zimmer und ausgezeichnetes Restaurant, geführt von einem südafrikanisch-Schweizer Paar. €

River House
Stylishe, umweltfreundliche Bleibe mit lebhafter Bar und Dachterrasse mit Flussblick. €€

Chedi
Fünf-Sterne-Luxus in modernem Holzdesign. Spa und Restaurants sind auch für Nicht-Gäste geöffnet. €€€

MICHAL SIKORSKI/ALAMY STOCK PHOTO ©

Oben: Église Collégiale, St-Ursanne (S. 187); rechts: Karnevalsmasken

Nordwestschweiz

KULTUR, LANDLEBEN UND GRENZLANDE

Die lebendige Kulturszene von Basel, Abstecher nach Frankreich und Deutschland, der Rhein und geruhsame Spaziergänge zu Burgruinen und malerischen Orten im Aargau.

Die Nordwestschweiz am Dreiländereck mit Grenzen zu Frankreich und Deutschland verströmt eine ganz andere Schönheit als die typische Schweiz der Bergriesen und tiefen Alpentäler.

Die üppige, malerische Region wartet mit hübschen Städtchen und Dörfern inmitten samtiger Felder und sanfter Hügel auf. Das Herz des Dreiländerecks schlägt in der Rheinstadt Basel, die mit mehreren ausgezeichneten Museen Kunstliebhaber:innen aus Nah und Fern anzieht.

Der Rhein bildet mehr oder weniger die Nordgrenze der Region, bevor er in Basel eine markante Kurve beschreibt: das Rheinknie. Als Knotenpunkt von drei Kulturen verströmt die Gegend rund um Basel besonderes Flair. Hier kannst du den Vormittag in Deutschland, den Nachmittag in Frankreich und den Abend in der Schweiz verbringen.

Ein Stückchen außerhalb von Basel befinden sich die Ruinen der römischen Kolonie Augusta Raurica, und auch das mittelalterliche Städtchen St-Ursanne ist nur eine schöne Tagestour entfernt. Weiter östlich ist die reizende mittelalterliche Stadt Aarau das perfekte Sprungbrett für eine Erkundung des Stammsitzes der Habsburger, die ab dem Mittelalter über einen Großteil Europas herrschten.

Ein Abstecher in diese Region führt zu den Burgen und Schlössern Habsburg, Wildegg, Lenzburg und Hallwyl sowie zu hübschen Dörfern und Wander- und Radwegen, geeignet für kurze oder lange Wanderungen und gemächliche Radtouren mit Picknick.

DIE WICHTIGSTEN ZIELE

BASEL
Kultur erleben im Herzen des Dreiländerecks.
S. 182

AARAU UND DIE BURGEN
Reizende Mittelalterstädtchen und Burgen.
S. 188

Erste Orientierung

Die kompakte Nordwestschweiz ist leicht zu erkunden. Die sanften Hügel und das Dreiländereck um Basel lassen sich problemlos zu Fuß, per Rad und mit öffentlichen Verkehrsmitteln erschließen.

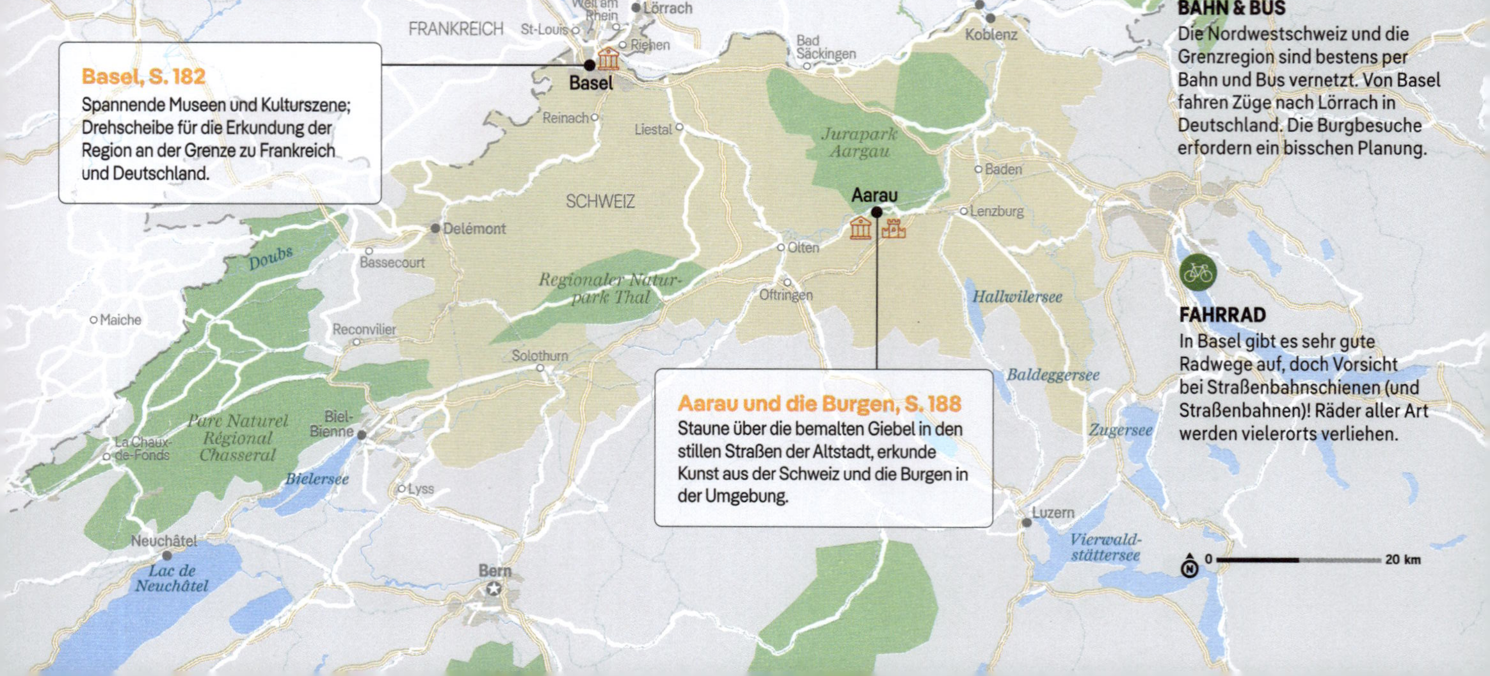

Basel, S. 182
Spannende Museen und Kulturszene; Drehscheibe für die Erkundung der Region an der Grenze zu Frankreich und Deutschland.

Aarau und die Burgen, S. 188
Staune über die bemalten Giebel in den stillen Straßen der Altstadt, erkunde Kunst aus der Schweiz und die Burgen in der Umgebung.

BAHN & BUS

Die Nordwestschweiz und die Grenzregion sind bestens per Bahn und Bus vernetzt. Von Basel fahren Züge nach Lörrach in Deutschland. Die Burgbesuche erfordern ein bisschen Planung.

FAHRRAD

In Basel gibt es sehr gute Radwege auf, doch Vorsicht bei Straßenbahnschienen (und Straßenbahnen)! Räder aller Art werden vielerorts verliehen.

Museum Jean Tinguely (S. 184)

Perfekte Tage

Besichtige die Museen von Basel und römische Ruinen. Fahre über die Grenze in eines der letzten Feuchtgebiete im Elsass oder wandere nach Deutschland. Erforsche die Schweiz im Mittelalter.

Vor allem Basel

Wenn du nur einen Tag Zeit hast, dann konzentriere dich auf **Basel** (S. 182). Besuche ein Museum, z. B. das **Kunstmuseum** (S. 182) oder die **Fondation Beyeler** (S. 184) und bummle durch die Altstadt zum Münster. Bei einem Drink im prachtvollen Hotel **Les Trois Rois** (S. 185) schaust du vom Balkon auf die Berge in der Ferne; abends gehst du in der Stadt aus.

Dreiländereck & Aargau

Hast du mehr Zeit, steuerst du nach der Erkundung von Basel weniger bekannte Ziele im Dreiländereck an wie das Naturschutzgebiet **Petite Camargue Alsacienne** (S. 186). Anschließend verbringst du eine oder mehrere Nächte in **Aarau** (S. 188) und besichtigst die **Lenzburg** (S. 188) und **Schloss Habsburg** (S. 191) sowie eine weitere oder gleich alle mittelalterlichen Burgen vor Ort.

BESTE REISEZEIT

FRÜHLING
Die **Burgen** sind geöffnet. Bei gutem Wetter: **Wandern**! April/Mai: das **Jazzfestival offbeat** in Basel.

SOMMER
Perfekt zum **Wandern** oder **Radeln**. Erlebe die **Musikfestivals** in Basel und die Aargauer **Burgen**.

HERBST
Die Basler **Herbstmesse** mit Kunst, Kunstgewerbe und Kirmes feiert auf den Straßen. Kultur findet drinnen statt.

WINTER
Weihnachtsmärkte, sensationelles Silvesterfeuerwerk und der berühmte Basler **Karneval**.

Basel

MUSEEN | ALTSTADT | NACHTLEBEN

UNTERWEGS

Der Rhein trennt die Altstadt in Grossbasel von Kleinbasel am anderen Flussufer. Die meisten Strecken kannst du zu Fuß zurücklegen oder du nutzt das ausgezeichnete Bus- und Straßenbahnnetz. Die Tram 8 fährt ins deutsche Weil am Rhein (und ins französische Huningue), Tram 6 zur deutschen Grenze in Riehen.

Die Stadt hat drei Bahnhöfe: Basel SBB (In- und Auslandsverkehr), Basel Badischer Bahnhof (Züge zwischen der Schweiz und Deutschland) und Basel SCNF (französischer Bahnhof, gehört zu Basel SBB).

TOP TIPP

Im Sommer ist die Region gut mit dem Rad zu erkunden. Am SBB-Bahnhof verleiht Rent a Bike (rentabike.ch) E-Bikes wie auch Stadträder und Mountainbikes. Basel hat ein tolles Radwegenetz.

Basel ist mehr als eine Stadt. Hier schlägt im französisch-deutsch-schweizerischen Grenzland das Herz einer multikulturellen Region. In allen drei Ländern werden traditionell Varianten des Allemannischen gesprochen. Eine Besonderheit ist die ungeheure kulturelle Vielfalt direkt vor der Haustür.

Über ein Drittel der Bevölkerung sind keine Schweizer:innen; viele Expats arbeiten bei hier ansässigen Pharmakonzernen wie Roche und Novartis. Dank der Lage am Rhein entwickelte sich Basel zu einem wichtigen Handels- und Verkehrsknotenpunkt sowie Kulturzentrum. Die Stadt liegt in der Nähe einer von den Römern 44 v. Chr. auf keltischem Gebiet gegründeten Kolonie, die zu einem Militärstandort ausgebaut wurde, bevor sie ab dem 3. Jh. wieder an Bedeutung verlor. Die vielen Museen, die stimmungsvolle Altstadt und das quirlige Nachtleben machen Basel zu einem tollen Reiseziel.

Von Alten Meistern zu irrer Bewegung

Die drei großen Basler Museen

Die Hauptattraktion von Basel ist seine Kulturszene und besonders die folgenden drei Museen mit hohem internationalem Renommee locken mit hochkarätigen Ausstellungen Besucher:innen aus dem In- und Ausland an.

Das **Kunstmuseum Basel** in drei Gebäuden in der Innenstadt beherbergt die umfassendste öffentliche Kunstsammlung der Schweiz, von den Alten Meistern des 15. bis 18. Jhs. bis zur Kunst des 19. Jhs. und der klassischen Moderne sowie von den 1960er-Jahren bis heute. Zu den Highlights zählen u. a. Meisterwerke von Hans Holbein d. J., Picasso, Rousseau, Chagall, Klee, Modigliani und Lynette Yiadom-Boakye. Der Hauptbau und der modernistische Neubau stehen sich am St. Alban-Graben gegenüber, das Gebäude „Gegenwart" liegt ein Stück östlich am St. Alban-Rheinweg.

Zum **Museum Jean Tinguely** gegenüber vom Kunstmuseum, auf der anderen Rheinseite, gelangt man am schönsten mit der Fähre, ansonsten über die Mittlere Brücke und Richtung Osten am Ufer entlang. Das Museum befindet sich oberhalb eines Kiesel-Badestrands in einem Bau des bekannten

HIGHLIGHTS
1 Kunstmuseum Basel
2 Museum Jean Tinguely

SEHENSWERTES
3 Dreirosenbrücke
4 Garten der Alten Universität
5 Jüdisches Museum Schweiz
6 Lohnhof
7 Mittlere Brücke
8 Münster
9 Rathaus
10 Spalenberg
11 Tinguely-Brunnen

AKTIVITÄTEN
12 Kleinbasel

ESSEN
13 Markthalle

AUSGEHEN & FEIERN
14 Cargo Bar
15 Das Viertel
16 Kulturbeiz 113
17 Les Trois Rois Hotel

UNTERHALTUNG
18 Grenzwert
19 Heimat
20 Parterre One

WARUM ICH BASEL LIEBE

Anthony Haywood, Autor

„Wie wär's heute mit einem Glas Wein in Frankreich?" Das würde sich gewöhnlich schräg anhören, aber im Basler Dreiländereck ist es normal, mal kurz über die Grenze zu hüpfen. Oder von meiner Wohnung in Deutschland – 500 m von der Schweizer Grenze – durch malerischen Mischwald über die grüne Grenze nach Basel zu radeln, um Freund:innen zu treffen.

Zweimal im Monat schnalle ich mir die Gitarre auf den Rücken und radle zu einer Jamsession mit anderen Amateurmusiker:innen im „Wohnzimmer" der Markthalle, während in der Etage über uns gebruncht wird. Viel Improvisation, Lachen und kontrapunktische Melodien – das und noch viel mehr liebe ich an Basel.

TAKEHANX/SHUTTERSTOCK ©

Fondation Beyeler

Tessiner Architekten Mario Botta. Nachdem Tinguely sich in Basel und Zürich einen Namen als Dekorateur gemacht hatte, führte ihn sein Weg nach Paris, wo er sich der kinetischen Kunst zuwandte, die sein Markenzeichen wurde. In diesem Museum sind seine verspielten, schelmischen, musikalischen und wirklich verrückten künstlerischen Schöpfungen zu sehen. Die kinetischen Skulpturen erscheinen völlig chaotisch, bewegen sich aber mit einer faszinierenden mechanischen Präzision. Einige lassen sich in Betrieb setzen und es macht Spaß zu beobachten, wie sie klappern, wackeln oder sich drehen und wie sich Sprungfedern, Vogelfedern und Räder in alle Richtungen verdrehen. Im oberen Stock gibt die riesige Méta-Harmonie eindringliche Melodien von sich. In Aktion ist seine Kunst auch am **Tinguely-Brunnen** gleich westlich vom Hauptbau des Kunstmuseums zu erleben.

Das dritte Museum im Bunde ist die **Fondation Beyeler** in Riehen. Die herrliche Sammlung des Kunsthändlerpaares Hildy und Ernst Beyeler ist in einem niedrigen, langen, lichten und offen gestalteten Gebäude des italienischen Architekten Renzo Piano untergebracht. In wechselnden Ausstellungen werden z. B. Gemälde aus dem 19. und 20. Jh., etwa von Picasso und Rothko, Skulpturen von Miró und Max Ernst und Kunst aus Ozeanien gegenübergestellt.

Anders als die beiden anderen Museen ist die Fondation Beyeler auch montags geöffnet.

Erkundung der Altstadt

Ein Bummel durch die Geschichte Basels

Die Basler Altstadt ist weniger puppenstubenhaft als die kleineren Städte der Schweiz, für einen netten Bummel aber bestens geeignet. Unbedingt sehenswert sind das bunte **Rathaus** am Marktplatz und das **Münster** aus dem 13. Jh. am Münsterplatz, mit tollem Ausblick auf den Rhein von der „Terrasse“ und natürlich auch vom hohen gotischen Turm. Der terrassierte **Garten der Alten Universität** in der Nähe ist ein perfektes Plätzchen zum Entspannen mit Aussicht. Wer lieber bei einem Drink relaxt, steuert den Balkon des alten Hotels **Les Trois Rois** an. Sehr lohnend ist auch eine Runde durchs alte Künstlerviertel **Spalenberg**; dann geht's wieder hinunter, vorbei am **Lohnhof**, einem früheren Gefängnis, in dem heute ein kleines Musikinstrumentenmuseum residiert.

Judaismus & Zionismus in Basel

Das jüdische Erbe der Schweiz

„In Basel gründete ich den jüdischen Staat“, schrieb Theodor Herzl im September 1897 in sein Tagebuch; ein Foto des österreichischen Zionisten und ersten Präsidenten der Zionistischen Weltorganisation auf dem Balkon des Hotels Les Trois Rois untermauert seine Worte. Herzl und viele andere jüdische Intellektuelle stiegen hier zum ersten Zionistischen Weltkongress im selben Jahr ab – 50 Jahre später wurde der Staat Israel gegründet. Im **Jüdischen Museum Schweiz** in der Kornhausgasse lässt sich das jüdische Erbe erkunden. Der Eintritt beinhaltet eine einstündige Führung mit Tablet und Kopfhörern durch die drei Abteilungen mit Schwerpunkt auf zeremoniellen Gegenständen und Kleidungsstücken, die mit religiösen Praktiken in Zusammenhang gestellt werden. Samstags ist das Museum geschlossen.

Schwimmen im Rhein

In Kleinbasel mit dem Strom schwimmen

Das von manchen „Basler Riviera“ genannte rechte Rheinufer in **Kleinbasel** lockt an warmen Sommertagen Sonnenanbeter:innen und Schwimmer:innen an. Viele packen ihre Kleidung in einen „Wickelfisch“ – einem u. a. in der Touristeninformation erhältlichen wasserdichten Schwimmsack (in Fischform) – und lassen sich stromabwärts treiben. Ein guter Einstieg ist der Kieselstrand am Museum Jean Tinguely, geeignet auch nur zum Herumwaten, falls du nicht baden willst. Ein guter Ausstieg ist hinter der alten **Mittleren Brücke**, der letzte dann an der **Dreirosenbrücke**. Ein Stück flussabwärts vom Kieselstrand ist dem FKK-Sonnenbaden vorbehalten. Für das Rheinschwimmen musst du gut schwimmen können; halte dich fern von Bojen, Booten, Brückenpfeilern und Flussfähren. Auf Letztere ist etwa an der Anlegestelle unterhalb vom Münsterplatz zu achten. Im August steht im Rhein eine Bühne für das **Floss Festival** mit Musiker:innen aus dem In- und Ausland.

COMEDY IN BASEL

Der gebürtige New Yorker **Steve Sanderson** lebt seit über fünf Jahren in Basel und ist Teil einer florierenden englischsprachigen Comedyszene in der Stadt. Hier seine Empfehlungen:

Heimat
Club mit Bühne für professionelle Comedy-Künstler:innen aus allen Bereichen.

Parterre One
Top-Laden für Livemusik mit offener Bühne für Singer-Songwriter:innen. In Sachen Comedy wird hier die klassische American Stand-up Show gepflegt.

Grenzwert
Der On the Run Comedy Club, der professionelle Shows in der „Heimat“ veranstaltet, organisiert hier das „Murder Mondays Comedy Open Mic“. Eine tolle Möglichkeit, auf die Bühne zu gehen, weil es so relaxt ist.

AUSGEHEN IN BASEL

Cargo Bar
Kulturaffin, oft mit Musik, und im Sommer mit Tischen draußen am Rhein.

Das Viertel
Sonnenverwöhnte Dachterrasse im Sommer, auch mit Essen, sowie Club zumeist mit House-Beats.

Kulturbeiz 113
Herrliche Ausblicke auf die Stadt von den Terrassen der alten Warteck-Brauerei, zu erreichen über eine Außentreppe.

Rund um Basel

Die Region um Basel bietet das Beste aus drei Ländern, tolle Wanderwege und einen stimmungsvollen Ausflug ins Mittelalter.

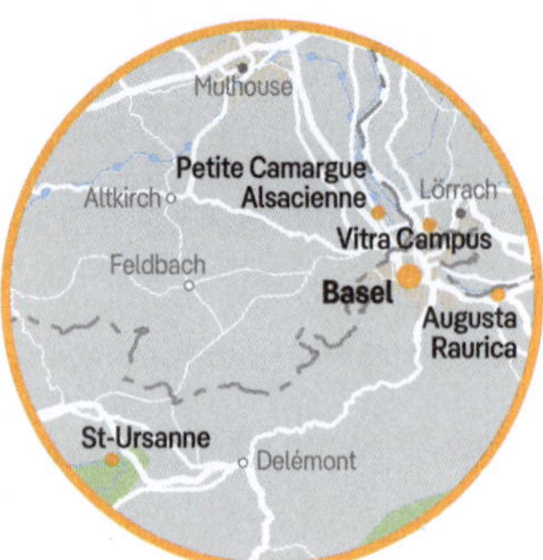

Ziele

UNTERWEGS

St-Ursanne ist problemlos in einer Stunde mit der S3 Richtung Porrentruy zu erreichen. Das Dreiländereck ist durch grenzüberschreitende Bahnen und Trambahnlinien erschlossen, z. B. durch eine Straßenbahn nach Weil am Rhein und Züge nach Lörrach in Deutschland.

In dieser Region sind die Schweiz, Frankreich und Deutschland kulturell eng miteinander verwoben. Nur ein paar Kilometer von der Basler Altstadt entfernt treffen die drei Länder an einem Punkt mitten im Rhein zusammen. Zu Fuß oder mit dem Rad kommst du am linken Flussufer entlang nach Huningue (Hüningen) in Frankreich, wo eine Fußgängerbrücke hinüber nach Weil am Rhein in Deutschland führt. Von hier verläuft die Grenze durch Vororte, über Felder, durch Wälder und – ja, richtig vermutet – durch den Rhein, bevor der in Basel das sogenannte Rheinknie bildet. Eine Stunde südwestlich liegt im Jura das reizende Dorf St-Ursanne.

Petite Camargue Alsacienne

DAUER AB BASEL: **30 MIN.** 

Naturschutz in den Rheinauen

Das sich rund 5 km flussabwärts von Basel erstreckende Feuchtgebiet **Petite Camargue Alsacienne** (Kleine elsässische Camargue) ist ein Paradies für Naturfotograf:innen und Vogelkundler:innen. Wanderwege führen an von Weiden umstandenen Fischteichen, Wiesen und dichten Eichen- und anderen Laubwäldern entlang. Außerdem ist das Reservat mit Vogelbeobachtungstürmen gespickt. Das Feuchtgebiet wird auf der einen Seite vom Canal de Huningue, einem Teil des größeren Canal du Rhône au Rhin, und auf der anderen Seite von der **Île du Rhin** (Rheininsel) begrenzt, die man von der französischen Seite aus über einen Weg entlang des Kanals bis zu Schleuse 4 erreichen kann (die Schleusen sind durchnummeriert). Der Hauptteil des Naturschutzgebiets beginnt bei Schleuse 2 (Maison Eclusière, Schleusenhaus). Hier draußen kannst du über die **Passerelle des Trois Pays** (Dreiländerbrücke) gehen, auf Bänken relaxen oder an der Brücke auf einen Imbiss und ein Glas Wein im **La Huninguoise** vorbeischauen.

TOP TIPP

Das öffentliche Verkehrsnetz ist ausgezeichnet, aber bei gutem Wetter sind Ziele außerhalb von Basel auch zu Fuß oder mit dem Rad zu erreichen.

Vitra Campus & Augusta Raurica

DAUER AB BASEL: **90 MIN.** 

Museen außerhalb der Stadt

Diese beiden Attraktionen könnten unterschiedlicher nicht sein: In einer geht's um ultramodernes Design, in der anderen zurück in die Antike – jeweils ein schöner Ausflug ab Basel.

Der Vitra Campus im deutschen Weil am Rhein ist ein Muss für Leute, die sich für Designermöbel interessieren. Er umfasst das umwerfende **Vitra Design Museum** (von Frank Gehry), das **Vitra Haus** und das **Vitra Schaudepot** (beide vom Basler Büro Herzog & De Meuron) sowie eine stetig wachsende Sammlung von Installationen von avantgardistischen Architekt:innen und Designer:innen wie Carsten Höllers korkenzieherhafter, 30 m hoher **Vitra Rutschturm**. Ein schöner Weg hierher ist der 5 km lange **Rehberger-Weg**: Er führt von der Fondation Beyeler durch ländliches Gebiet vorbei an 24 bunten Installationen von Tobias Rehberger. Dazu kannst du eine App herunterladen und auf der Website 24stops.info Näheres erfahren.

Die größte römische Fundstätte in der Schweiz sind die Überreste der 43 v. Chr. gegründeten Kolonie **Augusta Raurica**, zu erreichen mit dem Rad oder in zwölf Minuten mit dem Zug nach Kaiseraugst/Augst rund 17 km flussaufwärts von Basel. Das **Römermuseum** am Eingang umfasst ein authentisch rekonstruiertes Römerhaus, in dem ein einzigartiger antiker Silberschatz ausgestellt ist.

St-Ursanne

DAUER AB BASEL: **60 MIN.**

Wunderschönes Mittelalterdorf mit Kirche

St-Ursanne rund 60 km südwestlich von Basel ist ein intaktes mittelalterliches Dorf mit einer schönen steinernen Bogenbrücke über den Doubs von 1729. Der alte Dorfkern am Fluss ist gesäumt von Wald und einer Wiese, mit einem Steilhang als Kulisse. Nach einem Streifzug durch die stillen Straßen zur Brücke schaust du dir die **Église Collégiale** aus dem 12. Jh. an. Die Kirche entstand am Übergang von der Romanik zu Gotik, besonders sehenswert ist die streng symmetrische Architektur der Krypta. Das schöne romanische Portal auf der Südseite zeigt Christus, Petrus und Paulus, Engel und knieende Figuren – eine davon soll den Einsiedler Ursicinus aus St-Ursanne darstellen. Eindrucksvoll ist auch der Kreuzgang. Die Touristeninformation hält jede Menge Infos zu Wanderwegen bereit; im Sommer bietet **Flotnature** Kajaktouren auf dem Doubs.

GUT ESSEN RUND UM BASEL

Peja
Köstliche spanische Gerichte im Zentrum von Lörrach. Beliebt, daher reservieren! €€

Tenmanja
Beliebtes panasiatisches Lokal in Lörrach mit ausgezeichnetem Buffet sowie Gerichten von der Karte. €€

Afghan chez Madar joon
Beim Kanal im elsässischen Huningue, mit Tischen drinnen und draußen und echter, köstlicher afghanischer Küche. €€

Boulangerie Leyes
Top-Adresse in der Region für Brot und Backwaren in der Rue de Mulhouse in St-Louis im Elsass. €

Pastaverne
Im mittelalterlichen Ortskern von St-Ursanne; mit köstlichen Salaten, Nudel-, Fleisch-, Geflügel- und Fischgerichten. €€

AUSGEHEN RUND UM BASEL

La Huninguoise
Weinlokal im Elsass an der Dreiländerbrücke mit Gourmetsnacks und auch Tischen draußen.

Brauhaus Lasser Lörrach
Brauhaus der örtlichen Brauerei mit großem Außenbereich und typischem Gasthausessen.

Zum Wilden Mann
Beim Marktplatz in Lörrach, mit Außenbereich und gut zum Leutegucken.

Aarau & die Burgen

MÄRCHENSCHLÖSSER | MITTELALTERARCHITEKTUR | WARME QUELLEN

UNTERWEGS

Mit dem Auto fährst du am besten von Baden Richtung Süden. Mit öffentlichen Verkehrsmitteln musst du etwas vorausplanen. Von Aarau ist Wildegg im Norden leicht mit dem Zug zu erreichen. Zum Schloss Habsburg ist es vom Bahnhof in Schinznach-Bad zu Fuß eine halbe Stunde, oder zehn Minuten zu Fuß mit Bahn und Bus über Brugg. Schloss Lenzburg und das Wasserschloss Hallwyl sind von Aarau ebenfalls per Bahn und Bus erreichbar.

TOP TIPP

In der Touristeninformation in Aarau ist kostenlos die Karte Aargau Outdoors erhältlich. Die topografische Karte zeigt ein großes Netz an Wander- und Radwegen, toll für die Strecken zwischen den Schlössern. Die Velostation Aarau am Bahnhof verleiht Stadträder und Mountainbikes (So geschl.).

Der Kanton Aargau beginnt nur ein paar Kilometer flussaufwärts von Basel, doch die Kantonshauptstadt Aarau liegt rund 60 km südöstlich, umgeben von sanften Hügeln und offenen Landschaften. An warmen Tagen lässt sich die ruhige Provinzregion auf zahlreichen Wander- und Radwegen schön erkunden.

Einer der Hauptgründe für einen Abstecher hierher sind die Burgen, darunter der Stammsitz der Habsburger, die im Mittelalter und bis zu ihrem Niedergang 1806 über einen Großteil Europas und auch andere Teile der Welt herrschte. Die anderen drei interessanten Adelssitze sind Schloss Wildegg auf einer Hügelwiese inmitten von Obstgärten, Schloss Lenzburg und das Wasserschloss Hallwyl. Der Ort Lenzburg verströmt ein mittelalterliches Flair, doch auch Aarau ist hübsch und wartet mit einem ausgezeichneten Kunstmuseum auf.

Ein Bummel durch die Altstadt von Aarau

Bunte Giebel und Mittelalterkolorit

Aaraus Geschichte beginnt Mitte des 13. Jhs., als der Ort von den Grafen von Kyburg gegründet wurde. Doch den verschiedenen Linien der Kyburg-Dynastie mangelte es an Erben, und als 1264 keiner gefunden werden konnte, gelangte die Stadt in die Hände der ambitionierten Habsburger, denen damals ein steiler Aufstieg bevorstand.

Die Bebauung in dem kleinen, geschlossenen Kern von Aarau auf einem Felskopf oberhalb der breiten Aare stammt fast ausschließlich aus dem Mittelalter. Das markanteste Wahrzeichen ist das über 60 m hohe **Obertor**, der höchste mittelalterliche Stadtturm in der Schweiz. Jenseits des Tors liegt das Herz der Altstadt mit gut erhaltenen Häusern, deren überhängende Giebel an der Unterseite prachtvoll bemalt sind. Hast du vom Hochgucken einen steifen Hals, steuere die **Metzgergasse** mit ein paar guten Einkehrmöglichkeiten an.

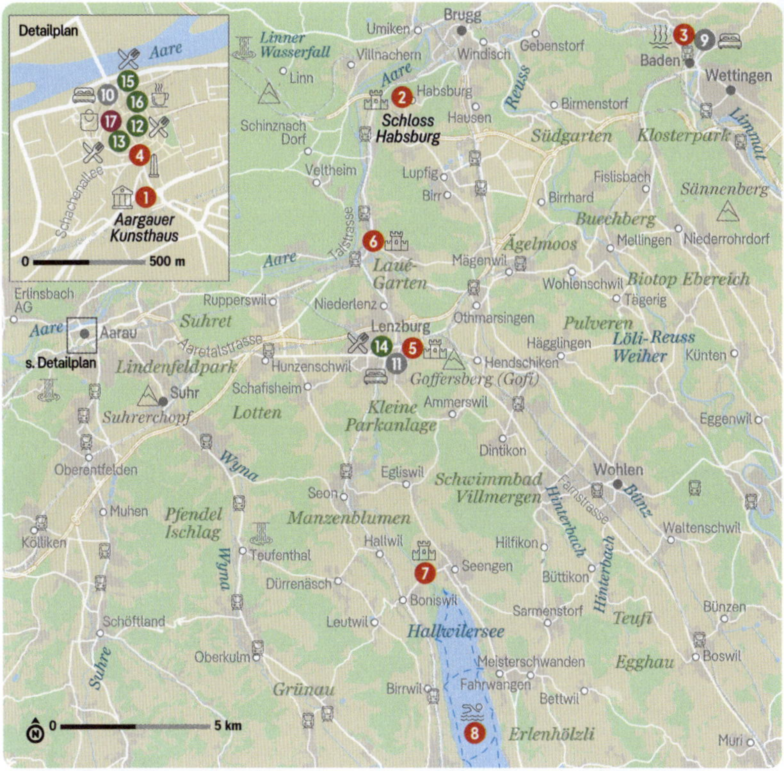

HIGHLIGHTS
1 Aargauer Kunsthaus
2 Schloss Habsburg

SEHENSWERTES
3 Fortyseven° Wellness Therme
4 Obertor
5 Schloss Lenzburg
6 Schloss Wildegg
7 Wasserschloss Hallwyl

AKTIVITÄTEN
8 Hallwilersee

SCHLAFEN
9 Atrium-Hotel Blume
10 Hotel Kettenbrücke
11 Ochsen Lenzburg

ESSEN
12 Metzgergasse
13 Sevilla
14 Skin's
15 Zollhuus

AUSGEHEN & FEIERN
16 Tuchlaube Café Bar

SHOPPEN
17 Al Solito Posto

ÜBERNACHTEN IN UND UM AARAU

Hotel Kettenbrücke
4-Sterne-Hotel im Zentrum von Aarau mit schicker moderner Einrichtung und dem Restaurant Zollhuus. €€

Atrium-Hotel Blume
Ausgezeichnetes Hotel nahe beim Thermalspa in Baden mit Balkonen, Innenhof und Brunnen sowie Thermalbad. €€

Ochsen Lenzburg
Freundliches Boutiquehotel nicht weit vom Schloss, perfekt als Basis in Lenzburg. €

SCHÖN ESSEN & AUSGEHEN IN UND UM AARAU

Tuchlaube Café Bar
Kleine Gerichte, Kaffee und gute Auswahl an Tees; wird gerne vom Theaterpublikum besucht. €

Sevilla
Köstliche Tapas mit einer guten Auswahl an spanischen Weinen in gemütlichem mediterranem Ambiente. €€

Al Solito Posto
Italienische Leckereien für ein Picknick; die Weinhandlung unten hat dazu passend eine breite Palette an Tröpfchen aus Italien im Angebot. €

Zollhuus
Fleisch- und Burgergerichte zu guten Preisen sowie auch einige vegetarische und vegane Speisen; im Hotel Kettenbrücke. €€

Skin's
Hochgelobte saisonale fünf- und siebengängige Menüs mit moderner Fusionskost sowie Kochevents. In Lenzburg. €€€

IMAGEBROKER.COM GMBH & CO. KG/ALAMY STOCK PHOTO ©

Aargauer Kunsthaus

Schweizer Kunst im Laufe der Zeit

Das Aarauer Kunstmuseum

Das montags geschlossene **Aargauer Kunsthaus** in Aarau bestückt aus seinem reichen Bestand an Kunst aus der Schweiz wechselnde Ausstellungen. Die Sammlung zählt rund 20 000 Werke, aus denen durchnummerierte Ausstellungen zusammengestellt werden wie z. B. „Sammlung 23".

Angesichts der Vielzahl der zur Verfügung stehenden Werke erscheint die gezeigte Auswahl vielleicht etwas dürftig, doch die Sammlung ist auf jeden Fall eindrucksvoll. Nutze daher die interaktive Abtei-

LENZBURGER ALTSTADT

Das Zentrum von Aarau ist bunt und schön, doch weniger bekannt ist **Lenzburg**. Lass den Ortsrand hinter dir, um dann am Fuß der Burg durch den schönen alten Kern zu spazieren.

lung des Hauses: Du stehst in einem leeren Raum im unteren Geschoss an einem Medienterminal und kuratierst deine eigene Ausstellung, vielleicht indem du Bilder zu einem Thema zusammenstellst oder Werke mit kontrastierenden Merkmalen einander gegenüberstellst und diese dann, eins nach dem anderen, an die Wände projizierst.

Vier Burgen an einem Tag

Zurück zu den mittelalterlichen Wurzeln

Wenn du Märchen magst oder dich gerne in die Zeit des Mittelalters versetzt, solltest du die vier gut erhaltenen Burgen zwischen Baden und Aarau kennenlernen. Sie sind von April bis Oktober geöffnet, Schloss Habsburg auch im Winter, und leicht mit Bahn und Bus von Baden und Aarau erreichbar.

Das in 510 m Höhe auf einem Hügel unmittelbar außerhalb von Brugg gelegene **Schloss Habsburg** – hinauf führt ein 50-minütiger Spazierweg – ist der Stammsitz der Habsburger. Hier wurde der Grundstein für die spätere Macht des Adelshauses gelegt. An Audiostationen und auf Tafeln in der Burg wird die Geschichte der Habsburger erzählt. Von hier führt ein Wanderweg zum **Schloss Wildegg** (1¾ Std.); mit dem Auto sind es 8 km Richtung Süden. Die Burg auf einem Hügel auf dem Gelände eines landwirtschaftlichen Betriebs mit Gärten und Obstgärten ist vollgestopft mit Antiquitäten.

Bevor du zum **Schloss Lenzburg** mit Kerker und Museum zum Burgalltag hinaufkletterst, solltest du dir den wunderbar erhaltenen Ortskern von Lenzburg anschauen. Das **Wasserschloss Hallwyl** 10 km südlich von Lenzburg schließlich besteht aus zwei durch eine Brücke miteinander verbundenen Gebäudeteilen. Von hier sind es nette zehn Minuten zu Fuß zum **Hallwilersee**, den du auf einem leichten 22 km langen Spazier- und Radweg umrunden und in dem du auch baden kannst.

BADENDE RÖMER IN BADEN

Die Römer waren die ersten, die die 18 mineralreichen, 47 °C heißen Thermalquellen in Baden genossen. Sie tauften das 25 km von Aarau entfernte Baden *Aquæ Helveticæ* (Schweizer Wasser).

Zum überwiegenden Teil wurden die Quellen in Baden in etliche teure bis überteuerte Wellnesshotels geleitet und eine Zeit lang kriselte es in Sachen Thermalbadkultur. Doch seit der Eröffnung der vom Schweizer Architekten Mario Botta entworfenen **Fortyseven° Wellness-Therme** ist das Städtchen diesbezüglich wiederbelebt. Der Name bezieht sich auf die Temperatur, mit der das Wasser aus der Erde kommt, und der Komplex umfasst sämtliche Innen-, Außen- und Dampfbeckenanlagen, die man von eine Thermalbad erwarten darf.

Zürich & Nordostschweiz

POSTINDUSTRIESTADT UND EPISCHE NATUR

Das kultivierte und herrlich gelegene Zürich ist der Ausgangspunkt für Erkundungen am Rhein, am Bodensee und in den Glarner Alpen.

Dank seiner wundervollen Lage am Zusammenfluss von Fluss und See ist Zürich eine der lebenswertesten Städte der Welt.

Die größte und reichste Metropole der Schweiz, seit Langem als emsiges und cleveres Finanzzentrum bekannt, hat sich im 21. Jh. zu einem angesagten und auch kulturell äußerst interessanten Ziel in Mitteleuropa gemausert, wobei die Umwandlung des früheren Industriegebiets Züri-West repräsentativ für die postindustrielle Avantgarde steht.

Von Zürich aus ist ein herrliches Stück ländliche Schweiz mitsamt Bergen leicht erreichbar. Die Nordostecke des Landes bietet sich fürs Eintauchen in die Natur und geruhsame Erkundungen an. Radle an einem wolkenlosen Sommertag durch Maisfelder und Apfelgärten, streife im diffusen Licht des Herbstes durch die Weinberge des Klettgaus oder unternimm im Winter einen Spaziergang am stillen Bodensee entlang.

Vom donnernden Rheinfall bis zum Panorama, das sich auf dem zerklüfteten Säntis vor einem entfaltet: Die Ausblicke hier sind überwältigend.

In von Burgen gekrönten Städtchen wie Stein am Rhein und Schaffhausen sind die Häuser mit Fassadenmalerei und Erkern geschmückt.

Im anmutigen St. Gallen überwältigt dich die Klosterbibliothek mit ihrer Rokopracht. Durch die Weiden rund um Appenzell ziehen sich Landsträßchen, vorbei am stahlblauen Walensee und Richtung Süden zu entlegenen Weilern inmitten der von Gletschern bedeckten Berge der Glarner Alpen.

DIE WICHTIGSTEN ZIELE

ZÜRICH
Urbane Perfektion, traumhafte Lage am See. **S. 196**

BODENSEE
Wunderschöner See, an den drei Länder grenzen. **S. 212**

Oben: Oberblegisee, Braunwald (S. 211); links: Kirche in den Weinbergen des Klettgaus (S. 211)

Erste Orientierung

Mit seinen Nachbarkantonen ist Zürich gut vernetzt. Dank exzellenter Infrastruktur lässt sich die gesamte Region in etwa zwei Wochen leicht mit öffentlichen Verkehrsmitteln erkunden. Flexibler bist du mit dem Auto oder Rad.

Bodensee, S. 212
Relaxen am drittgrößten See in Mittel- und Westeuropa, mit Stränden, Radwegen und interessanten Kulturstätten.

Zürich, S. 196
Kulturell vielfältig, effizient verwaltet und in bester Lage an Fluss und See: der Finanzplatz Zürich ist eine tolle Metropole.

AUTO

Von Zürich führt die A1 nach Winterthur und St. Gallen sowie zum Bodensee. Die A3 verläuft am Südrand des Zürichsees entlang und dann Richtung Osten bis an die Grenze zu Liechtenstein.

FAHRRAD

Zürich, die Städte am Bodensee und St. Gallen haben ausgezeichnete Radleihsysteme – hast du die entsprechende App heruntergeladen, kannst du dich bequem auf zwei Rädern fortbewegen.

CONNY POKORNY/SHUTTERSTOCK ©

Säntis (S. 221)

Perfekte Tage

Von Zürich aus sind zahlreiche Tagesausflüge sowie mehrtägige Touren in die Glarner Alpen oder an den Bodensee denkbar.

Eine Woche

In vier Tagen Zürich erkundest du die **Altstadt** (S. 200) und das hippe **Züri-West** (S. 204) sowie Kulturhighlights wie das **Schweizerische Landesmuseum** (S. 201) und das **Kunsthaus** (S. 196). Genieße das Panorama vom **Uetliberg** (S. 205); zum Baden geht's an den Zürichsee. Unternimm Ausflüge nach **Rapperswil** (S. 206) und **Ufenau** (S. 206) sowie nach **Winterthur** (S. 207).

Mindestens zwei Wochen

Besuche **Schaffhausen** (S. 208) und den imposanten **Rheinfall** (S. 208) sowie das nette **Stein am Rhein** (S. 216). Vom schönen **St. Gallen** (S. 217) mit seinem herrlichen Kloster geht's ins reizende **Appenzell** (S. 219). Rund um den **Säntis** (S. 221) und die **Ebenalp** (S. 221) kannst du wandern und später am **Bodensee** (S. 212) entspannen.

BESTE REISEZEIT

FRÜHLING
Das Highlight des Zürcher Frühlingsfests **Sechseläuten** im April ist das Anzünden des Böögg.

SOMMER
Am zweiten Samstag im August findet in Zürich einer der größten **Straßenumzüge** in Europa statt.

HERBST
In der Weinregion Klettgau öffnen im Oktober beim **Trottenfest** in Osterfingen die Winzer ihre Weinkeller.

WINTER
Vielerorts finden **Weihnachtsmärkte** statt und in der Umgebung zieht's die Skifans auf die Pisten.

Zürich

MUSEEN | LITERATURGESCHICHTE | KUNST & DESIGN

UNTERWEGS

Kostenlose oder preisgünstige Radleihsysteme machen das Fahrrad zu einem der besten Transportmittel in Zürich. Im Stadtzentrum kommt man mit der Tram am schnellsten von A nach B; im Großraum Zürich verkehren S-Bahnen – praktisch für die Außenbezirke. Die Lücke dazwischen füllen Stadtbusse. Der gesamte ÖPNV wird vom ZVV (zvv.ch) betrieben: Mit der App kannst du Fahrpläne einsehen und Tickets kaufen.

Mit Wurzeln, die bis in die Römerzeit zurückreichen, hat sich Zürich im 21. Jh. in eine Traumstadt verwandelt. Die quirlige, hervorragend verwaltete Stadt mit 443 000 Einwohner:innen – 1,6 Mio. im Großraum – ist stolz auf ihre Geschichte, strotzt vor Kultur und weiß das Leben zu genießen.

Ein Großteil der Altstadt mit gewundenen Gassen und hohen Kirchtürmen ist wunderbar bewahrt worden. Doch Zürich hat sich auch mit ganzem Herzen modernen Trends geöffnet: Alte Fabriken wurden in Kulturzentren und kreativen neuen Wohnraum verwandelt. Das zeigt sich vor allem in Züri-West und an der Europaallee am Hauptbahnhof.

Von Mai bis September sind am Zürichsee und an der Limmat offizielle Badeplätze, die „Badis", geöffnet. Die freie Natur lässt sich außerdem bei Spaziergänge durch die schattigen Parks am See und über den Uetliberg genießen.

TOP TIPP

Die Zürich Card (24 oder 72 Std. gültig) gibt's in den Touristeninformationen am Flughafen und am Bahnhof. Inbegriffen sind der ÖPNV in der Stadt sowie kurze Fluss- und Seefahrten, kostenloser oder ermäßigter Eintritt zu zahlreichen Sehenswürdigkeiten und Rabatte in einigen Läden und Attraktionen.

Das größte Kunstmuseum der Schweiz

Die Sammlung des Kunsthauses erkunden

Seit über einem Jahrhundert ist das Zürcher **Kunsthaus** eines der führenden Kunstmuseen Europas. Es beherbergt eine unvergleichliche Sammlung mit Werken von Augusto und Alberto Giacometti, zwei Giganten der Schweizer Kunstwelt, sowie von Künstlern wie Ferdinand Hodler, Edvard Munch und Édouard Vuillard. Auf dem Rundgang durch die hübschen Säle des **Moserbaus** von 1910 ist alles von Ikonen des Mittelalters bis zu Installationen von Bruce Nauman zu sehen.

Mit der Eröffnung des **Chipperfield-Baus** 2021 ist das Kunsthaus nun das größte Kunstmuseum der Schweiz. Das elegante Gebäude aus Beton und Messing vom britischen Architekten David Chipperfield ist mit dem Moserbau durch einen mit Marmor verkleideten unterirdischen Tunnel mit einem Werk von Ólafur Elíasson an der Decke verbunden. Zu den Highlights zählen die Emil-Bührle-Sammlung mit vorwiegend impressionistischer Kunst wie z. B. *Seerosen* von

Fraumünster

Monet, die bunte Merzbacher-Sammlung mit Gemälden aus dem 19. und 20. Jh. und die zauberhafte Licht-und-Klang-Installation *Pixelwald* der Schweizer Künstlerin Pipilotti Rist.

Lass dich von Buntglas verzaubern

Zwei alte Kirchen

Das **Fraumünster**, die Kirche eines 853 gegründeten Benediktinerklosters, ist berühmt für leuchtende Buntglasfenster von Marc Chagall. Die fünf farbenfrohen Fenster wurden 1970 in Anwesenheit des damals 83-jährigen Künstlers eingebaut. Acht Jahre später entwarf Chagall die Fensterrosette im südlichen Querschiff, welche die Schöpfungsgeschichte (im Uhrzeigersinn) darstellt und in der Mitte die Arche Noah. Das 9 m hohe Fenster *Himmlisches Paradies* im nördlichen Querschiff ist ein Werk von Augusto Giacometti und wurde 1945 installiert.

Eine Reihe von Buntglasfenstern von Giacometti schmückt auch das **Grossmünster**. Mit ihren zwei Türmen ist die auf eine Gründung Karls des Großen zurückgehende, aber seit-

GIACOMETTI-FRESKEN

Der Schweizer Künstler Augusto Giacometti (1877–1947) entwarf Buntglasfenster für das Fraumünster, das Grossmünster und die Wasserkirche. Im Moserbau des Kunsthauses hängen außerdem mehrere Monumentalgemälde von ihm.

Sein berühmtester Auftrag in Zürich war jedoch die Gestaltung der Fresken im **Eingangssaal des Amtshauses**, in dem heute die Polizei residiert.

1922 gewann Giacometti den Wettbewerb zur Ausschmückung des bis dahin düsteren Vorraums. Dank seinem Decke und Wände komplett bedeckenden Blumendesign in leuchtenden Rot- und Ockertönen wird er heute *Blüemlihalle* genannt.

Um das Gebäude betreten zu dürfen (tgl. 9–11 & 14–16 Uhr) musst du einen Ausweis vorzeigen.

ÜBERNACHTEN IN DER ZÜRCHER ALTSTADT

Widder Hotel
Das superstilvolle Widder residiert in acht Stadthäusern und vermählt die Aura des 12. mit dem Luxus des 21. Jh. **€€€**

Marktgasse Hotel
Boutiquehotel in einem Haus von 1425 mit Stuck, Kachelöfen und Holzvertäfelung und mit modernem Design. **€€€**

Oldtown Hostel Otter
In ein buntes Hostel verwandeltes früheres Hotel an einer recht ruhigen Nebenstraße im Niederdorf. **€**

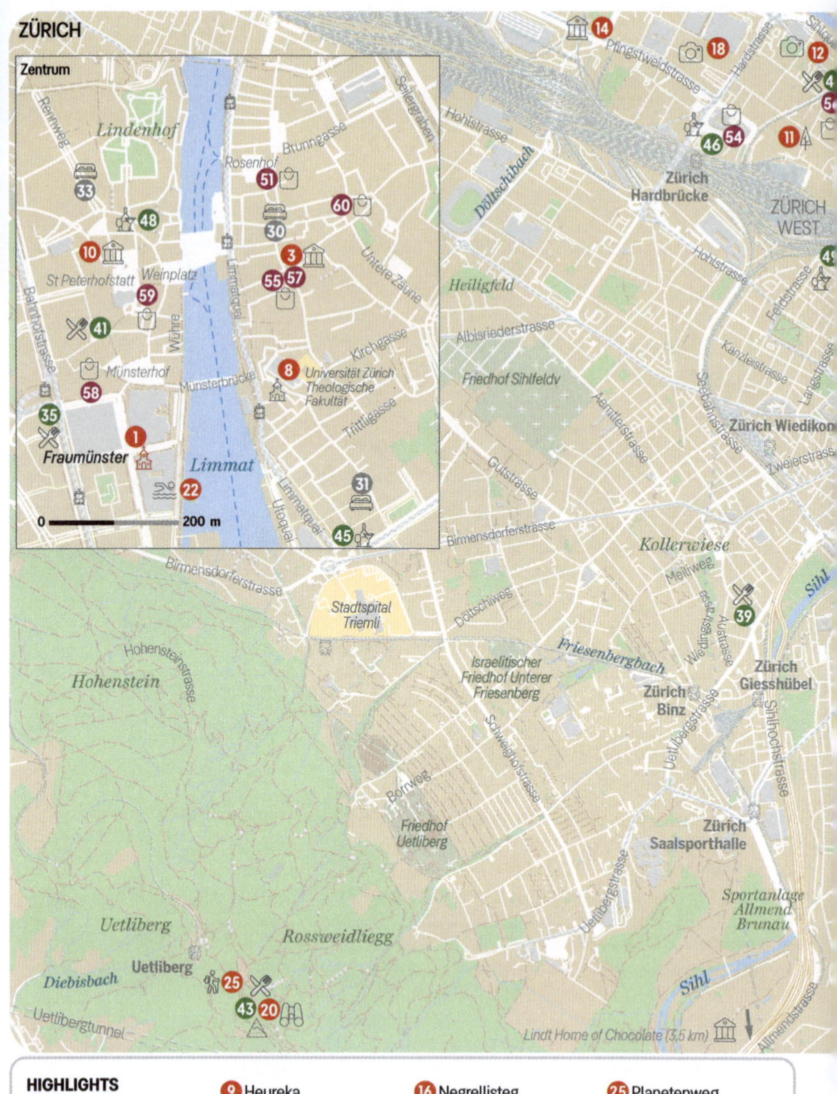

HIGHLIGHTS
1 Fraumünster
2 Kunsthaus

SEHENSWERTES
3 Cabaret Voltaire
4 Chinesischer Garten
5 Eingangshalle des Amtshauses
6 Europaallee
7 Friedhof Fluntern
8 Grossmünster
9 Heureka
10 James Joyce Foundation
11 Josefwiese
12 Löwenbräukunst Areal
13 Museum für Gestaltung
14 Museum für Gestaltung (Toni-Areal)
15 Museum Haus Konstruktiv
16 Negrellisteg
17 Pavillon Le Corbusier
18 Schiffbau
19 Schweizerisches Landesmuseum
20 Uetliberg, Aussichtsturm
21 Zürichhorn

AKTIVITÄTEN
22 Frauenbad
23 Letten
24 Männerbad
25 Planetenweg
26 Seebad Enge
27 Seebad Utoquai

SCHLAFEN
28 25hours Hotel Zürich Langstrasse
29 Helvetia Zurich
30 Marktgasse Hotel
31 Oldtown Hostel Otter
32 Ruby Mimi
33 Widder Hotel

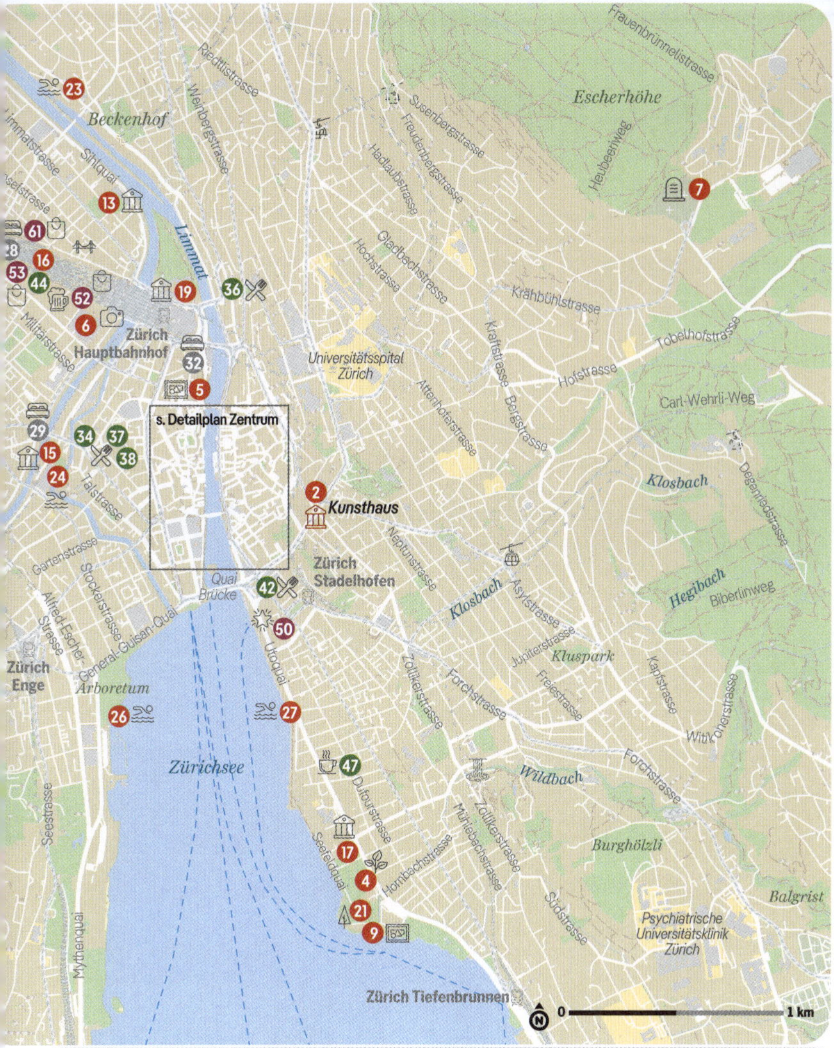

ESSEN
34 Babu's Bakery & Coffeehouse
35 Café Sprüngli
36 Didi's Frieden
37 Haus Hiltl
38 James Joyce
39 Maison Manesse
40 Markthalle Im Viadukt
41 Restaurant Zum Kropf
42 Sternen Grill
43 UTO KULM

AUSGEHEN & FEIERN
44 Bierwerk Züri
45 Café Odeon
46 Frau Gerolds Garten
47 Monocle Shop & Café
48 Old Crow
49 Schnupf

UNTERHALTUNG
50 Opernhaus

SHOPPEN
51 Berg & Tal
52 BRIDGE
53 Die Macherei
54 Freitag
55 H. Schwarzenbach
56 Im Viadukt
57 La Flor
58 Landolt-Arbenz
59 Max Chocolatier
60 Travel Book Shop
61 Zürcher Brockenhaus

EIN SPAZIERGANG DURCH DIE ALTSTADT

Von der nach dem ersten Zürcher Bürgermeister (1336–1360) benannten **1 Rudolf-Brun-Brücke** geht's auf dem Metallsteg an der Limmat entlang, der in die Kopfsteinpflasterstraße Schipfe mündet. Hier geht's vorbei am **2 Schipfe 16**, einem stadtbekannten Restaurant, Lebensmittelladen und Sozialprojekt.

Die Fortunagasse führt zum **3 Lindenhof**, einem schattigen Hügelpark mit spektakulärem Ausblick. Schau den Boules- und Schachspielenden zu und gehe dann durch die Schlüsselgasse zur hübschen St. Peterhofstatt mit der **4 St. Peterskirche**. An dem aus dem 13. Jh. stammende Turm der Kirche hängt Europas größtes Ziffernblatt: Es hat einen Durchmesser von 8,7 m.

Durch die schmale Thermengasse geht's dann zur autofreien **5 Rathausbrücke** mit reizendem Blick die Limmat hinauf und hinunter. Überquere die Tramgleise am Limmatquai und gehe durch die Marktgasse, vorbei am pittoresken Floristenladen **6 Urs Bergmann** in einer alten Apotheke. Am Ende der Marktgasse gehst du rechts in die autofreie Münstergasse mit dem **7 Cabaret Voltaire**, der Geburtsstätte des Dadaismus (S. 204), linker Hand.

Ein Stückchen weiter hast du die Wahl zwischen zwei alten, fotogenen Cafés: dem **8 Café & Conditorei 1842**, hervorgegangen aus der alten Confiserie Schober, und der Rösterei **9 H. Schwarzenbach**, die seit 1864 besteht.

Koffeingestärkt geht's zum **10 Grossmünster**. Nachdem du innen die Buntglasfenster bewundert hast, erklimmst du die 190 Stufen des Südturms, des Karlsturms, und genießt das Stadtpanorama. Von der Terrasse hinter dem Münster bietet sich außerdem ein herrlicher Ausblick auf den schlanken blaugrünen Turm des **11 Fraumünsters** (S. 197).

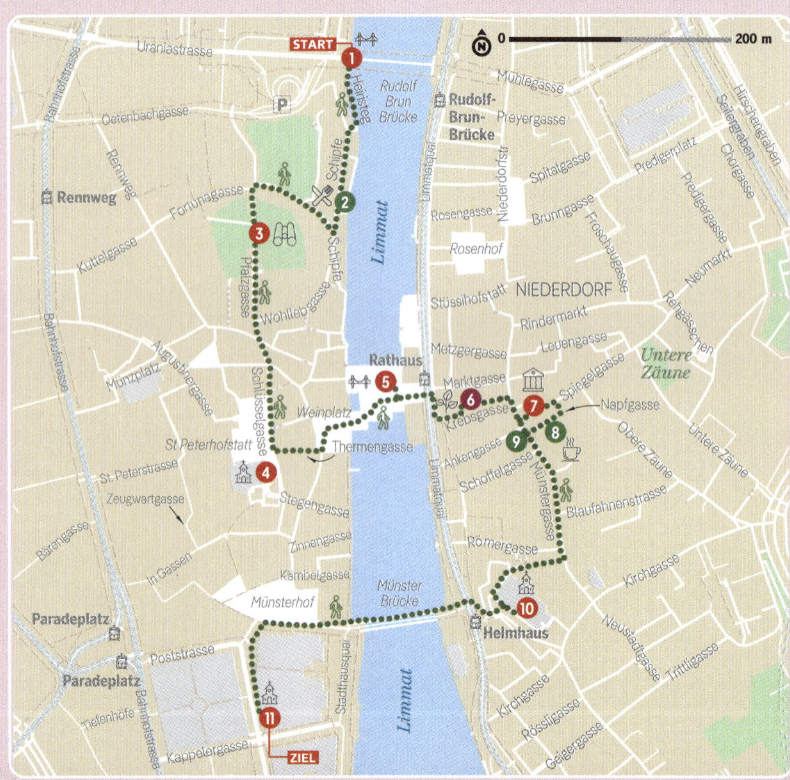

dem stark umgebaute Kirche das Wahrzeichen der Stadt. 2009 wurde das Langschiff mit sieben Achat- und fünf markanten Buntglasfenstern des Künstlers Sigmar Polke ausgestattet.

Geschichte & Kultur der Schweiz

Symbole nationaler Identität

Wie es sich für ein Land, das für sein Design (S. 276) bekannt ist, ziemt, ist seine Geschichte in den vielen Sälen des **Schweizerischen Landesmuseums** fantasievoll und detailliert aufbereitet. Die Sammlung des Hauses umfasst alles von kunstfertig geschnitzten und bemalten Schlitten bis zu Schweizer Trachten und Uhren. Ein Glanzlicht sind die rekonstruierten historischen Räume.

Schon als das Museum 1898 eröffnet wurde, besaß es zu viele Objekte, um sie alle auszustellen. Nach viel Hin und Her wurde das schlossartige Gebäude 2016 um einen nüchtern-modernen Erweiterungsbau ergänzt, der sich der Archäologie, der Geschichte von Zürich und dem Thema nationale Identität widmet. Um das Ganze voll auszukosten, solltest du einen ganzen Tag einplanen – das Café ist gut und der Museumsshop hat eine erstklassige Auswahl an Andenken.

Traumziel von Schokoholiker:innen

Der größte Schokoladenbrunnen der Welt

Seit 1899 produziert Lindt & Sprüngli in Kilchberg Schokolade – die Luft rund um die Fabrik ist von einem köstlichen Duft erfüllt. Nebenan befindet sich das moderne **Lindt Home of Chocolate**. Der Besuch des Beton-Marmor-Baus mit einem 9 m hohen Schokoladenbrunnen als Centerpiece hält ein echtes Willy-Wonka-Erlebnis bereit, ist aber auch lehrreich. Hier erfährst du, wie Kakao aus Zentralamerika importiert wurde und wie sich die Schweiz dann den Markt für kommerzielle Schokolade unter den Nagel riss. Die beliebte interaktive Führung und die Schokoladenworkshops musst du vorab buchen.

Ein Bummel durchs Europaallee-Areal

Alter Güterbahnhof in neuem Gewand

Das seit 2009 schrittweise angelegte Quartier **Europaallee** zählt zu den jüngsten Stadtvierteln in Zürich, hervorgegangen aus einem alten Güterbahnhof am Zürcher Hauptbahnhof. Es erstreckt sich vom Sihlpost-Gebäude bis zur Langstrasse und empfängt seine Besucher:innen in einem schön angelegten Mehrzweckareal voller Geschäfte und Lokale.

FEINSTE SCHOKOLADEN-GESCHÄFTE

Café Sprüngli
Pralinen verkosten wie Luxemburgerli (Macarons) und die Schokolade Grand Cru Absolu, nur aus Kakaobohnen und Kakaofrucht.

Max Chocolatier
Stilvoll verpackte Tafeln, Trüffel und andere Parlinen aus 100 % natürlichen Zutaten. Näheres zu Verkostungs-Workshops steht auf der Website.

Berg & Tal
Führt mehrere Top-Schweizer-Schokoladen-Marken wie Taucherli und Garçoa.

H. Schwarzenbach
Über 350 verschiedene Produkte von Bean-to-Bar-Schokoladenproduzenten aus der Schweiz und aller Welt.

La Flor
Kleiner Anbieter von sortenreiner Schokolade aus nachhaltig angebautem und direkt von den Erzeuger:innen bezogenem Kakao.

ÜBERNACHTEN IM ZENTRUM VON ZÜRICH

25hours Hotel Zürich Langstrasse
Kunstaffin, ultraschick, verspielt. Hypermoderne Zimmer, Gratis-Fahrräder und Minis. **€€**

Helvetia Zürich
Kleines Boutiquehotel an der Sihl mit einfachen, stilvollen Zimmern, gutem Restaurant und Bar. **€€**

Ruby Mimi
Ehemaliges Kino mit minimalistischen weißen Zimmern, ein wenig Samt und Art-déco-Hollywood-Glamour. **€€**

WAS IST DADAISMUS?

Im Februar 1916 gründeten Hugo Ball, Tristan Tzara und Emmy Jennings das Cabaret Voltaire, in dem exzentrische Kabarettprogramme und Performance-Art aufgeführt wurden.

Der Name wurde angeblich willkürlich gewählt, indem man mit einem Messer in ein deutsch-französisches Wörterbuch stach. Der rebellische, nihilistische und bewusst sinnentleerte Dadaismus erwuchs aus der Revolte gegen den Ersten Weltkrieg und die Mechanisierung des Lebens in der Moderne.

Die Bewegung ebnete den Weg für fast jede Form zeitgenössischer Kunst: Sie erfand die Collagetechnik, ließ sich von indigener Kunst inspirieren, nutzte Literatur, Film und Performance für abstrakte Ideen und machte Industriegüter zu Kunstobjekten. Ihr Geist lebte in den Werken überzeugter Dadaisten wie George Grosz, Hans Arp und Max Ernst weiter.

VLADISLAV GAJIC/SHUTTERSTOCK ©

Lindt Home of Chocolate (S. 201)

Eine der beliebtesten Locations ist das **BRIDGE**, eine schicke Foodhall mit Supermarkt (einem gehobenen Migros) – von den verschiedenen Ebenen bieten sich schöne Ausblicke auf die Stadt. Von der Fußgängerbrücke **Negrellisteg** über dem Gleisfeld kannst du Zügen hinterherschauen.

Ein guter Treffpunkt im Europaallee-Areal ist das **Bierwerk Züri**, eine von den Schwestern Lidia und Valeria und ihrem Freund Max geführte Kleinbrauerei. Neben Gastbieren werden fünf eigene Biere gezapft, aber es gibt auch andere Getränke und Focaccia.

Schweizer Design vom Feinsten

Die Kunst der visuellen Kommunikation

Von Albrecht Dürers *Apokalypse* bis zu einem Paar On-Laufschuhe sieht man hier alles: Das **Museum für Gestaltung** ist das bedeutendste Museum für Design und visuelle Kommunikation der Schweiz. Dank einer tollen Sammlung von Plakaten aus aller Welt ist es im Bereich Grafikkunst besonders stark.

PREISGÜNSTIG ESSEN IN ZÜRICH

Babu's Bakery & Coffeehouse
Backwaren und tolle Cappuccinos, Smoothies und Fruchtsäfte. €

Haus Hiltl
Mit toller Palette an fleischlosen Genüssen. Beim Buffet zahlt man per 100 g. €

Sternen Grill
Die beste Bratwurst im Brötchen der Stadt. Auch vegetarische Versionen. €

Um die Schlüsselwerke aus der Sammlung anzuschauen und auf den Stühlen und Sofas in der Swiss Design Lounge zu sitzen, steure das Hauptgebäude in der **Ausstellungsstrasse** an. Auch eindrucksvolle Wechselausstellungen sind hier – und in der Dependance im **Toni-Areal**, einst Europas größte Joghurtfabrik, heute Campus der Zürcher Hochschule der Künste (ZHdK) – zu sehen. Echte Designfreaks können sich dort zu einer Führung durch das Sammlungsarchiv anmelden.

Ein Muss für Designfans ist auch das **Museum Haus Konstruktiv** mit Konzeptkunst. Es ist in einem Teil des alten E-Unterwerks Selnau ansässig und lohnt den Besuch schon allein wegen Fritz Glarners *Rockefeller Dining Room*.

Auf den Spuren von James Joyce

Und die Ursprünge des Dadaismus in Zürich

In Tom Stoppards Theaterstück *Travesties* treffen der Schriftsteller James Joyce, der Dadaist Tristan Tzara und Wladimir Iljitsch Lenin zur Zeit des Ersten Weltkriegs in Zürich zusammen. Die drei waren tatsächlich zur selben Zeit in der Stadt und die Vorstellung, dass sie sich bei einem Morgenkaffee im **Café Odeon** oder einem Schnaps im **Cabaret Voltaire**, der Geburtsstätte des Dadaismus, über den Weg gelaufen sein mögen, ist ein Gedankenspiel mit Hintersinn.

Zurück zu den Fakten geht's in der **James Joyce Foundation** mit der europaweit größten Sammlung an Büchern, Dokumenten und anderen Objekten, u. a. einer Totenmaske des des irischen Literatur-Schwergewichts des 20. Jhs. Donnerstagabends veranstaltet die Stiftung englischsprachige Lesungen seiner Werke. Ganz in der Nähe befindet sich das Restaurant mit Bar **James Joyce**, hierherversetzt aus dem alten Jury's Hotel in der Dame Street in Dublin. In seiner Jugend war Joyce Gast in dieser Bar und sie wird auch in *Ulysses* erwähnt. Als das historische Hotel in den 1970er-Jahren abgerissen werden sollte, wurde die holzvertäfelte viktorianische Bar versteigert – so gelangte sie in die Zürcher Pelikanstrasse.

Bestattet ist Joyce auf dem **Friedhof Fluntern** beim Zoo. Er starb 1941 in Zürich an einem Darmdurchbruch infolge eines Geschwürs. Sein Grab schmückt eine Statue des amerikanischen Künstlers Milton Hebald.

Mit Ausstellungen und Veranstaltungen hält das Cabaret Voltaire die Flagge des Dadaismus hoch. Die Künstlerkneipe des Hauses ist ein stimmungsvoller Ort für einen Stop während der Erkundung der Altstadt. Das Café Odeon hat sich den Glamour des frühen 20. Jhs. bewahrt und ist toll für ein Mittag- oder Abendessen oder auch nur für einen Drink.

BESONDERE LÄDEN IN ZÜRICH

Die Macherei
Mode, Accessoires und einzigartige Objekte von einem Kollektiv von vorwiegend Zürcher Designer:innen.

Landolt-Arbenz
Distinguiertes altes Schreibwarengeschäft mit überwältigender Auswahl an feinen Stiften und Tinten sowie Künstlerbedarf.

Markthalle im Viadukt
Erstklassige Foodhall mit köstlichem Schweizer Käse bei Tritt Käse.

Travel Book Shop
Alles von Lonely-Planet-Reiseführern bis zu Wanderkarten für Ausflüge in die Berge.

Zürcher Brockenhaus
Drei Etagen voller Secondhandartikel, von Bekleidung, Büchern und Schallplatten bis zu Designermöbeln.

STILVOLL ESSEN IN ZÜRICH

Didi's Frieden
Nobles Restaurant mit geschmacksintensiven Speisen, Holzböden, weißen Tischdecken und Kronleuchtern. €€

Maison Manesse
Unprätentiöses Gourmetlokal mit einfallsreichen Gerichten wie Rehtatar und Fokus auf Nachhaltigkeit. €€

Restaurant Zum Kropf
Beliebt seit 1888 für Schweizer Klassiker, serviert in opulentem Ambiente mit Deckenmalereien. €€

DIE BESTEN BADESPOTS

Frauenbad
Jugendstilbad nur für Frauen. Abends ist die trendige Bar für alle geöffnet.

Letten
Baden, skateboarden, Volleyball spielen oder in den Flussbars der Badi etwas trinken.

Männerbad
Friedvolles, schattiges Bad am Schanzengraben. Tagsüber nur für Männer, doch abends steht die hippe Rimini Bar allen offen.

Seebad Utoquai
Klassischer hölzerner Badepavillon im maurischen Stil, seit der Eröffnung 1890 äußerst beliebt.

Seebad Enge
Beliebtes Bad mit bei gutem Wetter bis Mitternacht geöffneter Bar. Auch Massagen, Yoga, Stehpaddeln und Wintersauna.

Chinesischer Garten, Zürichhorn

Ein wiederbelebtes Industriegebiet

In Züri-West abhängen

Im ehemaligen Industriegebiet Züri-West wurden große Fabriken wie der **Schiffbau**, wo bis in die frühen 1990er-Jahre Seedampfer und Turbinenteile produziert wurden, und der ehemalige Brauereikomplex **Löwenbräukunst Areal** in dynamische Kultureinrichtungen für bildende und darstellende Kunst verwandelt.

Unter den alten steinernen Eisenbahnbrücken zwischen Limmatstrasse und Geroldstrasse entstand der Geschäfts- und Gastronomiekomplex **Im Viadukt**, mit zahlreichen inhabergeführten Läden z. B. für Bekleidung und Möbel sowie Restaurants und Cafés. Picknickzutaten gibt's in der **Markt-**

COCKTAILS TRINKEN IN ZÜRICH

Kronenhalle Bar
Hübsche Bar der berühmten Stadtbrasserie mit Originalkunstwerken von Leuten wie Picasso.

Old Crow
Altstadtbar mit 1600 Spirituosen, auch seltenen. Cocktails von Klassikern bis zu Mocktails.

Schnupf
Gute Cocktails, Bier und kleine Speisekarte, u. a. saftiges Steak mit Pommes.

halle im Viadukt**, zu vertilgen auf der **Josefwiese**, dem beliebten Park im Quartier. Ein Turm aus gestapelten Schiffscontainern, bezeichnet als erster Wolkenkratzer im Kreis 5, ist der Flagshipstore von Taschenhersteller **Freitag**. Jeder Artikel, vom Portemonnaie bis zum Rucksack, ist ein Original, das aus recycelter bunter Lkw-Plane hergestellt wird. Von der Dachterrasse bieten sich spektakuläre Blicke auf die Stadt. Nebenan befindet sich **Frau Gerolds Garten**, ebenfalls größtenteils aus Containern gebaut. In dem florierenden Stadtgarten gibt's Bars, Streetfoodanbieter und kleine Läden. Im Sommer treffen sich die Zürcher:innen hier gern auf einen Drink – einer der schönsten Spielplätze für Erwachsene.

Picknick in Park am See

Zürichhorn und Seefeld

An das Nordostufer des Zürichsees schmiegt sich der gehobene Stadtteil Seefeld. Die lange, schattige Lunge des Viertels ist das **Zürichhorn**. Im Park steht der in Primärfarben gehaltene **Pavillon Le Corbusier**, ein Muss für Architekturfans. Ebenfalls sehenswert ist der liebliche **Chinesische Garten**. Durch ein gelb gekacheltes Haupttor geht's in ein von Mauern umgebenes Areal mit bunten Pavillons, Teichen und kunstvoll arrangierten Felsblöcken.

Am Zürichhorn steht auch die riesige kinetische Skulptur **Heureka** von Jean Tinguely. Von April bis Mitte Oktober wird sie jeden Tag um 11, 15 und 19 Uhr in Betrieb gesetzt.

Im schmucken, klassizistischen **Opernhaus** werden erstklassige Konzerte, Opern- und Ballettaufführungen gegeben. Zu einem Schaufensterbummel lädt die Dufourstrasse ein, zum Leutegucken bei einem perfekten Espresso oder Spritz die Terrasse des **Monocle Shop & Café**.

Das Sonnensystem auf dem Uetliberg

Der Hausberg von Zürich

Mit nur 871 m Höhe ist der Uetliberg verglichen mit anderen Schweizer Bergen kaum mehr als ein Pickel. Doch er liegt vor den Toren von Zürich und ist daher ein beliebtes Naherholungsgebiet. Durch Wald und Wiesen, im Frühjahr ein Meer aus Wildblumen, im Herbst in Rostrot und Gold erstrahlend, ziehen sich Wanderwege und Mountainbike-Trails.

Den Uetliberg krönen das Hotel und Restaurant **UTOKULM** und der **Aussichtsturm Uetliberg** in der Nähe, eine Stahlfachwerkkonstruktion mit weitem Ausblick über den Zürichsee und die Stadt. Für Frühaufsteher:innen gibt's hier das ultimative Sonnenaufgangspanorama, aber auch zum Sonnenuntergang ist der Blick noch ziemlich cool.

Vom mit der S10 erreichbaren Bahnhof Uetliberg führt der 6 km lange **Planetenweg** über den teils dicht bewaldeten Bergkamm sanft auf und ab zu den Aussichtspunkten Felsenegg und Buchenegg. Entlang der Strecke mit schönem Seeblick sind Planetenmodelle im Verhältnis von 1:1 Mrd. aufgestellt. Am Aussichtspunkt Felsenegg fährt eine Seilbahn hinab nach Adliswill, von wo die S4 regelmäßig zurück nach Zürich fährt.

WARUM ICH ZÜRICH LIEBE

Simon Richmond, Autor

Zürich ist von Engeln gesegnet, von denen in Chagalls himmlischen Buntglasfenstern im Fraumünster bis zu Niki de Saint Phalles goldflügeligem Schutzengel im Zürcher Hauptbahnhof.

Außerdem erfreut sich die Stadt einer herrlichen Lage am See, einer perfekten Infrastruktur und eines großen und vielfältigen Kulturangebots.

Die Museen sind durch die Bank hervorragend; besonders erwähnen möchte ich an dieser Stelle den Chipperfield-Erweiterungsbau des Kunsthauses mit seinen erstklassigen Abteilungen.

Aber auch die Liebe der Zürcher zum kreativen Detail finde ich beschwingend: Überall im öffentlichen Raum gibt's Kunst, von Brunnen alle paar Meter bis zu den Mosaiken am Sihlpost-Gebäude von 1929 und den Giacometti-Fresken im Polizeigebäude.

Rund um Zürich

Höhenwanderwege, malerische Städtchen, imposante Wasserfälle und moderne Kunstmuseen sind Ziele für Tagesausflüge ab Zürich.

Ziele

UNTERWEGS

Alle Ziele sind durch Busse und Bahnen mit Zürich verbunden. Die Rheinregion um Schaffhausen lässt sich schön mit dem Rad erkunden: Am Fluss entlang und über Land führen einige gut gekennzeichnete Wege. Fahrräder können an den Bahnhöfen geliehen werden. Außerdem verkehren auf dem Rhein regelmäßig Schiffe.

TOP TIPP

Der einen oder zwei Tage gültige Museumspass Winterthur gewährt Eintritt zu fast allen Attraktionen der Stadt und umfasst auch die Nutzung des ÖPNV.

Von Rapperswil am See ist es eine kurze Fährfahrt zur idyllischen Naturschutzinsel Ufnau; von Schaffhausen ist man gleich am Rheinfall, Europas größtem Wasserfall. Beide Orte haben Altstädte, die zu den schönsten überhaupt zählen.

Winterthur beherbergt eine Reihe toller Kunstmuseen, die meisten gestiftet vom Kunstsammler Oskar Reinhart, eins der besten Fotografiemuseen in Europa und ein tolles Wissenschaftsmuseum.

In den von steilen Bergen gesäumten, smaragdgrünen Walensee ergießt sich der höchste Wasserfall der Schweiz. Mit der Seilbahn geht's hinauf in die Glarner Alpen zum familienfreundlichen Ferienort Braunwald, Ausgangspunkt für spannende Wanderungen und Bergbesteigungen.

Rapperswil

DAUER AB ZÜRICH: **37 MIN.** 

Die Stadt der Rosen

Rapperswil am Nordostufer des Zürichsees ist dank der vielen duftenden Rosen in den gepflegten Gärten der Altstadt als „Rosenstadt" bekannt.

Über der Altstadt thront **Schloss Rapperswil** aus dem späten 12. Jh. Vom Burgtor bieten sich spektakuläre Ausblicke auf den See und einen der ältesten Weinberge am Zürichsee sowie eine Damwildherde.

Einen faszinierenden Einblick in die 800-jährige Geschichte der Stadt vermittelt das **Stadtmuseum Rapperswil-Jona**. Hier sind die stimmungsvollen Räume des Breny-Hauses aus dem 15. Jh. durch den Neubau „Janus", mit einer perforierten Bronzefassade, mit einem Steinturm aus dem 15. Jh. verbunden. Das schöne **Kunst(Zeug)Haus** zehn Gehminuten von der Altstadt entfernt bietet in einem umgebauten Zeughaus Ausstellungen mit Gegenwartskunst.

Zu einem Inselschutzgebiet schippern

Die kleine Insel Ufenau 13 Minuten per Schiff von Rapperswil ist ein stilles Naturschutzgebiet, das in einer knappen Stunde umwandert werden kann, inklusive mittelalterlicher Kirche und einer Kapelle in der Nähe. Im Sommer finden im Rahmen der **Art Ufnau** Kunstausstellungen auf der Insel statt; ansonsten lohnt das Restaurant im „Haus zu den zwei Raben" aus dem 17. Jh. einen Besuch.

Technorama, Winterthur

Winterthur

DAUER AB ZÜRICH: **23 MIN.**

Stadt der Kunst und Wissenschaft

Die Stadt **Winterthur** verdankt ihre Bedeutung als Kulturhochburg großteils der Stiftung Oskar Reinhart. Das ehemalige Wohnhaus des Kunstsammlers, eine Villa aus dem frühen 20. Jh. mit Blick auf die Stadt, beherbergt heute die **Sammlung Oskar Reinhart „Am Römerholz"**. Zu sehen sind schöne Werke, von Porträts von Lukas Cranach d. Ä. aus dem frühen 16. Jh. bis zu Gemälden von Cézanne, Manet und Renoir. Reinhart (1885–1965) war ein Fan der Impressionisten und Postimpressionisten. Die großzügige Gartenanlage eignet sich hervorragend für ein Picknick.

Weitere Teile der Reinhart-Sammlung sind im eindrucksvollen **Kunstmuseum** zu sehen, das auch über eine große Abteilung für Gegenwartskunst verfügt. Weiter geht's mit dem **Museum Oskar Reinhart am Stadtgarten** mit einem Schwerpunkt auf Kunst aus der Schweiz, Deutschland und Österreich vom 18. bis 20. Jh. Außerdem befinden sich in Winterthur die wahrscheinlich besten Fotosammlungen der Schweiz im (bis 2025 geschlossenen) **Fotomuseum** und in der **Fotostiftung Schweiz**. Und dann gibt's noch das sehr vergnügliche und lehrreiche Wissenschaftsmuseum **Technorama**.

TOLLE ESSLOKALE IN RAPPERSWIL & AUF UFENAU

Inselwirtschaft Ufnau
Rustikales Gasthaus auf der Naturschutzinsel mit heimischem Rosé zum Essen. €€

Jakob
Edles Boutiquehotel und lockeres Restaurant im Herzen der Altstadt. Mit zahlreichen vegetarischen Speisen. €€

Dieci
Erstklassige Pizza und Pasta mit Seeblick. Mit Café-Bar. €€

La Fuente
Spanisches Lokal in der Altstadt mit verlockendem Angebot an Tapas und substanzielleren Gerichten. €€

Seebadi Rapperswil
Kaffee und Imbissgerichte in einem Seebad. €

ÜBERNACHTEN IN WINTERTHUR

Depot 195
Hostel in früherer Fabrik mit Dorms und Zimmern, guter Gemeinschaftsküche und Fahrradverleih. €

Hotel Loge
Hinter dem gotischen Eingang gibt's einfach eingerichtete Zimmer mit Parkettböden, dazu Bar, Restaurant und Kino. €€

Sorell Hotel Krone
Fürstlich schlummern in Altstadthotel mit bequemen Betten und ordentlichem Restaurant. €€

DIE BESTEN ESSLOKALE IN WINTERTHUR

Les Wagons
Das Les Wagons in drei alten Holzwaggons bietet Menüs mit köstlichen kleinen Gerichten aus regionalen Zutaten. €€

Nachbarsgarten
Auf der kreativen Karte stehen u. a. Salate, Nudelgerichte und Flammkuchen. €€

Pizzeria Don Camillo
Leckere Pizza aus dem Holzofen mit toller Auswahl an Belägen. €

National
Stilvolles Lokal mit mediterranen Gerichten wie auch Schweizer Klassikern in praktischer Lage am Bahnhof. €€

Brewhouse
Die Burger, darunter eine vegetarische Variante, passen bestens zu den Craftbieren. €

Auf vier proppenvollen Etagen und im schönen Park bietet es über 500 interaktive Experimente, faszinierend für Kinder wie für Erwachsene.

Schaffhausen

DAUER AB ZÜRICH: **36 MIN.**

Herrliche Erker und Fresken

Dank insgesamt 171 Erkern an Häusern in der Altstadt wird **Schaffhausen** auch Erkerstadt genannt.

Der **Fronwagplatz**, der alte Marktplatz, wird im Norden durch den **Mohrenbrunnen** und im Süden durch einen großen Uhrturm begrenzt. Das Haus **Zum Goldenen Ochsen** in der **Vorstadt** wartet mit einer mit dem namengebenden goldenen Ochsen bemalten Fassade auf; am Haus **Zum Grossen Käfig** ist in leuchtenden Farben dargestellt, wie der siegreiche mongolische Eroberer Timur Lenk den osmanischen Sultan Bayezid in einem Käfig zur Schau stellt.

Das schöne **Museum zu Allerheiligen** erzählt mithilfe von Archäologie bis Gegenwartskunst aus der 800-jährigen Stadtgeschichte. Nebenan liegt das **Allerheiligenmünster** aus dem 12. Jh., eine größtenteils unversehrte romanische Kirche. Entspanne dich im stillen Kreuzgang und im seit dem Mittelalter liebevoll gepflegten Kräutergarten.

Östlich der Altstadt führen Treppen durch terrassierte Weinberge hinauf zum Kastell **Munot**. Die Rundfestung aus dem 16. Jh. beherbergt eine außergewöhnliche Gewölbekasematte. Am Ende der Wendeltreppe wird man für den Aufstieg mit einer spektakuläre Aussicht über die Stadt bis hin zum Rhein und zu den bewaldeten Hügeln rund um die Stadt belohnt.

Den Besuch krönst du mit einem Flussbad in der **Rhybadi**, einem stimmungsvollen hölzernen Badehaus aus dem 19. Jh. mit nettem Café.

Rheinfall

DAUER AB ZÜRICH: **54 MIN.** 

Europas größter Wasserfall

Der tosende **Rheinfall** nur sieben Zugminuten von Schaffhausen ist atemberaubend. Am Ufer führen Pfade an Europas größtem Wasserfall entlang: 23 m hoch, 150 m breit und mit einer Fließgeschwindigkeit von 700 m³ pro Sekunde im Sommer. Von Aussichtspunkten bieten sich zahlreiche Gelegenheiten für Fotos.

Einen Blick aus nächster Nähe genießt du unterhalb vom mittelalterlichen **Schloss Laufen**, heute ein Restaurant. Im Souvenirladen gibt's Tickets für die Aussichtsplattform Känzeli, zu erreichen zu Fuß oder mit dem Panorama-Lift. Dort lässt

ÜBERNACHTEN IN SCHAFFHAUSEN

Backpacker Federhut
Familiengeführtes Hostel am Rand der Altstadt mit bunten, funktionellen Zimmern über dem Café im Erdgeschoss. €

Hotel Kronenhof
Historisches Hotel mit dunklen Holzböden, farbenfroher Kunst und Blick auf das Kastell Munot. €€

Hotel Promenade
Mit schönem Garten und großen, gepflegten Zimmern und Restaurant mit saisonaler Küche. €€

WEINA ZHANG/EYEEM/GETTY IMAGES ©

Bootsanleger, Rheinfall

sich das donnernde Spektakel des Wasserfalls hautnah erleben. Noch näher heran kommst du von April bis Anfang November: Dann fährt das Schiff **Rhyfall Mändli** unterhalb des Rheinfalls entlang. Auf der kurzen Rundfahrt legt das Schiff an dem hohen Felsen in der Mitte des Wasserfalls an; die Fahrgäste können auf die Spitze klettern und erleben, wie das Wasser rundherum rauscht.

Im **Schlössli Wörth** am Nordufer des Rheinfalls befindet sich ein Restaurant mit raumhohen Fenstern, die einen zauberhaften Blick auf den Wasserfall gewähren, der abends eindrucksvoll angestrahlt wird. Hier kannst du stilvoll speisen, etwa Carpaccio vom Wild mit Rauke oder gebackene Forelle mit Basilikumbutter.

Walensee

DAUER AB ZÜRICH: **60 MIN.**

Mit dem höchsten Wasserfall der Schweiz

Der **Walensee** ist ein schöner, 9 km langer fjordartiger See. Im Norden ragen die zerklüfteten Gipfel der Kette der Churfirsten empor.

Ungefähr in der Mitte des Sees donnern am Nordufer die drei gigantischen **Seerenbachfälle** 585 m in die Tiefe. Sie werden durch unterirdische Flüsse gespeist, die den ganzen

HAUS ZUM RITTER

An der Freskomalerei am **Haus zum Ritter** aus dem späten 15. Jh. in der Schaffhausener Vordergasse kann man nicht einfach so vorbeigehen.

Die Fresken wurden 1568–1570 vom einheimischen Künstler Tobias Stimmer geschaffen und gelten als Meisterwerk der Fassadenmalerei der Renaissance.

Den Ritter hat Stimmer ganz oben platziert; dargestellt sind die bürgerlichen Tugenden sowie zwei Szenen aus Homers *Odyssee.*

Was heute an der Fassade zu sehen ist, ist eine Rekonstruktion von der Mitte des 20. Jhs. von Carl Roesch – die Originalmalereien wurden 1935 abgelöst und werden seither im Museum zu Allerheiligen verwahrt. Dort ist ein kleiner Teil der Originalfresken ausgestellt.

ESSEN IN SCHAFFHAUSEN

Café Vordergasse
Jugendstil-Teesalon mit Blumenterrasse, Sandwiches, Salaten, Quiches und Kuchen. €

D'Chuchi
Kleines, beliebtes Bistro (reservieren!) mit Essen aus regionalen, saisonalen Zutaten. €€

Wirtschaft Zum Frieden
Seit 1445 bestehendes gemütliches, holzvertäfeltes Gasthaus mit Regionalküche mit modernem Einschlag. €€

DIE BESTEN UNTERKÜNFTE IN BRAUNWALD

Adrenalin Hostel
In ein cooles Hostel mit Dorms und Zimmern verwandeltes 1970er-Jahre-Hotel. Zentrum fürs Snowboarden und für Abenteuersport. €

Hotel Tödiblick
Schicke Zimmer mit Kiefernverschalung, guten Matratzen und tollem Blick von den Balkonen. Dazu ausgezeichnetes Restaurant. €€

Ortstockhaus
Von Braunwald sind es 1½ Stunden zu Fuß bergauf zu diesem alten Chalet und Restaurant – der Ausblick, das Ambiente und das gute Essen lohnen die Mühe. €€

ALEXANDER CHAIKIN/SHUTTERSTOCK ©

Braunwald

Weg vom Gipfel des Säntis (S. 223) zurücklegen. Der mittlere, der eine senkrechte Felswand hinabschießt, gilt mit 305 m als höchster Wasserfall der Schweiz. Vom Dorf Betlis führt ein Weg zum Fuß der mittleren Kaskade, wo du nur wenige Meter vom tosenden Wasser entfernt bist. Entweder fährst du mit dem Auto nach Betlis oder nimmst ein Schiff – die Fälle sind jeweils eine halbe Stunde zu Fuß entfernt. Unterwegs kommt du an einer malerischen Kapelle vorbei.

Oberhalb von Betlis bieten sich vom Hochalpplateau **Amden** herrliche Ausblicke auf See und Berge. Zudem gibt's hier einige schöne Wanderwege durch Wiesen voller Murmeltierhöhlen und im Winter verschiedene Wintersportmöglichkeiten.

Die Boote des **Schiffsbetriebs Walensee** legen regelmäßig bei den Dörfern Weesen, Murg, Quinten und Walenstadt

RHEINRUNDFAHRTEN

Die Tour **Untersee und Rhein** (urh.ch) von Schaffhausen nach **Kreuzlingen** (S. 212) deckt in knapp fünf Stunden einen sehr schönen Abschnitt des Rheins ab. Wer dafür keine Zeit hat, nimmt die zweistündige Tour ins bezaubernde **Stein am Rhein** (S. 218).

ÜBERNACHTEN RUND UM DEN WALENSEE

Flyhof
Familiengeführter Gasthof mit viel Flair in Weesen mit malerischem Garten am See und ausgezeichnetem Restaurant. €

Lofthotel
Baumwollmühle aus dem 19. Jh. in Murg, umgebaut zu einem Hotel im Industrieschick mit Kunst und Seeblick. €€

Paradiesli Landgasthof
Herziger altmodischer Gasthof in Betlis mit Terrasse mit herrlichem Seeblick. €€

an. **Weesen** am westlichen Ende des Walensees ist ein hübscher kleiner Ort mit Weinbergen, urigen Skulpturen und einem gehobenen Restaurant, der **Fischerstube**, die schöne Fischgerichte serviert.

Braunwald

DAUER AB ZÜRICH: **2 STD.**

Familienfreundlicher Bergort

Vom Bahnhof Linthal-Braunwaldbahn fährt eine Standseilbahn mit einer Steigung von 64 % hoch nach **Braunwald**. Das hübsche autofreie Bergdorf liegt auf 1256 m Höhe inmitten von Fichtenwäldern mit schönem Talblick am Berg. Am südlichen Horizont erheben sich hohe Berge – der höchste ist der gletscherbedeckte Tödi (3614 m). Im Winter kann man hier ein bisschen Skifahren und abseits der Pisten verschiedenen Aktivitäten nachgehen. Aber am schönsten ist das Dorf im Sommer als Ausgangspunkt für Wanderungen und Bergbesteigungen.

Braunwald nutzt seine märchenhafte Ausstrahlung, um sich als familienfreundlicher Ort zu präsentieren, vor allem, wenn man im **Märchenhotel Bellevue** wohnt. Hier gibt's als Dreingabe zu eleganten modernen Zimmern jede Menge Spaß für Kinder, von Alpakas, Lamas und Ziegen bis zu Rutschen und Geschichtenerzählen. Die Eltern können im Dach-Spa relaxen, während sich der Nachwuchs im überwachten Spielbereich austobt.

In der Touristeninformation gegenüber der Seilbahnstation bekommt man Broschüren und eine Karte vom kinderfreundlichen **Zwerg-Bartli-Erlebnisweg**, der auch die Kleinen zum Wandern animiert. Schön ist auch die dreistündige Wanderung durch Wiesen und lichten Wald zum strahlend blauen **Oberblegisee**, einem perfekten Picknickplätzchen.

Eine spannende Bergüberquerung

Für die spektakulären Braunwalder **Klettersteige** musst du schwindelfrei sein. Für den kürzesten, von der Seilbahnstation Gumen zur Leiteregg, braucht man etwa 2½ Stunden. Die Route von der Leiteregg zum Mittleren Eggstock dauert vier Stunden und umfasst als Highlight die Charlotte-Brücke. Der letzte Abschnitt bis zum Hinteren Eggstock dauert etwa sechs Stunden. Vor dem Losgehen immer erst nach dem Wetter schauen! Ausrüstung kannst du online bei **Kessler Sport** (kesslersport.ch) reservieren; Näheres zu den Routen siehe klettersteige.ch.

WEINLAND DES PINOT NOIR

Nirgendwo in der Schweiz wird so viel Pinot Noir (Blau- oder Spätburgunder) angepflanzt wie im Norden des Landes. In den Weinbergen rund um Schaffhausen macht er rund 80 % der erzeugten Weine aus.

Das schönste Weinbaugebiet ist der Klettgau, direkt an der Grenze zu Deutschland. Über die Hänge oberhalb der Dörfer Hallau, Oberhallau, Trasadingen, Wilchingen und Wisental ziehen sich ordentlich aufgereiht die Rebstöcke.

Am besten lässt sich das Gebiet auf der 43 km langen Klettgauer Weinroute erkunden.

Einige der stillen Weiler erwachen Mitte Oktober bei Weinfesten wie dem Trottenfest in Osterfingen zum Leben: Dann öffnen die Winzer:innen ihre Tore für Verkostungen.

Bodensee

WASSERSPORT | HISTORISCHE ARCHITEKTUR | ESSEN & TRINKEN

UNTERWEGS

Die wichtigsten Bahnhöfe auf der Schweizer Seeseite sind Kreuzlingen Hafen, Arbon, Rorschach Hafen und Rorschach.

Am Südufer des Sees folgt die N13 der Bahnlinie. Die Autobahnen A7 und A1 sind Verbindungen in den Westen.

Um den See führt der 269 km lange Bodensee-Radweg.

Von Mitte April bis Ende Oktober betreiben Reedereien Seeschifffahrt. Der Swiss Pass ist nur auf der Schweizer Seite des Sees gültig.

TOP TIPP

Wer rund um den Bodensee (inkl. Lichtenstein) viel Sightseeing machen möchte, für den lohnt sich die Bodensee Card Plus (bodensee-card.eu). Sie gilt an drei oder sieben Tagen, umfasst den Eintritt zu 160 Attraktionen sowie freie Fahrt auf See- und Rheinschiffen.

Weite Landschaften, ein mildes Klima und jede Menge Outdoor-Aktivitäten – der Reiz des Bodensees ist offensichtlich. Der von der Schweiz, Deutschland und Österreich gesäumte, 536 km² große See ist nach dem Genfer See und dem Plattensee das drittgrößte Binnengewässer Mitteleuropas. Hier kannst du baden, segeln und Kanu fahren und durch Blumengärten und Altstädte in Seelage spazieren.

Streng genommen teilt sich der See in drei Teile auf: den Obersee (den Hauptsee), den kleineren Untersee und den Seerhein, der Verbindung zwischen den beiden. Die Hauptorte am Schweizer Ufer sind Kreuzlingen, Arbon und Rorschach. Sie alle sind schöne Ausgangspunkte für Ausflüge über den See mit verschiedensten Gefährten oder für Radtouren am Ufer entlang oder durch die berühmten Apfelgärten der Region. Alternativ entspannst du dich auf Sand- oder Kieselstränden wie denen im Seeburgpark in Kreuzlingen.

Ein Rokoko-Meisterwerk & Relaxen am See

Herrliche Kirche und schöner Park in Kreuzlingen

Kreuzlingen steht häufig im Schatten seiner lebhaften Schwesterstadt Konstanz nur ein paar Schritte jenseits der deutschen Grenze. Doch die größte Schweizer Stadt am Bodensee hat viel zu bieten. Schon die Grenze ist interessant: Sie ist von 22 8 m hohen Metallskulpturen von Johannes Dörflinger gesäumt und damit die erste „Kunstgrenze" der Welt.

Herrlich ist die Rokokopracht der **Pfarrkirche St. Ulrich und St. Afra** nicht weit vom Bahnhof Kreuzlingen Hafen. Die Kirche gehörte einst zum Kloster Kreuzlingen und verzaubert mit ihren Deckengemälden, vergoldeten Stuckaturen und feinen Schnitzereien.

Von der Pracht erholen kannst du dich im **Seeburgpark**, der sich 2,5 km am See entlangzieht. Neben Rasenflächen hat er Gehege mit seltenen Haustierrassen und Bergziegen, einen Aussichtsturm, einen tolle Kinderspielplatz und das **Seemuseum** zur Fischerei und Schifffahrt auf dem See zu bieten.

SEHENSWERTES
1 Hauptstrasse
2 Markthalle Altenrhein
3 MoMö
4 Museum im Kornhaus
5 Pfarrkirche St. Ulrich und St. Afra
6 Schloss Arbon
7 Schlossgut Arenenberg
8 Seeburgpark
9 Seemuseum
10 Seepark
11 Würth Haus Rorschach
AKTIVITÄTEN
12 Badhütte
SCHLAFEN
13 Jugendherberge Kreuzlingen
14 Schloss Wartegg
15 Strohhotel Bodensee
ESSEN
16 Bistro Louis Napoleon
17 Fischerhaus
18 Michelas Ilge
19 Römerhof
20 Schloss Seeburg
21 Silo 5
AUSGEHEN & FEIERN
22 Frohsinn

ESSEN IN KREUZLINGEN & ARBON

Fischerhaus
Von Kastanien beschatteter Biergarten am See in Kreuzlingen mit Kellnern in Lederhosen sowie Currywurst und Salaten im Glas. €

Schloss Seeburg
Uriges Schloss im Kreuzlinger Seeburgpark serviert Gerichte wie Steak an Kimchi-Sauce. €€

Silo 5
Lagerhaus im Industrieschick am Hafen von Bottighofen. Tipp: die köstlichen Rindfleisch-Quesadillas und die Eggs Benedict. €

Römerhof
Das Top-Restaurant von Arbon beeindruckt mit Kassettendecke, weiß gedeckten Tischen und aufmerksamem Service. €€€

Michelas Ilge
Ausgezeichnete hausgemachte Pasta- und Risottogerichte in behaglichem, freundlichem Bistro in Arbon. Als Nachspeise gibt's hausgemachte Eiscreme. €€

Vom **Schlossgut Arenenberg** 11 km östlich von Kreuzlingen blickt man auf den Untersee. In dem hübschen Schlösschen aus dem 16. Jh. residierte einst Hortense de Beauharnais, die Stieftochter von Napoleon I. und Mutter von Napoleon III., der hier aufwuchs. Das Anwesen umfasst schöne Außenanlagen sowie ein modernes Hotel und das **Bistro Louis Napoleon** mit einem preisgünstigen Mittagsmenü.

Schloss am See

Apfelmost aus der Region verkosten

Die Römer erbauten in Arbon ein Kastell. Diese Zeit der Stadtgeschichte und vieles mehr wird im Geschichtsmuseum im **Schloss Arbon** aus dem 16. Jh. behandelt. Vom hohen Steinturm der Burg fällt der Blick auf die hübschen Fachwerkhäuschen der kleinen Altstadt von Arbon. Die Uferpromenade bietet sich zum Bummeln, Radeln und Inlineskaten an.

An Unterkünften gibt's hier z. B. das kultivierte Hotel **Römerhof** samt Restaurant und das **Frohsinn** in einem hübschen Fachwerkhaus, mit Restaurant und Kleinbrauerei.

Rund um Arbon gibt's jede Menge Apfelgärten. Schon seit über 125 Jahren produziert hier die Familie Möhl Apfelsaft, -most und -schnaps. Du erfährst alles darüber auf Führungen durch das gute Mosterei- und Brennereimuseum **MoMö** samt Besuchershop.

Altes Badehaus und moderne Kunstgalerie

Ein Spaziergang durch Rorschach

Die vom Bahnhof Rorschach Hafen erreichbare **Hauptstrasse** ist von reizenden Häusern gesäumt, einige mit schönen Erkern wie etwa das Haus Eden in Nr. 33/35. Am See wurde ein Kornspeicher aus dem 18. Jh. zum interaktiven **Museum im Kornhaus** zu Wissenschaft, Technik, Industrie und Lokalgeschichte umgebaut.

Richtung Westen die baumgesäumte Seepromenade entlang geht's zur **Badhütte**, einem zauberhaften Badehaus aus den 1920er-Jahren. Am Schweizer Seeufer ist es das einzige seiner Art – und ein nettes Örtchen für ein erfrischendes Bad und ein Getränk oder ein Essen im Café.

Richtung Osten geht's zum üppigen, mit Skulpturen gespickten **Seepark**. Noch weiter östlich befindet sich am Bahnhof das **Würth Haus Rorschach**, ein großes Kunstmuseum in einem glitzernden Glasgebäude. Die Ausstellungen mit zumeist moderner und zeitgenössischer Kunst werden aus der 20 000 Werke umfassenden Sammlung Würth zusammengestellt.

ÜBERNACHTEN AM BODENSEE

Strohhotel Bodensee
In Stroh schlummern und Apfelmost schlürfen auf stillem Bauernhof, 2,5 km westlich von Arbon in Frasnacht. €

Jugendherberge Kreuzlingen
Hostel in eleganter Jugendstilvilla, schön gelegen in Park am See. Mit Kanu-/Kajakverleih. €

Schloss Wartegg
Schloss aus dem 16. Jh., heute modernes Hotel mit Restaurant. Großes Gelände, Seeblick. €€

SPRITZTOUR UM DEN BODENSEE

Von **1 Kreuzlingen Hafen** beim Seeburgpark geht's über die Grenze nach **2 Konstanz** mit seinem romanischen Münster und einer schönen Altstadt. 10 km westlich von Konstanz erstreckt sich die Klosterinsel **3 Reichenau**, ein Unesco-Weltkulturerbe. Dann geht's zurück Richtung **4 Insel Mainau** mit 45 ha Gärten voller Dahlien, Hortensien und Rosen sowie einem großen Schmetterlingshaus.

Von Konstanz schipperst du anschließend mit der Autofähre nach **5 Meersburg** am Nordufer des Sees. Von Fachwerkhäusern gesäumte Gassen führen hinauf zur mittelalterlichen Burg, der ältesten bewohnten Burg Deutschlands.

In Friedrichshafen, 19 km Richtung Osten am See entlang, erzählt das **6 Zeppelin Museum** die Geschichte dieses vom Unglück verfolgten Verkehrsmittels. 24 km südöstlich liegt auf einer Insel das malerische Städtchen **7 Lindau** mit opulent bemalten Häuserfassaden, einer von Palmen gesäumten Promenade und einem von einem Leuchtturm und einem bayrischen Löwen bewachten Hafen.

Am Südostende des Sees gelangst du nach Österreich. Hier finden in **8 Bregenz** jedes Jahr von Mitte Juli bis Mitte August auf einer großen Seebühne die Bregenzer Festspiele statt – vielleicht ist dir die Bühne aus dem Bond-Film *Ein Quantum Trost* bekannt.

Über der Stadt erhebt sich der **9 Pfänder** (1064 m); auf den Gipfel mit Bodensee- und Alpenpanorama bringt dich eine Seilbahn. Die Grenze zur Schweiz bildet der Rhein. Jenseits der Grenze liegen die **10 Markthalle Altenrhein** und der hübsche Ort **11 Rorschach**. Von hier sind es am Südufer des Bodensees entlang 40 km zurück nach Kreuzlingen.

Rund um den Bodensee

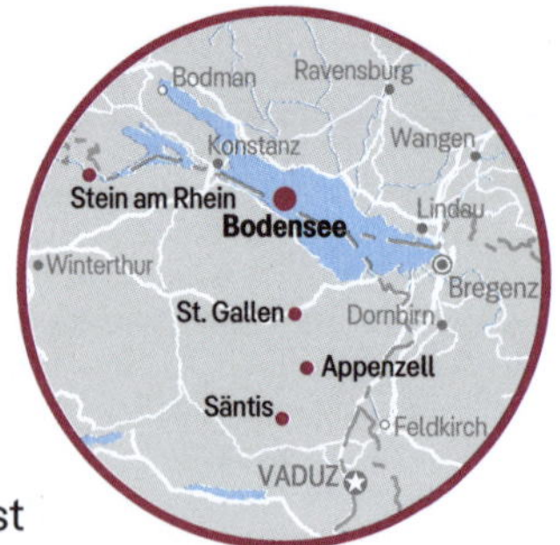

Wenn du dir gern Altstädte anschaust, bist du in Stein am Rhein, St. Gallen und Appenzell genau richtig.

Ziele

UNTERWEGS

Der ÖPNV verbindet die Flughäfen Zürich und Friedrichshafen (D). Per Auto und Bahn geht's von Zürich nach Stein am Rhein, St. Gallen und Linthal (um nach Braunwald zu kommen). Von Friedrichshafen fährt eine Fähre über den See nach Romanshorn.

Mehrere Regionen, auch die rund um den Bodensee inklusive Appenzellerland, bieten Verbundtickets an.

Stein am Rhein westlich vom Bodensee ist ein malerisches Juwel an der Stelle, an der aus dem See der Rhein hinausfließt. Dank Burg, schattiger Promenade, Kirchtürmen und Knusperhäuschen ist die Altstadt wirklich umwerfend.

Südlich des Sees liegt das hübsche St. Gallen, dessen Geschichte eng mit der Produktion hochwertiger Stoffe verknüpft ist. Das Juwel der Altstadt sind die Stiftsblibliothek, Unesco-Weltkulturerbe, und die barocke Stiftskirche. Auch Appenzell hat eine fotogene Altstadt. Durch die Stadt windet sich die Sitter hin zu sanft gewellten Weiden, die sich zu den Bergen hoch ziehen. Dies ist Schweizer Milchviehland vom Feinsten, überragt vom Säntis, dem höchsten Gipfel des Alpsteins.

Stein am Rhein

DAUER AB DEM BODENSEE: **27 MIN.**

Stadt der bemalten Fassaden

In Sachen malerische Altstadt kann kaum etwas mit der von **Stein am Rhein** mithalten. Die Fachwerkhäuser mit reich verzierten Erkern und überquellenden Blumenkästen geben ein geschlossenes Bild ab, besonders hübsch rund um den länglichen **Rathausplatz**.

Das mit Fresken geschmückte **Rathaus** erhebt sich über Häuser aus dem 16. Jh., benannt nach den Motiven, mit denen sie bemalt sind. Herauszuheben ist etwa der **Weisse Adler**, um 1520 mit Fresken bemalt, die als früheste erhaltene Fassadenmalerei der Renaissance in der Schweiz gelten. Informationen zu den einzelnen Häusern bietet eine in der Touristeninformation im Bürgerasyl erhältliche Karte. Wie die Häuser innen aussehen, kannst du im **Museum Lindwurm** sehen: Die Räume sind im bürgerlichen Stil aus der Mitte des 19. Jhs. eingerichtet. Die Fassaden sind kaum zu übertrumpfen, doch die herrlichen Wandbilder (und der Boden) im Festsaal im **Museum Kloster Sankt Georgen** schaffen es. Sie sind das Highlight in diesem Benediktinerkloster aus dem 11. Jh.

Kuhtrekking

In Hemishofen 3 km westlich von Stein am Rhein befindet sich der familiengeführte Bolderhof, auf dem Kuhreiten zum experimentellen Ansatz biologischer Milchviehhaltung zählt. Such dir eine Kuh aus, schwing dich in den Sattel und reite

Kuh, Boldерhof

langsam durch die idyllische Auenlandschaft zum Rhein. Der Bolderhof hat auch verschiedene Unterkünfte im Angebot, von einer Nacht im Stroh im Kuhstall bis zum Schlummern auf einem Silo mit Blick in die Sterne.

St. Gallen

DAUER AB DEM BODENSEE: **16 MIN.**

Nahrung für Geist und Seele

Eine tolle Basis in der Region ist auch St. Gallen. Die Altstadt wird beherrscht von der benediktinischen **Fürstabtei St. Gallen**, 612 gegründet vom irischen Wandermönch Gallus und heute Weltkulturerbe. Die Abtei beherbergt die **Stiftsbibliothek**, eine der ältesten und schönsten Klosterbibliotheken der Welt mit zahlreichen wertvollen Schätzen der europäischen Kultur vom 8. Jh. bis zur Auflösung der Abtei 1805.

Möchtest du das Prunkstück der Bibliothek betreten, den **Barocksaal** von 1767 mit Fresken, Stuck und Putten, musst du zum Schutz des Parketts zuerst Filzschlappen anziehen.

BELIEBTE RESTAURANTS IN STEIN AM RHEIN

Burg Hohenklingen
Hügelburg aus dem 12. Jh. mit stimmungsvollem, erstklassigem Restaurant mit Schweizer Klassikern. €€

La P'tite Crêperie
In der Unterstadt, im Sommer mit Tischen draußen. Serviert werden köstliche süße und herzhafte Crêpes. €

Uferlos an der Schifflände
Beliebtes Café am Fluss mit herzhaften Sandwiches und Mezze-Platten. €

Obere Stube
Nobles Restaurant mit Innenhof im modernen Stil und kreativer Karte. €€

Rhy Lounge
Beliebter Sommertreff dank von Kastanien beschatteter Terrasse. Serviert hausgemachte Pizza und andere recht gute italienische Klassiker. €€

ÜBERNACHTEN IN STEIN AM RHEIN

B&B Stein am Rhein
Chalet der netten Familie Keller mit hellen, gepflegten Zimmern mit Kiefernholzeinrichtung. €

Hotel Adler
Zentral gelegenes Familienhotel mit einfachen, behaglichen Zimmern und reizend altmodischem Restaurant. €€

Jugendherberge
Gepflegte, saubere Herberge am Rhein mit Garten, Grillbereich und Spielplatz. €

ST. GALLENS SCHÖNSTE ERKER

Kamelerker (Spisergasse 22)
Der Mittelteil des Erkers von 1673 befindet sich heute im Kulturmuseum St. Gallen.

Kugelerker (Kugelgasse 8)
Von 1680, zeigt einige der zwölf Aufgaben des Herakles.

Pelikanerker (Schmiedgasse 15)
Von 1708, mit Szenen von vier Kontinenten. Gekrönt von einem goldenen Pelikan, der seinen Nachwuchs mit dem eigenen Blut füttert.

Greiferker (Gallusstrasse 22)
Üppige Schnitzereien mit Bibelszenen. Der Greif ist auf der Wand daneben zu sehen.

Schwanenerker (Kugelgasse 10)
Zeigt die griechische Sage von der Liebe des Flussgottes Alpheios, Sohn des Okeanos und der Tethys, zur Nymphe Arethusa.

PKUL/SHUTTERSTOCK ©

Stiftskirche St. Gallen im Stiftsbezirk

Von den 170 000 Büchern und Handschriften der Bibliothek ist in wechselnden Ausstellungen nur eine Handvoll zu sehen. Ein Prachtstück ist der Globus aus dem 16. Jh. mit vielen naturalistischen Illustrationen. Eine ägyptische Mumie ist auch zu sehen.

Die Bibliothek ist ein Werk des Architekten Peter Thumb, der zusammen mit Johann Michael Beer auch die doppeltürmige **Stiftskirche** aus der Mitte des 18. Jhs. schuf. Sie ist mit finsteren Fresken und mintgrünen Stuckverzierungen geschmückt. In der Kuppel ist eine Vision des Paradieses mit der heiligen Dreieinigkeit im Zentrum dargestellt. Auf einem Relief sind Szenen aus dem Leben des hl. Gallus zu sehen.

Im **Gewölbekeller** ist die Ausstellung „Gallus und sein Kloster“ zur Geschichte der Abtei aufgebaut, u. a. mit einer Multimediashow über die Reise des irischen Missionars ins Steinachtal und Teilen von karolingischen, ottonischen und gotischen Skulpturen von ehemaligen Gebäuden im Klosterbezirk. Mit dem Ticket hast du auch Zutritt zum **Ausstellungssaal** mit dem berühmten St. Galler Klosterplan, einer der bedeutendsten architektonischen Zeichnungen des Mittelalters.

ÜBERNACHTEN IN ST. GALLEN

Einstein St. Gallen
Top-Hotel der Stadt mit geräumigen Zimmern sowie Sternerestaurant und Spa. **€€€**

Hotel Dom
Auffallend modernes Hotel in der Altstadt mit in kräftigen Farben gehaltenen Zimmern. **€€**

Hotel Vadian
Im Herzen von St. Gallen, individuelle Zimmer mit zum Teil netten Details wie Deckenbalken. **€**

Textilien und Architektur

St. Gallen ist seit langer Zeit ein Zentrum der Schweizer Textilindustrie – dieser Tradition ist das **Textilmuseum** gewidmet. Die Sammlung birgt Textilien aus vielen Jahrhunderten und aus aller Welt – von Stofffragmenten aus spätantiken ägyptischen Gräbern bis zu mittelalterlichen Stickereien und kostbarer Spitze; auch die Gerätschaften zur Textilherstellung sind hier ausgestellt. In der hübschen Bibliothek kannst du alte Musterbücher durchblättern und ein paar der etwa 2 Mio. Stoffproben begutachten.

Einen Katzensprung vom Museum entfernt liegt die lippenstiftrote **Stadtlounge**, eine Kunstinstallation von 2005 von Pipilotti Rist und Carlos Martínez. Mehrere Straßen sowie Sofas, Stühle, Tische, Liegen und sogar ein Auto sind mit einem Teppich aus Kunststoffgranulat überzogen und laden im Schatten von Ginkgobäumen zum Pausemachen ein. Ganz in der Nähe steht die **Synagoge** von 1881, die noch immer von der kleinen St. Galler jüdischen Gemeinde genutzt wird – es ist das älteste Gebäude dieser Art im Bodenseeraum.

In der autofreien Altstadt kannst du schön flanieren, vorbei an mehreren bemerkenswerten Jugendstilhäusern wie dem **Haus zur Waage** an der Ecke Neu- und Multergasse mit Fassadenskulpturen von fünf Köpfen, die je einen Erdteil darstellen.

Insgesamt 111 Häuser in der Stadt haben reich verzierte Erker; in der Altstadt sind sie besonders rund um Gallusplatz, Spisergasse, Schmiedgasse und Kugelgasse zu finden. Viele sind mit schönen Holzskulpturen ausgestattet und spiegeln den Reichtum ihrer ehemaligen Besitzer, bei denen es sich meist um Textilunternehmer handelte.

Einen Besuch lohnt auch die protestantische neugotische **St. Laurenzen-Kirche** mit ihrem Mosaikdach, grazilen Blumenfresken und einer mit goldenen Sternen übersäten dunkelblauen Decke. Vom Turm aus hat man einen Panoramablick über terrakottafarbene Dächer und Turmspitzen.

Appenzell

DAUER AB DEM BODENSEE: **1 STD.**

Alpines Volkstum, regionales Bier

Appenzell scheint einem Märchen entsprungen. Überwältigend ist die autofreie **Hauptgasse** mit opulenter Fassadenmalerei und Läden, die von Trachten bis zu Käse aus der Region und alten Kuhglocken alles verkaufen. Schaust du nach oben, erkennst du an den Giebeldächern und auf den Ladenschildern zahlreiche kleine Details. Der Hauptplatz ist der **Landsgemeindeplatz**, auf dem die kantonale Landsgemein-

CRAFTBIERSZENE

Brüw
2016 bereitete der dänische Expat Ole Lind mit dieser lockeren Bar den Weg für Brauhäuser in St. Gallen. Meist gibt's zwölf Biere vom Fass, neben den eigenen Brüw-Gebräuen auch solche anderer regionaler Kleinbrauereien.

Hermann Bier Brauerei & Lokal
Kleinbrauerei und Kneipe im Viertel Linsebühl. In einem früheren Bordell und Pornokino kannst du jetzt bis zu einem Dutzend unterschiedliche Biere genießen.

Restaurant Brauwerk
Hinter dieser mit neuen Bierrezepten experimentierenden Craftbierbrauerei samt Restaurant steht die große St. Galler Brauerei Schützengarten. Es werden Verkostungen mit einem Biersommelier angeboten.

KALBSWURST ESSEN IN ST. GALLEN

Drahtseilähnli
Nettes Bistro am Südrand der Altstadt mit tollem Frühstück und Mittagessen und hausgemachtem Kuchen. €

Bratwurst & Bowls Gemperli
Olma-Bratwurst mit Brot oder Kartoffelsalat, auch zum Mitnehmen; außerdem breites Angebot an Salat-Bowls. €

Wirtschaft Zur Alten Post
Gehobenes altes *erststockbeizli* (Kneipe im 1. Stock) mit fetten Kalbswürsten mit Rösti sowie eigenen Kreationen. €€

WEITERE BERG-AKTIVITÄTEN

Barfussweg
Familienfreundlicher, 5 km langer Spazierweg von Gontenbad nach Jakobsbad.

Kronberg
Auf den 1663 m hohen Kronberg fährt die längste Seilbahn im Appenzellerland.

Eine Kuh mieten
Am schönen Seealpsee kannst du dich einen Tag lang um eine Kuh kümmern, oder du versuchst dich im Melken (kuehe-mieten.ch).

Seealpchäs
Von Juni bis Ende August bietet die familiengeführte Käserei am Seealpsee die Möglichkeit, in einer hölzernen Wanne in frischer, 40 °C warmer Molke zu baden.

Appenzeller Schaukäserei
In der Schaukäserei mit angeschlossenem Restaurant in Stein 9 km nordwestlich von Appenzell erfährst du alles über die Käseherstellung.

CONNY POKORNY/SHUTTERSTOCK ©

Säntisbahn

de tagt. Diese einzigartige Form der direkten Demokratie, eine Art Freiluftparlament, ist eine Tradition, die seit 1403 am letzten Sonntag im April gelebt wird. Das **Museum Appenzell** neben der Touristeninformation gewährt Einblick in den Alltag und das Brauchtum der Region. Ausgestellt sind im Stil der hiesigen Bauernmalerei mit ländlichen Szenen bemalte Holzmöbel, Spitzen, Trachten, Waffen, sakrale Kunst, Flaggen und Banner, Käsereizubehör u. v. m.

Die fast 1000 Jahre alte **Pfarrkirche St. Mauritius** ist leicht an ihrem massiven spätgotischen Glockenturm zu erkennen, der mit einem Wandbild des Schutzheiligen des Kantons, St. Mauritius, geschmückt ist. Der Kirchenraum ist mit Fresken, Buntglasfenstern und Vergoldungen reich ausgestattet.

Ein Brauereibesuch

Auf der anderen Seite der Sitter liegt das **Brauquöll Appenzell**, Verkostungsraum, Shop und Besucherzentrum der Brauerei Appenzeller. Seit 1886 braut die Familie Locher hier Bier.

ÜBERNACHTEN IN APPENZELL

Café-Hotel Appenzell
Großzügig bemessene Zimmer in Rosa- und Blautönen mit Panoramafenstern und Holzbetten. €€

Gasthaus Hof
Gasthaus aus dem 19. Jh. mit geräumigen, holzvertäfelten Zimmern, Restaurant und Kegelbahn. €

Hotel Hof Weissbad
Ferienanlagenluxus 3 km südlich von Appenzell mit Spa, Hallen- und Freiluftbecken und hübschem Kräutergarten. €€€

Das beliebteste Bier der Brauerei ist das Quöllfrisch, doch das Personal an den Zapfhähnen versorgt dich gern mit Kostproben aus dem großen Biersortiment sowie vom Malzwhisky Säntis und anderen Produkte wie z. B. Essig. Außerdem kannst du dir die Abfüllanlage anschauen.

Säntis

DAUER AB DEM BODENSEE: **2 STD.**

Ein Tag in den Bergen

Der zerklüftete Gipfel des **Säntis** (2503 m) ist der höchste in der Ostschweiz. Von hier oben bietet sich eine herrliche Aussicht auf den Bodensee, den Zürichsee, die Alpen und die Berge Vorarlbergs. Von der von Urnäsch mit dem Bus erreichbaren Schwägalp fährt die Säntisbahn auf den Gipfel. Unten an der Talstation ist das schicke **Säntis – das Hotel**.

Das **Berggasthaus Alter Säntis** oben am Gipfel ist eine reizende, bodenständige, familiengeführte Berghütte mit einfachen Dorms, Zimmern und einer Terrasse mit fabelhaftem Ausblick. Das Restaurant serviert deftige Gerichte wie Gerstensuppe und Bratwurst mit Zwiebelsauce und Rösti.

Vom Säntis ist es eine atemberaubende, 2½- bis dreistündige Wanderung am Grat entlang zum Nachbargipfel **Ebenalp** (1640 m) – sie führt ständig auf und ab und ist daher ordentlich anstrengend. Von der Ebenalp fährt die Ebenalpbahn hinunter nach Wasserauen, einer Station der Appenzeller Bahnen.

Oben solltest du unterhalb der Bergstation der Seilbahn jedoch erst noch zehn Minuten bis zu den **Wildkirchli-Höhlen** gehen, die schon in der Steinzeit bewohnt waren und von denen eine als Kapelle eingerichtet wurde. Ein Stückchen weiter ist das Berggasthaus **Aescher**, eines der am spektakulärsten gelegenen Berggasthäuser der Schweiz – es steht hier seit 1860 in atemberaubender Kulisse und lädt zum Mittagessen ein.

Vom Aescher dauert der Abstieg hinunter zum smaragdgrünen **Seealpsee** etwa eine Stunde.

APPENZELLER FERIENKARTE

Wer mindestens drei Nächte in einem der Hotels und Berggasthöfe oder einer der Ferienwohnungen und Pensionen der Region verbringt, erhält die als „beste Gästekarte der Schweiz" gepriesene Appenzeller Ferienkarte. Sie berechtigt zur kostenlosen Nutzung der öffentlichen Verkehrsmittel und der meisten Seilbahnen und gewährt weitere Ermäßigungen wie etwa freien Eintritt zu Museen wie dem Museum Appenzell und dem Appenzeller Volkskunde-Museum in Stein 9 km nordwestlich von Appenzell.

Im Sommer kannst du gratis Fahrräder leihen, im Winter Schlitten, Langlaufskier und Schlittschuhe.

Zur eine Woche gültigen Karte gelangst du über den QR-Code; wer länger bleibt, erhält eine neue Karte.

Oben: Berninapass (S. 230), Lago Bianco; rechts: Radfahren, Corviglia (S. 240)

Graubünden

WILDE ALPEN UND BAHNROMANTIK

Mit ihren steilen, schroffen und vergletscherten Bergen sind die Schweizer Alpen dort, wo sie im Südosten des Landes an Österreich und Italien grenzen, am wildesten.

Sich in einem so schönen Land wie der Schweiz irgendwie hervorzuheben ist schwierig, doch Graubünden verzaubert mit seiner rauen Schönheit. Über Achterbahnstraßen geht's hinauf auf windgepeitschte Pässe, wo die Wolken über graue Felsen und vergletscherte Gipfel treiben. Ob du im Heidi-Stil über Blumenwiesen hüpfst oder dich auf einer Raftingtour im schäumenden türkisen Wasser des Rheins durch eine bewaldete Schlucht kämpfst, hier stehen die Zeichen auf Natur.

AERIALVISION_IT/SHUTTERSTOCK ©

Und was für eine Natur! Alle schwärmen von den sensationellen Abfahrten bei Davos und den glamourösen Pisten von St. Moritz, doch die sind nur die Spitze eines Eisbergs. Tatsächlich sind weite Teile Graubündens noch unterm Radar und reif für eine aktive Erkundung - oder einfach nur für eine Auszeit. Mach dich zu Fuß auf den Weg oder folge einsamen Straßen hinauf in die Berge, wo nur pfeifende Murmeltiere, deine eigenen Schritte und deine Begeisterungsausbrüche die Stille unterbrechen.

Willst du ein wenig Abstand von den Massen, dann zieh dich zurück in die Natur im Schweizerischen Nationalpark mit gigantischen Bergen oder in den Parc Ela. Und willst du sehen, wie es war, bevor die Tourist:innen kamen, dann besuche die verträumten rätoromanischen Dörfer im Unterengadin.

Das Drama dieser filmreifen Landschaft entfaltet sich herrlich auf Bahnfahrten. Die Ausblicke vom Glacier und Bernina Express sind so großartig, dass du dir immer wieder die Augen reiben wirst, um zu schauen, ob sie echt sind!

DIE WICHTIGSTEN ZIELE

CHUR
Historische Höhen in der ältesten Stadt der Schweiz. **S. 226**

DAVOS & KLOSTERS
Alpiner Thrill in zauberhafter Bergkulisse. **S. 234**

ST. MORITZ
Glamouröse Pisten, glitzernde Seen, Gletscherskigebiete. **S. 238**

Erste Orientierung

Graubünden macht fast ein Fünftel des Landes aus. Auf der Karte sehen die Entfernungen klein aus, doch von Chur im Norden bis nach St. Moritz Richtung italienische Grenze im Süden sind es 90 km (1½ Std.).

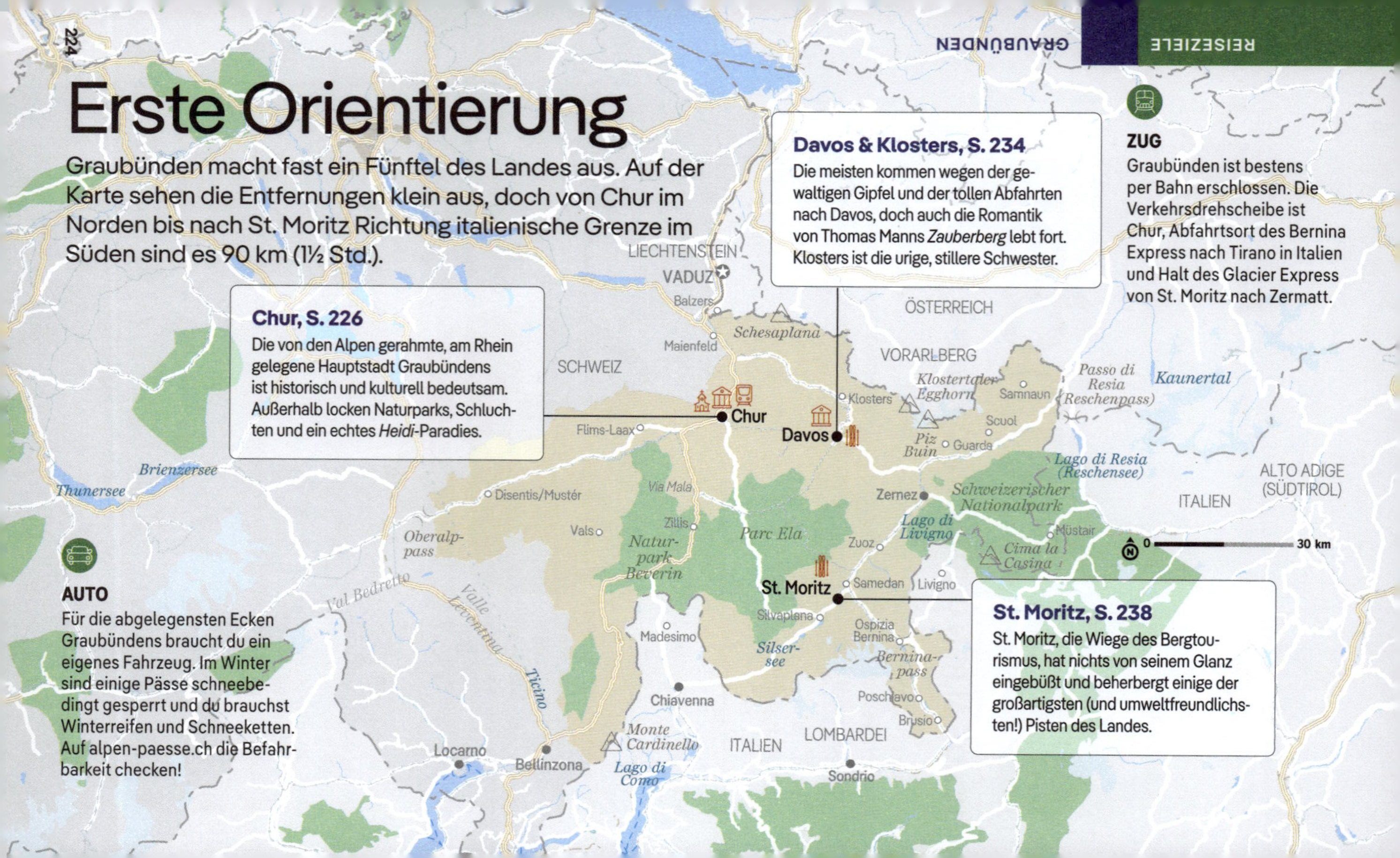

Chur, S. 226

Die von den Alpen gerahmte, am Rhein gelegene Hauptstadt Graubündens ist historisch und kulturell bedeutsam. Außerhalb locken Naturparks, Schluchten und ein echtes *Heidi*-Paradies.

Davos & Klosters, S. 234

Die meisten kommen wegen der gewaltigen Gipfel und der tollen Abfahrten nach Davos, doch auch die Romantik von Thomas Manns *Zauberberg* lebt fort. Klosters ist die urige, stillere Schwester.

St. Moritz, S. 238

St. Moritz, die Wiege des Bergtourismus, hat nichts von seinem Glanz eingebüßt und beherbergt einige der großartigsten (und umweltfreundlichsten!) Pisten des Landes.

ZUG

Graubünden ist bestens per Bahn erschlossen. Die Verkehrsdrehscheibe ist Chur, Abfahrtsort des Bernina Express nach Tirano in Italien und Halt des Glacier Express von St. Moritz nach Zermatt.

AUTO

Für die abgelegensten Ecken Graubündens brauchst du ein eigenes Fahrzeug. Im Winter sind einige Pässe schneebedingt gesperrt und du brauchst Winterreifen und Schneeketten. Auf alpen-paesse.ch die Befahrbarkeit checken!

Standseilbahn, Parsenn (S. 237)

Perfekte Tage

Dank großer Berge direkt vor der Haustür ist es kein Problem, von der Stadt auf die Piste zu wechseln. Bahnfahren ist hier ein Erlebnis, doch für die entlegensten Ecken brauchst du ein eigenes Gefährt.

Langes Wochenende

Los geht's mit einer Runde durch die **Altstadt** (S. 226) von Chur mit der **Martinskirche** mit ihren schönen Buntglasfenstern und dem interessanten **Rätischen Museum** (S. 226). Dann locken die Berge und du nimmst die Bahn nach **Bad Ragaz** (S. 230). Nach einem Bad in der **Tamina Therme** geht's weiter nach **Maienfeld**, um Rieslinge zu testen und zum **Heididorf** (S. 230) zu wandern.

Eine Woche oder mehr

Steuere von **Chur** (S. 226) Richtung Osten **Davos und Klosters** (S. 234) mit ihren Zauberbergen an. Von dort fließt der türkise Inn ins **Unterengadin** (S. 237) mit rätoromanischen Bergdörfern. Nachdem du in den wilden **Schweizerischen Nationalpark** (S. 236) abgetaucht bist, fährst du Richtung Süden nach **St. Moritz** (S. 238), um Berg- und Gletscherabenteuer zu erleben.

BESTE REISEZEIT

FRÜHLING
Eine ruhige Zeit, toll zum **Wandern**, **Raften** und **Radfahren** in niederen Höhen. Oben in den Bergen liegt noch Schnee.

SOMMER
Wildblumen an den Hängen und offene Hütten – Zeit zum **Wandern**. Im August gibt's in Chur das **Sommerfest**.

HERBST
Es ist nicht viel los, der Himmel ist klar und die **Wälder** leuchten bunt – September und Oktober sind eine tolle Reisezeit.

WINTER
Chur glitzert festlich beim **Christkindlmarkt** und **Skifahrende** düsen über die Pisten von St. Moritz und Davos.

Chur

NEOLITHISCHE ARTEFAKTE | FESTIVALS | GIACOMETTI

UNTERWEGS

Die größtenteils autofreie, kompakte Altstadt von Chur am Südufer des Rheins ist wunderbar zu Fuß zu erkunden. Fürs Kopfsteinpflaster flache Schuhe mitnehmen!

Wer mit dem Auto kommt, kann am Lindenquai in der Altstadt und am Bahnhofplatz parken. Dort fahren auch die Busse ab. Wer hier übernachtet, erhält eine Gästekarte für die kostenlose Nutzung des ÖPNV sowie 50 % Rabatt bei der Brambrüesch-Seilbahn.

TOP TIPP

Ab Chur fahren die beiden Vorzeigebahnen der Rhätischen Bahn: der Glacier Express und der Bernina Express. Erhebliche Rabatte bieten der Swiss Half Fare Pass, die Swiss Card und der Swiss Travel Pass. Auf derselben Strecke verkehren viele normale, erheblich billigere Züge. Näheres auf sbb.ch.

Die Anziehungskraft der Schweizer Alpen ist so groß, dass viele die Bündner Hauptstadt, die älteste Stadt der Schweiz, links liegen lassen. Das ist schade, denn nirgends kann man so tief in die Geschichte des Landes eintauchen wie in Chur – und die reicht hier weit zurück. 1998 stießen Archäolog:innen auf einen Schatz: rund 11 000 Jahre alte neolithische Artefakte – damit ist Chur so alt wie Jericho. Die Römer schätzten die Lage am Rhein und an der Kreuzung vieler Routen über die Alpen nach Italien; im 5. Jh. wurde die Stadt Bischofssitz.

Wer einen Tag oder zwei verweilt, entdeckt in der temperamentvollen Stadt viel reizvolles, ob in den Gassen der Altstadt oder beim Probieren von Bündner Traditionsgerichten, wie Capuns (in Mangoldblätter gewickelter Spätzleteig mit Wurststücken), Maluns (erinnert an Rösti) oder Gerstensuppe, in der holzigen Wärme eines mittelalterlichen Gasthauses.

In Chur die Zeit zurückdrehen

Das historische Herz der Schweiz

Durch die Gassen der Altstadt von Chur zu bummeln ist eine Zeitreise. Im Lauf der Jahrhunderte blankpolierte Pflastersteine, verzierte Fassaden, gluckernde Brunnen und versteckte Höfe befördern dich ruckzuck in die Vergangenheit. Vieles stammt aus dem 15. Jh., als die Stadt nach einem verheerenden Brand neu aufgebaut wurde. Das **Obertor**, der **Malteserturm** (der frühere Pulverturm) und der **Sennhofturm** sind Überreste der mittelalterlichen Stadtbefestigung.

Unbedingt sehenswert ist die **Martinskirche** mit ihrem hohen Turm und der großen Turmuhr. Die 1491 im spätgotischen Stil neu errichtete Kirche, ursprünglich aus dem 8. Jh., wird innen dramatisch illuminiert von Buntglasfenstern von Augusto Giacometti. Die schlichtere **Kathedrale St. Mariä Himmelfahrt** aus dem 12. Jh. beherbergt einen Hochaltar von Jakob Russ aus dem späten 14. Jh. mit prächtigem Triptychon. In einem barocken Patrizierhaus erzählt das **Rätische Museum** mit Schmuck aus der Bronzezeit, römischen Skulpturen, Waffen und Agrarwerkzeugen die Geschichte des Kantons.

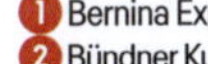

HIGHLIGHTS
1 Bernina Express
2 Bündner Kunstmuseum
3 Glacier Express
4 Martinskirche

SEHENSWERTES
5 Kathedrale St. Mariä Himmelfahrt
6 Malteserturm
7 Obertor
8 Rätisches Museum
9 Sennhofturm

AKTIVITÄTEN
10 Alpenbikepark

SCHLAFEN
11 Hotel Freieck
12 Hotel Stern
13 Zunfthaus zur Rebleuten

ÜBERNACHTEN IN CHUR

Zunfthaus zur Rebleuten
Romantische Bleibe in imposantem, 500 Jahre altem Gebäude in der Altstadt. **€€**

Hotel Stern
Stilvoll schlummern in reizendem, altmodischem Hotel mit Gewölbefluren und niedrigen Decken. **€€**

Hotel Freieck
Nettes Hotel in Haus aus dem 16. Jh. mit unverputzten Steinwänden, Gewölben und gedeckten Farben. **€€**

GIACOMETTI-JUWELE

In der Kunst hat niemand Graubünden stärker geprägt als die Familie Giacometti aus dem Val Bregaglia im Süden des Kantons an der italienischen Grenze. Im **Bündner Kunstmuseum** in der schönen Villa Planta mit Kuppel in Chur sind einige ihrer schönsten Arbeiten zu sehen.

Das Museum feiert das Schaffen von **Augusto Giacometti** (1877–1947), einem Vorreiter der abstrakten Kunst in der Schweiz, dessen bunte Gemälde, Wandbilder und Buntglasfenster vor Leben und Farbe strotzen.

Ebenso markant sind die Werke seines Cousins **Giovanni Giacometti** (1868–1933), Meister der Farbe und des Lichts, sowie die seines Neffens **Alberto Giacometti** (1901–1966), dessen schlanke Skulpturen, Zeichnungen und Gemälde die Schweizer Kunst ins 20. Jh. katapultierten.

Gipfelabenteuer am Brambrüesch

Stadthöhen und Bergblicke

Da in Chur die Berge den Blick nach oben ziehen, willst du auch schnell hinauf. Nur ein paar Gehminuten von der Altstadt fährt eine Seilbahn auf den 1595 m hohen Brambrüesch mit weiten Ausblicken über die Stadt und das Rheintal. Hier oben herrscht schon ordentliches Alpenflair. Im Sommer kannst du 12,4 km nach **Feldis** wandern, über Wiesen, durch Wälder und vorbei an glitzernden Seen. Oder du stürzt dich im **Alpenbikepark** ins Abenteuer, indem du mit einem Roller bergab düst oder dich mit einer Art Skateboard im Sommer-Snowboarden versuchst. Im Winter lockt der Berg mit Schneeschuh- und Winterwanderungen sowie Schlittenfahrten. Ausrüstung verleiht die Sportschule **AIS**.

Unterwegs mit der Bahn

Sagenhafte Bahnreisen

Kein anderes Land hat das Bahnfahren so perfektioniert wie die Schweiz, wo kleine rote Züge – makellos sauber und immer pünktlich – ohne Mühe aus Tälern hinauf zu verschneiten Gipfeln fahren. Im Schatten der gigantischen Kulisse sehen sie aus wie das Spielzeug eines anspruchsvollen Sammlers.

Einige der besonders schönen Bahnrouten in der Schweiz führen durch das zerklüftete Terrain von Graubünden und starten oder enden in Chur. Mit ihren Viadukten, Tunneln und der umwerfenden Aussicht auf bewaldete Hänge, funkelnde Seen und wilden Berge ist die **Rhätische Bahn** eine Glanzleistung der Ingenieurskunst des frühen 20. Jhs. Die beiden Vorzeigezüge des Unternehmens sind der Glacier Express und der Bernina Express.

Zu Recht schwärmen alle vom **Glacier Express**, der auf seiner achtstündigen Reise von Zermatt nach St. Moritz den Furka-, den Oberalp- und den Berninapass überquert und auf halber Strecke in Chur hält. Du klebst die ganze Zeit am Fenster, so faszinierend ist die Aussicht auf Wälder, tosende türkise Flüsse und vergletscherte Gipfel vom Panoramawagen aus. Die ganze Fahrt ist klasse, doch einfach unvergesslich sind der überaus fotogene, gebogene **Landwasserviadukt** zwischen Tiefencastel und Filisur mit seinen sechs Bögen sowie der wilde, windgepeitschte Oberalppass auf 2033 m Höhe.

Eine klassische Bahnstrecke der Schweiz befährt der **Bernina Express**: Er verbindet die deutsch- und die italienischsprachigen Teile Graubündens und erklimmt dazu die Gletscherwelten der Alpen. Auf der vierstündigen Fahrt von Chur nach Tirano fährt er durch 55 Tunnel und überquert 196 Brücken. Der Abschnitt Thusis–Tirano gehört zum Unesco-Welterbe.

Die Website der Rhätischen Bahn (rhb.ch) informiert über Ticketbuchung, Platzreservierung und Sonderangebote. Wer Franken sparen möchte: Auf derselben Strecke verkehren auch normale Züge, die genauso schön, aber erheblich billiger sind.

Landwasserviadukt

Rund um Chur

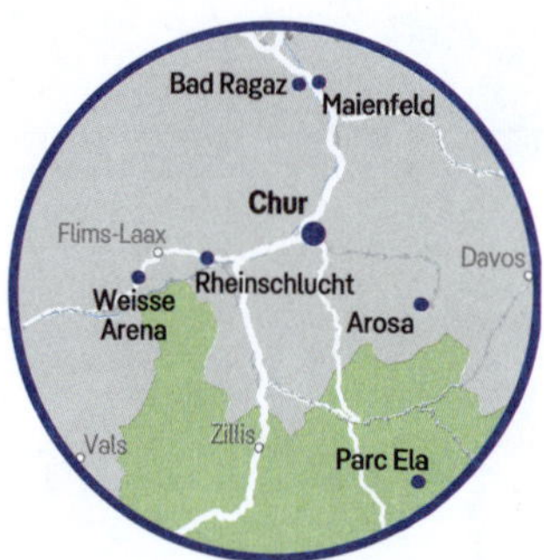

Chur ist das Tor zu den mächtigen Bündner Alpen, in denen von Bergwandern bis Raften und Off-Piste-Skifahren alles geht.

Ziele

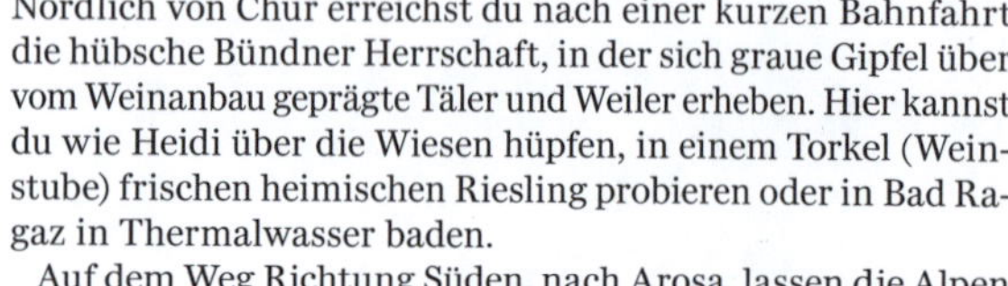

Nördlich von Chur erreichst du nach einer kurzen Bahnfahrt die hübsche Bündner Herrschaft, in der sich graue Gipfel über vom Weinanbau geprägte Täler und Weiler erheben. Hier kannst du wie Heidi über die Wiesen hüpfen, in einem Torkel (Weinstube) frischen heimischen Riesling probieren oder in Bad Ragaz in Thermalwasser baden.

Auf dem Weg Richtung Süden, nach Arosa, lassen die Alpen ihre Muskeln spielen, mit weiten Hängen zum Austoben und dem friedvollen Parc Ela, dem größten Naturpark der Schweiz mit zahlreichen Wildtieren. Im Westen kannst du durch die Rheinschlucht wandern und raften oder im auf Nachhaltigkeit bedachten Flims, Laax und Falera skifahren und snowboarden.

UNTERWEGS

Von Chur fahren Regional- und S-Bahnen in höchstens 15 Minuten nach Maienfeld und Bad Ragaz. Richtung Westen fahren Busse nach Flims, Laax und Falera; eine wunderschöne Bahnstrecke führt von Chur nach Arosa (1 Std.).

Sogar der abgeschiedene Parc Ela ist per Zug erreichbar, aber für seine stilleren Ecken ist ein eigenes Fahrzeug nötig.

Maienfeld

DAUER AB CHUR: **10 MIN.**

Heidis Schweiz

Wer je das Bedürfnis verspürt hat, wie Heidi über die Hänge zu tollen, der sollte Maienfeld ansteuern. Mit niedlichen Holzhäuschen, Kühen und Blumenweiden bringt dich das Dorf zum Jodeln. Es muss diese Landschaft gewesen sein, die die Fantasie der Schweizer Autorin Johanna Spyri (1827–1901) beflügelte, die 1881 *Heidi* verfasste.

Die Einheimischen rochen jedenfalls das große Geld und erklärten ein idyllisches Dorf kurzerhand zu Heidis Dorf. Der 2,4 km lange **Heidiweg** (1½ Std.) führt durch Täler, Wälder, Weinberge und über Bergwiesen zum **Heididorf** mit dem rustikalen **Heidihaus**, in dem Heidi natürlich nie wohnte, da sie niemals lebte. Doch die Landschaft ist herrlich. Und im Laden gibt's alles zu Heidi – Dirndl, Puppen, Schokolade, Wein – was das Herz begehrt!

TOP TIPP

Der Graubünden Pass gilt an zwei von fünf oder fünf von 14 Tagen und umfasst die kostenlose Nutzung des öffentlichen Regionalverkehrs.

Bad Ragaz

DAUER AB CHUR: **15 MIN.** 

Thermalbäder und Bergwanderungen

Das anmutige Bad Ragaz inmitten schroffer Berge am Rhein lockt schon seit 1242 Badegäste an: Damals entdeckten Benediktinermönche die Thermalquellen, die das Immunsystem und den Kreislauf stärken sollen. Das 36,5 °C warme Wasser blubbert in der Taminaschlucht an die Oberfläche. In der **Tamina Therme** kannst du in warmem und kaltem Was-

Grand Resort Bad Ragaz

ser planschen, im stattlichen **Helenabad** aus dem 19. Jh. im Grand Resort Bad Ragaz umgeben von Marmorsäulen baden.

Auch die frische Höhenluft der Region ist gesund. Eine der schönsten Tageswanderungen ist die an der Pizolhütte (2227 m) beginnende, 11,5 km (5 Std.) lange **Fünf-Seen-Wanderung** zu Kalksteingipfeln, Gletschern und fünf smaragdgrünen Seen, mit umwerfenden Blicken auf die Schweizer und österreichischen Alpen.

Rheinschlucht

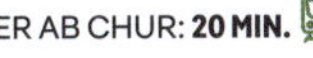

Schuchtenwanderung und Flussrafting

Die von Gletschern ausgeschnittene, 400 m tiefe Rheinschlucht am Vorderrhein wird oft als „Grand Canyon der Schweiz" gepriesen. Das ist weit hergeholt, doch die bewaldete, vor 10 000 Jahren durch den Flimser Bergsturz entstandene Schlucht ist von einer Schönheit, die keinen Vergleich nötig hat, und lässt sich auf einer 3½-stündigen Wanderung erkunden. Von **Trin**, 7 km östlich von Flims, folgt der Weg dem reißenden blauen Fluss, vorbei an Kalksteinklippen, die zu einem Wald von Felsnadeln und Säulen ausgewaschen wurden.

Wer die Schlucht lieber vom Wasser aus erleben möchte: Der turbulente, 17 km lange Abschnitt zwischen Ilanz und Reiche-

BÜNDNER WEINBAU

Bad Ragaz ist nur ein Korkenploppen von der **Bündner Herrschaft** entfernt. Das Weinbaugebiet östlich des Rheins, die **Fünf Dörfer** – Fläsch, Maienfeld, Jenins, Malans und Zizers – keltern großartige Spätburgunder, Rieslinge und Silvaner.

Nach dem Spaziergang durch die Weinstöcke kannst du im Weinlokal **Von Salis** in Maienfeld pflaumige Rot- und pfirsichfarbene Weißweine verkosten; oder du steuerst einen Weinkeller, z.B. den **Alten Torken** in Jenins an, in dem zu regionalen Tröpfchen kreative Speisen gereicht werden. Inmitten von Weinreben speist du auf der Terrasse, oder du nimmst an einer halbstündigen Verkostung von vier Weinen teil.

Jedes Jahr im September findet in den sonst meist stillen Straßen in der Bündner Herrschaft ein **Weinfest** statt.

ÜBERNACHTEN IN DER BÜNDNER HERRSCHAFT

Schlaf-Fass
In Jenins und Maienfeld kannst du deinen Rausch in einem stilvoll umgemodelten Weinfass ausschlafen. **€€**

Hotel Schloss Ragaz
Kleine Burg mit stillen Zimmern, gepflegtem Garten und Spa mit Anwendungen mit Naturprodukten. **€€**

Grand Resort Bad Ragaz
5-Sterne-Haus mit palastartigem Thermalbad: 19. Jh.-Flair plus moderne Eleganz. **€€€**

GRAUBÜNDENS WILDER WESTEN

Über Disentis im westlichen Graubünden erhebt sich wie eine Fata Morgana das **Benediktinerkloster Disentis** mit opulenter Barockkirche.

Ein Kloster gibt's hier schon seit dem 8. Jh. Das Museum erzählt seine Geschichte. Weiter westlich führt eine spektakuläre Straße voller Spitzkehren 32 km über den **Oberalppass** (2044 m) nach Andermatt (1447 m) in der Zentralschweiz.

Auf dem Weg hinauf zum **Lai da Tuma** (Tomasee), einem glitzernden Bergsee, der als Quelle des Rheins gilt, hast du die Alpen immer im Rückspiegel. Hier oben führt ein anspruchsvoller 8,5 km-Rundweg durch ein Naturschutzgebiet.

Der Oberalppass ist im Winter meist bis Mitte Mai für den Autoverkehr gesperrt, doch der Glacier Express hält das ganze Jahr über hier.

nau ist ein Paradies für Wildwasserrafter:innen. **Swissraft** organisiert halb- und ganztägige Raftingtrips sowie Kanu- und Hydrospeedingtouren.

Weisse Arena

DAUER AB CHUR: **35 MIN.**

Mit gutem Gewissen skifahren

Selbst wenn es nirgendwo anders schneit, so sagt man, liegt rund um **Flims**, **Laax** und **Falera** verlässlich Schnee. Das Trio bildet das Skigebiet Weisse Arena, in dem auf einer Höhe zwischen 2000 und 3000 m auf 224 km Piste unglaublicher Pulverschnee zum Skifahren und Snowboarden einlädt; dazukommen fantastische Möglichkeiten zum Touren und Freeriden abseits der Pisten. Und hier genießt du den Wintersport mit gutem Gewissen, denn dies ist eins der grünsten Skigebiete des Landes, mit solarbetriebenen Liften, E-Shuttles, umweltfreundlichen Gebäuden und CO_2-neutralem Kunstschnee.

Als Gastgeber der **Laax Open** im Januar ist Laax ein Tummelplatz für Snowboarder:innen auf der Suche nach dem großen Sprung, mit der längsten Halfpipe der Welt, fünf Snowparks und einem Kicker von Olympiaformat. Die heißesten Post-Pisten-Partys finden im **Riders Hotel** statt.

Arosa

DAUER AB CHUR: **1 STD.**

Romantische Wintervergnügen

Schon die Fahrt nach Arosa ist vom Feinsten: Von Chur geht's mit der **Rhätischen Bahn** mitten hinein in bewaldete steile Berge, durch 19 Tunnel und über 41 schwindelerregende Brücken. Am eindrucksvollsten ist der **Langwieserviadukt** über der tosenden Plessur.

Auch mit dem Auto ist die einstündige Anreise spektakulär. Von Chur windet sich die Straße mit 365 Spitzkehren über 1000 Höhenmeter hinauf. Und das ist nur der Vorgeschmack auf einen der reizendsten und höchst gelegenen Wintersportorte der Schweiz auf 1775 m Höhe, umrahmt von grauen, mit Moränen durchzogenen Bergen.

Im Winter bildet der Pulverschnee um Arosa und Lenzerheide auf der anderen Seite des Bergs eine schöne Spielwiese bis hoch zum Weisshorn (2653 m). Doch Arosa glänzt vor allem durch altmodische Romantik. Du kannst dich in gemütlichen Holzchalets einmummeln, mit dem Pferdeschlitten durch verschneite Wälder gleiten, auf Wegen bei **Maran**, **La Isla** und der **Ochsenalp** gefrorene Wasserfälle passieren oder dich bei einem Eisbad in der **Eisbadi** abhärten. An klaren Winterabenden schleppst du einen Schlitten hoch nach

ÜBERNACHTEN & ESSEN IN FLIMS, LAAX & FALERA

Riders Hotel
Schlafen? Vergiss es! Im Boutiquehotel in Laax im kargen Betonlook rockt das Partyvolk. €€

Fidazerhof
Chalet mit weitem Bergblick, sonnigen Zimmern, Spa mit Ayurveda-Anwendungen und Slow-Food-Restaurant. €€

Posta Veglia
Holzvertäfelte Zimmer in wiedererwecktem Postamt aus dem 19. Jh. und Bündner Klassiker auf der Speisekarte. €€

Prätschli, um auf einer beleuchteten Rodelbahn durch den Wald zu surren und mit roten Wangen im warmen **Burestübli** auf ein Fondue und einen Glühwein einzukehren.

Im Sommer sind diese Berge nicht weniger beglückend. Über den Berg wanderst du im Schatten des Parpaner Rothorns zum am See gelegenen **Lenzerheide** oder erkundest per Mountainbike eins der besten Bergterrains der Schweiz auf dem herrlichen **Hörnli Flowtrail** mit 113 Kurven.

Parc Ela

DAUER AB CHUR: **1 STD.**

Langsam über verwunschene Höhen touren

Du möchtest der Welt für eine Weile entfliehen? Dann ist der Parc Ela genau richtig. Nie gehört? Das liegt daran, dass die Kunde vom größten Naturpark der Schweiz nur flüsternd weitergegeben wird. Der 600 km² große Park ermöglicht einen Einblick in die Alpen vor der Ankunft des Tourismus. Hier ist die Natur ungezähmt, mit felsigen, schneebedeckten Bergen über mit Wollgras bewachsenen Mooren und in Blumenwiesen getauchten Seen, die türkis schimmern.

Als Stützpunkte dienen die stillen Dörfer am Rand des Parks wie **Alvaschein**, **Tiefencastel** oder **Filisur**, wo dich der Blick auf die 65 m hohen Bögen des **Landwasserviadukts** verblüffen dürfte. Es ist das Highlight der Albula-Linie, einer Linie der Rhätischen Bahn, die von Thusis nach St. Moritz verläuft und zum Unesco-Welterbe gehört. Am schönsten ist jedoch **Bergün** mit Kopfsteinpflastergassen, einer romanischen Kirche und alten Häusern, die mit Sgraffiti, Fresken und Erkern geschmückt sind. Der dolchförmige Gipfel des Piz Ela (3339 m) ist am schönsten im rosigen Glühen des Sonnenuntergangs.

Weiter südlich liegt das für sein Schafschurfest im Oktober bekannte **Savognin**. Der Ort eignet sich als Basis für Wanderungen zur nahen **Alp Flix**. Das Plateau, ein Wunderland mit Hochmooren, Zirbelkiefernwäldern, Blumenwiesen, Gipfeln und Seen, ist am besten auf einem 5,5 km langen Rundweg zu erkunden – nach Murmeltieren, Gämsen, Steinböcken und Bartgeiern Ausschau halten!

Auf Autofahrten über Bergpässe wie den Albula, Julier und Septimer kannst du in Ausblicken schwelgen, doch um wirklich in die Wildnis des Parks einzutauchen, schnüre deine Wanderstiefel. Der 22 km lange **Trans Parc Ela** von Preda oberhalb von Bergün nach Savognin führt in neun Stunden über drei Pässe und präsentiert den Park von seiner besten Seite. Über Einzelheiten zur Route informiert die App, die du auf parc-ela.ch herunterladen kannst.

DIE BESTEN SPA-HOTELS IN AROSA

Tschuggen Grand Hotel
„Segel" am Berg weisen den Weg zu dem architektonisch ausgefallenen Hotel, opulent eingerichtet von Carlo Rampazzi und mit modernistischem Spa von Mario Botta. **€€€**

Arosa Kulm Hotel
5-Sterne-Schönheit am Ortsrand von Arosa mit intimem Spa mit Panoramafenstern mit Blick auf die sensationelle Bergkulisse. **€€€**

Waldhotel
In dem unfassbar romantischen Bergrefugium begann das Exil des Schriftstellers Thomas Mann. Das damalige Sanatorium ist heute ein luxuriöses Spahotel. **€€€**

ESSEN IN AROSA & LENZERHEIDE

Sennerei Maran
Käserei mit preisgekröntem Bergkäse für ein Picknick am spiegelglatten Schwellisee. **€**

Burestübli
Chalet am Waldrand mit zauberhaftem Ausblick; im Winter verlockende Fondues und zarte Steaks. **€€**

La Brezza
Tolles Sternerestaurant: Küchenchef Marco Campanella lässt sich von der Bergwelt inspirieren. **€€€**

Davos & Klosters

WINTERSPORT | WEITE BLICKE | WANDERN

TOP TIPP

Wer in Davos oder Klosters nächtigt, erhält eine Premium Card für die kostenlose Nutzung des ÖPNV, für Rabatte bei Bergbahnen und Ermäßigungen bei Outdoor- und Kulturaktivitäten, von Mountainbike-Schulungen bis zu Paragliding-Schnuppertagen, Museumsführungen und Brauereibesuchen. Die digitale Version kannst du dir aufs Smartphone laden.

Umrahmt von den hohen Gipfeln des Jakobshorns und der Weissfluh in den Albula- und Plessur-Alpen, ist Davos ein famoser Wintersportort, mit Monsterpisten und rauschenden Après-Ski-Partys. Im stilleren Klosters wird dein Traum von der Schweiz wahr: ob du im Sommer über Wiesen wanderst oder im Winter im Pferdeschlitten an Blockhütten vorbeigleitest.

Beide Orte sind international bekannt. Die ersten Gäste kamen 1865 nach Davos. Sie meinten, die Höhenluft würde Tuberkulose heilen. Und in den 1970er-Jahren trafen sich hier erstmals kluge Köpfe zum Weltwirtschaftsforum, das seitdem jedes Jahr stattfindet. Sherlock-Holmes-Erfinder Arthur Conan Doyle lernte in Davos das Skifahren, Thomas Mann inspirierte es zum *Zauberberg*. Auch das schicke Klosters ist Kult: Es sieht traumhaft aus und die garantiert paparazzifreien Pisten haben sich schon Promis und Royals von König Charles III. bis Bono, Johnny Depp und Julia Roberts hinabgeschwungen.

Zauberberge in Davos

Höhenwege und schnelle Abfahrten

Wenn man zur Silvretta hinaufblickt, die sich über Davos erhebt, versteht man, warum Thomas Mann diesen Gebirgszug so romantisch fand. Als er 1912 zum ersten Mal nach Davos kam, um seine Frau Katia zu besuchen, die sich hier in einem Sanatorium von der Tuberkulose erholte, genoss er die saubere Luft und die weiten Ausblicke. Später nutzte er seine Erlebnisse als Inspiration für seinen weltberühmten Roman *Der Zauberberg* (1924). Auf dem 2,8 km langen, einstündi-

ÜBERNACHTEN IN DAVOS & KLOSTERS

Waldhotel Davos
Das Sanatorium aus Thomas Manns *Zauberberg* wurde zu einem schicken Spahotel umgebaut. **€€**

Chesa Grischuna
Traumhaftes Schweizer Chalet in Klosters mit Zimmern mit Antiquitäten und gewölbten Decken sowie Restaurant. **€€**

Berghotel Schatzalp
Per Standseilbahn erreichbares Jugendstilhotel oberhalb von Davos mit Wander- und Schlittenrouten vor der Haustür. **€€€**

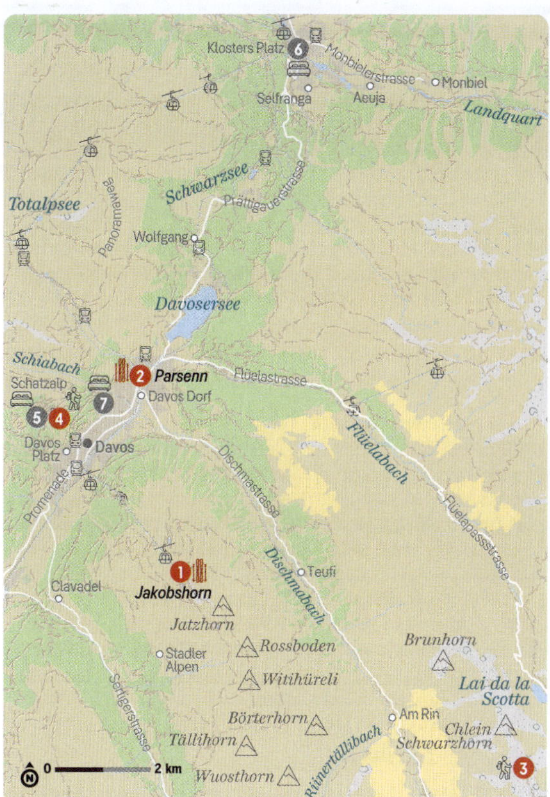

HIGHLIGHTS
1 Jakobshorn
2 Parsenn

AKTIVITÄTEN
3 Flüela Schwarzhorn
4 Schatzalp

SCHLAFEN
5 Berghotel Schatzalp
6 Chesa Grischuna
7 Waldhotel Davos

gen **Thomas-Mann-Weg** vom Waldhotel durch Wälder und über Wiesen zur **Schatzalp** (1861 m) mit botanischem Garten kannst du auf seinen Spuren wandeln.

Bei Schnee sind Davos und Klosters ein Wintermärchenland mit 320 km an Pisten. Das meiste spielt sich im Skigebiet **Parsenn** – für alle Niveaus, mit einer schwarzen Piste vom Weissfluhjoch nach Wolfgang – und am **Jakobshorn** ab, wo Snowboarder:innen und Freestyler:innen Halfpipe, Terrainpark und Pulverschnee abseits der präparierten Abfahrten vorfinden.

Den Abwärtsrausch gibt's auch per Schlitten. Davos ist die Wiege des Rodelns in der Schweiz. Seit dem ersten Schlittenrennen von Davos nach Klosters 1883 werden hier robuste Holzschlitten handgefertigt. An der Standseilbahnstation Schatzalp kannst du einen leihen. Du fährst mit der Bahn hoch und dann geht's hinab durch Schneewälder nach Davos Platz. Abends geht das Ganze zum Funkeln der Sterne.

Im Sommer kannst du windsurfen, mountainbiken oder meilenweit wandern. Besonders schön ist die 7,8 km lange Wanderung aufs **Flüela-Schwarzhorn** (3146 m). Bei Sonnenuntergang erlebst du die Berge in Gold getaucht. An klaren Tagen reichen die sagenhaften Ausblicke bis zum Großglockner und zum Mont Blanc.

SCHÖNE FAHRT ÜBER DEN FLÜELAPASS

14 km südöstlich von Davos verbindet die Straße über den herrlichen **Flüelapass** (2384 m) Davos (1560 m) mit Susch (1438 m) im Unterengadin (S. 239). Am Pass gibt's einen schönen Bergsee, ein Hospiz und ein kleines, meist ab Juni geöffnetes Restaurant mit grandiosem Bergblick.

Bis 1999 war man bemüht, den Pass auch im Winter geöffnet zu halten, doch seit der Fertigstellung des 19 km langen Vereinatunnels, durch den Autozüge verkehren, ist der Flüela im Winter gesperrt.

Rund um Davos & Klosters

Von Davos und Klosters sind der Startpunkt für Autotouren in die Stille und eine Exkursion in den Schweizerischen Nationalpark.

Ziele

UNTERWEGS

Mit dem Auto sind schöne Touren zu den einsamen Dörfern im Unterengadin möglich; Lavin liegt 40 Minuten östlich von Davos.

Aber die Verbindungen zwischen den Orten erlauben auch eine Erkundung der Gegend mit der Bahn.

Auch der Schweizerische Nationalpark ist per Zug erreichbar (1 Std. von Davos nach Zernez).

TOP TIPP

Das Besucherzentrum des Schweizerischen Nationalparks im Schloss Planta-Wildenberg in Zernez ist eine tolle Vorbereitung auf die Tierwelt und geologische Phänomene, mit Ausstellung, Karten, Guides und Mietferngläsern.

Östlich von Davos wirst du von der Schönheit der Natur bombardiert: mit blumigen Bergwiesen, Schneegipfeln und silbrigen Bergbächen, die dich zum Innehalten einladen. Weit entfernt vom Skizirkus bietet das stille Unterengadin poetische, erhabene Landschaften. In den hübschen alten Weilern am Inn erklingt der singende Tonfall des Rätoromanischen.

Hier könntest du wochenlang unterwegs sein. Besuche auf jeden Fall den Schweizerischen Nationalpark, ein Naturspektakel mit Bergpanoramen, Höhenwegen und Tieren, die kaum je Menschen gesehen haben. Das Tor zum Park ist Zernez, mit Davos durch die steile, kurvige Straße über den Flüelapass (2383 m) verbunden, die sich an ein paar saphirblauen Seen vorbeischlängelt.

Schweizerischer Nationalpark

DAUER AB DAVOS & KLOSTERS: **40 MIN.** 

Wandern im Reich der Natur

Willst du sehen, wie die Alpen vor dem Aufkommen des Tourismus aussahen, dann ist der Schweizerische Nationalpark im Graubündener Unterengadin der passende Ort. Hier, wo sich hohe schneebedeckte Berge nach Italien hineinziehen, tauchst du in einem 172 km² großen, völlig unerschlossenen Gebiet in die Wildnis ein. Der Anblick ist ein Fest: Durch Lärchen- und Kiefernwälder rauschen Bäche, auf den Hochmooren funkeln Seen, die Hänge sind mit Wildblumen bewachsen und an den Gipfeln glitzern Gletscher. Gemäß der Gründungsmaxime von 1914 bleibt die Natur sich hier vollständig selbst überlassen: Es werden keine Bäume gefällt, keine Wiesen gemäht und keine Tiere gejagt.

Um den Park wirklich zu erleben, musst du die Wanderstiefel schnüren. Tolle Ausgangspunkte für Wanderungen sind die urigen Engadin-Dörfer **Lavin**, **Scuol**, **Zernez** und **S-chanf** an der Bahnlinie.

Hast du nur Zeit für eine Wanderung, dann peile die **Macun-Seen** an. Von Zernez führt die 21 km lange Tageswanderung auf ein 2600 m hohes Plateau mit 23 türkis, topazfarben und saphirblau schimmernden Seen. Wer möchte, schließt sich einer geführten Wanderung an, buchbar über das Besucherzentrum in Zernez. So bestehen auch größere Chancen, Tiere wie Steinböcke, Gämsen, Steinadler und Bartgeier zu Gesicht zu bekommen sowie seltene Bergblumen wie das Edelweiß.

Du darfst nicht zelten, doch von Zernez ist auf einer mittelschweren, 3½-stündigen Wanderung die rustikale Berghütte **Chamanna Cluozza** zu erreichen – Schlafsack mitnehmen!

Unterengadin

DAUER AB DAVOS & KLOSTERS: **40 MIN.** 

Romantik beim rätoromanischen Roadtrip

Das Unterengadin mit dem schäumenden Inn und den kantigen grauen Gipfeln der Silvretta und der Rhätischen Alpen am Horizont ist so schön, dass du dich öfter kneifen musst, um dich zu vergewissern, dass das kein Traum ist. Doch wo sind die anderen Reisenden? In St. Moritz natürlich, sodass diese entlegene, raue Ecke von Graubünden denen überlassen bleibt, die die ausgetretenen Pfade verlassen.

Auf Straßen mit wenig Verkehr kannst du einige der schönsten Dörfer der Schweiz erkunden. Auf Hochebenen und inmitten von von Kühen abgegrasten Weiden liegend, herrscht dort ein geruhsamer Lebensrhythmus. An Gassen liegen Steinhäuser mit massiven Holztüren, Sgraffito und Fensterläden, die wenig Licht hinein lassen, Hobbithöhlen nicht unähnlich. An gepflasterten Plätzen gurgeln Brunnen. Diese Region ist eins der letzten Bollwerke des Rätoromanischen.

Los geht's im reizvollen, italienisch anmutenden **Lavin** mit pastellfarbenen Häusern und einer Kirche aus dem späten 15. Jh. mit gut erhaltenen Fresken. Richtung Osten liegt im Schatten des Piz Buin (3312 m) **Guarda**. Der niedliche Weiler scheint einem Märchen zu entstammen, besonders beim **Chalandamarz** am 1. März, wenn die Kinder mit großen Kuhglocken den Frühling einläuten. Ganz in der Nähe zieht das 1000 Jahre alte **Schloss Tarasp** mit seinen Türmen die Aufmerksamkeit auf sich. Weiter östlich liegt in den bewaldeten Falten der Berge **Scuol**; hier kannst du beim Baden im mineralienreichen Thermalwasser die Bergwelt bewundern.

Steht dir der Sinn nach einer Abwechslung von Lenkrad oder Sattel, dann schiebe eine Etappe auf dem 160 km langen Höhenwanderweg **Via Engiadina** ein: Durch Wälder und über Gipfel und Wiesen führt er von Maloja nach Vinadi.

DEN SCHWEIZERISCHEN NATIONALPARK ERLEBEN

Hans Lozza, Kommunikationsleiter im Schweizerischen Nationalpark, gibt Tipps für den Park.

Val Trupchun
Ein Hotspot für Tierfreunde, mit der Chance, Gämsen, Steinböcke, Murmeltiere und mit Glück auch Bartgeier und Steinadler zu sehen. Wer in der Chamanna Cluozza nächtigt und frühmorgens auf den Sattel klettert, sieht Gämsen grasen.

Munt la Schera
Fantastische Blicke auf den Park auf 2586 m Höhe. Der Kontrast zwischen dem trockenen Süden und dem bergigen, bewaldeten Norden ist nirgends besser zu erfassen. Hier siehst du Alpenschneehühner, Schneehasen und Gämsen.

Herbst
In der Brunftzeit Ende September ist im Wald das Röhren der Hirsche zu hören. Auch der Oktober ist schön, mit klarem Licht und goldenen Lärchenwäldern.

ÜBERNACHTEN IM UNTERENGADIN

Chamanna Cluozza
Eine Nacht in der Wildnis in traumhafter Blockhütte auf 1882 m Höhe. €

Il Fuorn
Pension im Schweizerischen Nationalpark mit behaglichen Zimmern sowie Forelle und Wild auf der Karte. €€

Hotel Engiadina
Herrliches Engadin-Haus aus dem 17. Jh. in Scuol mit Kiefernholzvertäfelung und viel Flair. €€

St. Moritz

YOGA-PISTE | HEIDIS HEIMAT | WINTERSPORT

UNTERWEGS

Die meisten Leute kommen mit dem Zug nach St. Moritz, dem Endpunkt des Glacier Express. Aber es gibt auch genügend Parkplätze. Südlich vom Hauptort St. Moritz-Dorf. liegt rund 1,5 km (15 Min.) über die Via dal Bagn St. Moritz-Bad. Wenn du nicht zu Fuß gehen möchtest: Zwischen St. Moritz-Bad und St. Moritz-Dorf verkehren Stadt- und Postbusse.

1864 wettete der legendäre Schweizer Hotelier Johannes Badrutt mit englischen Sommergästen, sie würden begeistert sein, wenn sie im Winter wiederkämen – und falls nicht, würde er ihnen die Reisekosten erstatten. Der Einsatz hat sich gelohnt: St. Moritz wurde zum ersten Wintersportort der Welt.

Über 150 Jahre später ist St. Moritz, umgeben von smaragdgrünen Wäldern und den schneebedeckten Gipfeln der Albula- und Bernina-Alpen, an einem glitzernden See gelegen, noch immer traumhaft. Promis und Royals tummeln sich auf den Skipisten, aber hier geht's nicht nur ums Sehen und Gesehenwerden. Der wahre Reichtum liegt tief verborgen in den Bergen.

Mit den Holzbrettern, die die Erstbesucher:innen trugen, haben die Skier von heute nichts mehr gemeinsam, aber die Anwesenheit der Briten hinterließ andere Spuren: In St. Moritz pflegt man exzentrische Sportarten wie Cricket und Polo auf dem Eis.

In Corviglia carven

Skifahren und Sonnengruß

Fragt man die Bewohner:innen von St. Moritz nach ihrem Lieblingsberg, wird wohl das Skigebiet Corviglia das Rennen machen. Die 155 km an makellos präparierten Pisten an der Ostflanke des Piz Nair (3056 m) reichen von sonnigen, rasanten roten bis zu halsbrecherischen schwarzen Abfahrten. Hier läufst du mit reinem Gewissen Ski: Die Schneekanonen nutzen Grauwasser, der Kunstschnee wird so ressourcenschonend wie möglich produziert.

Auch abseits der Pisten gibt es Pulverschnee und exzellente Skirouten. Auf Freestyler:innen und Snowboarder:innen warten ein gigantischer 400-m-Slalomparcour und ein Snowpark. Einzigartig ist die weltweit erste Yoga-Piste **Paradiso**. An vier Standorten kannst du entschleunigen und alleine oder unter professioneller Anleitung Yoga-Übungen im Schnee machen.

Wer unberührten Schnee möchte, bricht auf, wenn die anderen noch beim Frühstück sitzen, und nimmt um 7.45 Uhr die Chantarella-Standseilbahn oder die Marguns-Seilbahn.

TOP TIPP

Bergbahnen können ein kleines Vermögen kosten, aber nicht in St. Moritz. Wer mindestens zwei Nächte in einem der 100 angeschlossenen Hotels übernachtet, kann von Mai bis Oktober Bergbahnen und Sessellifte umsonst nutzen.

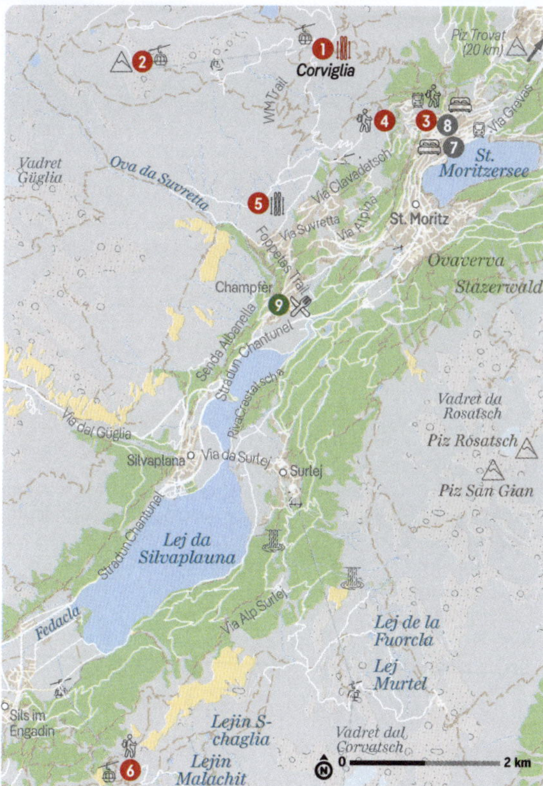

HIGHLIGHTS
1 Corviglia

SEHENSWERTES
2 Piz Nair

AKTIVITÄTEN
3 Clean Energy Tour
4 Heidis Blumenweg
5 Paradiso
6 Wasserweg

SCHLAFEN
7 Badrutt's Palace
8 Hotel Eden

ESSEN
9 Ecco St. Moritz

Wandern in St. Moritz

Höhenwege

Wenn der Schnee schmilzt, ist St. Moritz ein Wanderparadies. In Corvatsch geht's auf den **Wasserweg** zu einer familienfreundlichen, 2½-stündigen Wanderung zu sechs Bergseen. Oder du begibst dich hoch nach Chantarella auf **Heidis Blumenweg**, eine leichte, 1 km lange Wanderung durch Schweizer Zirbelkiefernwald und Wiesen mit seltenen Alpenblumen, die zu der Blockhütte führt, auf der für die Verfilmung der *Heidi*-Bücher von 1978 gedreht wurde.

Einen Blick in eine grünere Zukunft erhältst du auf der 2½-stündigen **Clean Energy Tour**. Hier werden erneuerbare Energien in natürlicher Umgebung vorgestellt; vom Piz Nair geht's hinunter zur mit Holzschindeln verkleideten Chesa Futura (Haus der Zukunft) von Norman Foster.

Eine größere Herausforderung stellt der Klettersteig oberhalb des Gletschers am **Piz Trovat** in der Diavolezza dar. Für einen unvergesslichen Trailrun mit 120 Höhenmetern solltest du den **Piz Nair** auf dem Vertical Run erklimmen, am besten zum gold-rosa Sonnenaufgang.

ÜBERNACHTEN & ESSEN IN ST. MORITZ

Hotel Eden
Familiengeführtes Hoteljuwel im Herzen des Orts mit schönem Atrium, weiten Bergblicken und Lounge mit Antiquitäten und Kaminfeuer im Winter. **€€**

Badrutt's Palace
5-Sterne-Kasten in toller Lage am See mit palastartigen Suiten, gutem Essen und Spa. **€€€**

Ecco St. Moritz
Mit zwei Sternen ausgezeichnetes Top-Restaurant: Hier lässt Rolf Fliegauf seiner kulinarischen Fantasie freien Lauf, wenn im Winter Schneeflöckchen fallen. **€€€**

Rund um St. Moritz

Mit düsteren, zerklüfteten Dreitausendern wo man hinsieht, umgibt St. Moritz ein wunderschönes Hinterland.

Ziele

Celerina S. 240
Silvaplanasee S. 240
Diavolezza S. 241

UNTERWEGS

In der Hochsaison fahren regelmäßig Postbusse von St. Moritz zum Silvaplanasee und nach Sils-Maria. Celerina und Diavolezza, wo die Seilbahn abfährt, sind per Bahn erreichbar.

Der Berninapass lässt sich mit dem Zug überqueren, doch die Fahrt mit dem Auto ist vielleicht nett. Der Pass ist ganzjährig geöffnet; im Winter brauchst du Winterreifen, Schneeketten und gute Nerven.

TOP TIPP

Mai/Juni und September/Oktober, wenn weniger Andrang herrscht und die Zimmerpreise sinken, sind toll zum Wandern und Radfahren und für Touren ins Hinterland.

Der Glacier Express hält in St. Moritz, von wo Du zu Fuß, per Rad oder Auto wolkenverhangene, großartige Bergpässe wie Bernina, Julier und Maloja erreichst. Die Schönheit der Bergwelt ist hinreißend und vom Bobfahren in Celerina bis zum Wingfoiling über dem Silvaplanasee und zu Gletscherwanderungen an der Diavolezza, mit den schneebedeckten Zacken von Piz Bernina und Piz Palü am Horizont, gibt es viel zu erleben.

Wem der Sinn nach Stille steht, der verdrückt sich in hübsche Bergdörfer wie Sils-Maria, wo Nietzsche die Sommerfrische genoss, Vals mit dem aus Valser Quarzit errichtete Spa des Schweizer Architekten Peter Zumthor oder Soglio und Stampa mit engen Gassen, Palazzi und schlanken Kirchtürmen.

Celerina

DAUER AB ST. MORITZ: **3 MIN.** 

Bobfahren und rodeln

Nichts ist nervenaufreibender, als mit bis zu 135 km/h über glattes Eis zu rasen. In Celerina kannst du dir selbst ein Bild davon machen. Das Dorf auf der sonnigen Seite von St. Moritz beherbergt den **Olympia Bob Run**. Der jedes Jahr aus Natureis neu angelegte, 1722 m lange Eiskanal ist die älteste Bobbahn der Welt. Sie stammt von 1904. Wer sich traut, bucht eine haarsträubende 75-sekündige Abfahrt. Keine Angst – du bist sicher eingeklemmt zwischen Pilot und Bremser.

Noch schneller? Dann nichts wie rüber zum **Cresta Run**, jener legendären, 1885 von tatkräftigen britischen Gästen geschaffenen Rodelbahn, die du dich kopfvoran hinunterstürzt wie ein menschlicher Torpedo. Die 1 km lange Sause ist noch einmal eine andere Nummer als das Bobfahren. Hier bist du in liegender Position allein unterwegs, mit Geschwindigkeiten von bis zu 140 km/h. Gelenkt und gebremst wird mit speziellen Stiefeln.

Silvaplanasee

DAUER AB ST. MORITZ: **12 MIN.** 

Seebrisen einfangen

Pünktlich um 11 Uhr pfeift jeden Tag der Malojawind von den Bergen und kräuselt das türkise, gletscherkalte Wasser des Silvaplanasees. Wenn er aus südlicher oder südwestlicher

Richtung weht, greifen Wind- und Kitesurfer:innen zu ihren Wassersportgeräten. Auf dem See finden im Juni die Weltmeisterschaften im Windsurfen (**Engadinwind**) und Wingfoiling (**Engadinwing**) statt. Die Wind- und Kitesurfschulen von Silvaplana verleihen Ausrüstung und bieten Kurse an, von Anfänger- bis zu Einzelunterricht für Profis.

Auch Stehpaddler:innen sind hier in ihrem Element: Sie gleiten in der spiegelglatten Stille am Morgen über den See. Falls im Verlauf des Tages der Wind nicht allzu stark wird, kannst du den Sport ausprobieren, der hier derzeit am angesagtesten ist, das Wingfoiling: Bei einem Hydrofoil-Surfbrett befindet sich unter dem Board ein Tragflügel, der zu höherem Speed führt. Auch im Winter ist's hier toll: beim Schneekiten über dem zugefrorenen See und Ausblicken auf die schneeweißen Gipfel der Bernina-Alpen.

Diavolezza

DAUER AB ST. MORITZ: **1 STD.** 

Weite Panoramen und Gletscher

Wilder wird's an der Diavolezza unmittelbar südlich von St. Moritz, wo dich eine Seilbahn auf 2973 m Höhe befördert. Hier kannst du in sagenhaften Ausblicken aufs ewige Eis und den **Piz Bernina** (4049 m) schwelgen. Der höchste Gipfel der Ostalpen erhebt sich wie ein düsterer, gletschergekrönter Dolch über einem Meer aus Bergen.

Willst du am Sommer auf Tuchfühlung mit dem Eis gehen, nächtige neben Bergsteiger:innen im **Berghaus Diavolezza** und stehe im Morgengrauen auf zu einer ganztägigen geführten Gletscherwanderung der **Bergsteigerschule Pontresina** über die tief eingeschnittenen Pers- und Morteratschgletscher.

Im Winter wartet die Diavolezza mit tiefem Pulverschnee, einem Mix aus roten und schwarzen Abfahrten, viele davon atemberaubend steil, sowie Möglichkeiten zum Skiwandern und Freeriden auf. Am besten ist die längste Gletscherabfahrt der Schweiz, eine 10-km-Sause über markiertes, aber unpräpariertes Terrain auf den Pers- und Morteratschgletschern. Mit einem Guide kannst du Skitouren zum 3900 m hohen **Palü** oder über die **Bernina Haute Route** unternehmen, beides am besten zu Anfang des Frühlings. Wenn du dafür noch nicht reif bist, kannst du das Skiwandern auf der sicheren, ausgeschilderten **Diavolezza Challenge** von der Tal- zur Bergstation mit einem Anstieg von 890 m üben.

Wer zur rechten Zeit vor Ort ist, kann bei der zauberhaften **Glüna Plaina** an einem stillen Winterabend beim Licht des Vollmonds Ski fahren.

NIETZSCHES BERGREFUGIUM

Als beschauliche Enklave aus schiefergedeckten Chalets vor dem spektakulären Hintergrund vergletscherter Berge liegt **Sils-Maria** zwischen Silser- und Silvaplanasee.

Dank Friedrich Nietzsche schwirrten in dem stillen Seedorf einst Ideen der Existenzphilophie umher: Von 1881 bis 1888 verbrachte der Philosoph hier seine Sommer und verfasste Schriften zum Los des modernen Menschen wie z. B. *Also sprach Zarathustra*.

Im geraniengeschmückten Chalet, in dem er abstieg, zeigt das **Nietzsche-Haus** heute Fotos, Erinnerungsstücke und Briefe zum Leben des Philosophen von der Kindheit bis zum Nervenzusammenbruch. Die Räume sind im ursprünglichen Zustand erhalten. Es können einfache Doppelzimmer gemietet werden; der Mindestaufenthalt beträgt drei Nächte und muss im Voraus gebucht werden.

ÜBERNACHTEN RUND UM ST. MORITZ

Hotel Fex
Von Sils-Maria aus zu Fuß oder per Pferdekutsche erreichbares Berghotel aus dem 19. Jh. **€€**

Hotelio Petit Chalet
Hangchalet in Celerina mit schickem modernem Berginterieur und herzlichem Empfang. **€€**

Conrad's Mountain Lodge
Rustikale Lodge beim Silvaplanasee mit coolem Flair und herrlichem Bergblick. **€€**

Liechtenstein

MÄRCHEN UND ALPENWEGE

Liechtenstein vereint das Beste der Alpen auf engstem Raum, dazu gehören Höhenburgen, Bergzacken, Radwege entlang des Rheins und ein Wanderweg quer durchs Land.

Mit knapp 39 000 Einwohner:innen ist das Fürstentum Liechtenstein der sechstkleinste Staat der Erde und mit den schroffen Gipfeln, gepflegten Kuhwiesen und einem mittelalterlichen Schloss auf einem Bergsporn oberhalb der Hauptstadt Vaduz scheint es samt Fürst und Fürstin einem Bilderbuch entsprungen.

Das zwischen der Schweiz im Westen und Österreich im Osten eingezwängte Land mit dem Rhein als natürlicher Grenze ist zwar von seinen Nachbarn beeinflusst, verströmt aber ein ganz eigenes Flair – das ist überall spürbar, ob du die Museen von Vaduz oder Malbun hoch in den Bergen erkundest.

Das gepflegte Dasein hier ist von Wohlstand geprägt, mit properen Häusern und Gärten in herrlichen Landschaften, die bequem zu Fuß und mit dem Rad erkundet werden können; aber auch die öffentlichen Verkehrsmittel funktionieren wie am Schnürchen.

So niedlich die Orte und Dörfer auch erscheinen, die majestätische Kulisse ist das genaue Gegenteil. Du kannst durch wilde Natur wandern, z. B. auf dem Fürstensteig durch die zerklüfteten Drei Schwestern, oder auf der Drei-Länder-Tour auf einem grenzüberschreitenden Rundweg radfahren. Tief in den Bergen verstecken sich – im Winter in traumhafter Schneelandschaft – Dörfer, die zum Teil noch heute von der mittelalterlichen Kultur der Walser geprägt sind. Bei der fünftägigen Wanderung über den Liechtenstein-Weg kannst du an einem langen Wochenende das ganze Land abklappern.

Oben: Fassadendetail, Kathedrale St. Florin (S. 248); rechts: Valünatal (S. 249)

PASCAL VOSICKI/SHUTTERSTOCK ©

Erste Orientierung

Das nur 25 km lange und 12 km breite Liechtenstein hat keinen internationalen Flughafen und ist von Österreich und der Schweiz per Bus zu erreichen. Der westliche Teil liegt im Rheintal und ist recht flach, der östliche Teil ist bergig.

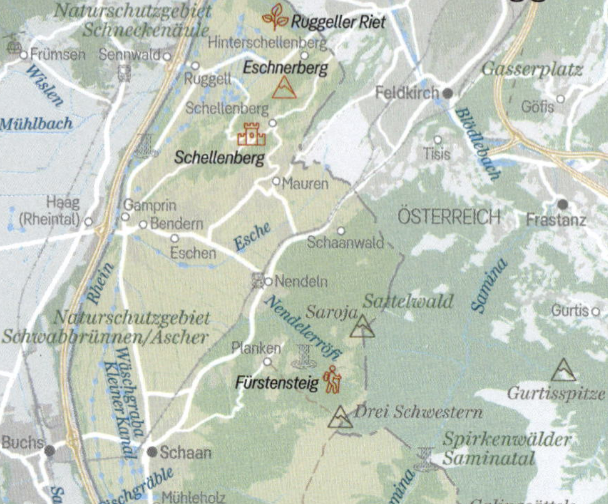

BUS

In Liechtenstein selbst sowie von Buchs und Sargans in der Schweiz und von Feldkirch in Österreich fahren regelmäßig Busse. Der Verkehrsknotenpunkt ist Vaduz. Fahrpläne, Pässe und Einzeltickets siehe liemobil.li.

AUTO

Vaduz liegt 1 km hinter der Schweizer Grenze. Auf der Schweizer Autobahn fährt man schnell von Nord nach Süd, doch von West nach Ost braucht man auf steilen, kurvenreichen Landstraßen erheblich länger, als es auf dem Papier aussieht.

0 — 4 km

Wandern, Naaftal (S. 249)

Perfekte Tage

Als Sprungbrett für Touren in die Berge dient die Mini-Hauptstadt Vaduz. An einem langen Wochenende kannst du schon viel sehen, auch auf wunderschönen Autotouren.

Mit wenig Zeit

Los geht's in Vaduz mit dem **Landesmuseum** (S. 248) und dem **Kunstmuseum** (S. 248), dann durch Weinstöcke hinauf zum mittelalterlichen **Schloss Vaduz** (S. 248). In der fürstlichen **Hofkellerei** (S. 249) verkostest du Weine, im Sternerestaurant **Torkel** gönnst du dir ein Schlemmermahl. Oder du wanderst im Rätikon fünf Stunden über den **Fürstensteig** (S. 246).

Langes Wochenende

Nach einem oder zwei Tagen in **Vaduz** (S. 248) tauchst du im Süden in **Triesenberg** (S. 249) im **Walsermuseum** (S. 249) in die alten Traditionen der Walser ein. Weiter oben in den Bergen liegt das stille Dorf **Malbun** (S. 249), wo du im Winter skilaufen und im Sommer über den **Fürstin-Gina-Weg** (S. 249) wandern kannst.

BESTE REISEZEIT

FRÜHLING
In den Alpen liegt Schnee, im Rheintal ist es milder – perfekt zum **Radfahren** im Flachland.

SOMMER
Höhenwanderwege und Hütten öffnen. Auf Schloss Vaduz schmeißt der Fürst eine **Feuerwerksparty**.

HERBST
Dank Herbstlaub und **Weinfesten** in Dörfern wie Triesen ist der Herbst toll zum Wandern, Radfahren und Schlemmen.

WINTER
Der Schnee sorgt für Trubel in den **Skigebieten**. Das Ende des Winters läutet der **Karneval** ein.

Wanderung auf dem Liechtenstein-Weg

Ein ganzes Land durchwandern

UNTERWEGS

Von Buchs und Sargans in der Schweiz und Feldkirch in Österreich fahren regelmäßig Busse, die am Postbusbahnhof von Vaduz ankommen.

Ein paarmal täglich halten Züge aus Buchs (Schweiz) und Feldkirch (Österreich) in Schaan, 3,5 km von Vaduz.

Einmal da, kommst du im klitzekleinen Liechtenstein leicht herum. Für die flache Rheinebene im Westen sind Fahrräder und E-Bikes optimal.

Auf dem 75 km langen Liechtenstein-Weg von Balzers an der Schweizer Grenze im Süden bis nach Schaanwald an der österreichischen Grenze im Norden lernst du das kleine Land bestens kennen. Der herrliche Weg führt durch Weinberge, Wiesen und Wälder, über Moore und Berge sowie am Rhein entlang.

Im Mittelpunkt steht Mutter Natur. Für die reiche Tierwelt in den Sümpfen und Mooren des Naturschutzgebiets **Ruggeller Riet** solltest du ein Fernglas dabeihaben – wenn Ende Mai oder Anfang Juni die blaue Sibirische Schwertlilie blüht, tummeln sich hier massenweise Störche. Vom bewaldeten **Eschnerberg** bieten sich Ausblicke auf Zweitausendergipfel und tief ins Rheintal hinein. Oder du unternimmst einen Abstecher auf den steilen **Fürstensteig** mit Nahblick auf die scharfen Zacken der Drei Schwestern.

Die Burgen am Weg regen zu Mittelalterfantasien an, z. B. die **Burg Gutenberg** in Balzers, die stimmungsvolle Ruine von **Burg Schellenberg** und die wildromantische **Burg Schalun**, zu erreichen über einen Zickzack-Waldpfad. Das traditionsbewusste Dorf Triesenberg (S. 251) lockt mit seinem reichen Walser-Erbe, während die Hauptstadt Vaduz, ungefähr auf halber Strecke der Tour, mit einer Burg aus dem 12. Jh. aufwartet.

Der Weg ist in fünf Tagesetappen gegliedert, sodass viel Zeit zum Trödeln bleibt. Mehr zum Weg verrät die erlebnisorientierte App LIstory.

Weinverkostung in fürstlichen Kellern

Lass die Korken ploppen!

Im kleinsten Weinland der Welt wurde schon vor 600 Jahren Wein gekeltert, also lange bevor es überhaupt ein Land wurde. Sonnige Hänge, kalkhaltige Böden und warme Föhnwinde sorgen für ideale Bedingungen für den Weinanbau. Durch die blumengeschmückten Weinberge von Vaduz gelangst du zur **Hofkellerei** des Fürsten von Liechtenstein, seit 1712 in den Händen der Familie. Im stimmungsvollen Gewölbekeller können beerige Spätburgunder und frische Chardonnays verkostet werden.

ÜBERNACHTEN IN VADUZ

Landhaus am Giessen
Ruhige, moderne Pension im Zentrum. Die besten Zimmer haben Balkone mit Burgblick. €€

Gasthof Löwen
600 Jahre alter Gasthof mit Zimmern voller Antiquitäten, Nobelrestaurant und Terrasse mit Weinbergblick. €€

Parkhotel Sonnenhof
Boutiquehotel in einem Garten mit Bergblick, mit luxuriösen Zimmern, Pool und Spa. €€€

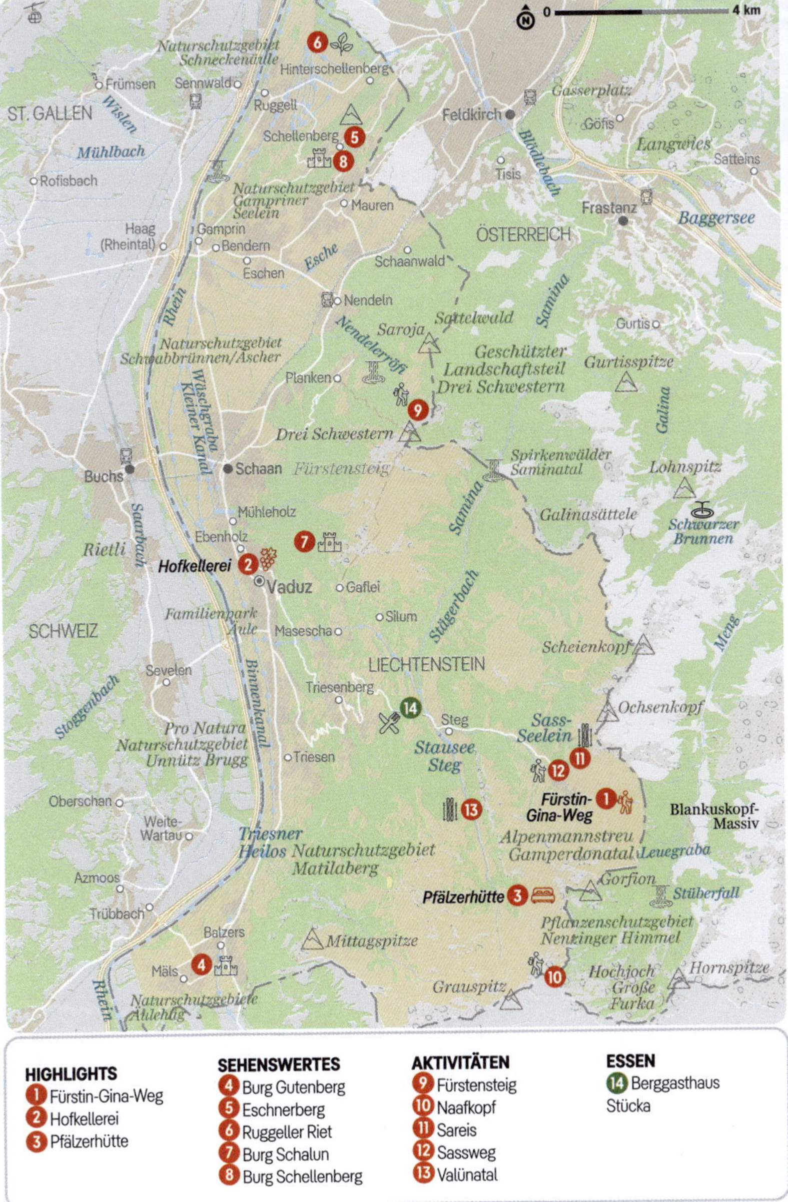
0
4 km
Naturschutzgebiet Schneckenäulle
Hinterschellenberg
Frümsen
Sennwald
Ruggell
ST. GALLEN
Wislen
Mühlbach
Schellenberg
Feldkirch
Gasserplatz
Göfis
Langwies
Satteins
Tisis
Bödlebach
Rofisbach
Naturschutzgebiet Gampriner Seelein
Mauren
Frastanz
Baggersee
Haag (Rheintal)
Gamprin
Bendern
Eschen
Esche
Schaanwald
ÖSTERREICH
Nendeln
Rhein
Samina
Sattelwald
Saroja
Nendelerröfi
Gurtis
Naturschutzgebiet Schwabbrünnen/Äscher
Geschützter Landschaftsteil Drei Schwestern
Gurtisspitze
Planken
Wäschgraba Kleiner Kanal
Galina
Drei Schwestern
Buchs
Schaan
Fürstensteig
Spirkenwälder Saminatal
Lohnspitz
Mühleholz
Samina
Galinasättele
Schwarzer Brunnen
Saarbach
Ebenholz
Rietli
Hofkellerei
Vaduz
Gaflei
Familienpark Äule
Silum
Stägerbach
SCHWEIZ
Masescha
Scheienkopf
Meng
LIECHTENSTEIN
Sevelen
Binnenkanal
Triesenberg
Stoggenbach
Ochsenkopf
Steg
Sass-Seelein
Pro Natura Naturschutzgebiet Unnütz Brugg
Triesen
Stausee Steg
Fürstin-Gina-Weg
Oberschan
Blankuskopf-Massiv
Weite-Wartau
Triesner Heilos Naturschutzgebiet Matilaberg
Alpenmannstreu Gamperdonatal
Leuegraba
Azmoos
Gorfion
Stüberfall
Pfälzerhütte
Trübbach
Pflanzenschutzgebiet Nenzinger Himmel
Balzers
Mittagspitze
Mäls
Hochjoch
Hornspitze
Große Furka
Grauspitz
Rhein
Naturschutzgebiete Äulehäg
HIGHLIGHTS
1 Fürstin-Gina-Weg
2 Hofkellerei
3 Pfälzerhütte
SEHENSWERTES
4 Burg Gutenberg
5 Eschnerberg
6 Ruggeller Riet
7 Burg Schalun
8 Burg Schellenberg
AKTIVITÄTEN
9 Fürstensteig
10 Naafkopf
11 Sareis
12 Sassweg
13 Valünatal
ESSEN
14 Berggasthaus Stücka

ZU FUSS DAS ALTE VADUZ ERKUNDEN

Vaduz, die winzige Hauptstadt eines winzigen Landes, wirkt mit seiner herrlichen Kulisse mit bewaldeten Bergen, dem Rhein und der alten Burg wie ein Hollywood-Drehort.

Der Rundgang beginnt am südlichen Ende der Fußgängerzone an der **1 Kathedrale St. Florin** aus dem 19. Jh. mit einem schlanken Turm, nur wenige Schritte entfernt vom **2 Peter-Kaiser-Platz** mit dem stattlichen **3 Regierungsgebäude**, in dem sich das Landesarchiv befindet.

Am Städtle, der Hauptstraße von Vaduz, befindet sich auch der **4 Landtag**. In dem auffälligen Gebäude des deutschen Architekten Hansjörg Göritz tagen die 25 Abgeordneten des Liechtensteiner Parlaments. Der Komplex besteht aus dem Langen Haus, dem Hohen Haus und dem Verbindenden Haus. Nebenan ist das **5 Landesmuseum** zur Geschichte des Fürstentums, von mittelalterlichen Hexenprozessen bis zur modernen Zahnprothetik, und zur Naturkunde.

Weiter geht's für einen Passstempel als Andenken zum **6 Liechtenstein Center**. Nebenan ist die **7 Schatzkammer** mit Kronjuwelen und Fabergé-Eiern. Und daneben ist das **8 Postmuseum Vaduz**, das sämtliche Briefmarken des Landes seit 1912 ausstellt.

Gegenüber erhebt sich der schwarz schimmernde Beton-Basalt-Kubus des **9 Kunstmuseums Liechtenstein** mit wechselnden Ausstellungen mit Werken aus der Sammlung des Hauses von z. B. von Ernst Ludwig Kirchner, Paul Klee und Joseph Beuys.

Vorbei am **10 Rathaus Vaduz** geht's rechts den Berg hoch zum **Mitteldorf**, einem reizenden Viertel mit traditionellen Häusern und Rosengärten. Zehn Minuten bergauf ist das **12 Schloss Vaduz**, in dem die Fürstenfamilie wohnt und tolle Ausblicke genießt.

Dem Himmel nah auf der Pfälzerhütte

Ganz oben schlummern

Für Ausblicke aufs Rätikongebirge nächtigst du in der Pfälzerhütte im **Naaftal**. Die Steinhütte auf dem 2108 m hohen Sattel des Bettlerjochs ist ein toller Ausgangspunkt für Wanderungen in die umliegende Bergwildnis: Hier führen Hochgebirgswege in entlegene Bergwelten, an Gipfeln in der Nähe bieten sich anspruchsvolle Klettermöglichkeiten und du gehst auf Tuchfühlung mit Tieren wie pfeifenden Murmeltieren und scheuen Steinböcken. Auf der 10 km langen, zweistündigen **Pfälzerhütte-Tour** nach Steg können Mountainbiker:innen steile Auf- und herrliche Abfahrten in Abgriff nehmen.

Alpines Refugium: Malbun

In Berglaune

Nach einem langen Anstieg von Vaduz hoch fühlt man sich in dem auf 1600 m Höhe gelegenen Ferienort Malbun – auf angenehme Weise – wie am Ende der Welt. Auf jeden Fall ist es das Ende der Straße: Mit dem Auto kannst du den Ort nur auf demselben Weg verlassen, auf dem du hergekommen bist.

Wenn Schnee auf die dunklen Holzhäuser und die Berge im Rätikon fällt, ist dies hier eine winterliche Traumlandschaft. Auf Sesselliften gelangen Skifahrer:innen und Snowboarder:innen auf den 2000 m hohen **Sareis** mit 23 km an Pisten. Außer den Abfahrten gibt's hier in Kiefernduft gehüllte Winterwanderwege – der schönste und beliebteste ist der 5 km lange **Sassweg** (2 Std.). Oder du gehst im stillen **Valünatal** skilanglaufen. Noch mehr Romantik entfaltet sich bei einem Fondue im **Berggasthaus Stücka**; später geht's unterm funkelnden Sternenhimmel mit dem Schlitten wieder hinab durch den Schnee.

Auch im Sommer ist Malbun herrlich, mit Kuhglocken läutenden Kühen auf Blumenwiesen, Murmeltieren, die aus ihren Höhlen herausschauen, um kurz zu pfeifen, und Wanderwegen hinauf in luftige Höhen. Eine Empfehlung ist der hin und zurück 12 km lange, fünfstündige **Fürstin-Gina-Weg** hoch zum Gipfelkreuz auf dem Augstenberg (2359 m) mit faszinierenden Ausblicken nach Österreich, in die Schweiz und auf Liechtenstein.

DAS WALSERDORF TRIESENBERG

Hoch oben über dem Rheintal liegt Triesenberg, ein hübsches Bergdorf, wie es mit seinen dunklen Holzhäusern und der Zwiebelturmkirche anderswo in den Alpen kaum schöner zu finden ist. Doch das Dorf ist ungewöhnlicher, als es scheint.

Im 13. Jh. zogen die Walser, eine deutschsprachige Volksgruppe von Viehzüchtern und Bauern aus dem Schweizer Wallis, durch die Alpenregion und ließen sie an vielen verschiedenen Orten nieder, so auch hier. In dem zutiefst traditionell geprägten Dörfchen haben sich ihre Kultur und ihr Dialekt bewahrt.

Von ihrer faszinierenden Geschichte erzählt das **Walsermuseum**, das auch kuriose Schnitzereien aus verdrehten Baumstämmen und Ästen zeigt; das 400 Jahre alte **Walserhaus** (Hag 19) in der Nähe ist eingerichtet wie im 19. Jh.

LÄNDLICH NÄCHTIGEN IN LIECHTENSTEIN

Gafadurahütte
Frühere fürstliche Jagdhütte auf 1428 m Höhe an der Via Alpina mit Blick auf das Dorf Planken. **€**

Camping Mittagspitze
Campingplatz in Triesen fürs Schlafen unter Sternen mit Pool, Spielplatz und Wegen durch Wälder und Berge. **€**

Hotel Kulm
Rosa Chalet mitten in Triesenberg mit umwerfendem Blick auf die Alpen und das Rheintal. **€€**

PRAKTISCHES

Die wichtigsten Informationen für die perfekte Reise in die Schweiz im Überblick. Nützliche Tipps, Tricks und Hintergründe zur Orientierung und Vorbereitung.

Matterhorn (S. 135)

Ankunft

Umgeben von Frankreich, Deutschland, Österreich, Liechtenstein und Italien liegt die Schweiz im Herzen Europas und ist leicht per Auto und Bahn erreichbar. Die wichtigsten internationalen Flughäfen sind Zürich, Genf, Basel und Bern. Neben der nationalen Fluggesellschaft Swiss haben auch viele Billig- und kleinere Fluglinien Verbindungen in die Schweiz.

Einreise

Dank Schengener Abkommen ist bei der Anreise aus einem EU-Land nur ein gültiger Personalausweis vorzuzeigen. Näheres siehe sem.admin.ch.

SIM-Karten

Prepaid-Karten sind überall erhältlich; die beste Netzabdeckung hat Swisscom. Bei Reisenden aus der EU ist Roaming in der Schweiz eventuell im Handyvertrag inklusive – beim Provider nachfragen.

Grenzübertritt

Es gibt nur minimale Formalitäten. Reisende aus der EU benötigen nur einen Personalausweis. Es finden jedoch Zollkontrollen statt.

WLAN

WLAN steht an Flughäfen, in Zügen der SBB und an über 80 Bahnhöfen zur Verfügung. Nutzer:innen von öffentlichen WLAN-Netzen müssen sich laut Gesetz zunächst registrieren.

Vom Flughafen in die Stadt

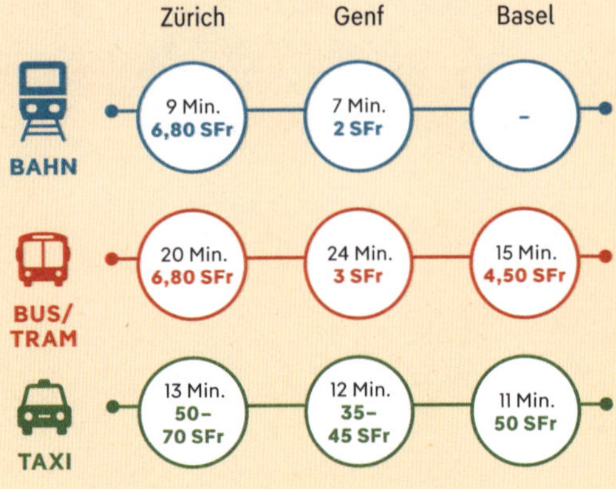

INTERNATIONALE SCHIFFSROUTEN

Zwar hat die Schweiz keinen Zugang zum Meer, doch ist das Land auch per Schiff zu erreichen.

Zu den Reedereien, die auf dem Bodensee unterwegs sind, zählen die Schweizer **Bodensee Schifffahrt** (bodensee-schiffe.ch), die österreichischen **Vorarlberg Lines** (vorarlberg-lines.at) und die deutsche **BSB** (bsb.de). Meist verkehren die Schiffe von Mitte April bis Ende Oktober.

Die **CGN** (cgn.ch) betreibt von den französischen Orten Évian und Thonon Passagierschiffe nach Lausanne sowie von Yvoire nach Nyon; außerdem gibt's die Verbindung Lausanne–Montreux–St-Gingolph.

Unterwegs vor Ort

Das Swiss Travel System (mystsnet.com) ist ein Netz aus Zügen, Schiffen, Seilbahnen und Postbussen, mit dem sich fast das ganze Land problemlos ohne Auto erkunden lässt.

REISEKOSTEN

Mietwagen
ab 60 SFr/Tag

Benzin
ca. 1,92 SFr/l

Kurze Busfahrt
2,70 SFr

Autobahnvignette
40 SFr

Carsharing

Möchtest du die Schweiz mit dem Auto erkunden, geht das auch mit dem Carsharing von **Mobility** (mobility.ch). Du musst dich zuerst registrieren, dann kannst du auch stundenweise ein Auto buchen. In Tagestarifen sind 100 Freikilometer innerhalb von 24 Stunden inbegriffen.

Straßenzustand

In der Regel ist Autofahren in der Schweiz angenehm: Die Straßen sind gut beschildert und gut in Schuss. Die meisten Alpenpässe sind je nach Wetter ganzjährig geöffnet. Am Großen St. Bernhard, St. Gotthard und San Bernardino wirst du öfter auf den Tunnel ausweichen müssen.

TIPP

Aktuelle Verkehrsinformationen bekommst du unter der Telefonnummer 163.

SCHÖNE RADTOUREN

In der Schweiz gibt es gut beschilderte, sehr schöne Strecken zum Radfahren – auf schweizmobil.ch auf „Veloland" klicken! Das Rent-a-Bike-Leihsystem der SBB (sbb.ch) bietet Leihräder an rund 100 Bahnhöfen, die auch an anderen Bahnhöfen abgegeben werden können. Meistens stehen auch E-Bikes, Tandems und Anhänger zur Auswahl. Helme sind in der Leihe inbegriffen.

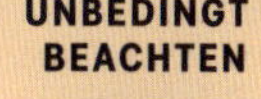

UNBEDINGT BEACHTEN

Rechts fahren!

Innerstädtisch liegt die Höchstgeschwindigkeit oft bei nur 30 km/h, auf Autobahnen bei 120 km/h.

0,5

Die Promillegrenze liegt bei 0,5.

Bahnpässe

In Schweizer Zügen gelten auch Eurail- und Interrail-Pässe, nicht jedoch in Post- und Stadtbussen, Seilbahnen und privaten Eisenbahnen. Wer viel erkunden möchte, reist besser mit dem **Swiss Travel Pass**.

Busse

Die gelben **PostAutos** ergänzen das Bahnnetz; auf alten Postrouten verbinden sie die Städte mit den Bergregionen. Die Abfahrten – immer in Bahnhofsnähe – sind auf Zugankünfte abgestimmt. Die Preise sind ähnlich wie bei den Bahnen.

Seedampfer

Auf den größeren Schweizer Seen verkehren Schiffe der **SBB** (sbb.ch) und von privaten Partnerreedereien, so auf dem Genfer, Boden-, Vierwaldstätter-, Luganer-, Bieler-, Murten-, Thuner-, Brienzer- und Zugersee sowie auf dem Lac de Neuchâtel, aber nicht auf dem Lago Maggiore.

Panoramazüge

Die berühmten Touristenzüge der Schweiz mit ihren großen Panoramafenstern bieten tolle Reise-Erlebnisse. Die Fahrt mit folgenden Zügen ist in beide Richtungen möglich und muss reserviert werden. Die billigeren regulären Züge auf denselben Strecken sind meist genauso schön und außerdem lassen sich die Fenster öffnen – toll fürs Fotografieren.

Glacier Express

Die Reservierungen (glacierexpress.ch) für eine der Top-Bahnreisen in Europa zwischen Zermatt und St. Moritz lassen sich bis zu 93 Tage im Voraus tätigen. Auf der fast achtstündigen Fahrt über 291 Brücken und durch 91 Tunnel eröffnen sich herrliche Alpenpanoramen. Ein Highlight ist der Abschnitt von Disentis über den Oberalppass (2033 m) nach Andermatt. Gegen Aufpreis kannst du im Speisewagen oder an deinem Platz das Tagesgericht oder ein dreigängiges Mittagsmenü genießen. In der Excellence Class ist dir ein Fensterplatz sicher und du erhältst ein fünfgängiges Menü mit Wein und für weitere Getränke exklusiven Zugang zur Glacier Bar.

Bernina Express

Ein weiterer Klassiker ist der Bernina Express durch die hochalpine Gletscherwelt zwischen den deutsch- und italienischsprachigen Gebieten in Graubünden. Auf der 4½-stündigen, 156 km langen Fahrt von Chur nach Tirano durchfährt der Zug 55 Tunnel und überquert 196 Brücken. Der Abschnitt Thusis-Tirano gehört zum Unesco-Welterbe. Von Mai bis Oktober kannst du von Tirano mit dem Bus weiter nach Lugano fahren. Im Juli und August sind bei gutem Wetter zwischen St. Moritz und Poschiavo offene Waggons im Einsatz.

Vigezzina-Centovalli-Bahn

Die fantastischen Flussschluchten zwischen Locarno und Domodossola in Italien siehst du mit der Vigezzina-Centovalli-Bahn (vigezzinacentovalli.com). Auf der 1¾-stündigen Fahrt geht's über 83 Brücken und durch 34 Tunnel, mit tollen Ausblicken auf Wasserfälle, Weinberge, Viadukte, tiefe Schluchten und sonnige Kastanienwälder, alles vor einer oft schneebedeckten Bergkulisse.

GOTTHARD PANORAMA EXPRESS

Die fünfstündige Reise mit dem Gotthard Panorama Express beginnt mit einer herrlichen 2½-stündigen Dampferfahrt über den Vierwaldstättersee nach Flüelen, von wo sich der Zug durch Schluchten und an den Bergen des mächtigen Gotthardmassivs entlang den Weg nach Bellinzona/Lugano bahnt. Du kannst auch nur den Zug nehmen; los geht's dann in Arth-Goldau.

Auf dem Schiff kannst du speisen, im Zug am Platz Erfrischungen genießen. In jede Richtung gibt's von Mitte April bis Oktober dienstags bis sonntags täglich eine Abfahrt.

GOLDEN PASS EXPRESS

Seit Dezember unternimmt der Golden Pass Express (gpx.swiss) 3½-stündige Fahrten vom Bergparadies Interlaken nach Montreux am Genfer See. In der Vergangenheit musste man wegen unterschiedlicher Spurbreiten zwischendurch umsteigen, doch die Spurbreite des neuen Zuges ist variabel. In der Prestige Class bekommst du bequeme, beheizte Sitze, die für einen besseren Ausblick durch die Panoramafenster erhöht sind.

TRUETONIZZ/SHUTTERSTOCK ©

Übernachten

Unterm Sternenhimmel schlafen

Von Gals-Iglus und umgebauten Futtersilos bis zu Baumzelten und ganz einfach einem bequemen Bett auf einem Feld: Die Schweiz hebt **Camping** und **Glamping** auf eine neue Ebene. Das gemeinsame Merkmal der über das ganze Land verteilten „Million Stars Hotels“ ist der freie Blick in den Nachthimmel. Näheres auf myswitzerland.com.

Hostels

Schweizer Hostels reichen von älteren Jugendherbergen bis zu umwerfenden Designer-Bleiben wie dem WellnessHostel 4000 in Saas Fee mit Pool und Spa. Die meisten werden vom Verband **Schweizer Jugendherbergen** (youthhostel.ch) betrieben, der 2024 sein 100-jähriges Bestehen feiert. Die Herbergen werden nachhaltig geführt; du kannst dort gut Leute kennen lernen und preiswert essen.

B&Bs

B&Bs zählen zu den reizvollsten Schweizer Unterkünften: ein Zimmer in einem Privathaus (vom Schloss bis zum Bauernhof) mit Frühstück, das oft aus hausgemachten Lebensmitteln besteht. Auf Voranmeldung servieren manche Gastgeber Abendessen. Touristeninformationen führen Verzeichnisse von B&Bs in ihren Gegenden, die auf dem Land zahlreicher zu finden sind als in Städten. Siehe **BnB** (bnb.ch).

Ferienwohnungen

In der Schweiz herrscht kein Mangel an Bergchalets und Stadtwohnungen für kürzere Mietdauer, doch für Hauptreisezeiten musst du mindestens sechs Monate im Voraus reservieren. Während der Hauptsaison sind einwöchige Mindestaufenthalte (meist Sa–Sa) die Regel. Nützliche Infos liefern Plattformen wie **REKA** (reka.ch), **Interhome** (interhome.ch) und **Schweiz Tourismus** (myswitzerland.com). **Ski Suisse** (ski-suisse.com) empfiehlt sich für Selbstversorgerunterkünfte in Skiorten im Sommer und im Winter.

WIE VIEL KOSTET EINE NACHT IM …

Mittelklassehotel
150–200 SFr

Hosteldorm
50 SFr

Heustadel
30 SFr

Ferien im Baudenkmal

Die **Stiftung Ferien im Baudenkmal** (ferienimbaudenkmal.ch) bietet, was der Name sagt. Die Stiftung hat etwa 50 historische und bedeutsame Häuser restauriert, oft in entlegenen ländlichen Regionen, und vermietet sie als Ferienunterkünfte, von Fachwerkhäusern am Zürichsee bis zum Palazzo in Poschiavo.

IM STROH SCHLUMMERN

Sind die Kühe im Sommer draußen auf der Weide, dann bieten Schweizer Bäuerinnen und Bauern Reisenden die Möglichkeit, in **Heustadeln** oder auf **Heuböden** zu nächtigen. Baumwolllaken (gegen pieksendes Stroh) und wärmende Wolldecken werden zur Verfügung gestellt, aber die Gäste benötigen ihre eigenen Schlafsäcke und – dringend empfohlen – eine Taschenlampe. Im Preis inbegriffen sind ein Bauernfrühstück und die morgendliche Dusche. Abendmahlzeiten sind meist gegen Aufpreis erhältlich. Die Buchung erfolgt über **Agrotourismus Schweiz** (myfarm.ch). Der Verband verzeichnet auch reguläre Unterkünfte auf Bauernhöfen.

JUSSI PUIKKONEN/ALAMY STOCK PHOTO ©

Reisen mit Kindern

Die saubere und sichere Schweiz ist ein ideales Familienziel. Schweiz Tourismus und örtliche Touristeninformationen bietet bergeweise Infos zu familienfreundlichen Attraktionen, Aktivitäten, Workshops und Touren für jedes Alter. Außerdem gibt's das Gütesiegel „Family Destination" u. a. für kinderfreundliche Unterkünfte, Themenwege, Spielplätze und Naturerlebnisse.

Spielplätze

Schweizer Städte und Ortschaften sind voller Spielplätze – allein in Zürich gibt's über 150. Alle doppelstöckigen Inter-City-Fernzüge haben in der Mitte einen Familienwaggon, in dem die Kinder Dampf ablassen können.

Saisonaler Fun

Swiss Family Fun (swissfamilyfun.com) bietet jede Menge Infos dazu, was man in den verschiedenen Jahreszeiten mit Kindern unternehmen, wo man essen kann usw. Siehe auch lonelyplanet.com/articles/switzerland-with-kids.

Einrichtungen

Wickelräume sind weit verbreitet. Die meisten Unterkünfte haben Kinderbetten, doch am besten vorher checken – vielleicht müssen sie reserviert werden.

Einige Restaurants stellen Hochstühle zur Verfügung und haben eine Kinderkarte.

Die größeren Autovermietungen verleihen Kinder- und Babysitze.

Unterwegs

Familienreisen mit der SBB sind supergünstig: Kinder unter sechs Jahren fahren kostenlos, von sechs bis 16 können sie mit der ein Jahr gültigen Juniorkarte unbegrenzt mit der Bahn reisen, oder in Begleitung eines Erwachsenen mit der Kinder-Mitfahrkarte. Die Kindertageskarte ermöglicht ebenfalls unbegrenzte Fahrten. Die Karten gelten auch für Seilbahnen in Skiorten.

TIPPS FÜR KIDS

Vitra Design Museum (S. 187)
Mit Carsten Höllers Korkenzieherrutsche.

Matterhorn Glacier Paradise (S. 135)
Durch einen Eispalast schlittern.

Saas Fee (S. 138)
Auf einem Scooter den Berg hinunterdüsen.

Kindermuseum Creaviva (S. 93)
Interaktive Kunstexponate und Kinderworkshops in Bern.

Martigny (S. 118)
Mit knuddeligen Bernhardinern spazieren gehen.

Musée Olympique (S. 54)
Gegen Usain Bolt sprinten in Lausanne.

Verkehrshaus (S. 166)
Eine interaktive Spritztour durch die Verkehrsgeschichte in Luzern.

FESTIVALSPASS

Bei der Planung eines Familienurlaubs in der Schweiz solltest du die vielen Feste im Land berücksichtigen, von der **Harder-Potschete** am 2. Januar in **Interlaken** (S. 96), bei der die „Potschen" mit furchterregenden Holzmasken durch die Stadt laufen und Unsinn anstellen, bis zu den Kühen, die bei der zehntägigen **Foire du Valais** in **Martigny** (S. 118) um den Titel einer Schönheitskönigin konkurrieren. Weiteres siehe kinderregion.ch.

Mit Teenager:innen solltest du Monate im Voraus Karten für die großen Musikfestivals wie **Zermatt Unplugged** (zermatt-unplugged.ch), **Openair St. Gallen** (openairsg.ch) und **Festi'neuch** (festineuch.ch) reservieren.

Geld

WÄHRUNG: **SCHWEIZER FRANKEN (SFR ODER CHF)**

Kreditkarten

Kreditkarten werden weithin akzeptiert. Am verbreitetsten sind Eurocard/Mastercard und Visa. In vielen Läden kannst du auch kontaktlos und per Apple Pay zahlen.

Euro

Geschäfte im ganzen Land akzeptieren auch Euro. Wechselgeld erhält man aber stets in Schweizer Franken zum aktuellen Tageskurs zurück.

Trinkgeld

Trinkgeld ist in der Schweiz nicht obligatorisch: Hotels, Restaurants, Bars und sogar manche Taxigesellschaften berechnen eine gesetzlich vorgeschriebene Servicegebühr von 15 %. In Restaurants kannst du bei gutem Service den Rechnungsbetrag wie die Einheimischen aufrunden. Bahnhofs- und Hotelgepäckträger erwarten 1 bis 2 SFr pro Gepäckstück.

Steuern & Erstattungen

In der Schweiz wird auf die meisten Güter und Dienstleistungen eine Mehrwertsteuer von 7,7 % aufgeschlagen; für Hotel (3,7 %) und Lebensmittel und Getränke (2,5 %) gelten reduzierte Sätze. Reisende können sich auf Güter mit einem Mindestwert von 300 SFr die Mehrwertsteuer erstatten lassen. Näheres siehe estv.admin.ch.

WIE VIEL KOSTET ...

Museumseintritt
10–25 SFr

Kinokarte
20 SFr

Kleines Fondue
40 SFr

Heidi-Buch
14 SFr

WIE ... Ein paar Franken sparen

Der **Swiss Travel Pass** ermöglicht an einer Zahl von Tagen die unbegrenzte Nutzung der Verkehrsmittel; es sind verschiedene Versionen erhältlich, aber der Zutritt zu über 500 Museen ist immer inbegriffen.

Beim Einchecken im Hotel immer nach einer **Gästekarte** fragen! Damit kannst du gratis den ÖPNV nutzen. Als Studierende:r bekommst du mit der **International Student Identity Card** (ISIC) Rabatte.

LOCAL TIPP

In den Touristeninformationen nach Gratis-Tagen in Museen fragen! So ist z. B. der Eintritt zum Zürcher **Kunsthaus** mittwochs kostenlos; im August ist der Eintritt zu den Berner Museen samstags gratis.

SCHWEIZER BANKEN

Die Schweiz verwaltet über 2,5 Billionen US$ an internationalem Vermögen – damit ist sie vor Großbritannien und den USA das weltweit größte Finanzzentrum. Doch der Zusammenbruch der Credit Suisse im März 2023 versetzte bedeutete einen Prestigeverlust. Die Credit Suisse wurde von dem anderen Bankriesen des Landes, der UBS, übernommen und bisher sind die Märkte wieder stabil. Auch wenn es nicht mehr in der Form gilt wie früher: Dank des Schweizer Bankgeheimnisses legen Reiche ihr Geld noch immer gern bei Schweizer Banken an.

Essen, trinken & feiern

Wann?

Frühstück Zwischen 7 und 10 Uhr. Am Wochenende wird ab etwa 9 Uhr geruhsamer gefrühstückt.

Mittagessen Alles vom Sandwich bis zur kompletten Mahlzeit; von 12 bis 14 Uhr.

Abendessen Von 18 bis 21.30 Uhr (im Sommer auch später). Davor gibt's oft einen *apéro* (Aperitif). Viele Restaurants und Kneipen, besonders in den Städten, bieten durchgehende Küche (11–22 Uhr).

Wo?

Restaurants Von Bistros und Brasserien in der französischsprachigen Schweiz bis zu Trattorien und *ristoranti* in der italienischen Schweiz.

Cafés Große Bandbreite von Bäckereien und *salons de thé* bis zu Bio-Delis.

Hotels Viele Schweizer Top-Restaurants befinden sich in Hotels; um dort zu speisen, muss man kein Hotelgast sein.

Stüblis Gemütliche, holzlastige Gasthäuser mit Fondue, Raclette, Rösti und anderen traditionellen Schweizer Köstlichkeiten.

Confiserien/Konditoreien/Pâtisserien Für Kuchen, teils auch Schokolade und Konfekt.

GASTRO-LATEIN

Carte (frz.); **carta** (ital.) Speisekarte

Menu (frz.) 2- oder 3-Gänge-Menü zum festen Preis

À la carte (frz.) freie Auswahl unter den Speisen auf der Speisekarte

Formule (frz.) Günstiges Mittagsmenü

À la maison (frz.); **fatto in casa** (ital.) Hausgemacht

Déjeuner (frz.); **zmorge** (Schweizerdeutsch); **colazione** (ital.) Frühstück

Diner (frz.); **zmittag** (Schweizerdeutsch); **pranzo** (ital.) Mittagessen

Souper (frz.); **znacht** (Schweizerdeutsch); **cena** (ital.) Abendessen

Antipasto (ital.) Vorspeise

Primo (ital.) Erster Gang, meist Pasta, Risotto oder *zuppa* (Suppe)

Secondo (ital.) Zweiter Gang, oft *pesce* (Fisch) oder *carne* (Fleisch)

WIE … Schweizer Spirituosen trinken

Schweizer Brände und Liköre werden oft zum oder im Kaffee serviert. Kirschwasser wird aus dem Saft vergorener Kirschen gebrannt. Appenzeller Alpenbitter ist ein Likör aus der Essenz von 67 Blüten und Wurzeln. Damassine, meist in der französischen Schweiz zu finden, wird aus kleinen Pflaumen gebrannt und ist ein guter Digestif. Die beliebte Williamine ist ein Williamsbirnenbrand, der Pflümli ein typischer Pflaumenschnaps aus der Deutschschweiz.

Der Überlieferung nach wurde der u. a. aus Wermut und Anis hergestellte Absinth, auch als „grüne Fee" bekannt, zum ersten Mal im 18. Jh. im Schweizer Kanton Neuchâtel gebrannt. Der Erfinder soll Pierre Ordinaire gewesen sein, ein französischer Arzt aus Couvet, der ihn als Heiltrunk einsetzte. Später erwarb Major Dubied das Rezept und eröffnete 1797 in Couvet die erste Absinthbrennerei, Dubied Père et Fils.

WIE VIEL KOSTET ...

Gebäckstück
2,50 SFr

Filterkaffee
4 SFr

Heiße Schokolade
6 SFr

Sandwich
9 SFr

Top-Abendessen
120 SFr

Kugel Eis
4 SFr

Bier
7,50 SFr

Glas Hauswein
13,50 SFr

WIE ... Käse probieren

Die Schweiz ist ein Paradies für Turophile (Käseliebhaber:innen): Vom würzigen Appenzeller bis zum süß-salzigen Gruyère werden hier über 450 Sorten produziert.

Die Bezeichnung AOP (Appellation d'Origine Protégée) hinter dem Namen garantiert, dass der Käse aus der Ursprungsregion stammt. So stammt die Rohmilch für den Emmentaler AOP aus den Kantonen Bern (außer dem Bezirk Moutier), Aargau, Glarus, Luzern, Schwyz, Solothurn, St. Gallen, Thurgau, Zug, Zürich oder Teilen des Kantons Fribourg.

Und wenn ein Käse als Alpkäse bezeichnet wird, dann stammt die Milch von Kühen, Ziegen oder Schafen, die auf Bergwiesen weiden.

Die beste Art, mehr über die Herstellung des Schweizer Käses zu erfahren, ist der Besuch einer Schaukäserei. In der Appenzeller Schaukäserei in Stein wirfst du auf der Führung auch einen Blick in den Keller, wo bis zu 12500 Räder Käse regelmäßig in Salzlake gebadet werden.

In der von einem Meisterkäser geführten Emmentaler Schaukäserei stellst du zusammen mit einem Käser oder einer Käserin aus 200 l frischer Rohmilch deinen eigenen Käse her; in der Fromagerie Les Martel probierst du den Blauschimmelkäse Bleuchâtel sowie Gruyère.

Käsezug

Der Käsezug verkehrt von Januar bis Ende November mittwochs, samstags und sonntags von Montreux oder Zweisimmen nach Château-d'Oex, wo du bei der Käseherstellung zuschauen und ein Bio-Fondue genießen kannst.

NACHTLEBEN

Das Schweizer Nachtleben reicht vom entspannten *apéro* (Aperitif) in einem Café am See mit Alpenblick bis zum Glas Wein in einer schicken Bar in der Stadt oder zum Craftbier in gemütlichen Brauhäusern. Im Sommer sprießen im ganzen Land zwanglose Pop-up-Bars aus dem Boden – toll zum Leutegucken. Sobald Schnee fällt, finden in den Bergen Après-Ski-Partys statt.

In den großen Städten musst du mindestens bis 23 Uhr warten, ehe in den Clubs, die dann bis zum Morgengrauen geöffnet sind, DJs auflegen. Allgemein gilt Zürich als Stadt mit der besten Clubszene, doch auch in Bern und Genf gibt's Clubs.

Willst du in einen Club, musst du dich meist gut anziehen und Eintritt zahlen. In einigen Clubs müssen Männer mindestens 21 Jahre alt sein (Ausweis mitnehmen!). Ansonsten gilt meist ein Mindestalter von 18 Jahren für beide Geschlechter.

Die meisten großen Veranstaltungshäuser in der Schweiz, von alternativer Kunst bis zu Theater und Oper, befinden sich in größeren Städten wie Zürich, Bern, Basel, Genf und Luzern.

Konzerte finden im ganzen Land statt. Im Sommer werden viele traditionelle Feste in den Alpen von Volksmusik begleitet. Vielerorts verfügen die Touristeninformationen über aktuelle Veranstaltungskalender.

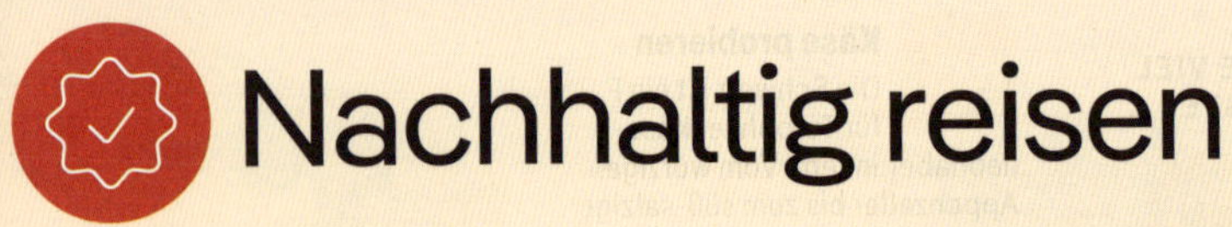

Nachhaltig reisen

Reisen & Klimawandel

Die negativen Folgen des Reisens lassen sich nicht leugnen – daher sollte man, wo es möglich ist, sein Verhalten anpassen. Lonely Planet fordert alle Reisenden dazu auf, sich ihres ökologischen Fußabdrucks bewusst zu sein. Im Internet gibt's zahlreiche CO_2-Rechner, z. B. auf resurgence.org/resources/carbon-calculator.html. Viele Fluglinien und Buchungsportale bieten die Möglichkeit, Klimagasemissionen auszugleichen, indem man einen Beitrag zu klimafreundlichen Initiativen weltweit leistet. Lonely Planet sorgt für einen CO_2-Ausgleich der Dienstreisen seiner Mitarbeitenden, auch wenn es das Problem nur verringert und nicht löst.

Mülltrennung

In der Schweiz werden in den Städten bis zu 50 % des Hausmülls recycelt. Der übrige Müll wird meist zur Energieerzeugung verbrannt. So verarbeitet die Kehrichtverwertungsanlage Thun jährlich 100 000 t brennbare Abfälle.

Too Good to Go

Mit der App Too Good to Go kannst du sehr preisgünstig Lebensmittel erwerben, die sonst weggeworfen würden – in der Schweiz nehmen über 5000 Cafés, Restaurants und Supermärkte an dem Programm teil.

Fahr Bahn!

Die Schweizerischen Bundesbahnen (SBB) erzeugen den Strom für ihre Züge und Bahnhöfe aus Wasserkraft und sind zu 100 % CO_2-neutral. Die Bahn befördert jeden Tag 1,1 Mio. Fahrgäste.

Europas Wasserturm

Die Schweiz beherbergt etwa 6 % der Frischwasserreserven in Europa und jede Menge Grundwasser. Doch seit 2018 werden die Dürreperioden länger. In den Alpen spürt die Landwirtschaft besonders im Sommer schon jetzt die Folgen.

Braunwald (S. 210), Mürren (S. 107), Saas-Fee (S. 136) und Zermatt (S. 131) sind autofreie Bergorte.

In den 20 Nationalparks und Naturschutzgebieten der Schweiz (parks.swiss) sind 5839 km² Land geschützt, das ist ein Siebtel der Landesfläche.

SPENDEN FÜR NACHHALTIGKEIT

Auf 1francpourleclimat.ch sind „Öko-Restaurants" zumeist in der französischen Schweiz verzeichnet, die für jede servierte Mahlzeit 1 SFr für die Anpflanzung von Bäumen spenden. Im Geneva City Pass ist ebenfalls eine 1-SFr-Spende für Klimaschutz und nachhaltigen Tourismus enthalten.

ALS FREIWILLIGE:R IN DEN BERGEN

Wenn du einer Schweizer Bergbauernfamilie unter die Arme greifen willst, dann schau dir das Angebot an Möglichkeiten zur Freiwilligenarbeit beim Caritas-Bergeinsatz (bergeinsatz.ch) an. Du kannst z. B. beim Heumachen helfen.

Ferien auf dem Bauernhof

Besser als bei Ferien auf dem Bauernhof kannst du kaum in die Natur eintauchen. Der Schweizer Verband FeBa (bauernhof-ferien.ch) hat rund 100 Mitglieder, die unterschiedlichste Unterkünfte bieten, wie etwa der Bolderhof (S. 216).

Rettet die Wälder!

Das Bergwaldprojekt (bergwaldprojekt.ch) ist eine gemeinnützige Stiftung in Trin in Graubünden, die sich für die Erhaltung und den Schutz Schweizer Wälder einsetzt. Näheres zu den von der Initiative veranstalteten kostenlosen einwöchigen Arbeitscamps auf der Website.

Abwasser zu Biogas

Die Kläranlage ARA Bern säubert täglich 90 Mio. l Abwässer und produziert aus Klärschlamm Biogas. Dieses Gas wird von den öffentlichen Verkehrssystemen genutzt.

Swisstainable

Die Website von Schweiz Tourismus hält Tipps zum nachhaltigeren Reisen bereit: So kannst du z. B. in mit dem Swisstainable-Logo gekennzeichneten Unterkünften übernachten: Diese haben sich dem Umweltschutz verpflichtet.

Im Winter 2020/21 wurde mehr als die Hälfte der Schweizer Pisten mit Kunstschnee versorgt. Das erfordert riesige Mengen Wasser und Strom, was ökologisch immer weniger nachhaltig ist.

Die Luft der Schweiz ist mit die beste in Europa. Durch Güllemanagement und effiziente Viehzucht sind die Methanemissionen gesunken und durch Vorschriften für Partikelfilter für Dieselmotoren haben auch die CO_2-Emissionen stark abgenommen.

WEITERE INFOS

pronatura.ch
Die älteste Naturschutzorganisation der Schweiz

bafu.admin.ch
Das Umweltministerium der Schweiz

myclimate.org
CO_2-Rechner und Ausgleichsmöglichkeiten

Barrierefrei reisen

Reisende mit Behinderung finden in der Schweiz gute Bedingungen vor. Die meisten Bahnhöfe verfügen über mobile Lifte für den Zugeinstieg, Stadtbusse haben Rampen und viele Hotels sind auf Gäste mit Behinderung vorbereitet.

bar8

Von Juni bis zum 1. September bietet die bar8 auf dem Dach des **Blinden- und Behindertenzentrums Bern** tolle Ausblicke, gute Getränke, Essen und Programm für Menschen mit Behinderung.

Flughäfen

Alle wichtigen Schweizer Flughäfen (Zürich, Genf, Basel, Bern) bieten Reisenden mit Behinderung Unterstützung. Benötigst du Hilfe, wende dich mindestens 48 Stunden im Voraus an den Flughafen.

Übernachten

Mindestens 24 Schweizer Jugendherbergen haben barrierefreie Zimmer. Die Berner Claire & George Stiftung (claireundgeorge.ch) verzeichnet auf ihrer Website rund 80 barrierefreie Adressen, von Campingbungalows bis zu 5-Sterne-Hotels.

AUSBLICKE

Schweizer Landschaften lassen sich auch ohne Wandern und Klettern genießen, z. B. auf Bahn- und Bootstouren oder bei einer Fahrt mit Stand- oder Luftseilbahn hinauf in die Berge.

Altstädte

Die reizenden Altstädte von Orten wie Chur, Luzern, Schaffhausen und Zürich haben Kopfsteinpflaster und Häuser mit schmalen Eingängen und steilen Treppen – schwierig für Leute mit eingeschränkter Mobilität.

Im Zug

Benötigst du Hilfe beim Einstieg in einen Zug oder beim Ausstieg aus einem Zug, rufe mindestens eine Stunde vorher unter 0800 007 102 bei der SBB an.

INFOS

procap.ch
Unterstützung und Tipps für Menschen mit Behinderung.

cerebral.ch
Unterstützt von zerebraler Kinderlähmung betroffene Kinder und deren Familien.

schweizmobil.ch
Schöne barrierefreie Wege in der Schweiz und in Liechtenstein.

BAUMWIPFEL BARRIEREFREI

Der **Baumwipfelpfad Neckertal** (baumwipfelpfad.ch) rund eine halbe Autostunde westlich von St. Gallen ist ein 500 m langer barrierefreier Weg für Menschen mit Behinderung. Vom Waldboden führt er leicht bergan bis in die Baumwipfel 55 m oberhalb.

FRAUEN UNTERWEGS

Sexuelle Belästigung ist in der Schweiz erheblich seltener als in einigen Nachbarländern wie Italien oder Frankreich. In potenziell gefährlichen Situationen wie beim Trampen oder Spazierengehen allein bei Nacht den gesunden Menschenverstand nutzen!

LGBTQIA+

Die Schweiz ist ein tolerantes Land und in Sachen LGBTIQ+-Rechte schon lange fortschrittlich. Homosexualität wurde 1942 entkriminalisiert – in einigen Kantonen ist sie schon seit dem späten 18. Jh. legal. Doch erst seit einem Referendum 2021 sind gleichgeschlechtliche Ehen erlaubt sowie Adoptionen und künstliche Befruchtungen bei queeren Paaren.

Filmfestivals

Das älteste und größte LGBTIQ+-Filmfestival der Schweiz ist das **Pink Apple** in Zürich, das Ende April/Anfang Mai zwei Wochen läuft, gefolgt von ein paar Tagen im Mai in Frauenfeld. In diesem Ort im „Apfelkanton" Thurgau startete das Festival 1997, daher sein Name.

Beim Basler **Luststreifen Film Festival** im September liegt der Schwerpunkt auf queerem Feminismus. In Genf findet im Oktober das **Everybody's Perfect** statt, in Luzern im November das einwöchige **PinkPanorama Filmfestival** und in Bern die **Queersicht**.

PRIDE-SAISON

Anfang Juni läutet die **Geneva Pride** (genevapride.ch) die Saison der Pride-Events ein, gefolgt im selben Monat von der **Zürich Pride** (zurichpridefestival.ch), dem größten Pride-Event des Landes. Die **Martigny Pride** (mypride.ch) findet meist in der dritten Juliwoche statt, die **Bern Pride** (bernpride.ch) Ende Juli. Die Luzerner **Pride Zentralschweiz** (pride-zentralschweiz.lgbt) ist Ende August.

BERN & LUZERN

In Bern organisiert der Unterstützungsclub **Hab** zahlreiche Events wie das „queer eat and meet" am ersten Mittwoch des Monats in der Villa Bernau, wo er seinen Sitz hat.

Das Luzerner **Queer Lozärn** ist ein Kollektiv mit Projekten wie dem **Queerbad**, einem Dienstagstreffen im Neubad, und der monatlichen Party **Queerspace** im Treibhaus.

ZÜRICH, GENF & LAUSANNE

Die größte LGBTIQ+-Szene hat Zürich. Das **Daniel H** im Kreis 4 ist ein cruisiger Laden für den frühen Abend. Ein beliebter Club ist das **Heaven** in Niederdorf.

Le Déclic, **Nathan Café** und **Le Phare** sind etablierte queere Bars in Genf. In Lausanne sind das **GT's** und das **Le Saxo** Klassiker und es gibt jede Menge LGBTIQ+-freundliche Events im **MAD**, dem größten Club der Stadt.

WEITERE INFOS

Infos zu Veranstaltungen der **queeren Szene** von Zürich und Umgebung bietet **gay.ch**. Der Schweizer Dachverband für schwule und bisexuelle Männer ist **pinkcross.ch**. Oder du gibst auf **myswitzerland.com** in die Suchzeile „LGBTIQ+" ein.

Queere Hochzeiten

Seit Juli 2022 können in der Schweiz schwule und lesbische Paare rechtlich bindend auf dem Standesamt heiraten. Die **Swiss Queer Wedding Association** (sqwa.ch) unterstützt Paare bei den Vorbereitungen.

Sicher reisen

KRIMINALITÄT

Im Allgemeinen ist die Schweiz ein sehr sicheres Land und Straßenkriminalität ist selten. Dennoch sollte man sich nicht überall in Sicherheit wiegen – in letzter Zeit werden vermehrt Diebstähle gemeldet, besonders in größeren Städten, am Flughafen von Genf und in Zügen nach/ab Genf. Gegen Taschendiebstahl usw. die übliche Vorsicht walten lassen! Der Notruf der Polizei ist 117.

Allein reisen

Sexuelle Belästigungen in Form von Hinterherpfeifen usw. sind in der Schweiz sehr viel seltener als in einigen Nachbarländern. Am besten lässt du dich in potenziell gefährlichen Situationen wie etwa beim Trampen vom gesunden Menschenverstand leiten. Wer allein wandert, einen Berg besteigt oder zeltet, sollte jemanden über seine Plänen informieren.

Gesundheit

Die medizinische Versorgung in der Schweiz ist von hoher Qualität, aber auch teuer. Botschaften, Konsulate und Hotels empfehlen Ärzte und Krankenhäuser vor Ort. Mit einer europäischen Krankenversicherungskarte (EHIC) haben europäische Bürger:innen Anspruch auf staatliche Gesundheitsversorgung zu reduzierten Kosten. Rezeptfreie Medikamente sind in den Apotheken erhältlich.

LEITUNGSWASSER

Das Schweizer Leitungswasser ist rein, reich an Mineralien und absolut sicher – Wasserflasche mitnehmen!

TEMPERATURREKORDE

41,5 °C
Die höchste je in der Schweiz gemessene Temperatur betrug 41,5 °C, gemessen am 11. August 2003 in Grono.

Juni 2023
Seit Beginn der Wetteraufzeichnungen war nördlich der Alpen der Juni 2023 der sonnigste je gemessene Juni.

–6,7 °C
Der kälteste Ort des Landes ist das Jungfraujoch auf 3571 m Höhe mit einer jährlichen Durchschnittstemperatur von –6,7 °C.

Zecken

Bis zu einer Höhe von 1200 m bevölkern Zecken die gesamte Schweiz, bevorzugt in Buschwerk am Wald- oder Wegrand. Einige übertragen Frühsommer-Meningoenzephalitits (FSME) oder Borreliose, die beide schwere Gesundheitsschäden verursachen können. Nach einer Wanderung den Körper sorgfältig nach Zeckenbissen absuchen!

GEFAHR IN DEN BERGEN

Die Alpen sind schön, aber sie können auch gefährlich sein, etwa durch Lawinen, Landrutsche, Überschwemmungen und Gewitter. Vor dem Aufbrechen in die Berge immer die Wettervorhersage checken und sich vor Ort erkundigen – eine gute Quelle mit aktuellen Infos ist naturgefahren.ch. Achte auch darauf, dass du ausreichend gegen Unfälle beim Bergsport versichert bist!

Kurz & knapp

ÖFFNUNGSZEITEN

Jeder Kanton legt die Öffnungszeiten selbst fest. Mit Ausnahme von durchgängig geöffneten Tankstellen und Geschäften in Flughäfen und Bahnhöfen ist am Sonntag alles geschlossen.

Banken Mo–Fr 8.30–16.30 Uhr

Geschäfte Mo–Fr 10–18, Sa bis 16 Uhr.

Museen 10–17 Uhr, teils montags geschlossen und donnerstags länger geöffnet.

Restaurants 12–14.30 & 18–21.30 Uhr; die meisten schließen einen oder zwei Tage in der Woche.

Polizei

Die Schweizer Polizei verfügt über umfassende Inhaftierungsrechte. Bei einer Kontrolle musst du dich ausweisen, also Ausweis immer dabeihaben!

Rauchen

In allen geschlossenen öffentlichen Räumen, u. a. in Restaurants, Kneipen, Büros und Verkehrsmitteln, herrscht Rauchverbot.

GUT ZU WISSEN

Zeitzone
MEZ

Ländervorwahl
+41

Notruf
117/144

Bevölkerung
8,7 Mio.

FEIERTAGE

Neujahr
1. Januar

Berchtoldstag
2. Januar, in vielen Kantonen

Karfreitag
März/April

Ostersonntag und -montag März/April

Christi Himmelfahrt
40 Tage nach Ostern

Pfingstsonntag und -montag sieben Wochen nach Ostern

Tag der Arbeit
1. Mai; Feiertag in elf Kantonen

Nationalfeiertag
1. August

Weihnachten 25. und 26. Dezember

Manche Kantone haben weitere staatliche und kirchliche Feiertage, z. B. **Fronleichnam** (immer an einem Donnerstag Ende Mai/Anfang Juni), **Mariä Himmelfahrt** (15. August) und **Allerheiligen** (1. November).

Strom 230 V / 50 Hz

Maße und Gewichte

Es gilt das metrische System. Dezimalstellen werden mit einem Komma abgetrennt.

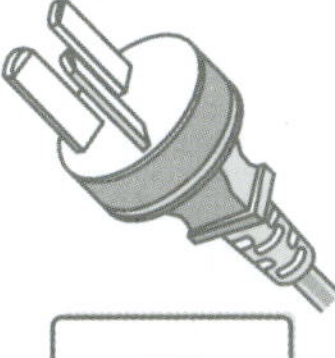

Typ H
230 V / 50 Hz

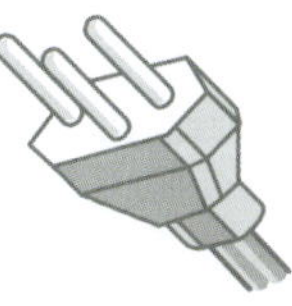

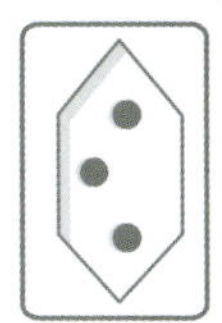

Typ J
230 V / 50 Hz

Sprache

Mit vier Sprachen und ihrer kulturellen Vielfalt macht die Schweiz neugierig und lädt dazu ein, diese zu erkunden. Hier einige Wörter und Wendungen, die dir in den verschiedensprachigen Regionen weiterhelfen.

FRANZÖSISCH

Die französische Schweiz, die *Suisse Romande*, umfasst den Westteil der Schweiz von Genf bis zum Jura im Norden und Wallis im Osten.

Nützliches

Hallo. Bonjour. bon·dschur
Tschüss. Au revoir. o·re·woa
Ja. Oui. ui
Nein. Non. non
Bitte. S'il vous plaît. ßihl wu plä
Danke. Merci. mer·ßi
Entschuldigen Sie. Excusez-moi. ex·kü·seh·moa
Entschuldigung. Pardon. par·don
Hilfe! Au secours! o skur
Prost! Santé! ßon·teh
Wie heißen Sie? Comment vous appelez-vous? ko·mon wu· sa·pleh wu
Ich heiße ... Je m'appelle ... dsche ma·pell ...
Sprechen Sie Deutsch? Parlez-vous allemand? par·leh·wu sa·le·man
Ich verstehe nicht. Je ne comprends pas. dsche ne kom·pron pa
Wo sind die Toiletten? Où sont les toilettes? uh ßon leh toa·let
Haben Sie vegetarische Gerichte? Vous faites les repas végétariens? wu fett leh re·pa we·dsche·ta·rien
Was kostet das? C'est combien? ße kom·bjen
Zahlen, bitte! Je voudrais l'addition, s'il vous plaît. dsche wu drä la·di·sjon ßihl wu plä

Schilder

Entrée Eingang
Sortie Ausgang
Ouvert Geöffnet
Fermé Geschlossen
Interdit Verboten
Toilettes Toiletten

MUTTERSPRACHEN IN PROZENT DER BEVÖLKERUNG

~64 % **Deutsch**

>20 % **Französisch**

8 % **Italienisch**

<1 % **Rätoromanisch**

SONDERFALL SCHWEIZ

In Geschichte und Politik nimmt die Schweiz sich selbst als „Sonderfall" innerhalb Europas wahr. Ein Aspekt ist die kulturelle Vielfalt im Land, die auch mit den vier Sprachen und den damit verbundenen Mentalitätsunterschieden in Beziehung steht. Jede Sprachgruppe weist mehr oder weniger Ähnlichkeiten mit den Menschen in den jeweiligen Nachbarländern auf. Eventuelle Eigenheiten werden gepflegt. Und dann sind da noch die Bündnerinnen und Bündner, die Rätoromanisch sprechen. Die Menschen in diesem Land lassen sich definitiv nicht über einen Kamm scheren!

ITALIENISCH

Das Tessin, der südlichste Kanton der Schweiz, und Teile von Graubünden und Wallis machen die italienische Schweiz aus.

Nützliches

Hallo. Buongiorno. buon·*dschor*·no
Tschüss. Arrivederci. ar·ri·we·*där*·tschi
Ja. Sì. si
Nein. No. no
Bitte. Per favore. per fa·*wo*·re
Danke. Grazie. *gra*·zie
Entschuldigen Sie. Mi scusi. mi *sku*·si
Entschuldigung. Mi dispiace. mi dis·*pja*·tsche
Hilfe! Aiuto! ai·*ju*·to
Prost! Salute! sa·*lu*·te
Wie heißen Sie? Come si chiama? *ko*·me si *kja*·ma
Ich heiße ... Mi chiamo ... mi *kja*·mo ...
Sprechen Sie Deutsch? Parla tedesco? *par*·la te·*des*·ko
Ich verstehe nicht. Non capisco. non ka·*pis*·ko
Wo sind die Toiletten? Dove sono i gabinetti? *do*·we so·no i ga·bi·*nä*·ti
Haben Sie vegetarische Gerichte? Avete piatti vegetariani? a·*we*·te *pjat*·ti ve·dsche·tar·*ja*·ni
Was kostet das? Quant'è? kuan·*tä*
Zahlen, bitte! Vorrei il conto, per favore. wo·*rai* il *kon*·to per fa·*wo*·re

Schilder

Entrata Eingang
Uscita Ausgang
Aperto Geöffnet
Chiuso Geschlossen
Proibito Verboten
Gabinetti Toiletten

SCHWEIZERDEUTSCH

Die Deutschschweiz umfasst Gebiete in der Nordwestschweiz, der Ostschweiz und der Zentralschweiz sowie große Teile der Schweizer Alpen. Schweizerdeutsch ist ganz anders als Hochdeutsch und es gibt verschiedene Dialekte.

NICHT ALLE SIND MEHRSPRACHIG

Zwar sprechen viele Schweizer:innen mehrere Sprachen, doch das bedeutet nicht unbedingt, dass sie alle Amtssprachen des Landes beherrschen. Englisch als Fremdsprache ist in der Schweiz weit verbreitet.

RÄTOROMANISCH

Die Dialekte des vom Lateinischen abstammenden Rätoromanischen unterscheiden sich vom einen Bergtal zum nächsten. Als Umgangssprache wird das Rätoromanische in Graubünden heute zusehends vom Deutschen verdrängt. Seit 1996 genießt es den Status als Amtssprache, deren Erhalt und Förderung garantiert ist.

Hallo – Allegra
Tschüss – Adieu/Abunansvair
Bitte – Anzi
Danke – Grazia

STORYBOOK

Mit fünf Reportagen tief in den Schweizer Alltag eintauchen.

Cathédrale St-Pierre, Genf (S. 272)

DIE GESCHICHTE DER SCHWEIZ IN 15 ORTEN

In der Geschichte des Landes mit 26 überraschend eigenständigen Kantonen kommen ein Apfelschuss, mittelalterliche Nationalisten, verrückte Wissenschaftler und verschwiegene Banken vor. Die kleine, von fremden Territorien umzingelte neutrale Schweiz ist heute noch genauso eigenwillig und einzigartig wie an dem Tag, als sie gegründet wurde. Von Nicola Williams.

WIE PAPST JULIUS II. im 16. Jh. Schweizer Söldner anheuerte und damit das kleinste Militärkorps der Welt gründete, die Schweizergarde, die, mit Halskrause, Federbusch und rot, blau und gelb gestreiften Röcken bekleidet, noch immer den Papst bewacht, ist eine von vielen Kuriositäten in der Schweizer Geschichte. Im Jahr 58 v. Chr. besiegte Julius Caesar die keltischen Helvetier und beauftragte sie mit der Sicherung der Rheingrenze zwischen Alpen und Jura. Die römischen Kolonien Augusta Raurica (Basel), Noviodunum (Nyon) und Octodurus (Martigny) florierten. Bis 1032 wurden die Stämme der Westschweiz ins Heilige Römische Reich integriert, behielten jedoch ein hohes Maß an Eigenständigkeit.

Die 1291 von den drei Urkantonen gegründete Schweiz war immer ein Sonderfall. Der im 19. Jh. durch Friedrich Schillers gleichnamiges Drama popularisierte Wilhelm Tell ist ein echter Volksheld. Während des Ringens um Unabhängigkeit von den Habsburgern im Mittelalter symbolisierte der Schweizer Bauer, der seinem Sohn einen Apfel vom Kopf schoss und dann den Landvogt tötete, der ihm das befohlen hatte, den Schweizer Freiheitskampf. Auf dem Wiener Kongress 1815 wurde die Schweiz erstmals formell als unabhängiger Staat anerkannt – und zur Neutralität verpflichtet. Damit war die Grundlage für ein souveränes Land geschaffen.

1. Monte San Giorgio

PRÄHISTORISCHES LEBEN

Die bei Meride ausgegrabenen Überreste einer tropischen Lagune wirken wie eine 3-D-Illustration der Bibelgeschichte. Die Fossilien der ersten Lebewesen, die das südliche Tessin bewohnten, katapultieren die Besucher:innen des Fossilienmuseums in die Mittlere Trias vor 245 bis 180 Mio. Jahren.

Das Unesco-Welterbe Monte San Giorgio beim Lago di Lugano war damals ein durch ein Riff vom Meer abgetrenntes Becken. Auf dem fruchtbaren Grund gediehen Meerestiere wie Ammoniten, Echinodermen und Krustentiere, ebenso wie der Ticinosuchus, ein imposantes, 2,5 m langes Reptil mit dicken Knochenplatten.

Mehr über den Monte San Giorgio siehe S. 149.

2. Großer Sankt Bernhard

ALPINE HERAUSFORDERUNGEN

Im Jahr 218 v. Chr. brach während des Zweiten Punischen Kriegs der karthagische Heerführer Hannibal in Spanien zur Belagerung Roms auf. Um den Römern auf dem Meer aus dem Weg zu gehen, führte er 38 000 Fußsoldaten, 8000 Pferde und 37 Kriegselefanten über die Alpen nach Italien. Ob er wirklich über den Großen Sankt Bernhard zog, ist allerdings nicht sicher. Um zu beweisen, dass eine solche Unternehmung möglich war, wanderte der

US-amerikanische Abenteurer Richard Halliburton (1900–1939) 1935 mit dem Elefanten Dally von Martigny nach Aosta.

Mehr über den Großen Sankt Bernhard siehe S. 118

3. Schloss Habsburg

STAMMSITZ DER HABSBURGER

Die Adelsfamilie, die zu einem der wichtigsten Herrscherhäuser Europas wurde und jahrhundertelang das Heilige Römische Reich regierte, stammt aus Aarau in der Nordwestschweiz. Die Stammburg soll um 1020 von Werner (von Habsburg), Bischof von Straßburg, und Graf Radbot in einem Wald außerhalb von Baden errichtet worden sein. Vor Ort kannst du dich gut in das Leben an der Wiege des mächtigen Reichs einfühlen. Der Graf nannte die Burg „Habichtsburg", sein Enkel Otto II. fügte dann seinem Namen das „von Habsburg" an. So wurde das mächtige Haus Habsburg geboren.

Mehr über Schloss Habsburg siehe S. 191

4. Bundesbriefmuseum, Schwyz

MODERNE ANFÄNGE

Nur in der Schweiz kann die Gründungsurkunde des Landes auf einer Wiese unterzeichnet worden sein, zweifellos inmitten von Wildblumen und Kühen. Als der Habsburger Rudolph I. (1218–1291) starb, griffen die Schweizer nach der Unabhängigkeit. Am 1. August 1291 trafen sich die Waldkantone Uri, Schwyz und Unterwalden auf der Rütliwiese, um einen Bund zu schließen und zu schwören, keine fremden Richter und Gesetze anzuerkennen. Der Bundesbrief im Schwyzer Bundesbriefmuseum gilt als Gründungsurkunde der Schweizer Eidgenossenschaft. Der lateinische Name Confoederatio Helvetica lebt in der Abkürzung CH fort.

Mehr über das Bundesbriefmuseum in Schwyz siehe S. 171

Fossilienmuseum, Meride

5. Triesenberg, Liechtenstein

WALSER-WANDERUNG

Von der Nordostschweiz geht's auf den Spuren der Walser, deutschsprachiger Viehzüchter aus dem Schweizer Oberwallis, die im 12. und 13. Jh. ihre Heimat verließen, nach Liechtenstein.

Sie brachen zu unterschiedlichen Zeiten in kleinen Gruppen auf und zogen mit ihrem Vieh auf Hochplateaus, um ihr Überleben zu sichern. In Liechtenstein siedelten sie auf einem Felsen über dem Rheintal und gründeten das Bergdorf Triesenberg. Hier kannst du noch heute den Dialekt der Walser hören und im Walsermuseum etwas über ihre Geschichte erfahren.

Mehr über Triesenberg in Liechtenstein siehe S. 249

6. Castelgrande, Bellinzona

SCHWEIZER SÖLDNER

In der Schweiz muss jeder Schweizer Mann zwischen 18 und 30 Jahren Militärdienst leisten, doch tatsächlich einen Krieg zu führen ist für ein Land, dessen Neutralität seit 1848 in der Verfassung verankert ist, unvorstellbar. Im 15. Jh. jedoch waren Schweizer Söldner in europäischen Armeen heiß begehrt, da sie für ihre Präzision auf dem Schlachtfeld berühmt waren.

Rund 12 000 Schweizer Söldner kämpften 1499 für Ludwig XII. gegen das Herzogtum Mailand. Als der französische König sich weigerte, die Söldner zu bezahlen, besetzten sie 1503 das unter Mailänder Herrschaft stehende Bellinzona mit seiner Festung, dem Castelgrande, und zwangen ihn, es an sie abzutreten.

Mehr über das Castelgrande in Bellinzona siehe S. 146

7. Cathédrale St-Pierre, Genf

EINE NEUTRALE ZUFLUCHTSSTÄTTE

Als in Europa der Dreißigjährige Krieg (1618–1648) wütete, war auch die Eidgenossenschaft betroffen, denn viele Verfolgte suchten hier Schutz. Während der französische Theologe und Prediger Jean Calvin (1509–1564) in Genf der protestantischen Reformation den Weg bereitete, blieb die Zentralschweiz katholisch.

Da man sich untereinander nicht darauf einigen konnte, für welche Seite man Partei ergreifen sollte, hielt man sich zurück. Heute kannst du Jean Calvin in Genf von der Kathedrale zum Musée International de la Réforme folgen.

Mehr über die Cathédrale St-Pierre in Genf siehe S. 48

8. Bundeshaus, Bern

DAS STIMMRECHT

Der blutige Sonderbundskrieg zwischen Protestanten und Katholiken 1847 führte zu einer neuen Bundesverfassung. Bern wurde zur Hauptstadt erhoben. Viermal im Jahr treffen sich im Bundeshaus die beiden Kammern der Bundesversammlung, der Nationalrat und der Ständerat.

Seit 1874 können viele Bundesgesetze durch Volksabstimmungen beschlossen werden. Bis 1971, als die Schweizer Frauen das Wahlrecht erhielten, waren nur 5 % der 200 Mitglieder des Ständerats Frauen; heute sind es 42 %.

Mehr über das Bundeshaus siehe S. 92

9. Cresta Run

DER ERSTE WINTERSPORTORT DER WELT

Im 19. Jh. entdeckten britische Alpinisten ihre Freude an der Besteigung Schweizer Berge und 1864 wagte es ein Hotelier aus St. Moritz, sein Haus auch im Winter zu öffnen. Über Nacht wurde das Wintermärchen rund um St. Moritz mit seiner berauschenden „Champagnerluft" beim britischen Adel zum angesagten Ziel.

Neben Hotels, Eisen- und Seilbahnen wurden auch verrückte Eisbahnen angelegt. In den 1870er-Jahren erfanden Briten, die im St. Moritzer Hotel Kulm nächtigten, den ersten lenkbaren Schlitten und 1885 ließ das Hotel für seine Gäste am Nordrand von St. Moritz den furchteinflößenden Cresta Run ins Eis fräsen.

Mehr über den Cresta Run siehe S. 240

10. Musée International de la Croix-Rouge et du Croissant-Rouge, Genf

HUMANITÄRES WIRKEN

Nachdem er 1859 auf dem Schlachtfeld von Solferino in Norditalien die unversorgten Verwundeten gesehen hatte, gründete der Genfer Geschäftsmann und Pazifist Henri Dunant 1863 das Rote Kreuz. Von von der Menschheit begangenen Gräueln erzählt ein Genfer Museum. Den Grundstein des modernen humanitären Völkerrechts bildet die Genfer Konvention, die Dunant 1864 zum Schutz von medizinischem Personal und der Verwundeten auf dem Schlachtfeld auf den Weg brachte – inzwischen sind auch Kriegsgefangene und Zivilist:innen geschützt.

Mehr über das Musée International de la Croix-Rouge et du Croissant-Rouge in Genf siehe S. 49

11. Urnersee

SCHWEIZER BODEN VERTEIDIGEN

Wie im Ersten blieb die Schweiz auch im Zweiten Weltkrieg neutral. Um klarzumachen, wie entschlossen sie aber den eigenen Boden verteidigen würde, bestellte der Oberbefehlshaber der Schweizer Armee General Henri Guisan die höheren Offiziere zu einem Rapport auf die Rütliwiese, wo 1291 der Rütlischwur abgelegt wurde, und es wurden entsprechende Befehle ausgegeben. Zum Nationalfeiertag am 1. August kommen hier jedes Jahr Schweizer Politiker:innen zusammen. Zu erreichen ist die Wiese u. a. über den „Weg der Schweiz", einen 35-km-Rundweg um den Urnersee (5 mm Wegstrecke pro Einwohner:in).

Mehr über den Urnersee siehe S. 171

12. Zug

MIT GOLD GEPFLASTERTE STRASSEN

Die legendäre Ära der geheimen Nummernkonten, die dem Land nach dem Krieg den Ruf als Zufluchtsort für Schwarzgeld einbrachten, ging 2018 zu Ende: Seither müssen die Banken Kontodaten ausländischer Kunden den EU-Steuerbehörden offenlegen. Doch die Schweiz bleibt ein beliebtes Fleckchen zum Verstecken von Geld. Jeder Kanton hat seine eigenen Steuersätze, ein Umstand, den Einzelpersonen und Unternehmen ausnutzen: Das Städtchen Zug am Zugersee hat mit die niedrigsten Steuersätze der Schweiz und ist daher ein Para-

Globe of Science and Innovation, CERN

dies für Finanzmagnate: Jeder achte Einwohner ist (mindestens) Millionär.

Mehr über Zug siehe S. 173

13. CERN

DIGITALE REVOLUTION

Als Tim Berners Lee, ein britischer Wissenschaftler bei der Genfer Europäischen Organisation für Kernforschung (CERN), 1989 für den Austausch von Informationen zwischen Wissenschaftler:innen auf der ganzen Welt eine Computersprache entwickelte, waren ihm die globalen Auswirkungen nicht bewusst. Mit der neuen Sprache, HTML, bereitete er Seiten für das World Wide Web vor und konnte Text mit Grafiken verbinden, alles mit dem Ziel, ein Informationssystem für die 17 000 Personen zu schaffen, mit denen CERN in über 100 Ländern zusammenarbeitete. 1990 lief in Genf der erste Webserver.

Mehr über das CERN siehe S. 49

14. Aletschgletscher

KLIMAERWÄRMUNG

Für die Erderwärmung gibt's kein markanteres Zeichen als das Schmelzen der Gletscher – und etwa die Hälfte aller Gletscher Europas befinden sich in der Schweiz. Zwischen 1931 und 2016 büßten die Schweizer Gletscher die Hälfte ihres Volumens ein, weitere 12 % zwischen 2016 und 2021, und man fürchtet, dass sie in den nächsten 70 Jahren komplett verschwinden. Dazu zählt dann auch der berühmteste Gletscherriese des Landes, der Aletschgletscher im Wallis, ein Unesco-Welterbe.

Außerdem stieg die täglich von Wetterballons in Payerne gemessene Nullgradgrenze im August 2023 auf ein Rekordhoch von 5298 m.

Mehr über den Aletschgletscher siehe S. 140

15. Sasso San Gottardo

BUNKERKULTUR

Neurotisch oder gut vorbereitet? Seit 2010 wurden einige der geschätzten 8000 unterirdischen Bunker in der Schweiz außer Betrieb gesetzt und in Wellnesscenter, Hotels und Kryptowährungsspeicher verwandelt.

Doch 2023 verkündete die Schweizer Armee angesichts des Kriegs, den Russland gegen die Ukraine führt, und anderer geopolitischer Bedrohungen, ihre Bunkerstrategie zu überdenken. Ab 1937 errichtete die Schweiz im Angesicht des drohenden Kriegs große Festungsanlagen in den Alpen. Im Sasso San Gottardo auf dem Gotthardpass (2106 m) ziehen sich unterirdische Tunnel 2 km weit in den Berg – eine riesige im Berg versteckte Festung.

Mehr über den Sasso San Gottardo siehe S. 177

TRIFF DIE SCHWEIZER:INNEN

Vier harmonisch koexistierende Sprachgemeinschaften, wohlhabende Orte und Städte, in denen alles wie am Schnürchen funktioniert, atemberaubende Landschaften, wo man hinsieht – in der Schweiz lebt es sich gut. Von Clare O'Dea.

DIE SCHWEIZER:INNEN VERFÜGEN über die stille Zuversicht von Menschen, die das Gefühl haben, im Leben die richtigen Entscheidungen getroffen zu haben. Ein im Französischen und Deutschen oft verwendetes Wort ist *correct* bzw. korrekt: Es bedeutet „gut gemacht" und wird anerkennend verwendet, um ein Geschäft oder eine Dienstleistung zu beschreiben.

Die Schweizer:innen legen Wert darauf, dass Dinge „korrekt" sind, und der hohe Lebensstandard hält die Erwartungen hoch. Große Aufmerksamkeit gilt der Qualität von allem. Die öffentlichen Einrichtungen sind ausgezeichnet und es wird Wert auf die Verantwortung der einzelnen Person gelegt. Wenn du in einem Laden etwas in die Hand nimmst, es aber dann doch nicht kaufst, stellst du es an die richtige Stelle zurück. Schweiz-Neulinge schätzen die Vorteile, die es hat, wenn alle im Sinne der Ordnung zusammenwirken, doch diese Normen können auch einengend wirken. Mit der Zeit, so habe ich festgestellt, übernimmt man sie aber, denn diese soziale Übereinkunft zahlt sich aus, und auch, weil die Schweizer:innen ihr Land in vollen Zügen genießen.

Die Schweizer:innen lieben die freie Natur und sind in ihrer Freizeit ständig unterwegs, ob beim Wandern, Skifahren, Joggen, Radfahren oder Schwimmen oder bei Ballspielen. Sie haben mit 75 % eine der höchsten Sportbeteiligungsraten der Welt und sind sehr fit, mit hoher Lebenserwartung und niedrigen Adipositaswerten. Sie machen gern Sachen zusammen – es gibt zahllose Vereine und Verbände.

Was auffällt, ist, dass die Schweizer:innen eher nicht aggressiv auftreten und in der Öffentlichkeit meist eher nicht laut sprechen. Diese Zurückhaltung empfinden manche als langweilig, doch Höflichkeit und gegenseitiger Respekt sind schwer abzulegen, wenn man daran gewöhnt ist. Eine wichtige Ausnahme bilden Eishockeyspiele und der Karneval – da zeigen sich die Schweizer:innen von ihrer wilden Seite.

Dank der föderalen Struktur des Landes sind die regionalen Identitäten stark ausgeprägt. Von Schweizer:innen hört man mehr über den Heimatkanton als über das Land. Für die Deutschschweizer:innen ist ihr kantonaler Dialekt eine Herzenssache. Die 26 Kantone haben ihre eigenen Parlamente, ihre eigene Polizei und ihre eigene Mentalität sowieso.

Die Schweiz ist durch ihre Geografie geprägt. Sie steht im Zeichen der Berge, sowohl der Mühen, die sie verursachen – sie bedecken zwei Drittel der Landesfläche – als auch des Spaßes, den sie bereiten. Die Schweizer:innen lieben ihre Berge und brauchen ihre regelmäßige Höhendosis. Den meisten Besucher:innen geht's ganz genauso.

Die Berge

Die Schweiz steht im Zeichen der Berge, sowohl der Mühen, die sie verursachen – sie bedecken zwei Drittel der Landesfläche – als auch des Spaßes, den sie bereiten.

TYPISCH SCHWEIZERISCH GIBT'S NICHT

Als Wohnort hatte ich die Schweiz nie auf dem Schirm, doch der Liebe wegen zog ich vor 20 Jahren aus Irland hierher. Nachdem ich nun den größten Teil meines Erwachsenendaseins hier verbracht habe, habe ich Schweizer Einstellungen übernommen – auch ich möchte, dass alles „korrekt" ist!

Eine:r von vier Schweizer:innen ist wie ich im Ausland geboren. Trotz hoher Hürden bei der Integration und bei der Erlangung der Staatsbürgerschaft ist die Gesellschaft flexibel genug für diese Vielfalt. Und die Schweiz profitiert von neuen Ideen und der Schaffenskraft der Migrant:innen.

Außer in Politik und Sport gibt's wenige landesweit bekannte Leute und manchmal macht es den Eindruck, als würden die vier Sprachgruppen nebeneinander herleben. Jede Gruppe hat eigene Medienfiguren, Schauspieler:innen, Künstler:innen und Denker:innen.

Doch das aktive Element der Schweizer Demokratie hat etwas Verbindendes. Viermal im Jahr kann man über große und kleine Fragen abstimmen, wobei manchmal jahrelange Parlamentsarbeit über den Haufen geworfen wird. Ich stimme ab, also bin ich – Schweizer:in!

DIE SCHLICHTE SCHÖNHEIT VON SCHWEIZER DESIGN

Von Schriften bis zu Taschen aus recycelten Materialien: Das moderne Schweizer Design übt weltweit großen Einfluss aus. Von Simon Richmond.

WAS VERBINDET AMERICAN Apparel, Lufthansa und Skype? Die Antwort: Alle nutzen in ihren Logos die Schrift Helvetica. Die ursprünglich Neue Haas Grotesk genannte und von der Akzidenz-Grotesk inspirierte Helvetica wurde 1957 von den Baslern Max Miedinger und Eduard Hoffmann geschaffen. 1960 wurde sie in Anlehnung an den lateinischen Namen der Schweiz in Helvetica umgetauft.

Mehr als ein halbes Jahrhundert später zählt die Helvetica zu den berühmtesten und weitverbreitetsten Schriften der Welt und verkörpert mit ihren klaren Linien, ihrer Funktionalität und ihrer eleganten Schlichtheit die sogenannte Schweizer Typografie. Die Neue Typografie der Schweizer Josef Müller-Brockmann (1914–1996) und Max Bill (1908–1994) genießt noch immer viel Wertschätzung, ebenso wie die Markengestaltung von Karl Gerstner (1930–2017) für IBM. Seit 1995 entwirft das Berner Grafikdesignbüro Destruct Schriften, die auf zahlreichen Albumcovern zu sehen sind wie etwa Mario Batkovics *Introspectio*.

Doch nicht nur auf Warenverpackungen, Zeitschriftenseiten und Reklametafeln

Plakat, Schrift Helvetica

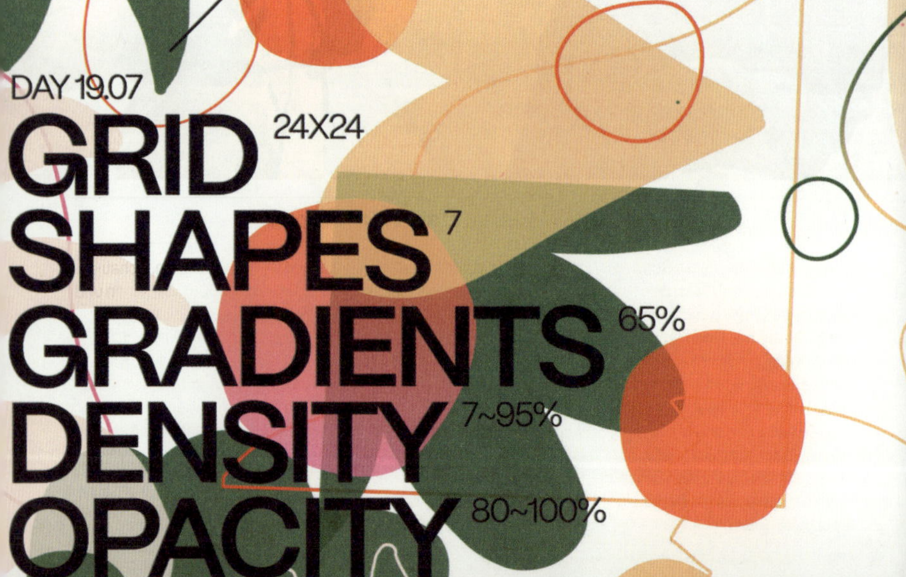

ist Schweizer Design zu sehen. Im letzten Jahrhundert ist vor allem das Produktdesign wichtiger geworden. Schweizer Armeemesser, Swatch-Uhren und seit 2010 On-Laufschuhe sind in der Schweiz designte Produkte, die weltweit erfolgreich sind.

Die Halle des Zürcher Hauptbahnhofs wird von einer vertrauten Uhr beherrscht. Hier hing auch die erste offizielle Uhr der SBB, in den 1940er-Jahren vom Eisenbahningenieur Hans Hilfiker designt und in ihrer heutigen Form 1955 in Umlauf gebracht wurde. Ihr markantestes Merkmal ist der knallrote Sekundenzeiger mit dem runden Ende: Er erinnert an die früher vom Bahnpersonal benutzten roten Signalkellen.

SCHWEIZER DESIGN IST AUF WARENPACKUNGEN, ZEITSCHRIFTENSEITEN UND REKLAMETAFELN ZU SEHEN.

Wenn der Sekundenzeiger die 12 erreicht, hält er für 1½ Sekunden inne, bevor der Minutenzeiger nach einem Impuls von der Zentraluhr der SBB weiterspringt – so sind die Abfahrtszeiten perfekt synchronisiert. Der Schweizer Uhrenhersteller Mondaine, der seit 1986 die Lizenz zur Herstellung dieser Uhr besitzt, produziert auch eine Armbanduhrversion, die vom London Design Museum und vom New Yorker MoMA zu den markantesten Beispielen für Design aus dem 20. Jh. gezählt wird. In Zürich muss man nicht weit laufen, um andere Beispiele für bleibendes Schweizer Design zu finden. Das Museum für Gestaltung (S. 202) ist das führende Museum der Schweiz für Design und visuelle Kommunikation. Schon seit 1875 sammelt es Designobjekte und nennt heute über eine halbe Million Stücke sein Eigen. Darunter ist auch der 1935 von Alfred Neweczerzal in seiner Garage in Zürich entwickelte REX-Sparschäler. Dank seiner ergonomischen Form macht das Aluminiumwerkzeug es möglich, die Schale sehr dünn zu entfernen und so möglichst viel vom Obst zu behalten, und dank des niedrigen Preises war er sofort ein Renner. Man findet ihn in jeder Schweizer Küche – weltweit wurden über 70 Mio. Exemplare verkauft.

Schweizer Eisenbahnuhr von Mondaine

WIRESTOCK CREATORS/SHUTTERSTOCK ©; GANZ LINKS: PRESSUREUA/GETTY IMAGES ©

Interessierst du dich für größerformatiges Schweizer Design, dann steure in Zürich den Pavillon Le Corbusier an. Er ist das letzte Werk des Schweizer Architekten, in den frühen 1960er-Jahren von der Galeristin Heidi Weber in Auftrag gegeben, die auch die Produktion einiger seiner berühmten Möbelstücke wie die des Sessels LC2 von 1929 wieder in Gang brachte.

Zu den Schweizer Architekten, die seit den 1980er-Jahren Rang und Namen haben, zählen Mario Botta, dessen auffallende Gebäude im Tessin zu sehen sind, und Jacques Herzog und Pierre de Meuron vom Basler Büro Herzog & de Meuron – ihr 2022 eröffneter Roche-Turm (Bau 2) ist das höchste Gebäude in der Schweiz.

Im 21. Jh. wurde auch die Nachhaltigkeit zu einem prägenden Merkmal Schweizer Designs. Ihrer Zeit etwas voraus waren die Brüder Markus und Daniel Freitag. 1993 hatte Markus die Idee, alte Lkw-Planen, Sicherheitsgurte und Fahrradschläuche zu wasserdichten Taschen zu verarbeiten, die den von Fahrradkurier:innen genutzten Taschen ähneln. Heute verkauft die Firma FREITAG rund 400 000 Taschen samt Zubehör im Jahr, jede einzigartig, hergestellt aus recycelten Materialien. Ihr ursprüngliches Taschendesign ist ein weiteres Schweizer Erzeugnis, das Einzug in die Sammlung des MoMA hielt.

Elektrozug in den Alpen

DIE SCHWEIZ FÄHRT GRÜNER

Mit immer grüneren Arten, die Landschaft zu erschließen, reagiert das Schweizer Verkehrsnetz auf den Klimanotstand. Von Caroline Bishop.

WENN ES ETWAS gibt, dass alle über die Schweiz wissen, dann dass das öffentliche Verkehrsnetz tipptopp ist. Zwar haben auch Schweizer Züge Verspätungen, doch insgesamt verfügt das Land über eines der besten Verkehrsnetze der Welt, eins, das immer wieder Rekorde bricht. Von Europas ältester Bergbahn (Rigibahn, 1871) und höchstem Bahnhof (Jungfraujoch, 3454 m) bis zum weltweit längsten und tiefsten Eisenbahntunnel (Gotthard-Basistunnel, 57 km) und der steilsten Standseilbahn (Stoosbahn, 110 %): Die Schweiz nimmt die Herausforderungen der Topografie an.

Doch in der Schweiz wird's immer wärmer. 2022 war der heißeste Sommer seit Beginn der Aufzeichnungen, während die Schweizer Gletscher im Sommer 2022 und 2023 10 % ihres Volumens einbüßten – das ist genauso viel wie zwischen 1960 und 1990. Auch die Winter werden wärmer und in vielen Skigebieten wird die Skisaison kürzer. Das Institut für Schnee- und Lawinenforschung (SLF) sagt voraus, dass die Schweizer Schneegebiete bis zum Ende des Jahrhunderts um 70 % schrumpfen werden.

Die Klimakrise wird immer dringlicher. Wie lässt sich erreichen, dass der Verkehr weniger Schaden verursacht? Indem wir die Gletscher und Skigebiete aufsuchen, tragen wir alle zum Problem bei. Doch mit öffentlichen statt mit privaten Verkehrsmitteln zu reisen ist schon mal ein Weg, die Auswirkungen des Reisens abzumildern, auch deshalb, weil diese nachhaltige Art der Fortbewegung immer grüner wird, indem im ganzen Land innovative Verkehrsmittel mit weniger Emissionen und geringerem Energieverbrauch zum Einsatz kommen.

ROMAN MIKHAILIUK/SHUTTERSTOCK ©

Reisen mit Wasserkraft

Die allererste Dampfeisenbahn der Schweiz fuhr 1847 zwischen Zürich und Baden. Die als Spanisch-Brötli-Bahn bekannte Bahn – dank der Verbindung konnten Zürcher das Spanisch Brötli, eine Badener Spezialität, frisch genießen – war der Beginn eines Netzes, das zum Rückgrat des Schweizer Verkehrssystems wurde. Heute unternimmt jede:r Schweizer:in rund 53 Bahnfahrten pro Jahr – das ist Weltspitze.

Und sie nutzen ein grünes Verkehrsmittel. Zwar war das Land beim Eisenbahnbau eher ein Nachzügler, doch bei der Nutzung von Strom für den Antrieb der Züge war es ganz vorn mit dabei. Die erste elektrische Zahnradbahn, die Gornergratbahn, wurde 1898 eröffnet und befördert seitdem Fahrgäste aus Zermatt hinauf aufs Matterhorn zu sagenhaften Ausblicken. 1913 nahm die Bahngesellschaft BLS die elektrifizierte Lötschberg-Bahnlinie in Betrieb und 1920 baute die staatliche SBB ihre erste elektrifizierte Bahnlinie, die Gotthardbahn. Da die Schweiz keine fossilen Energiequellen hat, stammt der Strom von der Kraft des Schmelzwassers, dass sich über Wasserfälle und in Flüssen hinunter ergießt.

Heute werden 90 % des SBB-Netzes mit Strom aus Wasserkraft betrieben, 2025 sollen es 100 % sein. Daher macht die Bahn nur 0,2 % der verkehrsbedingten CO_2-Emissionen der Schweiz aus. In anderen Bereichen ist die SBB auf fossile Brennstoffe angewiesen, doch bis 2030 sollen die Emissionen halbiert werden.

Einen weiteren wichtigen Teil des öffentlichen Verkehrsnetzes bilden die nahtlos mit dem Bahnnetz verwobenen gelben Schweizer PostAutos: Sie befördern Fahrgäste von den Bahnhöfen bis hinauf in die entlegensten Bergdörfer. Es fahren schon einige Elektrobusse, betrieben mit Strom aus erneuerbaren Energien, sowie einige Hybridbusse. Wenn die Batterien genügend Reichweite ermöglichen, soll die gesamte Flotte 2040 mit Strom aus Erneuerbaren fahren.

Effizienz ist der Schlüssel

So weit, so gut – doch genauso wichtig ist die effiziente Nutzung der erneuerbaren Energien. Dass die Gletscher schmelzen, beeinträchtigt auch die Stromerzeugung aus Wasserkraft, um nur ein Beispiel dafür zu nennen, warum energiesparende Technik so wichtig ist. Im autofreien Bergdorf Stoos werden mit Energie vom Maschinenraum der weltweit steilsten Standseilbahn, erbaut 2017, die Bergstation, Geschäfte und das Hotel Stoos Lodge beheizt; das Wasser im Hotel wird mit der Energie von den Nutzbremsen der Standseilbahn erwärmt.

Andernorts wird Solarenergie genutzt. Im Appenzellerland fährt die energieneutrale Frümsen-Staubern-Seilbahn mit Solarstrom und speichert auch Energie, mit dem sie auch nach Einbruch der Dunkelheit fahren kann. In Zermatt verfügt der 2023 eröffnete Matterhorn Glacier Ride II über in der Bergstation verbaute Solarzellen, zusätzlich zu der vielen im Skigebiet schon vorhandenen Fotovoltaik, die von 220 Sonnentagen im Jahr profitiert. Auch in Verbier, im Skigebiet Brunni-Ristis bei Engelberg und am Stanserhorn bei Luzern wird Sonnenenergie genutzt.

Countdown bis zum Letzten Tag

Für nachhaltige Verkehrsmittel macht sich auch das Skigebiet Flims-Laax-Falera in Graubünden stark. Die Weisse Arena Gruppe, die es betreibt, rief 2010 die Strategie „Greenstyle" ins Leben, gemäß der das gesamte Gebiet mit Strom aus erneuerbaren Energien aus der Region betrieben werden soll. Neben energieeffizienten Seilbahnen mit Wärmerückgewinnung und einem E-Shuttle ist die neueste Innovation der FlemXpress, eine Rufseilbahn. Die Seilbahn kann von Fahrgästen angefordert werden, die sich damit direkt zu einer von sechs Stationen bringen lassen können. Dadurch werden unnötige Fahrten und Leerfahrten vermieden, sodass die Bahn nur noch halb so viel Energie verbraucht wie konventionelle Bahnen.

Um die Message an den Mann bzw. die Frau zu bringen, hat das Skigebiet den Last Day Pass eingeführt, einen Skipass für den vorausgesagten letzten Skitag auf dem Vorabgletscher oberhalb von Laax, zurzeit den 7. April 2056. Mit dem 80 SFr teuren Pass unterstützt man CO_2-Ausgleichsprojekte, sodass die Schmelzrate des Gletschers verringert und der „letzte Tag" etwas hinausgezögert wird. Wir alle müssen unseren Teil dazu beitragen, die Gletscher und Eisfelder in der Schweiz zu erhalten.

DIE DUNKLE SEITE DER ALPEN

Die Schweizerinnen und Schweizer lieben sie. Aber was ist wirklich los in den Alpen? Von Anthony Haywood.

DIE SCHWEIZER ALPEN sind für ihre schroffen Gipfel, ausgeschürften Täler, Bergweiden und Gletscher berühmt und haben im nationalen Bewusstsein einen besonderen Stellenwert. Sie werden in Literatur, Volkstum, Musik und Legenden gefeiert und haben sogar ein eigenes Instrument, das Alphorn, ein großes Holzblasinstrument, das es schon im Mittelalter gab. Für den Schriftsteller Eugène Rambert (1830–1886) waren die Alpen die unveränderliche und immerwährende Heimat und standen für Mut und Tradition zugleich. Nordamerika hat die Wildnis, Australien das Outback, Argentinien die Pampa und die Schweiz die Alpen. Die Rütliwiese (S. 173) liegt zwar eher niedrig, doch auch sie hat etwas Alpines und angeblich schworen sich hier 1291 die Urkantone Uri, Schwyz und Unterwalden einen Eid und legten den Grundstein für die Alte Eidgenossenschaft, die Vorläuferin der heutigen Schweiz.

Und dann ist da noch Heidi, die junge Heldin der Schweizer Schriftstellerin Johanna Spyri, die auf eine Bergalm geschickt wird und nach ein paar Startschwierigkeiten die Idylle und das reine Leben im Einklang mit der Natur genießt, bevor sie nach Frankfurt am Main verfrachtet und dort vor Heimweh krank wird. Doch hinter all

dem Hornblasen, Jodeln, Kühe- und Wildziegenhüten in nationaler Reinheit verbirgt sich auch eine unheimliche, düstere Seite. Dafür steht das Sennentuntschi, das, nimmt man alle Überlieferungen oberhalb der Baumgrenze und unterhalb der Gürtellinie zusammen, eine fetzige Geschichte abgibt. Es gibt viele Versionen der Sage, sie wurde auch verfilmt und von Hansjörg Schneider zu einem Theaterstück verarbeitet, das durch seine anstößige Sprache und seine Direktheit in den 1970er-Jahren einen Skandal provozierte. In einer Inszenierung des Berner Stadttheaters von 2009 beobachtete das Publikum die Vorgänge voyeuristisch durch ein zumeist geschlossenes Fenster.

DOCH HINTER ALL DEM HORNBLASEN, JODELN, KÜHE- UND WILDZIEGENHÜTEN IN NATIONALER REINHEIT VERBIRGT SICH AUCH EINE UNHEIMLICHE, DÜSTERE SEITE

Worum geht es? In der wärmsten Zeit des Jahres treiben die Senner, die Alphirten, ihre Kühe auf die Bergwiesen. Der Alpauf- und Alpabtrieb, manchmal auch „Alpauffahrt" und „Alpabfahrt", „Aufzug" und „Abzug" genannt, wird in vielen Orten der Schweiz gefeiert, am berühmtesten sind die Feiern in und um Appenzell (S. 221).

Matterhorn (S. 135)

BRILLIANT EYE/SHUTTERSTOCK ©

Auf den hochgelegenen Alpen angekommen, fertigt nach Felix Rühl in seinen *Schweizer Bergsagen* der Oberhirte eine Puppe aus Stroh, mit großen Brüsten, einem Mund mit roten Lippen, Haaren und Augen. Die einsamen Hirten finden Gefallen an ihrer neuen Begleiterin, tanzen mit ihr, setzen sie beim Essen zu sich an den Tisch und füttern sie. In einer anderen Version aus dem Kanton Uri hat das Sennentuntschi mehr von einer überarbeiteten Hausfrau, die auch draußen auf den Weiden hilft; in den meisten Versionen nehmen die Hirten die selbstgebastelte Puppe mit ins Bett. Alles wäre schön und gut, wenn auch ein bisschen schräg, wenn das Sennentuntschi nicht zum Leben erwachen würde. Rühls Version ist mit unterhaltsamen Details zu ihrer Gier am Frühstückstisch ausgeschmückt, wo sie breitbeinig dasitzt und den ganzen Käse und das ganze Brot an sich reißt. Die Senner versuchen ohne Erfolg, sie loszuwerden, indem sie sie in Stücke reißen oder auch in eine Schlucht werfen, aber sie taucht immer wieder auf, verspottet die Hirten, lacht und wendet ihnen ihr nacktes Hinterteil zu.

Dann kommt in allen Sennentuntschi-Legenden die Zeit, da die Hirten von den Sommerweiden zurückkehren. Sie schämen sich für ihr Geheimnis und wollen sie zurücklassen. Jetzt wird's sehr blutig. Das legendäre Sennentuntschi ist unglücklich darüber, allein gelassen zu werden, und verlangt, dass einer der Hirten zurückbleibt und ihr Gesellschaft leistet. Die anderen können unter der Bedingung fortgehen, dass sie sich nicht umschauen, bevor sie die Baumgrenze erreichen. Sie fliehen und als sie natürlich doch zurückschauen, gefriert ihnen das Blut in den Adern: Dem zurückgelassenen Hirten hat das Sennentuntschi bei lebendigem Leib die Haut abgezogen, die jetzt auf dem Dach der Almhütte liegt.

Solltest du auf einer idyllischen Wiese eine Rast genießen, dann denke auch an diese legendäre dunkle Seite der Alpen!

REGISTER

Karten **000**

HINTER DEN KULISSEN

Titelredaktion Sandie Kestell

Produktionsredaktion Gary Quinn

Layout Catalina Aragón

Kartografie Bohumil Ptáček, Julie Dodkins, Chris Lee-Ack, Eve Kelly

Redaktionsassistenz Brana Vladisavljevic, Karyn Noble, Janet Austin, Maja Vatrić

Titelbildrecherche Kat Marsh

Dank an Imogen Bannister, Alison Killilea, Charlotte Orr, Claire Rourke, Victoria Smith

„Gerade wenn du denkst, reizender kann die Schweiz nicht mehr werden, wirst du mit einer Schönheit konfrontiert, die jede Vorstellungskraft übersteigt.“ (S. 87)

KERRY WALKER

„Mit Steinhäusern, engen Gassen und dem Wasserfall ist das bezaubernde Dorf Foroglio im Val Bavona wie ein Blick in die Vergangenheit.“ (S. 156)

MICHAELA SCALISI

LINKS: KOCHNEVA TETYANA/ SHUTTERSTOCK ©, RECHTS: DONKA VASILEVA/SHUTTERSTOCK ©

ÜBER DIESES BUCH

Lonely Planet Global Limited
Digital Depot, Roe Lane (off Thomas Street)
Digital Hub
Dublin 8
D08 TCV4
Ireland

Verlag der deutschen Ausgabe:
MAIRDUMONT
Marco-Polo-Str. 1
73760 Ostfildern
www.lonelyplanet.de, www.mairdumont.com, lonelyplanet-online@mairdumont.com

Schweiz
6. deutsche Auflage Oktober 2024 übersetzt von *Switzerland*, 11th Edition, Juni 2024, Lonely Planet Global Limited
Deutsche Ausgabe © Lonely Planet Global Limited, Oktober 2024
Fotos © wie angegeben 2024
Printed in China

Redaktion und technischer Support: Bintang Buchservice GmbH (Katharina Grimm, Julia Niehaus)

Übersetzung: Gunter Mühl

MIX
Paper from responsible sources
FSC® C124385

Dieses Buch wurde auf FSC® zertifiziertem Papier gedruckt. FSC® ist ein internationales Zertifizierungssystem für nachhaltigere Waldwirtschaft. Das Holz für diese Papier kommt aus Wäldern, die verantwortungsvoller bewirtschaftet werden.